**Kohlhammer**

**Die Herausgeberinnen**

Birte Egloff, Dr. phil., ist Akademische Oberrätin am Fachbereich Erziehungswissenschaften im Dekanat der Goethe-Universität Frankfurt am Main.

Sophia Richter, Dr. phil., ist wissenschaftliche Mitarbeiterin am Fachbereich Erziehungswissenschaften im Institut für Allgemeine Erziehungswissenschaft sowie im Dekanat der Goethe-Universität Frankfurt am Main.

Birte Egloff, Sophia Richter (Hrsg.)

# Erziehungswissenschaftlich denken und arbeiten

Ein Lehr- und Studienbuch

Verlag W. Kohlhammer

Dieses Werk einschließlich aller seiner Teile ist urheberrechtlich geschützt. Jede Verwendung außerhalb der engen Grenzen des Urheberrechts ist ohne Zustimmung des Verlags unzulässig und strafbar. Das gilt insbesondere für Vervielfältigungen, Übersetzungen, Mikroverfilmunge und für die Einspeicherung und Verarbeitung in elektronischen Systemen.

Die Wiedergabe von Warenbezeichnungen, Handelsnamen und sonstigen Kennzeichen in diesem Buch berechtigt nicht zu der Annahme, dass diese von jedermann frei benutzt werden dürfen. Vielmehr kann es sich auch dann um eingetragene Warenzeichen oder sonstige geschützte Kennzeichen handeln, wenn sie nicht eigens als solche gekennzeichnet sind.

Es konnten nicht alle Rechtsinhaber von Abbildungen ermittelt werden. Sollte dem Verlag gegenüber der Nachweis der Rechtsinhaberschaft geführt werden, wird das branchenübliche Honorar nachträglich gezahlt.

Dieses Werk enthält Hinweise/Links zu externen Websites Dritter, auf deren Inhalt der Verlag keinen Einfluss hat und die der Haftung der jeweiligen Seitenanbieter oder -betreiber unterliegen. Zum Zeitpunkt der Verlinkung wurden die externen Websites auf mögliche Rechtsverstöße überprüft und dabei keine Rechtsverletzung festgestellt. Ohne konkrete Hinweise auf eine solche Rechtsverletzung ist eine permanente inhaltliche Kontrolle der verlinkten Seiten nicht zumutbar. Sollten jedoch Rechtsverletzungen bekannt werden, werden die betroffenen externen Links soweit möglich unverzüglich entfernt.

1. Auflage 2022

Alle Rechte vorbehalten
© W. Kohlhammer GmbH, Stuttgart
Gesamtherstellung: W. Kohlhammer GmbH, Stuttgart

Print:
ISBN 978-3-17-041492-1

E-Book-Formate:
pdf:     ISBN 978-3-17-041493-8
epub:   ISBN 978-3-17-041494-5

# Inhaltsverzeichnis

## I  Einleitung

Erziehungswissenschaftlich denken und arbeiten – eine Einleitung ...   11
*Sophia Richter & Birte Egloff*

Die Wissenschaft der Erziehung ........................................   21
*Isabell Diehm & Frank-Olaf Radtke*

## II  Studium und Studieren

Studieren mit dem Forschungstagebuch. Anregungen für Studium
und Hochschullehre ..................................................   35
*Sophia Richter & Barbara Friebertshäuser*

Wissenschaftlich schreiben: Zwischen Fremdbezug und Eigenanteil ..   51
*Michael Knoll*

Merkmale, Bedeutungen und Funktionen von Thesen
bei der Einführung ins wissenschaftliche Denken und Handeln .......   61
*Ulrich Mehlem & Mejrema Koca*

Eine wissenschaftliche (Abschluss-)Arbeit schreiben.
Anforderungen, Planung und Durchführung .......................   84
*Birte Egloff & Sophia Richter*

## III  Wissen und Erkenntnis

Forschendes Lehren und Lernen .....................................   107
*Christiane Hof*

Für jedes Problem gibt es eine Lösung! – Oder vielleicht
doch mehr als eine? ..................................................   119
*Mandy Röder & Carolin Marschall*

Biographische Reflexivwerdung. Ein Ansatz zur Ausbildung
einer reflexiv-forschenden Haltung in Studium und Hochschullehre .. 128
*Sophia Richter*

## IV Analysieren und Forschen

Datenarchive in Lehre und Studium. Zur Nutzung vergessener
Schatzkammern .................................................................... 149
*Helge Kminek*

Ermöglichung forschungsbezogener Multiperspektivität
im erziehungswissenschaftlichen Studium ................................ 159
*Johannes Wahl, Janek Förster & Sebastian Zimmer*

Wenn Zahlen zählen – Statistisches Denken im erziehungswissenschaftlichen Kontext lehren und lernen ......................... 169
*Claudia Meindl*

Test- und Fragebogenkonstruktion als forschendes Lernen?
Möglichkeiten und Herausforderungen der Umsetzung ............... 183
*Astrid Jurecka*

## V Profilbildung und Professionalisierung

Das Portfolio im Studium: Formen der Gestaltung
und Möglichkeiten des Einsatzes .............................................. 199
*Nadine Weber & Caroline Burgwald*

Das Praktikum als Reflexionsinstanz im Studium .................... 208
*Birte Egloff*

John Deweys Blick auf Wissenschaftliches Denken und Handeln.
Konsequenzen für die Hochschullehre am Beispiel
von Service-Learning .............................................................. 225
*Anne Seifert*

Kinderschutz im internationalen Dialog. Erziehungswissenschaftliche
Perspektiven auf eine besondere Herausforderung professionellen
Handelns ................................................................................ 244
*Tatjana Dietz & Sabine Andresen*

Sexualisierte Gewalt im Themenspektrum von Lehre.
Herausforderungen und Reflexion von Lehrkonzepten ............... 256
*Milena Noll, Carina Rüffer & Johanna Schogs*

## VI  Methoden und Techniken

**Digitale Lehr-Lern-Settings beziehungsengagiert gestalten –
ein Methodenkoffer zur Erprobung** .................................. 271
*Manuela Krahnke*

**Tutorien als Begleitung ins Studium und als Einführung ins wissenschaftliche Arbeiten. Erfahrungen – Möglichkeiten – Anregungen** .... 285
*Vanessa Dresbach & Andreas Weiß*

**Verzeichnis der Autorinnen und Autoren** ........................... 299

# I Einleitung

# Erziehungswissenschaftlich denken und arbeiten – eine Einleitung

*Sophia Richter & Birte Egloff*

Was bedeutet studieren und welche Anforderungen gehen für mich damit einher? Was heißt erziehungswissenschaftliches Denken und wie komme ich dazu? Wozu brauche ich Forschungsmethoden jenseits des wissenschaftlichen Feldes? Wie bereitet mich das Studium auf die pädagogische Praxis vor?

Diese und weitere Fragen beschäftigen Studierende der Erziehungswissenschaften im Laufe ihres Studiums, was sich in den Lehrveranstaltungen und Sprechstunden zeigt. Es handelt sich um immer wiederkehrende Fragen, die jedoch nicht ›mal eben‹ zu beantworten sind. Die darin zum Ausdruck kommenden ›Probleme‹ der Studierenden bzw. ›Herausforderungen des Studierens‹ werden vielmehr im Rahmen des Studiums durch eine Vielzahl an Lehrangeboten ›beantwortet‹ – und zwar nicht im Sinne ›einer Antwort‹ als vielmehr im Sinne eines ›Vorlebens‹, das sich als Summe möglicher Antworten zeigt. Die Anforderungen an das wissenschaftliche Schreiben lassen sich bspw. anhand der Seminarlektüren ableiten, indem die Texte nicht nur auf ihre Inhalte, sondern ebenso auf die Art der Darstellung hin gelesen werden, um Formen des Argumentierens, des Aufbaus, des Zitierens und des Umgangs mit Literatur zu identifizieren. Hierfür bedarf es jedoch eines Transfers von Seiten der Studierenden – der Suche nach Antworten auf Probleme und Herausforderungen – kurz: einer forschenden Haltung im Studium. Die Erfahrung zeigt, dass dieser Transfer häufig – insbesondere zu Beginn des Studiums – nicht gelingt. Die Vielzahl hochschulspezifischer Angebote oder der breite Markt an Lehrbüchern, die sich dem Thema ›Wissenschaftliches Arbeiten‹ widmen, scheinen diesen Anschluss an die Probleme und Herausforderungen der Studierenden häufig nicht zu leisten.

Dies konstatiert auch ein Beitrag aus der FAZ von März 2021. Studierende werden demnach nicht auf die Anforderungen wissenschaftlichen Denkens und Arbeitens im Rahmen ihres Studiums vorbereitet. So seien viele Studierende am Ende ihres Studiums verunsichert und überfordert und würden sich für ihre Abschlussarbeiten an externe Schreibberater*innen wenden, um Unterstützung zu erhalten. Hier sei ein eigener Geschäftszweig entstanden, so Mariam Misakian, die Autorin des Beitrages. Sie kritisiert, dass es in vielen Fächern lediglich am Anfang des Studiums eine Einführung ins wissenschaftliche Arbeiten gebe und dies ohne einen konkreten Bezug zu den Fachinhalten. Hier müsse sich innerhalb der Lehrpläne der Fächer etwas ändern, damit die Fragen ums wissenschaftliche Arbeiten nicht jenseits von Hochschulen aufgegriffen und im Rahmen von Geschäftsmodellen beantwortet werden (vgl. FAZ vom 13.03.2021, S. C3).

Die Angebote, die es gibt, scheinen nicht auszureichen – und dies nicht hinsichtlich der Quantität, sondern vielmehr hinsichtlich der Passung. Die mannigfachen Angebote und Publikationen zum wissenschaftlichen Arbeiten legen zumeist den Schwerpunkt auf unterschiedliche ›Techniken‹, die sich in den Titeln der Angebote und den Inhaltsverzeichnissen der Bücher widerspiegeln bspw. in Form von einzelnen Kapiteln zum wissenschaftlichen ›Argumentieren‹, zum ›Zitieren‹, zum ›Lesen‹ und ›Exzerpieren‹ oder zum ›Präsentieren‹ (vgl. expl. Franck & Stary, 2013). Es werden Literaturtypen und Textgenres vorgestellt, zwischen Formen des Lesens differenziert sowie mögliche wissenschaftliche Formulierungen präsentiert. Den Transfer zum eigenen Studium müssen dabei die Studierenden leisten. Zu wissen, was eine These ausmacht oder wie richtig zitiert wird, bedeutet noch nicht zu wissen, welche Inhalte sich für die Formulierungen von Thesen, direkten oder indirekten Zitaten anbieten und wie diese in Sinnzusammenhänge argumentativ eingebettet werden können. Studieren und wissenschaftliches Denken und Arbeiten ist mehr als eine ›Technik‹, die angewendet wird. Es ist vielmehr eine Form zu denken, die sich in der Auseinandersetzung mit Inhalten vollzieht. Die Techniken sind in einem zweiten Schritt Orientierungspunkte und Standards für Wissenschaftlichkeit, die im Betreiben von Wissenschaft notwendig sind. Sie sind als Kontexte wissenschaftlichen Wissens zu begreifen, welches darüber in seiner Entstehung nachvollziehbar ist.

Vor dem *wissenschaftlichen Arbeiten*, der Frage ›Wie arbeite ich wissenschaftlich und was gilt es dabei zu beachten?‹, steht somit das *wissenschaftliche Denken* und die Frage ›Was bedeutet es, erziehungswissenschaftlich zu denken?‹. Wissenschaftliches Arbeiten lässt sich folglich nicht losgelöst von Inhalten vermitteln. Ganz im Gegenteil. Techniken wissenschaftlichen Arbeitens vermitteln die Machbarkeit durch das Befolgen von Regeln und damit einhergehend Regelmäßigkeit und Eindeutigkeit, eine Annahme, die – bezogen auf den Umgang mit Wissen im Betreiben von Wissenschaft – gerade durch das Erlernen wissenschaftlichen Arbeitens irritiert werden soll. Christiane Thompson beschreibt wissenschaftliches Arbeiten als das Erlernen des »Umgang[s] mit Anforderungen des wissenschaftlichen Wissens« (vgl. Thompson, 2020, S. 60), womit sie auf die Komplexität und Ambiguität von Wissen verweist und der damit verbundenen kritischen Haltung gegenüber ›Antworten‹, die vielmehr eine Haltung des ›Fragens‹ bzw. ›Infrage-Stellens‹ beinhaltet – kurz: einer forschenden Haltung. Wissenschaftliches Denken und Arbeiten sind folglich keine Voraussetzung für das Studium, sondern sie sind Bestandteil und Ziel von Studium. Doch wie gelangen Studierende zu einer forschenden Haltung? Wie können Studierende in den reflexiven Umgang mit Wissen und damit verbunden in die Praxen erziehungswissenschaftlichen Fragens, Recherchierens, Beobachtens, Befremdens, Analysierens und Beschreibens eingeführt werden?

Am Fachbereich Erziehungswissenschaften der Goethe-Universität Frankfurt beschäftigt uns diese Frage bereits seit vielen Jahren. Die zu Beginn skizzierten wiederkehrenden Fragen der Studierenden und eine zunehmende Hilflosigkeit unter Lehrenden wurden an einem »Tag der Lehre« am Fachbereich vor rund zehn Jahren aufgegriffen, um sich über mögliche Lösungsstrategien im Umgang mit der wechselseitigen Unzufriedenheit auszutauschen. Die an diesem Tag gegründete Arbeitsgruppe »Wissenschaftliches Arbeiten« setzte die Arbeit kontinuierlich fort. In einem ersten Schritt wurden die vielfältig am Fachbereich kursierenden Hinweispapiere zu Formen des Zitierens, Exzerpierens, Schreibens,

Lesens usw. gesammelt und gebündelt, um sie allen Lehrenden zugänglich zu machen und hierzu einen Verständigungsprozess anzuregen. Des Weiteren hat sich die Arbeitsgruppe zur Aufgabe gemacht, Ideen zu entwickeln, wie Studierende in erziehungswissenschaftliches Denken und Arbeiten im Rahmen von Lehrveranstaltungen und anderen Studienformaten eingeführt werden können, welcher Räume und Formen es hierzu bedarf, wie unter diesem Aspekt Lehrveranstaltungen innovativ miteinander vernetzt und wie perspektivisch Studiengänge qualitätsvoll weiterentwickelt werden können. Das Modul im Bachelorstudiengang, welches ursprünglich das wissenschaftliche Arbeiten zum Gegenstand hatte, wurde im Zuge dieser Auseinandersetzungen reformiert und in Form seminarbegleitender Veranstaltungen mit den Modulen »Einführung in die Erziehungswissenschaften« sowie »Vertiefung empirischer Forschungsmethoden« verknüpft. In dem Einführungsmodul bindet eine Übung die Einführung ins wissenschaftliche Arbeiten in die Vorlesung ein. In dem Vertiefungsmodul werden Sach-, Methoden-, Sozial- und Selbstkompetenzen, zu denen bspw. die Darstellung von Wissen, Präsentationstechniken, Konfliktmanagement, Rhetorik, Zeitmanagement oder Projektplanung gehören, mit Blick auf die Anforderungen der Bachelorarbeit integriert. Die Verbindungen zwischen den Veranstaltungen sollen den Transfer zwischen erziehungswissenschaftlichem Denken und Arbeiten in der Auseinandersetzung mit lehrveranstaltungsbezogenen Inhalten ermöglichen.

Die Arbeitsgruppe »Wissenschaftliches Arbeiten« blickt inzwischen auf einen Zeitraum von rund zehn Jahren des steten Austausches unter Lehrenden und Studierenden zurück, gerahmt durch themenbezogene Tage der Lehre und Studierendenumfragen. Im Laufe dieser Zeit sind unterschiedliche innovative Lehrkonzepte entstanden, die inzwischen über mehrere Semester erprobt und teilweise evaluiert und modifiziert wurden. Aus diesem Prozess ist die Idee entstanden, die Konzepte im Rahmen eines Sammelbandes in einer nachvollziehbaren Form zugänglich zu machen und darüber einen Austausch über die Grenzen des Fachbereiches Erziehungswissenschaften der Goethe-Universität Frankfurt anzuregen. Der Sammelband dokumentiert gewissermaßen den Selbstverständigungsprozess des Fachbereiches in der Auseinandersetzung mit den eingangs skizzierten Fragen der Studierenden. Zugleich fungiert er als Verständigungsprozess hinsichtlich der Qualitätssicherung und Weiterentwicklung des Studienganges im Rahmen von Reakkreditierungen. Im Zentrum stehen Beispiele aus der Lehre, die Möglichkeiten der Verankerung von Formen und Techniken wissenschaftlichen Arbeitens exemplarisch vorstellen. Außerdem soll der Sammelband Studierende im Umgang mit den Herausforderungen und Anforderungen des erziehungswissenschaftlichen Studiums unterstützen. Die Beiträge dokumentieren dabei keine Ansammlung von ›Techniken‹ wissenschaftlichen Arbeitens, was sich bereits in der Gliederung und den Überschriften zeigt, sondern sie dienen vielmehr dazu, Studierende in wissenschaftliches Denken und die damit verbundenen Formen des Arbeitens anhand von Beispielen aus der Disziplin einzuführen. So geben die Beiträge des Bandes zahlreiche Impulse und Hinweise, wie Studierende in die Praxen erziehungswissenschaftlichen Fragens, Beobachtens, Recherchierens, Analysierens und Beschreibens eingeführt, wie Deutungsmuster irritiert werden können und was ein reflexiver Umgang mit Wissen bedeutet. Ziel ist es, Einblicke in forschende Haltungen des erziehungswissenschaftlichen Denkens und damit verbundene Formen des wissenschaftlichen Arbeitens zu illustrieren und damit genau jene forschende Haltung anzuregen.

Das Buch richtet sich sowohl an Lehrende als auch an Studierende der Erziehungswissenschaften und angrenzender Disziplinen. Die Beiträge lassen sich auf unterschiedlichen Ebenen einsetzen: (1) als Anregung bei der Konzeption und Gestaltung von Lehre und Lehrveranstaltungen; (2) als Orientierung während des Studiums und als Einblicke in den ›geheimen Lehrplan‹ von Lehrenden sowie (3) als Gegenstand von Lehre in Form der gemeinsamen Lektüre und Diskussion der Texte.

## Aufbau des Bandes und Vorstellung der Beiträge

Der Band dokumentiert und illustriert unterschiedlich erprobte innovative Lehrkonzepte des Fachbereiches Erziehungswissenschaften. Dabei orientiert sich der Aufbau des Buches an einer systematischen Auseinandersetzung mit den eingangs beschriebenen Fragen der Studierenden.

In einem – neben der Einleitung – weiteren einführenden Beitrag widmen sich Isabell Diehm und Frank-Olaf Radtke der »*Wissenschaft der Erziehung*«. Ausgehend von der Beobachtung, dass Studierende ein Studium der Erziehungswissenschaft häufig mit der Erwartung beginnen, auf eine bestimmte pädagogische Praxis vorbereitet zu werden – eine Erwartung, die angesichts eines theorie- und forschungsorientierten Studiums regelmäßig enttäuscht wird –, gehen sie der Frage nach, was die Erziehungswissenschaft als eigene Disziplin eigentlich ausmacht. Dabei nehmen sie einen historischen Blick ein, der deutlich macht, wie sich der Verwissenschaftlichungsprozess der Pädagogik vollzogen hat und warum für jegliches pädagogisches Handeln theoretisches Wissen von zentraler Bedeutung ist. Der Beitrag regt Studierende dazu an, sich auf Theorien und wissenschaftliche Erkenntnisse als Grundlage des professionellen Handelns einzulassen und bildet damit das Fundament für die nachfolgenden Artikel, die sich spezifischen Facetten erziehungswissenschaftlichen Denkens und Arbeitens widmen.

Der sich an den einleitenden Teil anschließende *zweite Teil* mit dem Titel »*Studium und Studieren*« umfasst Beiträge, die sich mit Techniken und Methoden als Formen des Denkens im Kontext von Lern- und Bildungsprozessen auseinandersetzen. Im Zentrum steht die Frage: *Was bedeutet Studieren und welche Anforderungen gehen für mich damit einher?*

Sophia Richter und Barbara Friebertshäuser stellen in ihrem Beitrag »*Studieren mit dem Forschungstagebuch. Anregungen für Studium und Hochschullehre*« das Forschungstagebuch als ein studienbegleitendes Instrument vor, das Studierende in ihrem Reflexions- und Profilierungsprozess unterstützt und zugleich die Funktion der Organisation und Dokumentation des Studiums übernehmen kann. Neben der inhaltlichen Einführung in die Idee der Verknüpfung von Forschen, Studieren und Tagebuchschreiben enthält der Beitrag zahlreiche Anregungen für den Einsatz des Instrumentes in Studium und Lehre.

Michael Knoll setzt sich in seinem Beitrag »*Wissenschaftlich schreiben: Zwischen Fremdbezug und Eigenanteil*« mit dem wissenschaftlichen Schreiben auseinander und fokussiert dabei die Frage, wie fremde Gedanken in eine eigene Darstellung gebracht werden können. Anhand des Umgangs mit Literatur – dem Lesen, Zitieren und Paraphrasieren – zeigt der Autor auf, wie sich Eigenständigkeit in der Erarbeitung und Rezeption von Wissen zeigt und wie sich damit Wissenschaft als Praxis des Schreibens vollzieht. Exemplarische Beispiele und praktische Hinweise runden den Text ab und verhelfen zur Orientierung auf dem schmalen Grad zum Plagiat.

Ulrich Mehlem und Mejrema Koca demonstrieren in ihrem Beitrag »*Merkmale, Bedeutungen und Funktionen von Thesen bei der Einführung ins wissenschaftliche Denken und Handeln*« wie in der Auseinandersetzung mit der Lektüre Thesen formuliert werden können und welche Fallstricke drohen. An einem Beispiel aus einer Lehrveranstaltung führen die Autor*innen Lesende in die wissenschaftliche Formulierung von Thesen und den wissenschaftlichen Umgang mit Thesen ein und veranschaulichen zugleich eine mögliche Implementierung von Thesen als Form wissenschaftlichen Denkens und Handelns in Lehre.

Manfred Gerspach zeichnet in seinem Beitrag »*Zur Vermittlung eines allgemeinen erziehungswissenschaftlichen Paradigmas am Beispiel der Lehre in der Sonderpädagogik*« Formen der Verhandlung und Vermittlung von Paradigmen im Feld der Erziehungswissenschaften nach. Dabei wird deutlich, dass erziehungswissenschaftliches Denken als Denkweise zu begreifen ist, die im historischen Verlauf einem stetigen Wandel unterliegt. Die damit einhergehenden unterschiedlichen Positionen und Perspektiven werden am Beispiel der Subdisziplin Sonderpädagogik illustriert.

Birte Egloff und Sophia Richter führen in ihrem Beitrag »*Eine wissenschaftliche (Abschluss)Arbeit schreiben*« in die Anforderungen des Schreibens einer wissenschaftlichen Abschlussarbeit ein. Dabei orientieren sie sich an den Planungs- und Schreibphasen und geben neben einem Überblick über die Abschlussarbeit als studienbegleitender Prozess konkrete Hinweise für die Umsetzung. Der Beitrag gibt außerdem Einblicke in Bewertungskriterien wissenschaftlicher Arbeiten, die nicht nur im Prozess der Überarbeitung eine hilfreiche Orientierung bieten.

Im *dritten Teil* stehen »*Wissen und Erkenntnis*« im Kontext erziehungswissenschaftlicher Lern- und Bildungsprozesse im Mittelpunkt. Die Beiträge des Abschnittes fokussieren die Frage: *Was heißt erziehungswissenschaftliches Denken und wie komme ich dazu?*

Christiane Hof zeigt in ihrem Beitrag »*Forschendes Lehren und Lernen*« unter Bezugnahme auf John Dewey die Bedeutung von Forschung und Forschen im erziehungswissenschaftlichen Studium auf. Dabei wird deutlich, dass ein Wissen um die Entstehungsbedingungen von Wissen sowie eine forschende Haltung Grundlage für professionelles pädagogisches Handeln sind.

Mandy Röder und Carolin Marschall veranschaulichen in ihrem Beitrag »*Für jedes Problem gibt es eine Lösung! – Oder vielleicht doch mehr als eine? Zur Vielfältig-*

*keit erziehungswissenschaftlichen Denkens und Arbeitens«*, dass es auf Fragen und Probleme nicht lediglich eine Antwort gibt. Die Autorinnen verdeutlichen, dass es der Auseinandersetzung mit vielfältigen Sichtweisen, dem Abwägen und Diskutieren in Auseinandersetzung mit Wissen bedarf und stellen hierfür zwei konkrete hochschuldidaktische Methoden als mögliche Zugänge – bspw. in der Auseinandersetzung mit wissenschaftlicher Literatur – vor.

Sophia Richter beschäftigt sich in ihrem Beitrag »*Biographische Reflexivwerdung. Ein Ansatz zur Ausbildung einer reflexiv-forschenden Haltung in Studium und Hochschullehre*« mit der Frage, wie Studierende zum Umgang mit komplexen Wissensbeständen befähigt und in den Möglichkeiten, Welt zu betrachten, begleitet und unterstützt werden können. Dabei stellt sie den von ihr entwickelten Ansatz der biographischen Reflexivwerdung vor. Der Ansatz verbindet Studieninhalte mit Biographiearbeit und ethnographischen Analysen, was am Beispiel einer Lehrveranstaltung verdeutlicht wird.

Im *vierten Teil* widmen sich die Beiträge dem »*Analysieren und Forschen*«. In den einzelnen Artikeln werden verschiedene Zugänge und Praktiken erziehungswissenschaftlichen Forschens vorgestellt und in ihren jeweiligen Erkenntnismöglichkeiten und Reichweiten diskutiert. Neben diesen Einblicken in Paradigmen und Strategien von Forschung geht es vordergründig um die Frage, wie erziehungswissenschaftliches Wissen entsteht und inwiefern dieses Wissen um die Entstehungsbedingungen für die Praxis relevant ist: *Wozu brauche ich Forschungsmethoden jenseits des wissenschaftlichen Feldes?*

Helge Kminek hebt in seinem Beitrag »*Datenarchive in Lehre und Studium. Zur Nutzung vergessener Schatzkammern*« das Potenzial und die Einsatzweisen von Datenarchiven in der Lehre hervor. Dabei führt er in kasuistische Lehr-Lernformate ein und veranschaulicht, wie Lernen am Fall zum einen bezogen auf die Reflexion erziehungswissenschaftlichen Handelns sowie zum anderen auf die Reflexion von Methoden des Forschens vollzogen werden kann.

Johannes Wahl, Janek Förster und Sebastian Zimmer zeigen in ihrem Beitrag »*Ermöglichung forschungsbezogener Multiperspektivität im erziehungswissenschaftlichen Studium*« auf, wie Multiperspektivität in und durch Forschung erfahrbar gemacht werden kann. Die Anforderungen hinsichtlich der Formulierung einer Forschungsfrage, der Entwicklung eines gegenstandsbezogenen methodischen Vorgehens sowie der Durchführung einer Forschung bearbeiten die Autoren am Beispiel eines mixed-methods-Seminarkonzeptes. Dabei verweisen sie auch auf die Notwendigkeit, das jeweilige Vorgehen in seinen Grenzen zu reflektieren, womit der Beitrag zahlreiche Anregungen für eine forschungsorientierte Lehre bietet und zugleich Studierenden im Prozess des Forschens Orientierung gibt.

Claudia Meindl geht in ihrem Beitrag »*Wenn Zahlen zählen – Statistisches Denken im erziehungswissenschaftlichen Kontext lehren und lernen*« der Frage nach, mit welchen Einstellungen, Erwartungen und Befürchtungen Studierende der Erziehungswissenschaften eine Statistiklehrveranstaltung besuchen. Diese Frage hat sie gemeinsam mit Studierenden mittels Statistik untersucht. Der Beitrag veranschaulicht nicht nur die Bedeutung von quantitativen Zugängen für pädagogische Handlungsfelder, er zeigt zugleich Möglichkeiten der Lehre quantitativer

Forschung auf und veranschaulicht Studierenden Zugänge und Erkenntnismöglichkeiten quantitativer Forschungsdesigns.

Astrid Jurecka geht in ihrem Beitrag »*Test- und Fragebogenkonstruktion als forschendes Lernen? Möglichkeiten und Herausforderungen der Umsetzung*« der Frage nach, wie Studierende in quantitative Forschungsmethoden in Form eines forschenden Lernens eingeführt werden können. Dabei nimmt die Autorin ihre Lehrveranstaltungen zu »Test- und Fragebogenkonstruktionen« zum Ausgangspunkt einer längsschnittlichen forschenden Begleitung unter dem Fokus von Wissenszuwachs, Effekte auf wissenschaftsbezogenes Wissen sowie Überzeugungen und Selbstwirksamkeit. Die Ergebnisse sowie deren Diskussion geben zahlreiche Einblicke in die Möglichkeiten und Grenzen von Forschungsdesigns in Abhängigkeit vom Forschungsinteresse.

Im *fünften Teil* »*Profilbildung und Professionalisierung*« steht die Anforderung der individuellen Schwerpunktsetzung, die Orientierung innerhalb der erziehungswissenschaftlichen Teildisziplinen und Denkschulen, die eigene Positionierung und damit verbundenen Professionalisierung im Zentrum. *Wie bereitet mich das Studium auf die pädagogische Praxis vor?*

Nadine Weber und Carolin Burgwald stellen in ihrem Beitrag »*Das Portfolio im Studium: Formen der Gestaltung und Möglichkeiten des Einsatzes*« das Portfolio als studienbegleitendes Instrument vor und erläutern Entstehung und Formen. Zugleich führen sie in unterschiedliche Gestaltungsmöglichkeiten ein und zeigen Beispiele der Einbindung in Lehre und Studium auf. Insbesondere das ePortfolio enthält zaleiche Potenziale, Lehr-Lernprozesse an Hochschulen neu zu denken und neu zu gestalten, wozu der Beitrag Anregungen gibt.

Birte Egloff beschäftigt sich in ihrem Beitrag »*Das Praktikum als Reflexionsinstanz im Studium*« mit dem Praktikum als einem Studienelement, das Berufsfeldbezug und Praxisreflexion mit den Inhalten des Studiums verbindet. Es wird aufgezeigt, inwiefern die Forschungsstrategie der Ethnographie hierfür einen wichtigen Beitrag liefern kann. Darüber hinaus gibt der Artikel Orientierung zum Suchen und Finden von Praktika angesichts der Vielfalt pädagogischer Handlungsfelder sowie im Kontext der Zielsetzung von Praktika durch die Hochschule.

Anne Seifert veranschaulicht in ihrem Beitrag »*John Deweys Blick auf wissenschaftliches Denken und Handeln. Konsequenzen für die Hochschullehre am Beispiel von Service-Learning*« das vielfältige Potential des Lehr-Lernformates ›Service-Learning‹. Unter Bezugnahme auf John Dewey führt die Autorin in die Entstehung und Zielsetzung von Service-Learning ein, einem Lernkonzept, bei dem Studierende sich gesellschaftlich engagieren und die dabei gemachten Erfahrungen mit Bezug auf ihre jeweiligen Studienschwerpunkte reflektieren. Möglichkeiten der konkreten Umsetzung, Potentiale sowie Grenzen führt die Autorin anhand eines mehrsemestrigen Seminarkonzepts aus.

Tatjana Dietz und Sabine Andresen machen in ihrem Beitrag »*Kinderschutz im internationalen Dialog. Erziehungswissenschaftliche Perspektiven auf eine besondere Herausforderung professionellen Handelns*« auf die Potentiale von Multiperspektivität durch internationalen Dialog aufmerksam. Am Beispiel eines Lehr-Lernkonzepts zum Thema Kinderschutz verdeutlichen die Autorinnen, wie der ›Blick über den Tellerrand‹ und eine offene Haltung im Umgang mit Herausforderungen pädagogischen Handelns einen wichtigen und innovativen Zugang darstellen und Professionalisierungsprozesse befördern.

Milena Noll, Carina Rüffer und Johanna Schogs gehen in ihrem Beitrag »*Sexualisierte Gewalt im Themenspektrum von Lehre. Herausforderungen und Reflexion von Lehrkonzepten*« der Frage nach, wie pädagogische Herausforderungen in Lehre aufgegriffen werden können. Anhand des Themas »sexualisierte Gewalt« zeigen die Autorinnen bestehende Konzepte und eigene Erprobungen der Implementierung in Hochschullehre auf. Es wird deutlich, dass eine forschend-reflexive Auseinandersetzung mit normativen, tabuisierten und/oder sensiblen Themenbereichen spezifischer Lehr-Lernkonzepte bedarf, wozu der Beitrag einige Impulse gibt. Zugleich lässt sich an dem Beitrag das Verhältnis von wissenschaftlichem Studium und Anforderungen pädagogischer Praxis diskutieren.

Der Band schließt ab mit einem *sechsten Teil*, in dem »*Methoden und Techniken*« beschrieben werden, die Anregungen für Studium und Lehre geben sollen. Die Autor*innen der beiden unter diesem Abschnitt zusammengestellten Beiträge repräsentieren jeweils eine spezifische Perspektive auf die Hochschule: einerseits aus der Erwachsenen- und Weiterbildung und andererseits aus dem Studium im Übergang in die Wissenschaft.

Manuela Krahnke geht in ihrem Beitrag »*Digitale Lehr-Lern-Settings beziehungsengagiert gestalten – ein Methodenkoffer zur Erprobung*« der Frage nach, wie man in digitalen Lehr-Lern-Settings zu Wissensgesprächen anregen kann und Orte des forschenden reflexiven Austausches ermöglicht. Dazu stellt sie konkrete Tools und Methoden vor, wie u. a. Selbsttätigkeit und gemeinschaftliches Arbeiten angeregt werden.

Vanessa Dresbach und Andreas Weiß setzen sich in ihrem Beitrag »*Tutorien als Begleitung ins Studium und als Einführung ins wissenschaftliche Arbeiten. Erfahrungen – Möglichkeiten – Anregungen*« mit ihren Erfahrungen des wissenschaftlichen Arbeitens auseinander. In Form eines Dialoges tauschen sich die Autor*innen über ihre Tätigkeit als Tutor*innen und über ihre eigenen Relevanzsetzungen im wissenschaftlichen Arbeiten aus Studierendensicht im Übergang zur Lehrendensicht aus.

Wir bedanken uns bei den Kolleg*innen für die interessanten Beiträge und wünschen den Lesenden vielfältige Erkenntnisse und Anregungen. Wir hoffen, dass das Buch neben der individuellen Lektüre im Rahmen von Selbststudium und Vorbereitung auf Lehrveranstaltungen Einzug in die Seminare hält, indem Texte mit Studierenden gelesen und diskutiert werden in der gemeinsamen forschenden Auseinandersetzung mit der Frage: Was bedeutet es, erziehungswissenschaftlich zu denken und zu arbeiten?

## Literatur

Franck, N. & Stary, J. (2013). *Die Technik wissenschaftlichen Arbeitens. Eine praktische Anleitung.* Paderborn: Schöningh.
Misakian, M. (2021, 13. März). Das lukrative Geschäft mit der Abschlussarbeit. In: *Frankfurter Allgemeine Zeitung (FAZ)*, Nr. 61, S. C3.
Thompson, C. (2020). *Allgemeine Erziehungswissenschaft. Eine Einführung.* Stuttgart: Kohlhammer.

## Weiterführende Literaturhinweise zum wissenschaftlichen Arbeiten

Becker, H. S. (2000). *Die Kunst des professionellen Schreibens: ein Leitfaden für die Geistes- und Sozialwissenschaften.* Frankfurt am Main [u. a.]: Campus-Verlag.
Bohl, T. (2018). *Wissenschaftliches Arbeiten im Studium der Erziehungs- und Bildungswissenschaften. Arbeitsprozesse, Referate, Hausarbeiten, mündliche Prüfungen und mehr.* Weinheim/Basel: Beltz.
Chirico, R. & Selders, B. (2010). *Bachelor statt Burnout.* Göttingen: Vandenhoeck & Ruprecht.
Eco, U. (2014). *Wie man eine wissenschaftliche Abschlussarbeit schreibt. Doktor-, Diplom- und Magisterarbeit in den Geistes- und Sozialwissenschaften.* Wien: facultas.
Franck, N. (2012). *Gekonnt referieren. Überzeugend präsentieren. Ein Leitfaden für die Geistes- und Sozialwissenschaften.* Wiesbaden: VS Verlag für Sozialwissenschaften.
Franck, N. & Stary, J. (2013). *Die Technik wissenschaftlichen Arbeitens. Eine praktische Anleitung.* Paderborn: Schöningh.
Göttert, K.-H. (2002). *Kleine Schreibschule für Studierende.* München: Fink.
Grund, U. & Heinen, A. (1996). *Wie benutze ich eine Bibliothek? Basiswissen – Strategien – Hilfsmittel.* München: Fink.
Hey, B. (2019). *Präsentieren in Wissenschaft und Forschung.* Berlin/Heidelberg: Springer.
Holzbaur, U. (2014). *Projektmanagement für Studierende: Erfolgreich das Studium meistern.* Wiesbaden: Springer.
Kaluza, G. (2018). *Gelassen und sicher im Stress.* Berlin/Heidelberg: Springer.
Knoblauch, J. (2012). *Zeitmanagement.* München: Haufe-Lexware GmbH & Co. KG. Verlag.
Kornmeier, M. (2016). *Wissenschaftlich schreiben leicht gemacht. Für Bachelor, Master und Dissertation.* Stuttgart: utb.
Kruse, O. (2012). *Keine Angst vor dem leeren Blatt – ohne Schreibblockaden durchs Studium.* Frankfurt [u. a.]: Campus-Verlag.
Kruse, O. (2015). *Lesen und Schreiben. Der richtige Umgang mit Texten im Studium.* Konstanz: UVK.
Mainka-Riedel, M. (2013). *Stressmanagement – Stabil trotz Gegenwind.* Wiesbaden: Springer.
Narr, W. D. & Stary, J. (Hrsg.) (2000). *Lust und Last des wissenschaftlichen Schreibens. Hochschullehrerinnen und Hochschullehrer geben Studierenden Tips.* Frankfurt am Main: Suhrkamp.
Niedermair, K. (2010). *Recherchieren und Dokumentieren. Der richtige Umgang mit Literatur im Studium.* Konstanz: UVK.
Reichel, T. (2016). *50 Dinge, die du für dein Studium tun kannst, auch wenn du keine Zeit hast.* Aachen: Studienscheiss Verlag.

Ries, A. (2018). *Das Projekt Studium meistern: erfolgreich studieren ohne sich zu verzetteln.* München: UVK.
Rost, F. (2018). *Lern- und Arbeitstechniken für das Studium.* Wiesbaden: Springer.
Rustemeyer, R. & Callies, C. (2013). *Aufschieben, Verzögern, Vermeiden: Einführung in die Prokrastination.* Darmstadt: WGB.
Rückert, H. (2014). *Schluss mit dem ewigen Aufschieben. Wie Sie umsetzen, was Sie sich vornehmen.* Frankfurt/New York: Campus Verlag.
Schott, F. (2015). *Lernen, verstehen, Prüfungen meistern.* Stuttgart: utb.
Standop, E. (2008). *Die Form der wissenschaftlichen Arbeit: Grundlagen, Technik und Praxis für Schule, Studium und Beruf.* Wiebelsheim: Quelle & Meyer.
Voss, R. (2020). *Wissenschaftliches Arbeiten leicht verständlich.* Stuttgart: utb.
Wolfsberger, J. (2021). *Frei geschrieben. Mut, Freiheit und Strategie für wissenschaftliche Abschlussarbeiten.* Stuttgart: utb.

# Die Wissenschaft der Erziehung

*Isabell Diehm & Frank-Olaf Radtke*

## Warum Erziehungswissenschaft studieren?

### Enttäuschte Erwartungen

Ob im Bachelor- oder Masterstudiengang, ob in den bildungswissenschaftlichen Studienanteilen für das Lehramt, selbst noch in erziehungswissenschaftlichen Promotionsstudiengängen oder Graduiertenkollegs – immer geht es auch um die kaum ausgesprochene, selten ausführlich diskutierte und mitunter durchaus Verlegenheit produzierende Frage: Was zeichnet die Erziehungswissenschaft aus, was unterscheidet sie von den anderen sozialwissenschaftlichen Disziplinen, namentlich der Soziologie oder der Psychologie, die sich doch ebenfalls mit *Erziehung* beschäftigen? In Vorlesungen und Seminaren werden diese Fragen zu oft als überflüssig, als längst geklärt vorausgesetzt und gar nicht erst behandelt. Dabei kommt es immer wieder, spätestens anlässlich von Entwürfen für Abschlussarbeiten, bei Studierenden wie Lehrenden zu irritierenden Beobachtungen und Begegnungen. Die Nachfrage seitens der Lehrenden, welches die besondere erziehungswissenschaftliche Perspektive eines Referates oder einer Ausarbeitung sei, erzeugt nicht selten Ratlosigkeit und Unschlüssigkeit bei den Studierenden.

Dieser Erfahrung im Lehrbetrieb ist eine weitere Beobachtung an die Seite zu stellen: Ein großer Teil der Studierenden ist neben dem Studium bereits in unterschiedliche pädagogische Praxisverhältnisse eingebunden: im schulischen Bereich entweder betraut mit Unterrichtsaufgaben, z. T. mit der befristeten Klassenleitung oder mit nach-unterrichtlichen Betreuungs- und Unterstützungsaufgaben; im außerschulischen Bereich in allen denkbaren pädagogischen Kontexten der Einzel- und Gruppenbetreuung und -hilfen. Geschuldet ist dies zumeist einer Mangelsituation. So ist in den vergangenen Jahren die Ganztagsbetreuung im vor- und außer- wie im schulischen Bereich auf gesetzlicher Grundlage quantitativ erheblich ausgebaut worden, ohne die Ausbildung geeigneter pädagogischer Fachkräfte abwarten zu können.

Studentinnen begegnen den Dozentinnen[1] der Erziehungswissenschaft daher häufig bereits erfüllt von konkreten pädagogischen Erfahrungen, umgetrieben von ungelösten Fragen, die sich aus ihrer täglichen Praxis ergeben. Was sie von

---

1 Im Folgenden werden wir mit Blick auf die bessere Lesbarkeit auf das *Gendern* des Textes durch Sternchen o. ä. Markierungen verzichten. Durchgängig verwenden wir hingegen die weibliche Form, sie entspricht dem real hohen Frauenanteil in den erziehungs-

der Universität erwarten, ist Hilfe, vielleicht Bestätigung und Ermutigung, neuerdings auch Coaching und Karrieretraining. Häufig mündet die Enttäuschung über das, was ihnen geboten wird, in die Frage: Warum muss ich überhaupt studieren, wo es mir doch darum geht, möglichst effektiv (m)ein Handwerk zu erlernen und *know how* zu erwerben?

Solche Beobachtungen und Erfahrungen beschreiben für die aktuelle Lehr- und Studiensituation in der Erziehungswissenschaft ein offenkundiges Spannungsverhältnis zwischen dem Angebot und den Erwartungen. Dahinter liegt systematisch die Frage nach dem Verhältnis von wissenschaftlicher (Fach-)Disziplin und Profession, letztlich die nach dem Verhältnis von Theorie und beruflicher Praxis.

## Die Meisterlehre

Was also bietet ein Studium der Erziehungswissenschaft, was kann die Beschäftigung mit der Theorie der Erziehung vor dem Einstieg in den Beruf nützen? Derzeit besteht bei der Ordnung der Berufe ein nicht zu hintergehender Konsens: Ein wissenschaftliches Studium hat (fast) jeglicher pädagogischen Praxis öffentlicher Erziehung vorauszugehen, nur so sei die erforderliche *Professionalität* zu gewährleisten. Historisch betrachtet, stellt diese Vorgabe gleichwohl eine relativ neue Entwicklung dar. Über Jahrhunderte hinweg haben Novizen, Neulinge im Feld der Erziehung (das hieß: in der Schule), eine Meisterlehre absolviert. Dabei handelte es sich um Männer, oft ausgediente Offiziere. Diese suchten sich Schulmeister, erfahren in der ›Handwerkskunst‹ des Erziehens und Unterrichtens, schauten sich deren Ziele, Stile und Methoden ab und erprobten sich selbst, um das ›Abgeschaute‹ schließlich in ihre eigene Praxis zu übernehmen. Es war also von einer ›Lehrzeit‹ für angehende Lehrer zu sprechen. Später im 20. Jahrhundert wurde diese Art von ›Lehre‹ ergänzt um sogenannte ›Pädagogische Seminare‹, Einrichtungen, die sowohl theoretische wie praxisbezogene Phasen der Ausbildung zukünftiger Lehrerinnen diesseits der Gymnasien kombinierten – nun waren auch Frauen zugelassen. Die seminaristische Form der Ausbildung hat sich bis heute in der zweiten Phase der Ausbildung der Lehrerinnen, im Referendariat, ebenso wie im ›Anerkennungsjahr‹ der Erzieherinnen erhalten.

Nur für die zukünftigen Gymnasiallehrer, die lange Zeit fast ausschließlich männlich waren, war eine universitäre Ausbildung institutionalisiert. Freilich war dieses Studium allererst auf die Unterrichtsfächer zugeschnitten, welche die Absolventen später unterrichten wollten, etwa Mathematik, Physik, Deutsch, Latein etc. Das fachbezogene Studium wurde lediglich um wenige Pflichtstunden im Fach Pädagogik ergänzt.

Erst in den 1970er Jahren wurde eine wissenschaftliche Ausbildung für alle zukünftigen Lehrkräfte vorgeschrieben – nicht zuletzt auch aus standes- und besoldungspolitischen Gründen. Von nun an mussten auch die auszubildenden

---

wissenschaftlichen und pädagogischen Studiengängen sowie den entsprechenden Praxisbereichen. Männer sind selbstverständlich mit gemeint.

Haupt-, Real- und Grundschullehrerinnen, die zuvor an den ›Pädagogischen Seminaren‹ ausgebildet worden waren, pflichtgemäß ein explizit erziehungswissenschaftliches Studium durchlaufen – vor dem Eintritt in den Beruf. Dessen Anteil gegenüber dem Studium der Unterrichtsfächer wurde mit der Zeit deutlich erhöht.

## Die Verwissenschaftlichung der Pädagogik

Die moderne Gesellschaft beschreibt sich als *Wissens*gesellschaft, in der alle Teilbereiche des sozialen Lebens: Recht, Gesundheit, Politik, Wirtschaft, Sport etc. ihre Legitimation zunehmend aus wissenschaftlich gesichertem Wissen beziehen. Verwissenschaftlichung ist in vielen Berufen zu beobachten, z. B. dem des Ingenieurs, des Arztes, des Juristen, des Pfarrers etc. Eine wissenschaftliche Ausbildung wurde zunehmend als Voraussetzung für kompetent-berufliches, aber bald auch alltägliches Handeln angesehen, eine ›Verwissenschaftlichung aller Lebensbereiche‹ ist als *der* allgemeine Trend im 20. Jahrhundert festzuhalten. Der Soziologe Max Weber (1919) sprach von einer »Entzauberung der Welt« und bezeichnete damit eine stetige Verdrängung religiöser und künstlerischer Weltbeschreibungen und -anschauungen zugunsten einer sich auf dem Vormarsch befindlichen wissenschaftlichen Rationalität. Gefragt sind seither ›wissenschaftlich ausgebildete Praktikerinnen‹, bzw., so lautet die Terminologie: ›Professionelle‹. Ein Studium wird zur Zulassungsbedingung für alle professionalisierten Berufe, das sind diejenigen, die in das Leben anderer Menschen folgenreich eingreifen (können) und dafür Verantwortung übernehmen müssen. Dies gilt schließlich auch für die öffentlich verantwortete Erziehung und für (fast) alle angehenden Pädagoginnen, welche in einem öffentlich verantworteten Raum erzieherische Berufe ausüben. Die obligatorische wissenschaftliche Ausbildung hat nachgeholt, was für andere Professionen bereits viel früher selbstverständlich war. Vor diesem Hintergrund ist zu sehen, dass sich die hergebrachte, im 19. Jahrhundert begründete akademische ›Pädagogik‹ im 20. Jahrhundert allmählich von einer Kunstlehre zur ›Erziehungswissenschaft‹ als einer weiteren Sozialwissenschaft entwickelt hat.

Ebenfalls in den 1970er Jahren, als mit der politisch gewollten Bildungsexpansion die Zahl der Studentinnen anstieg, wurde zur Kanalisierung der ›Studentenströme‹ für den außerschulischen Bereich der Studiengang der ›Diplom-Pädagogik‹ (ebenso wie das Diplom in Psychologie und Soziologie) erfunden, ohne dass ein Berufsfeld bereits definiert gewesen wäre. Die Planer gingen nicht von bestehenden Stellenbeschreibungen aus, von den Absolventinnen wurde vielmehr erwartet, sich eigene Berufsfelder gestaltend zu erschließen. Der Studiengang war nicht als ›Passung‹ auf existierende Berufsprofile ausgelegt, sondern hoffte auf innovative Profilierungsstrategien.

Eine große Ausnahme bezüglich der weithin beanspruchten Akademisierung pädagogischer Ausbildungen bildet bis heute der Bereich der vor- und außerschulischen Erziehung. Erzieherinnen in Kindertagesstätten und Horten haben in der Regel kein Studium absolviert, die Berufsbezeichnung »staatlich anerkannter Erzieher«[2] wird im Rahmen einer Fachschulausbildung (und anschließender staatlicher Prüfung) erworben. Neben einem nicht-akademischen Fachunterricht erinnern die verschiedenen praktischen, auf teilnehmende Einübung angelegten Ausbildungsphasen weiter an eine ›Meisterinnenlehre‹, wie sie in früheren Zeiten auch die ›Schulmänner‹ zu absolvieren hatten. Dieser Zustand wird gegenwärtig kontrovers diskutiert. Ein international vergleichender Blick auf andere europäische Länder macht deutlich, dass hier die akademische Ausbildung die Regel darstellt. In Finnland etwa finden sich promovierte Personen in der Leitung von Kindertageseinrichtungen. Hier gilt die Prämisse: Je jünger die Kinder sind, desto höher sind die Anforderungen an eine wissenschaftlich fundierte Ausbildung der pädagogischen Fachkräfte. Auch in Ländern wie Frankreich oder Italien sind akademische Ausbildungen für die frühpädagogischen Fachkräfte die Regel. Vor einem solchen Hintergrund nimmt Deutschland eine fragwürdige Sonderstellung ein, weil es gerade diesen pädagogischen Berufszweig (noch) nicht akademisiert hat.

## Wirkungserwartungen

›Wissen‹ wird in der modernen Gesellschaft zu einem wichtigen Rohstoff. In allen Berufsfeldern führt die Ver*wissen*schaftlichung von Ausbildungsgängen sukzessive zu neuen Formen der Professionalisierung. Freilich stellt sich die Frage: Was soll die Verwissenschaftlichung der Erziehung bewirken und was bewirkt sie tatsächlich?

Behauptet werden zumindest drei Wirkungen der Verwissenschaftlichung pädagogischer Berufe:

1. *Innovation*: Im Rahmen einer klassischen Meisterlehre sei ›Tradition‹ fortgeschrieben, d. h. eine als bewährt angesehene Praxis bloß ›tradiert‹ worden. Auf diese Weise werde vor allem ›Bewährtes‹ (wenn auch möglicherweise im Einzelfall geringfügig modifiziert) eben bewahrt. Die Idee einer Akademisierung pädagogischer Berufe folgt demgegenüber dem Gedanken, dass neues, wissenschaftlich erzeugtes Wissen anstelle von tradierter Erfahrung mit dem Ziel der *Innovation* in die pädagogische Praxis eingeführt werden soll; mit der Idee einer Verwissenschaftlichung verband sich die Hoffnung auf Rationalisierung, Erneuerung und Verbesserung der Praxis. Hinter dieser Idee steht ein Konzept, das stark in der Alltagsvorstellung verankert ist: Es ist der Gedanke, dass Theorie die Praxis anleiten könne; es setzte sich die Vorstellung durch, dass mit elaborierten wissenschaftlichen Theorien eine bessere Praxis der Erziehung zu erreichen sei. Vorbild für dieses Denken ist der Siegeszug der Naturwissenschaften seit dem 19. Jahrhundert und ihr Beitrag zur Entwicklung neuer Technologien und Produktivkräfte. Ob sich die Hoffnung auch in der Erziehung bewahrheitet hat, bleibt eine empirisch zu prüfende Frage.

---

2 Die längste Zeit war die männliche die offizielle Bezeichnung dieses Berufs, der gleichwohl bis heute mehrheitlich von Frauen ausgefüllt wird.

2. *Legitimation*: In einer Wissensgesellschaft ist niemand berechtigt, Eingriffe in das Leben anderer Menschen vorzunehmen, wenn er das nicht auf dem *Stand des aktuell verfügbaren Wissens* tut. Man denke nur an eine Ärztin ohne Approbation. Erziehende haben durchaus folgenreiche Entscheidungen für und über Kinder, Jugendliche und ihre Familien zu treffen, die für deren weiteres Leben hohen Einfluss entfalten, z. B. Schullaufbahnentscheidungen oder die Inobhutnahme eines Kindes durch das Jugendamt. Professionelle müssen deshalb – aus dem berechtigten Interesse der Klientinnen – wissen, was über den jeweiligen Sachverhalt zu wissen ist. Das gilt für Lehrerinnen in gleichem Maße wie für Chirurginnen. Ebenso, wie von der behandelnden Ärztin medizinische (wissenschaftliche) Kompetenz erwartet wird, müssen Eltern wissenschaftliches Wissen von den pädagogischen Fach- und Lehrkräften erwarten, denen sie ihre Kinder anvertrauen. Dies soll ein erziehungswissenschaftliches Studium sicherstellen. Sein erfolgreicher Abschluss verleiht *quasi* eine ›Lizenz zum Erziehen‹ und mithin eine Lizenz, folgenreiche Entscheidungen für das weitere Leben von Kindern und Jugendlichen treffen zu können und zu dürfen.

Ob einmal getroffene Entscheidungen sachgerecht sind, kann dann durchaus weiter strittig sein. Was aber von professionellen Pädagoginnen zumindest erwartet werden kann, ist, dass sie wissen, *wie* wissenschaftlich fundiert über ein Problem *zu sprechen* ist. Die Erziehungswissenschaft bietet hierfür das semantische Repertoire, in dem kommuniziert wird, was sinnvoll ist, d. h. was zu bestimmten Themen *sagbar* ist und was nicht. So verbieten sich für pädagogische Fachkräfte alltagstheoretische, ideologisch überformte und/oder vorurteilsbehafte Ursachenbeschreibungen bei Problemen von und mit Kindern, Jugendlichen oder Schülerinnen. In einem erziehungswissenschaftlichen Studium erwerben die Studentinnen neben dem *aktuellen Stand des Wissens Kenntnisse* darüber, wie strittige Entscheidungen nachträglich zu begründen sind. Sie werden in den Diskurs des Sagbaren eingeübt.

3. *Reflexion*: Von Professionellen wird nicht nur erwartet, dass sie wissen, was sie tun, sondern auch, dass sie sich zu ihrem Tun reflexiv verhalten und dazu begründend Stellung nehmen können. Dies markiert den Unterschied zwischen Laien, denen *intuitives* Handeln genügt, und Professionellen, die beanspruchen, ihr Handeln *reflektiert* auszuüben. Professionelle müssen ihr Tun erklären, begründen und ggf. auch korrigieren können – basierend auf dem jeweils verfügbaren wissenschaftlichen Wissen.

In Hinblick auf diese drei Aspekte verbinden sich mit einem erziehungswissenschaftlichen Studium hohe Erwartungen. Dass die Beschäftigung mit wissenschaftlich erzeugter Theorie zur Bedingung der (professionellen) Praxis erhoben wird, kann zumal von denen, die schon in der Praxis stehen, als Zumutung erlebt werden, gerade weil zwischen Theorie und Praxis eine Kluft zu überbrücken ist und gerade weil zwischen Wissen und Können (Radtke 1996) eine schwer aufzuhebende Differenz besteht.

## Theorien verschiedener Güte

Deshalb macht es Sinn, das Verhältnis von Theorie und Praxis gesondert zu betrachten. Dabei überrascht die Tatsache, dass Theorien – zum Teil sehr komplexe – an unserem alltäglich-lebensweltlichen wie im beruflichen Handeln je schon beteiligt sind; sie steuern unsere Wahrnehmung und jegliche Entscheidung, und zwar immer und unhintergehbar.

Der Erziehungswissenschaftler Erich Weniger (1957, S. 12) schrieb dazu im Kontext der Lehrerbildung:

> »Jede Praxis, in unserem Falle also die erzieherische Einwirkung im ›pädagogischen Akt‹, ist geladen mit Theorie, fließt heraus aus Theorie, wird gerechtfertigt durch Theorie – aber nun durch die Theorie des Praktikers, über die er verfügt, die er gewonnen und sich erarbeitet hat, die ihm aus seiner Umgebung zufließt, aus der Überlieferung seines Standes, der Schule, seines Volkes usw. Der Praktiker handelt in Wahrheit ständig aus Theorie, und das kann auch gar nicht anders sein, es ist vollständig in Ordnung.«

Und Weniger fährt fort:

> »Das Leiden ist nur, dass dem Ausübenden so oft das Bewusstsein von seiner Theorie oder seinen Theorien fehlt, und dass sie unklar, verschwommen, aus heterogenen und zum Teil trüben Quellen ohne Besonnenheit zusammengesetzt sind, ohne Wissen von ihren wahren Zusammenhängen und von ihrer Tragweite, dass schließlich überhaupt nicht mehr gewusst wird, dass man ›in der Praxis‹ theoretische Auffassungen ›versucht‹.«

Beim Handeln/Entscheiden wird also immer auf Theorie zurückgegriffen, deren Herkunft freilich im Dunkeln bleibt. Alltagstheorien, die als eine Mischung aus Wissen, Glauben und Aberglauben vorgestellt werden können, dienen dazu, von Fall zu Fall eine Situationsdeutung aufzubauen. Die ›Entzauberung der Welt‹ ist längst nicht so weit fortgeschritten, dass sie vor ›Wiederverzauberung‹ und Mythenbildung gefeit wäre. Im Alltag wird immer unter Bedingungen unzulänglicher Informationen gehandelt; und anders als in der Wissenschaft besteht in der laufenden Praxis nicht die Muße und nicht die Distanz, sich für Interpretationen und Reflexion Zeit zu nehmen. Vielmehr muss unter Zeitdruck situativ zwischen vorhandenen Optionen entschieden werden. Niemand kann im Alltag anders als genau so handeln.

Im Bestreben, Ordnung in diese Problematik zu bringen, hat Erich Weniger dann Theorien verschiedener Reichweite unterschieden:

*Theorien ersten Grades* umfassen implizites Wissen – verinnerlichte Erziehungsvorstellungen und Meinungen. Wahrscheinlich ist davon auszugehen, dass Lehrerin-Sein schon als Schülerin gelernt wird, in vielen tausend Stunden.

*Theorien zweiten Grades* umfassen explizites Wissen, Handlungswissen (*know how*), Erfahrungssätze, Lebensregeln, Sprichworte, geronnene Weisheiten, wie etwa: »Was Hänschen nicht lernt, lernt Hans nimmermehr«.

*Theorien dritten Grades* schließlich stehen für methodisch kontrolliertes Wissen (*knowing that*), das aus der Wissenschaft bezogen, dann aber im Handeln nach eigenen Gesichtspunkten transformiert wird. Sie dienen allererst der Selbstreflexion, der Selbstbeobachtung und dazu, nachträglich Rechenschaft über das eigene Handeln ablegen zu können. Die wissenschaftliche Theorie ist insofern, anders als die Hoffnungen auf Innovation und Optimierung lauteten, nicht unmittelbar handlungsanleitend, sondern legitimierend: Die Theorie kommt nach dem Fall (Radtke 2006). Im Besitz der Praktikerin werden daraus wieder Theorien zweiten Grades.

## Wissenschaftliche Aufklärung

Welche Aufgabe kann in dieser Gemengelage eine wissenschaftliche Ausbildung übernehmen? Erziehungswissenschaftliche Aufklärung! Wissenschaft dient dazu, die ›trüben Quellen‹, aus denen Praktikerinnen ihr Wissen schöpfen, aufzuklären. Wissenschaft weiß um die Theorie- bzw. Beobachterinnenabhängigkeit von Beobachtungen; sie stellt Wissen bereit, das methodisch kontrolliert, an Wahrheitskriterien gehärtet ist, die im Wissenschaftssystem definiert wurden. Die Ausbildung an wissenschaftlichem Wissen will zur ›Besonnenheit‹ hinführen, zu einem bewusst(er)en Umgang mit Theorien und ihrer Reichweite. Professionelle Pädagoginnen sollen lernen, sich mit Theorien zu versorgen, nicht zuletzt auch, um sich selbst und ihr Handeln beobachten zu können und, ja, zu wissen, was sie tun.

›Naive‹ Alltagstheorien und wissenschaftliche Theorien unterscheiden sich zunächst nicht hinsichtlich der Frage, was sie zur Deutung von Phänomenen, Situationen und Ereignissen beitragen bzw. bei deren Interpretation leisten. Aber: Wissenschaftliche Theorie entsteht anders als Alltagstheorie unter methodisch und methodologisch kontrollierten Sonderbedingungen. Das macht ihre herausgehobene Dignität aus, hat allerdings den Nachteil, dass solches Wissen erst *post faktum* zur Verfügung steht, also erst dann, wenn die eigentliche, herausfordernde Situation längst vorüber ist.

Das ist keine neue Einsicht. Zum Verhältnis von Theorie und Praxis formulierte der Theologe und Philosoph Friedrich Schleiermacher in seiner berühmt gewordenen Vorlesung des Jahres 1826 bereits Überlegungen, die verdeutlichen konnten, dass pädagogische Praxis weithin ohne die Theorie der Wissenschaft stattfindet und stattfinden kann:

> »Aber die Theorie beherrscht an und für sich nicht die Praxis, die Theorie ist immer später. Die Theorie muß sich erst Raum verschaffen, wenn die Praxis schon begründet ist. Verschafft sie sich diesen Raum durch ihre eigenen Kräfte, und gewinnt sie unter denen, welche die Praxis handhaben, allmählich freie Anerkennung, so wird Theorie und Praxis sich einigen, die Praxis sich von selbst ändern« (Schleiermacher, 1826, S. 146).

Manchmal ist es hilfreich, sich bei den pädagogischen Klassikern zu informieren, Illusionen und enttäuschte Erwartungen lassen sich so, zumindest zum Teil ersparen.

# Was hat die Erziehungswissenschaft zu bieten?

## Zum Verhältnis von Pädagogik und Erziehungswissenschaft

Die Erwartung, Wissenschaft könne die Praxis anleiten, hat sich in der Erziehung nicht erfüllt. Offenbar ist Erziehung kein technologisch lösbares Problem, vergleichbar dem Bau einer Brücke oder einem chemischen oder pharmazeutischen Prozess. In der pädagogischen Kommunikation, zwischen Senderin und Empfängerin, zwischen Absicht und Wirkung, zwischen Vermittlung und Aneignung fehlt etwas Entscheidendes: die Durchgriffskausalität. Dieses Problem hat der Soziologe Niklas Luhmann in einem stehenden Bild verdeutlicht: Ein Ball wird geworfen. Ob er auch gefangen wird, hängt nicht allein von derjenigen ab, die wirft ...

Das Verhältnis von *Theorie und Praxis*, von *Disziplin und Profession* ebenso von unterschiedlichen Wissensformen wie *wissenschaftlichem Wissen und praktischem Wissen* ist in der Erziehung anders gelagert als in der Physik, Chemie oder Medizin. Zu ihrem Sonderstatus werden innerhalb der Erziehungswissenschaft anhaltend durchaus kontroverse Debatten geführt (vgl. z. B. Brezinka, 1971 und 1978, Blankertz, 1982, Tenorth, 1994, zuletzt Balzer & Bellmann 2019). Insofern bedarf es – ergänzend zu den bereits dargelegten Überlegungen Wenigers – einer vertiefenden Betrachtung, welche das Verhältnis von *Pädagogik* und *Erziehungswissenschaft* nochmals gesondert in den Blick nimmt.

Seit es funktional differenzierte Gesellschaften gibt, steht *Erziehung* für eine gesellschaftliche, eine *öffentliche Aufgabe*. Die Zuständigkeit für Erziehung verschiebt sich, beginnend im 18. Jahrhundert, mehr und mehr von der *privaten* Sphäre der Familie hin zu einer öffentlichen Schule, verpflichtend für alle Bevölkerungsgruppen. Schon in der Renaissance und dann intensiviert im Neuhumanismus hatten sich Theologie und Moralphilosophie die Frage gestellt: Wie soll die ältere Generation die Kinder in das Leben einführen? Spezialisiert auf dieses Problem hat sich eine akademische Pädagogik, die sich zur eigenständigen Disziplin zu formen begann. Ernst Christian Trapp erhielt 1779 in Halle den ersten Lehrstuhl für Pädagogik an einer Universität. Der Begriff »*Pädagogik*« geht auf die griechische Antike zurück. Als »Pädagoge« wurde der Sklave bezeichnet, der die Kinder der reichen Familien in die Schule führte (Pädagoge bedeutet übersetzt Knaben-Führer). Das neu konstituierte Fach widmete sich der Aufgabe zu bestimmen, *wie* man erziehen soll, *mit welchen Mitteln* und zu welchen *Zielen*. Dementsprechend ist Pädagogik *normativ* ausgerichtet, von ihr werden programmatische, wertbezogene Aussagen erwartet.

Konsequent *deskriptiv* hingegen versteht sich die neuere Erziehungswissenschaft, die parallel zu den modernen Sozialwissenschaften im 20. Jahrhundert entsteht. Sie beobachtet, was geschieht, wenn erzogen wird, sei es in der Schule oder in anderen organisatorischen Settings. Unschlüssig, ob sie sich am Vorbild der Natur- oder der Geisteswissenschaften orientieren soll, ist ihr Credo: Distanz und Wertfreiheit. Ihr Ziel ist die Produktion von Grundlagenwissen *über* Erziehung, so, wie auch die Gesetze der Natur oder der Gesellschaft zu erkunden sind. In der jüngsten Ausprägung als »empirische Bildungsforschung« stellt sie, geschult an der medizinischen Wirkungsforschung, Daten bereit, die evidenzbasiert der Beurteilung und Bewertung (Evaluation) von Effekten pädagogischer Interventionen dienen sollen.

In der aktuellen Gestalt des Faches verbinden sich die normative ›(wissenschaftliche) Pädagogik‹ und die deskriptive ›Erziehungswissenschaft‹ mit einer instruktiv angelegten ›Praktischen Pädagogik‹, die hilfreich sein will und dem nahe kommt, was vordem die Meisterlehre bzw. die seminaristische Ausbildung zu bieten hatte; sie präsentiert sich als Didaktik und entwirft, oft in der Form der Ratgeberliteratur, methodische, technische, handwerkliche Konzepte, liefert also eher eine Art ›Kunstlehre‹ des wirkungsvollen Erziehens.

Mit diesen relativ schematischen Unterscheidungen ist die eine Seite der Debatte um *Erziehungswissenschaft und Pädagogik* skizziert (vgl. als ihre herausragenden Vertreter: Brezinka, 1971 und 1978, hierzu auch Prange, 2008, und Tenorth, 1994).

**Tab. 1:** Das Schema in Anlehnung an Brezinka (1971) fasst diese Position pointiert zusammen.

| Erziehungswissenschaft | Pädagogik | |
| --- | --- | --- |
| | Philosophie der Erziehung | Praktische Pädagogik/ Didaktik |
| **deskriptiv,** Beobachtung von Erziehung | **normativ,** Werturteile | **instruktiv,** Anwendung |
| beschreibt das ›**Sein**‹ | beschreibt das ›**Sollen**‹ | beschreibt die **Operation**, das ›**Wie**‹ wirksamen Erziehens |
| Reflexionswissen zur Erziehungspraxis | | |
| Wertefreiheit | setzt Ziele | Methoden/Techniken |

›Erziehungswissenschaft‹, ›Philosophie der Erziehung‹, ›praktische Pädagogik/Didaktik‹ – gemäß Brezinka (vgl. 1971) bilden die drei Stränge einer Disziplin im Werden, die unter dem Oberbegriff Erziehungswissenschaft firmiert, wobei die ›Philosophie der Erziehung‹ hier für die zuvor bezeichnete ›(akademische) Pädagogik‹ steht.

Die Unterscheidung nach ›Erziehungswissenschaft‹, ›Philosophie der Erziehung‹ und ›praktischer Pädagogik/Didaktik‹ zieht verschiedenfarbige Fäden durch das Lehrangebot der Erziehungswissenschaft. Dabei erleichtert diese Differenzierung die individuelle Studienplanung, ermöglicht sie doch auch, die eigenen Erwartungen mit Blick auf konkrete Veranstaltungsangebote zu prüfen. Auf diese Weise lässt sich Enttäuschungen vorbeugen, wenn z. B. von einem Seminar oder einer Vorlesung Anwendungsbezüge, also konkrete erzieherische Handlungsanleitungen erwartet werden, später jedoch deutlich wird, dass die Veranstaltung ganz anders, nämlich erziehungswissenschaftlich – beobachtend und deskriptiv – ausgerichtet ist.

An dieser Stelle nun ist allerdings nachdrücklich darauf hin zu verweisen, dass es sich bei dieser Unterscheidung um eine *analytische* handelt, denn im Grunde gibt es den ›reinen Typus‹ etwa einer ›erziehungs-philosophischen‹ Veranstaltungen nicht. Zumeist werden alle drei Aspekte des oben genannten Schemas auf die eine oder andere Weise aufgenommen. Um zwischen diesen drei Teilbereichen systematisch unterscheiden zu können, bedarf es jedoch eines klaren Verständnisses darüber, was unter den einzelnen Typen jeweils gemeint ist. Insofern ist auch festzuhalten: Der Begriff der ›Erziehungswissenschaft‹ verdeutlicht den Primat, welcher der Wissenschaft in dieser Trias zukommt. Damit wäre die andere Seite der Debatte um *Disziplin* und *Profession*, um *Theorie* und *Praxis* angedeutet.

Wissenschaftlichkeit erscheint in unterschiedlichen disziplinären Ausprägungen. So sind auch die ›einheimischen Begriffe‹ der Nachbardisziplinen, die an die Erziehungswissenschaft angrenzen, systematisch in die notwendigen Metareflexionen einzubeziehen. Auch Soziologie und Psychologie, neuerdings auch die Neurobiologie und Ökonomik, sind mit Fragen des Auf- und Heranwachsens der jüngeren Generation befasst. In der Soziologie geht es um ›Sozialisation‹, in der Psychologie um ›Lernen‹ und ›Entwicklung‹, in der Ökonomik um Kosten und Nutzen, während in der Erziehungswissenschaft die Begriffe ›Erziehung‹ und ›Bildung‹ im Zentrum stehen. Hinter jedem der Begriffe eröffnet sich ein Kosmos an Theorieangeboten, die in Monographien, Sammelbänden und Handbüchern vorliegen und Bibliotheken füllen.

Dass die Debatte zum Verhältnis von Pädagogik und Erziehungswissenschaft in der Disziplin kontrovers geführt wird, macht ein aktueller Beitrag von Nicole Balzer und Johannes Bellmann (2019) deutlich. Die Autorin und der Autor formulieren eine systematische Kritik an der geläufigen »Dichotomisierung von Pädagogik und Erziehungswissenschaft« (S. 23) entlang der Unterscheidung normativ vs. deskriptiv. Auch die empirische Erziehungswissenschaft sei keineswegs normativ enthaltsam. Vielmehr komme es zu einem »*Re-Entry*‹ von Normativität« (S. 34) innerhalb der erziehungswissenschaftlichen Forschung, sofern diese mit Beurteilungen über die Wirksamkeit pädagogischer Praxis befasst sei. Zudem seien Erkenntnisprozesse immer normativ geprägt, insofern sie von Wertungen und Entscheidungen (für und gegen bestimmte Theorien, Methoden etc.) durchzogen seien. Schließlich machten Erziehungs- und Bildungstheorien, die explizit als nicht-normativ gekennzeichnet würden, vielfach, etwa mit Defizit-Diagnosen, zumindest implizit Aussagen darüber, wie Erziehung sein und worauf sie zielen sollte. Normativität wäre in der Erziehungswissenschaft kein Sonderfall, sondern eher die Regel. Dennoch werde die Erziehungswissenschaft ausdrücklich nicht zur Pädagogik (S. 44). Normativität siedeln Balzer und Bellmann auf einer Metaebene erziehungswissenschaftlicher Reflexion an, welche ihre eigene disziplinäre, (erkenntnis- und wissenschafts-) theoretische, ethische und programmatische Ausrichtung kontinuierlich selbst beobachte.

## Erziehungswissenschaftliche »Disziplinierung«

Die Skizze der Debatten und Kontroversen, die innerhalb der Erziehungswissenschaft über Sein und Sollen geführt werden, votiert für eine klare Unterscheidung der verschiedenen Stränge der Erziehungswissenschaft und der Pädagogik, ihrer unterschiedlichen Wissensformen, betont aber zugleich deren Verwobenheit. Die Vielstimmigkeit und Vielschichtigkeit des Faches macht deutlich, dass die wissenschaftliche Befassung mit Fragen der Erziehung mitlaufend der differenzierten metareflexiven Auseinandersetzungen und Betrachtungen bedarf. Ein Studium der Erziehungswissenschaft, auch im Bereich der Lehramtsausbildung, ist ohne diese Maßgabe kaum (mehr) denkbar.

Angesichts der eingangs beschriebenen starken Einbindung von Studentinnen der erziehungswissenschaftlichen oder der lehrerinnenbildenden Studiengänge in die pädagogische Praxis steht die Organisation des Studiums vor neuen Herausforderungen. So stark solche praktischen Erfahrungen das Erleben der Studentinnen beherrschen, so dringend stellt sich die Frage, wie sie jenseits ihres Engagements für metareflexive Anforderungen interessiert werden können. Das universitäre Lehrpersonal muss sich dies vergegenwärtigen; den Studierenden muss auf dem Wege zu Besonnenheit die *Disziplinierung* des Denkens zugemutet werden.

## Literatur

Balzer, N. & Bellmann, J. (2019). Die Erziehung der Theaterperspektive. Zur Kritik der Dichotomisierung von Pädagogik und Erziehungswissenschaft. In W. Meseth, R. Casale, A. Tervooren & J. Zirfas (Hrsg.). *Normativität in der Erziehungswissenschaft* (S. 21–47). Wiesbaden: Springer.

Brezinka, W. (1971). *Von der Pädagogik zur Erziehungswissenschaft. Eine Einführung in die Metatheorie der Erziehung.* Weinheim: Beltz.

Brezinka, W. (1978). *Metatheorie der Erziehung. Eine Einführung in die Grundlagen der Erziehungswissenschaft, der Philosophie der Erziehung und der Praktischen Pädagogik.* München: Reinhardt.

Prange, K. (2008). *Schlüsselwerke der Pädagogik, Bd. 2.* Stuttgart: Kohlhammer.

Radtke, F.-O. (1996). *Wissen und Können. Grundlagen der wissenschaftlichen Lehrerbildung. Die Rolle der Erziehungswissenschaft in der Erziehung.* Opladen: Leske + Budrich.

Radtke, F.-O. (2006). Die Theorie kommt nach dem Fall. In Y. Nakamura, C. Böckelmann & D. Tröhler (Hrsg.). *Theorie versus Praxis? Perspektiven auf ein Mißverständnis* (S. 73–88). Zürich: Pestalozzianum Verlag.

Schleiermacher, F. D. E. (1826). Theorie der Erziehung. Die Vorlesungen aus dem Jahre 1826. In F. D. E. Schleiermacher. *Ausgewählte pädagogische Schriften* (S. 36–61). Paderborn: Schöningh.

Tenorth, H.-E. (1982). Pädagogik als Wissenschaft. Probleme einer Wissenschaftstheorie der Erziehungswissenschaft. In W. Brinkmann & K. Renner (Hrsg.). *Die Pädagogik und ihre Bereiche* (S. 71–93). Paderborn: Schöningh.

Tenorth, H.-E. (1994). Profession und Disziplin. Zur Formierung der Erziehungswissenschaft. In H.-H. Krüger & T. Rauschenbach (Hrsg.). *Erziehungswissenschaft. Die Disziplin am Beginn einer neuen Epoche* (S. 17–28). Weinheim: Juventa.

Weber, M. (1919). Wissenschaft als Beruf. München/Leipzig: Verlag von Duncker & Humblot.
Weniger, E. (1957). *Die Eigenständigkeit der Erziehung in Theorie und Praxis. Probleme der akademischen Lehrerbildung*. Weinheim: Beltz.

# II  Studium und Studieren

# Studieren mit dem Forschungstagebuch. Anregungen für Studium und Hochschullehre

*Sophia Richter & Barbara Friebertshäuser*

## 1 Was ist ein Forschungstagebuch und wozu ist es im Studium nützlich?

Was hat das Schreiben eines Tagebuchs mit Studieren zu tun, und ist die Forschung nicht lediglich ein inhaltlicher Teilbereich des Studiums? Wie hängen die Bereiche Forschen, Studieren und Tagebuchschreiben zusammen? In dem vorliegenden Beitrag präsentieren wir eine Methode der Dokumentation des eigenen Studierens, welche neue Zugänge und Perspektiven auf das Studium sowie die eigene Praxis des Studierens ermöglicht.

Studieren heißt, sich wissenschaftlich zu betätigen. Neben der Fachlektüre, dem Besuch von Seminaren und Vorlesungen sowie dem Präsentieren und Diskutieren gehört die schriftliche Leistung im Studium mit zu den Anforderungen, vor allem, wenn es darum geht, wissenschaftliche Erkenntnisse bezogen auf ein Problem aufzuarbeiten und die dabei gewonnenen Einsichten für andere verständlich und nachvollziehbar darzustellen. Das Forschungstagebuch ist eine Möglichkeit, seinen eigenen Lern- und Bildungsprozess im Verlauf des Studiums schriftlich zu dokumentieren. Die individuellen und inhaltlichen Ausgestaltungen der thematischen Schwerpunkte in Lehrveranstaltungen, die eigenen Gedanken, offenen Fragen und Lesefrüchte, Diskussionen oder gesammelten Erfahrungen während der Praktika lassen sich durch die Verschriftlichung bewahren und im Studium in vielfältiger Weise nutzen. Dies soll dazu dienen, die zahlreichen Eindrücke und Gedanken festzuhalten und zu strukturieren, damit sie nicht verloren gehen, aber auch im weiteren Studium wieder aufgegriffen und vertieft werden können. Die Praxis des Schreibens ist zugleich eine Methode des Selbstmanagements und hilft gegen die Zerstreuung und die Kurzlebigkeit von Gedanken. Indem das Diffuse, Irritierende oder Unbegriffene im Aufschreiben fixiert wird, kann das Führen eines Forschungstagebuches auch ein Medium der Krisenbewältigung sein. Das Denken formt sich beim Schreiben, was die Schreibforschung in vielfältigen Beiträgen nachgezeichnet hat (vgl. expl. Scheuermann, 2016).

Zu einem *Forschungs*tagebuch werden die schriftlichen Dokumentationen im Zuge der analytischen und reflexiven Auseinandersetzungen, die sich während des Schreibens und in der forschenden Suche nach Antworten im Prozess des Studierens vollziehen. Als Dokumente bieten die Verschriftlichungen die Möglichkeit der forschenden Auseinandersetzung mit dem eigenen Studium. So kann man sein Forschungstagebuch von Zeit zu Zeit befragen: Mit welchen Gegenständen habe ich mich unter welchen Perspektiven besonders intensiv beschäftigt? Was sind meine Wissensbestände, mit denen ich mein pädagogisches Handeln begründe? Was sind meine fachbezogenen Fragen, Stärken und Ressourcen? Auf einer Metaebene (aus einer Beobachtungsposition) lassen sich die eigenen Praktiken des Studierens nachvollziehen und reflektieren. Diese selbstreflexive und forschende Auseinandersetzung mit sich selbst und dem eigenen Bildungsprozess in Auseinandersetzung mit dem studentischen, akademischen und wissenschaftlichen Feld stellt eines der zentralen Momente der eigenen Professionalisierung dar. Das Instrument des Forschungstagebuches dient dazu, individuelle fachbezogene Annährungen und Aneignungen und damit einhergehende Schwerpunktsetzungen reflexiv zu beobachten und Profilbildungsprozesse aktiv zu gestalten, indem Erkundungsprozesse des wissenschaftlichen Feldes dokumentiert werden.

Bevor wir auf die konkreten Möglichkeiten des Einsatzes eines Forschungstagebuches im Studium eingehen, stellen wir seine Spezifik vor und grenzen es zunächst von dem Instrument des Portfolios ab (Kapitel 2). Daran anschließend erläutern wir die Tradition des Tagebuchschreibens (Kapitel 3) sowie die Einsatzweisen von Forschungstagebüchern in der (Erziehungs-)Wissenschaft (Kapitel 4). Die konkreten Möglichkeiten im Studium (Kapitel 5) und in der Lehre (Kapitel 6) runden den Beitrag ab.

## 2  Forschungstagebuch oder Portfolio?

Zunehmend gibt es Studiengänge, in denen das Führen eines studienbegleitenden Portfolios Studierenden zur individuellen Profilbildung empfohlen wird, so dass wir an dieser Stelle kurz auf das Forschungstagebuch im Verhältnis zum Portfolio eingehen möchten.

Die Idee des Portfolios – als einer Zusammenstellung von Dokumenten und Materialien in Mappen – hat in Prozessen des Lehrens und Lernens eine lange Tradition. Erste Ansätze gab es bereits in der Reformpädagogik (vgl. Reich, 2003, S. 3). Im englischsprachigen Raum sind Portfolios besonders stark verbreitet, wobei es eine Vielzahl von unterschiedlichen Varianten gibt (vgl. expl. Klenowski, 2002; Shaklee et al., 1997). Mit dem Begriff Portfolio lässt sich folglich kein spezifisches Instrument beschreiben – es ist vielmehr ein Sammelbegriff für eine individuelle Zusammenstellung von Arbeitsergebnissen, Dokumenten, Visualisierungen u. Ä., die einer (zumeist angeleiteten) Reflexion unterzogen werden. Im deutschsprachigen Raum ist das Portfolio eng mit der Lehrkräftebildung verknüpft (vgl. expl. Bosse, 2016; Neß, 2010). Durch die Breite des Portfolio-Begriffes lässt sich das Forschungstagebuch als eine spezifische Möglichkeit der Portfoliogestaltung fassen (vgl. hierzu Bräuer, 2016).

Wir präferieren jedoch den Begriff des Forschungstagebuches. Dieser verbindet die Tradition des Tagebuchschreibens – als einer persönlichen und privaten Praxis der nichtstandardisierten Dokumentation von eigenen und fremden Gedanken sowie Erfahrungen – mit einer Tradition von Forschung als reflexiver Distanznahme und Auseinandersetzung mit den Gegenständen, den Beobachtenden und dem wissenschaftlichen Feld. Im Zentrum des Forschungstagebuches steht damit die Dokumentation der eigenen Suche nach Erkenntnissen, die forschende Auseinandersetzung mit den eigenen Prozessen des Deutens und Verstehens als vorwiegend *schreibende Praxis*. Die überwiegend *sammelnde Praxis* bei Portfolios ist nur ein Element dieses komplexen Prozesses. Das Element des Tagebuch-Schreibens fordert bewusst dazu auf, an eigene biographische Erfahrungen in Vergangenheit und Gegenwart anzuknüpfen und diese mit Inhalten des Studiums zu verknüpfen. In Prozessen des Beschreibens werden die subjektiven Sichtweisen und Suchbewegungen einer forschenden (studierenden) Auseinandersetzung mit Gegenständen und Perspektiven im Kontext von Studium und Wissenschaft reflexiv zugänglich gemacht, worüber Erkenntnis immer auch in ihrer Begrenztheit in den Blick gerät.

Es gehört zum Kern des Studierens und des wissenschaftlichen Arbeitens, in jeder Auseinandersetzung mit einem Gegenstand das Grundprinzip des ständigen Zweifelns und Hinterfragens von Erkenntnissen darzustellen. Wissenschaft ist vor allem eine Suche nach Erkenntnis, die für andere nachvollziehbar beschrieben werden soll, so dass auch Irrwege und unerwartete Befunde dabei bedeutsam sind. Das Forschungstagebuch soll zu diesem Suchprozess anregen, diesen dokumentieren, in die Prinzipien von Wissenschaft einführen und darüber Bildungsprozesse als individuelle Professionalisierung unterstützen. Bildung wird hier, in Anknüpfung an Wilhelm von Humboldt, als ein gedanklich und sprachlich vermittelter Prozess der Auseinandersetzung von Menschen mit sich selbst, mit anderen und mit der Welt verstanden (vgl. dazu auch Marotzki, 1992).

»Während Lernen im klassischen Verständnis auf die Herstellung von Verfügungswissen abzielt, sind Bildungsprozesse durch Kontextualisierung, Flexibilisierung, Dezentrierung, Pluralisierung von Wissens- und Erfahrungsmustern, also durch die Eröffnung von Unbestimmtheitsräumen gekennzeichnet. [...] Bildungsprozesse zielen auf die Herstellung von Orientierungswissen. Informationen zu erhalten und zu verarbeiten, ist eben nicht identisch mit Bildung; vielmehr bedarf es einer reflexiven lebensweltlichen Integration dieser Informationen in die Selbst- und Welthaltungen der Individuen. Bildungsprozesse sind in diesem Sinne immer auch als Subjektivierungsprozesse zu verstehen, weil sie neue und komplexere Weisen, sich auf sich und die Welt zu beziehen, hervorbringen« (Marotzki & Jörissen, 2008, S. 51 f.).

Der Arbeit mit dem Forschungstagebuch liegen damit bildungstheoretische sowie konstruktivistisch-lerntheoretische Annahmen zugrunde. Demnach vollzieht sich Lernen als Handlungsprozess der Konstruktion, Rekonstruktion und Dekonstruktion von Wissen. Forschungstagebücher dokumentieren diese Prozesse der Weltaneignung als Konstruktionen von Wirklichkeiten, die auf ihre Viabilität hin geprüft und durch Irritationen verstört werden (vgl. Neubert, Reich & Voß, 2001; Siebert, 2008; Siebert, 2014, S. 52 ff.; Göhlich, Wulf & Zirfas, 2007). Das Viabilitätsprinzip bedeutet, dass die eigenen Denk-, Wahrnehmungs- und Bewertungsmuster darüber entscheiden, wie Wissen verarbeitet wird. Lernende wie Lehrende interpretieren zunächst mit Hilfe vertrauter kognitiver Schemata eine Lernsituation und suchen diese an vorhandenes Wissen anzuschließen (vgl.

Schüßler, 2005, S. 90 f.). Irritationen dieser subjektiven (An)Passungen können zu Krisen führen, die über das Hinterfragen eigener Denk-, Wahrnehmungs- und Bewertungsmuster diese verändern und erweitern (vgl. Arnold & Siebert, 1995, S. 115 ff.; Siebert, 2014, S. 65).

Neurologische Lernforschungen weisen darauf hin, dass sich Gegenstände dann besonders gut einprägen, wenn man sich selbst intensiv mit ihnen auseinandersetzt. Im Gehirn nehmen körperliche Funktionen wesentlich mehr Platz ein als die Bereiche, die wir durch die herkömmlich konstruierten Lernräume ansprechen (Sehen und Hören). Besonders der Bereich der Funktionen rund um die Hände ist stark ausgeprägt (expl. Hüther, 2011). Daraus kann man ableiten, dass dem Schreiben eine wichtige Bedeutung beim Lernen zukommt. Hören und Lesen erhalten über die schreibende Auseinandersetzung ein anderes Potenzial. Sehr anschaulich wird dies auch in dem Begriff des »Begreifens« oder über den von John Dewey[1] geprägten Satz »Learning by doing«.

Während das Portfolio über die curriculare Verankerung in Studiengängen und Modulstrukturen häufig zugleich Ebenen der Präsentation und Bewertung enthält und damit zumeist ein halböffentliches Dokument darstellt (Bestandteile daraus werden mit Kommiliton*innen und Dozierenden geteilt), ist das Forschungs*tagebuch* ein privates Dokument, welches ausschließlich zur eigenen Dokumentation von individuellen Prozessen und Praktiken des Studierens geführt wird und damit viel Raum für Selbsterprobung bietet und somit der Selbsterfahrung dient. Inwiefern aus dem Tagebuch Passagen, Gedanken und Ideen in Gruppenarbeiten eingebracht oder für Prüfungsleistungen genutzt werden, obliegt allein den Studierenden. Insofern ist das Tagebuch eine persönliche Dokumentation von Prozessen des Studierens, ein Arbeitsinstrument, welches zugleich eine forschende Auseinandersetzung mit diesen Prozessen ermöglicht (im Sinne eines forschenden Studierens). Möglichkeiten des Einsatzes werden in diesem Beitrag vorgestellt, wobei diese sich in der individuellen Praxis bewähren müssen und somit nicht als Anwendungen, sondern als Anregungen zu verstehen sind.

## 3  Zur Tradition des Tagebuchschreibens

Das Tagebuchschreiben hat eine lange Tradition. Tagebücher werden zumeist als persönliches Instrument der Auseinandersetzung mit sich und den Erfahrungen im Alltag genutzt. Dabei umfassen Tagebücher alle Bereiche des Alltags: vom Arbeitsleben über Hobbys, Freizeitgestaltungen und Reisen bis hin zu Familienereignissen, Partnerschaften, Freundesbeziehungen u. v. m. Es ist eine Form des schriftlichen Nachdenkens und kann ganz unterschiedliche Zwecke erfüllen.

---

1  John Dewey (1859–1952, US-amerikanischer Philosoph und Pädagoge) verdeutlichte in seiner Lerntheorie die Bedeutung von Selbsttätigkeit und Selbstbestimmung für das Lernen sowie die Kulturabhängigkeit von Lernprozessen.

So können Erlebnisse, Erfahrungen, Gefühle, Entdeckungen, Gedanken, Ideen, Pläne, Fragen, Assoziationen, Bemerkungen oder Kommentare beschrieben oder gestalterisch festgehalten werden.

Die Flüchtigkeit des Alltags erhält darüber eine *Bedeutsamkeit* – möglicherweise macht dieser Umstand das Tagebuchschreiben für viele Menschen so interessant. Das Schreiben richtet sich gegen ein Vergessen. Man erhält über das Verschriftlichen jederzeit die Möglichkeit, daran anzuknüpfen, sich Dinge in Erinnerung zu rufen. Man kann aus Tagebüchern vorlesen, sie archivieren und weitergeben. Zudem ist das Schreiben eine Möglichkeit des Dialogs über das eigene Erleben, ohne dabei die Geschehnisse, Gedanken und Emotionen mit einem anderen Menschen teilen zu müssen. Das Tagebuchschreiben bietet die Möglichkeit der Auseinandersetzung mit schwierigen, schambehafteten, intimen oder tabuisierten Themen und Sachverhalten – auch als Chance, diese gesellschaftlich häufig sprachlosen Themen in Worte zu fassen, ihnen eine Sprache und Gestalt jenseits des eigenen Erlebens zu geben. Besonders in Krisen- und Übergangszeiten kommt Tagebüchern eine besondere Bedeutung zu im Begreifen und Bearbeiten von Veränderungen und Unveränderlichkeiten. Deshalb startet das Tagebuchschreiben häufig in der Jugend als einer Phase des Umbruches und der Neuorientierungen (z. B. Projektgruppe Jugendbüro, 1978). Allein die Möglichkeit, das Erlebte zu beschreiben, hilft in der eigenen Auseinandersetzung und Bewältigung, in dem Sortieren von Emotionen und Gedanken sowie bei der Entwicklung von neuen Perspektiven und Lösungsansätzen, weshalb das Tagebuchschreiben auch in der Biographiearbeit zum Einsatz kommt (vgl. Gudjons, Wagner-Gudjons & Pieper, 2020, S. 65; Ruhe, 2014, S. 200 ff.).

Der Prozess des Aufschreibens fordert dazu auf, sich genau zu erinnern und die vielfältigen Dimensionen des Erlebens über alle menschlichen Sinne in Sprache zu übersetzen. Wie beschreibt man visuelle Wahrnehmungen, Gerüche oder Emotionen? Mit der Praxis des Schreibens geht eine (Er-)Klärung des Erlebten einher, in Form einer Übersetzung in Sprache und Text. Zugleich fordert diese Komplexitätsreduktion zum Nachdenken über eine geeignete Formulierung auf und schult den bzw. die Schreibenden darin, genau hinzusehen, hinzuhören, hinein zu spüren, sich einzufühlen und die jeweiligen Worte zu erwägen. Zu dem ›Was habe ich erlebt‹ kommt in dem Prozess des Schreibens die Dimension des ›Wie habe ich es erlebt‹ und ›Wie lässt sich mein Erleben beschreibbar und damit nachvollziehbar (verstehbar) machen‹. Das Schreiben kann folglich als eine erste reflexive Auseinandersetzung mit der Aufarbeitung des eigenen Erlebens dienen. So bietet die Praxis des Tagebuchschreibens die Möglichkeit, innezuhalten, sich zu erinnern, in Distanz zu dem Erlebten zu treten und neue Sichtweisen auf das Erleben zu generieren. Es ist eine erste Form der Deutung, die zugleich neue Möglichkeiten für weitere Lesarten eröffnet, weshalb das Instrument sowohl in Beratung, Therapie, Studium sowie Forschung eingesetzt wird. Zusammenfassend sind Tagebücher nicht nur dichte Zusammenstellungen von Ereignissen und Erlebnissen, denen im subjektiven Erleben eine hohe Bedeutsamkeit zugeschrieben wird und die über das Schreiben eine spezifische Deutung erhalten, Erinnerungen prägen und neue Sichtweisen ermöglichen können. Tagebücher sind auch forschende Instrumente der Welterkundung sowie Hilfen im

Prozess der reflexiven Auseinandersetzung mit diversen Gegenständen, um zum Verstehen zu gelangen und den Prozess der Erkenntnisgewinnung für andere nachvollziehbar zu machen.

## 4 Das Forschungstagebuch in der (Erziehungs-) Wissenschaft

In der Wissenschaft existieren verschiedene Traditionen des Umgangs und des Einsatzes von Tagebüchern, die wir im Folgenden unter dem Schwerpunkt erziehungswissenschaftlicher Einsatzweisen kurz skizzieren. Einen ausführlichen Überblick dazu geben Dietlind Fischer und Dorit Bosse (2010, S. 871 ff.).

*Einblicke in pädagogische Praxis:* Es gibt einige Pädagog*innen, die ihre beruflichen Erfahrungen über lange Zeiträume in Tagebüchern beschreiben und diese anschließend als Einblicke in spezifische Praxisfelder pädagogischer Arbeit publizieren. Auf diese Weise lassen sich Beobachtungen und Erfahrungen in schulischen oder außerschulischen Feldern öffentlich machen. Bekannt wurden bspw. das »Tagebuch eines Studienrats« von Horst Rumpf (1966), die Beobachtungen seiner Hauptschüler von Konrad Wünsche (1972) oder die »Schulgeschichten« von Wiltrud Döpp (1988).[2]

*Reflexionsinstrument pädagogischer Praxis:* Als Reflexionsinstrument dient das Tagebuch dazu, gezielt zu beobachten, die Beobachtungen schriftlich zu dokumentieren, um sie anschließend aus unterschiedlichen Perspektiven betrachten zu können. Im Konzept von Helene Buschbeck (1995) erfüllt das pädagogische Tagebuch bspw. eine didaktische und forschungsbezogene Funktion für Lehrkräfte. Lehrer*innen sollen dazu angeregt werden, im Unterricht bewusst ihre Position zu wechseln, um vom aktiv Handelnden zum teilnehmend Beobachtenden zu werden und dabei mehr über die Denk- und Arbeitsweise der Kinder zu erfahren und das eigene didaktische Konzept zu überprüfen (vgl. Buschbeck, 1995, S. 276 f.). Insbesondere in der beruflichen Weiterbildung bergen Praxis-Tagebücher von Lehrer*innen und Pädagog*innen aus verschiedenen pädagogischen Handlungsfeldern ein großes Potential der Reflexion professionellen Handelns. Die darin liegenden Anforderungen und Konflikte können als Quellen für Supervision eingesetzt werden.

*Als Instrument wissenschaftlichen Arbeitens:* Das Forschungstagebuch nutzen viele Wissenschaftler*innen als ein Instrument ihrer wissenschaftlichen Arbeit. Es wird als Vorfassung von wissenschaftlichen Studien und als Element des wissenschaftlichen Schreibens genutzt (vgl. von Werder, 1992, S. 17–20; Becker, 1994; Hess, 2009). Der Ethnologe und Psychoanalytiker Georges Devereux beschreibt diese Dimension des Forschungstagebuchschreibens folgendermaßen:

---

2 Vgl. dazu auch den Überblick über diese Traditionen bei Jürgen Zinnecker (1995) und Fischer und Bosse (2010).

»Wahrscheinlich hat jeder gewissenhafte Wissenschaftler unter seinen Ordnern einen, der über die Jahre hin das Beste seiner Forschungsgedanken schluckt. Gewiß, er mag sie, mehr oder minder bewußt, für ein Buch bestimmen, das er eines Tages zu schreiben hofft, und doch sind seine Notizen in erster Linie Versuche, sich selbst über den Sinn und den Wert seiner Tätigkeit als Wissenschaftler Rechenschaft abzulegen, wohin immer diese Forschungsarbeit ihn auch führen mag« (Devereux, 1984, S. 13).

*Forschungsinstrumente:* Als Forschungsinstrument wird das Tagebuch vor allem in der qualitativen und ethnographischen Forschung eingesetzt, um Beobachtungen, Überlegungen, Gedanken und Emotionen während der Forschungsarbeit in einer ›fremden Kultur‹ festzuhalten (vgl. Friebertshäuser & Panagiotopoulou, 2010, S. 312 ff.; Egloff, 2012, S. 428 ff.). Hier fungiert das Tagebuch als Instrument der Dokumentation sowie der Reflexion von Forschung und Forschungsprozessen. Mögliche Prozesse von Gegenübertragungen und Abwehrmechanismen können über das Forschungstagebuch reflexiv zugänglich gemacht werden, damit diese nicht unbewusst Einfluss auf die Analysen und Ergebnisse von Forschungen nehmen (vgl. Devereux, 1984; Nadig & Erdheim, 1984). Als Instrument der Datenerhebung werden Tagebücher ebenfalls in Forschungsprojekten eingesetzt, indem Befragte dazu aufgefordert werden, ihren Alltag in schriftlicher Form zu dokumentieren (vgl. Auhagen, 1991). In Projekten der Aktions- und Handlungsforschung finden sich ebenfalls Einsatzweisen von Forschungstagebüchern (vgl. bspw. Altrichter, Lobenwein & Welte, 1997).

*Als Gegenstand von Forschung:* Aus einer Forschungsperspektive ist es interessant zu fragen, welche Ereignisse im Leben von Menschen zu welchen Zeitpunkten als bedeutsam erlebt und aufgezeichnet werden. Von Jugendlichen geschriebene Tagebücher eröffnen Erziehungswissenschaftler*innen einen Zugang zu Sozialisations- und Bildungsprozessen im Jugendalter (Projektgruppe Jugendbüro, 1978; Behnken et al., 1997; Soff, 1989, Winterhagen-Schmid, 2003). Tagebücher aus verschiedenen Epochen können auch Gegenstand historischer Analysen werden (vgl. Behnken & Schmid, 1996). In der Biographie- und Lebenslaufforschung werden Tagebücher seit einigen Jahren als interessante Forschungsquellen verwendet (z. B. Behnken, 2003).

Anhand der unterschiedlichen – hier nur kurz skizzierten – Einsatzweisen von Tagebüchern im Kontext der (Erziehungs-)Wissenschaft wird deutlich, dass eine frühzeitige Einübung in die Praxis des Tagebuchschreibens sowie die Fähigkeit zur Analyse von Tagebüchern Qualifikationen darstellen, die sich im Studium sowie in der sich daran anschließenden beruflichen Praxis als produktiv erweisen können und vielfältigen Nutzen versprechen.

## 5 Studieren mit dem Forschungstagebuch – Einsatzweisen und Gewinn

Studieren heißt, sich wissenschaftlich zu betätigen. Dazu gehört, seinen subjektiven Bildungsprozess weitgehend selbstständig zu organisieren und die Angebote der Hochschule entsprechend zu nutzen. In der Regel dokumentiert eine schriftliche Arbeit (in Form von Prüfungsleistungen) diesen Prozess, indem die bzw. der Student*in einen Gegenstand auf der Basis wissenschaftlicher Lektüre und Recherchen (oder eigener empirischer Zugänge) bearbeitet und das Resultat in einer Form darstellt, die wissenschaftlichen Kriterien genügt. Wenn Studierende mit dem Schreiben im Laufe ihres Studiums Probleme bekommen, gründen diese meist in ihrem bisherigen Umgang mit den Anforderungen des Studierens. Lesefrüchte wurden nicht sorgfältig dokumentiert, Begriffe sind unklar geblieben oder im Umgang mit einem Gegenstand mangelt es an eigenen Gedanken und Überlegungen. Ein Forschungstagebuch unterstützt die Prozesse des Studierens, indem der eigene Lern- und Bildungsprozess sich darin abbilden lässt. Die zahlreichen Gedanken und Ideen im Laufe des Studiums werden gesammelt und können darüber auf unterschiedlichen Ebenen bearbeitet werden (vgl. Friebertshäuser, 2004).

Das Schreiben eines Forschungstagebuches ist eine Methode des Selbstmanagements, der Selbstvergewisserung und sollte möglichst schon im ersten Semester beginnen. Schreiben hilft bei der Konzentration gegen die Zerstreuung und die Kurzlebigkeit der Gedanken, die sich häufig im Alltag verflüchtigen (z. B. zwischen einzelnen Seminaren, dem Mittagessen in der Mensa oder der Heimfahrt). Besonders unter digitalen Studienbedingungen kann das Forschungstagebuch bei der Selbstorganisation im Homeoffice behilflich sein, aufgrund der Corona-Pandemie entstehen gegenwärtig neue Studienerfahrungen und hochschuldidaktische Erprobungen mit diesem Instrument.

## Zum Zeitpunkt des Schreibens

Je nach persönlicher Vorliebe sollten eigene Routinen für das Schreiben geschaffen werden. Bereits bei der Planung des Studiums und der Dokumentation des Studienalltags sollten Zeiten für das Schreiben des Forschungstagebuches eingeplant werden.

Es empfiehlt sich, so zeitnah wie möglich zu schreiben. Je kürzer der Abstand zwischen dem Gehörten, Gelesenen, Erfahrenen, Erlebten und der Niederschrift, umso detaillierter ist die Erinnerung. Die Zeit sorgt für das Vergessen oder überdeckt die Erfahrungen und Emotionen mit neuen Eindrücken, so dass diese häufig unwiederbringlich verloren gehen. Deshalb sollte so bald wie möglich nach einer Erfahrung, einem Erlebnis oder einem Gedanken alles aufgeschrieben werden. Und man sollte dies so sorgfältig wie möglich tun.

## Form und mögliche Inhalte

Das Forschungstagebuch kann als gebundenes Buch (Kladde), als Aktenordner oder digital geführt werden. Dabei lassen sich auch ePortfolio-Programme (wie Mahara oder OLAT) für die Verschriftlichung und Dokumentation nutzen (was Ergänzungen von Ideen und Gedanken und nichtchronologische Eintragungen sowie das Wiederfinden erleichtert). Die möglichen Formen eines Forschungstagebuches gilt es bezüglich der individuellen Eignung zu erproben. Sie sollen die im Folgenden aufgeführten inhaltlichen Ebenen und individuellen Reflexionsprozesse unterstützen. Mit anderen Worten: Nicht die Form ist entscheidend, sondern die Inhalte. Inhaltlich kann ein Forschungstagebuch folgende Themenbereiche umfassen:

*Wissenschaftliches:* Literaturhinweise, Zitate, Informationen über interessante Bücher, Exzerpte und andere Lesefrüchte, Forschungsberichte, bearbeitete Seminarmaterialien, Mitschriften aus Vorlesungen oder Vorträgen, Erläuterungen zu wissenschaftlichen Grundbegriffen, Internet-Recherchen und anderes mehr.

*Andere Quellen:* Nicht-wissenschaftliche Quellen und Informationen (z. B. Zeitungsberichte, Falldarstellungen aus der Praxis, Selbstzeugnisse von Betroffenen), literarische Quellen (z. B. Romane, Gedichte, Autobiographien, Berichte), Programmatiken pädagogischer Praxis, Bilder, Fotos, Karikaturen und anderes.

*Eigene Reflexionen:* Ideen, Gedanken, Fragen und Probleme, die in der Auseinandersetzung mit Themen entstehen, Ergebnisse aus Diskussionen, Interpretationen, Hypothesen (die aus eigenen Überlegungen, Beobachtungen oder der Lektüre anregender Beiträge entstehen können), Erlebnisse, Erfahrungen, Erkenntnisse und offene Fragen.

*Fragestellungen:* Fragen, die sich in den Auseinandersetzungen mit Themen ergeben (in der Lektüre, bei Beobachtungen o. Ä.) oder die einem in unterschiedlichen Kontexten (Seminaren, Fortbildungen, pädagogischen Feldern, o. Ä.) gestellt werden und auf die man (noch) keine Antworten weiß.

*Emotionen:* Ängste, Sorgen, Euphorie, Ärger oder Freude, die durch die Auseinandersetzung mit Themen oder durch Erlebnisse entstehen.

*Selbstreflexionen und Persönliches:* Spekulationen, Gedanken, Probleme, Träume, Schwierigkeiten und Konflikte sowie (Selbst)Beobachtungen als Selbsterfahrungen in der Auseinandersetzung mit Themen.

Es kann sinnvoll sein, sich eine feste Gliederung für die Aufzeichnungen zu überlegen, und es ist auch hilfreich, zu Beginn des Berichtes die wesentlichen Themen/Ereignisse/Gedanken kurz zu benennen, um das spätere Auffinden zu erleichtern. Zu solchen Daten und Gliederungspunkten könnten gehören: Datum, Ort, Zeit, Stichwort des Gegenstandes der Erörterung, Hauptthema, Darstellung der Quellen und Zugänge, Gedanken und Fragen, erste Interpretationen, Hypothesen, eigene Befindlichkeit und Reflexionen, offene Fragen und weitere Arbeitspläne. Sinnvoll sind genaue Literaturhinweise sowie Angaben zu den Quellen (auch Standort in der Bibliothek, Verweis auf Kopien etc.), das erleichtert später die Orientierung und das Wiederfinden von Quellentexten. Ein breiter Rand, der beim Schreiben für spätere Notizen und Verweise freigelassen wird, hat sich als sehr hilfreich erwiesen. Die Seiten sollten durchnummeriert werden, damit man später mit Verweisen auf die entsprechenden Seitenzahlen arbeiten kann. Entsteht das Forschungstagebuch in elektronischer Form, erleichtert das die weitere Bearbeitung und Nutzung.

## Mögliche Einsatzweisen im Studium

Das Führen eines Forschungstagebuches macht Spaß, verlangt aber manchmal auch etwas Selbstdisziplin. Aber die Mühe lohnt sich, denn das Denken formt sich beim Schreiben. Das Forschungstagebuch kann sich für unterschiedliche Bereiche im Studium als nützlich erweisen. Einige Möglichkeiten sind im Folgenden als Anregungen zusammengestellt:

*Studiendokumentation:* Das Forschungstagebuch kann dazu genutzt werden, den individuellen Studienverlauf zu planen und zu dokumentieren: mit den jeweiligen Semestern, Veranstaltungstiteln, Dozierenden, den Themen der Lehrveranstaltungen mit der jeweiligen Grundlagenliteratur, der abgelegten Prüfungsleistung, ggf. die damit einhergehende Rückmeldung von Dozierenden, den Kontaktdaten von Kommiliton*innen bei Gruppenarbeiten usw. Thematische Lücken helfen im fortgeschrittenem Studienverlauf der gezielten weiteren Semesterplanung. Die wesentlichen Zusammenhänge eines Studiums lassen sich so kontinuierlich erfassen und abbilden.

*Vor- und Nachbereitung von Lehrveranstaltungen (Selbststudium):* Das Selbststudium umfasst die Zeiten der subjektiven Lern- und Bildungsprozesse, die weitestgehend selbstständig organisiert werden sollten – unter Nutzung der Angebote der Hochschulen und der Dozierenden (bspw. über online verfügbare Ressourcen).[3] Die Aktivitäten des Selbststudiums können ebenso in einem Forschungstagebuch dokumentiert werden. Mit welchem Interesse wird eine Lehrveranstaltung besucht? Was sind die Ideen zu dem jeweiligen Thema? Welche (Vor-)Erfahrungen gibt es und welche offenen Fragen? Gibt es aktuelle mediale Debatten, Erfahrungen aus pädagogischer Praxis oder Gesprächen, die Bezüge zu den Themen aufweisen? Was sind die zentralen (persönlichen) Erträge aus einer Seminarsitzung? Was hat irritiert? Was sind offene Fragen? Auf welche Themen bezieht sich das forschende Interesse und was soll vertieft werden? Auch Themen, die nur am Rande behandelt werden konnten, können den eigenen Forschungsdrang wecken und eignen sich deshalb ganz besonders für vertiefende Auseinandersetzungen im Rahmen des Forschungstagebuches. Dabei kann auch das Gespräch mit den Lehrenden hilfreich sein, um weitere Informationen und Hinweise zu eigenen Forschungsfragen zu erhalten.

*Schreibendes Lesen:* Das Studieren zeichnet sich zu einem großen Teil durch die Tätigkeit des Lesens wissenschaftlicher Texte aus. Während Strategien der Markierung von wichtigen Textstellen nicht über den jeweiligen Text hinausgehen, erhält das Schreiben beim Lesen die Funktion, das Gelesene auf seinen Bedeutungsgehalt zu be- und hinterfragen. Das Lesen wissenschaftlicher Literatur sollte sich demnach in schriftlicher Form dokumentieren. Exzerpte sind solche schriftlichen Auszüge aus einem gelesenen Text. Exzerpieren bedeutet, während des Lesens den eigenen Fragen nachzugehen und herauszuschreiben, was man wichtig findet, so dass in einem Exzerpt die zentralen Gedanken des Textes ebenso fixiert werden

---

[3] Das Selbststudium als Element der Studienordnung in den Bologna-Strukturen kann auch als »Freiheit in Zwängen« beschrieben werden (vgl. Unger, 2019) und unter diesem Aspekt im Forschungstagebuch reflektiert werden.

wie die eigenen Überlegungen und Gedanken zu einem Text.[4] Beim Lesen wissenschaftlicher Literatur sollte man anschließend Zeit für das Anfertigen der Exzerpte einplanen, sonst gehen Gedanken und Ideen schnell verloren. Was sind zentrale Gedanken oder Thesen des Textes? Wie wird argumentiert? Auf welches Forschungsfeld und Wissen wird verwiesen? Welche Fragen werden beantwortet und was bleibt offen? Welche Fragen ergeben sich bei der Lektüre?

*Begriffe – begreifen:* Wissenschaftliches Arbeiten bedeutet, sich mit den zentralen Begriffen einer Wissenschaft auseinanderzusetzen sowie mit den ihnen zugrunde liegenden Theorien und Traditionen. Die wissenschaftlichen Quellen, aus denen Definitionen von Begriffen entnommen werden, können ebenso in Forschungstagebüchern dokumentiert werden wie die Verhandlungen um Begriffe von Autor*innen unterschiedlicher Disziplinen. Dabei sollten die eigenen Verständnisse und Gedanken zu den Begriffen in eigenen Worten zusammengefasst werden. Im Prozess des Studierens erweitern sich so die Dimensionen zu einzelnen Begriffen und diese werden in Relationen beschreibbar. Die Dokumentationen im Forschungstagebuch können zu einer eigenen wissenschaftstheoretischen Landkarte werden, aus der Beziehungen und Bezüge hervorgehen.

*(Wissenschaftliches) Schreiben:* Über die Auseinandersetzung mit den Anforderungen an das wissenschaftliche Schreiben des jeweiligen Fachgebietes sowie die stetige Praxis des Schreibens im Prozess des Studierens mit dem Forschungstagebuch wird das Schreiben als wesentliche Technik im Umgang mit der Wissenschaft eingeübt und geschult. Diese Fähigkeit ist nicht nur im Bereich von Wissenschaft eine wichtige Kompetenz. Das Tagebuchschreiben ist auch eine Form des kreativen Schreibens, bei dem man sich im Schreiben üben und Strategien im Umgang mit Schreibblockaden entwickeln kann. Dabei gilt es alles aufschreiben, was einem zu dem Thema durch den Kopf geht. Dies sollte ohne eigene Zensur, ohne das kritische ›Über-Ich‹, das Notizen sofort klassifiziert und kritisiert, erfolgen. Im Zentrum sollte die Lust und Freude am Schreiben stehen, den eigenen Gedanken, Ideen und Emotionen darf freier Raum gegeben werden (vgl. von Werder, 1992). Es lassen sich alle Textsorten zum Schreiben nutzen: auch Gedichte, Lyrik, Erzählung, Briefe und anderes mehr.

*Biographische Reflexionen:* Das Forschungstagebuch kann genutzt werden, um sich selbstreflexiv mit Themen auseinanderzusetzen und dabei einen biographischen Bezug herzustellen. So kann man beim Thema Erziehung die Frage stellen: »Wie bin ich erzogen worden?« In Form eines biographischen Rückblickes können alle Erinnerungen und die damit einhergehenden Emotionen beschrieben werden. Die dichten Beschreibungen von Erfahrungen (auch von anderen Personen) können einen Zugang darstellen zu den impliziten biographischen Wissensbeständen, mit denen wir Welt deuten und verstehen. Diese reflexiv zugänglich zu machen, eröffnet alternative Deutungen und eine selbstreflexive Auseinandersetzung mit Themen rund um Erziehung, Lernen und Bildung, die stets durch unsere Biographien geprägt sind (vgl. Richter in diesem Band).

---

4 Außerdem existieren verschiedene Lesemethoden und kreative Formen des Umgangs mit wissenschaftlichen Texten, die dabei hilfreich sein können (vgl. Stary & Kretschmer, 1994).

*Kooperatives Arbeiten in Peergruppen:* Zu den Mythen der Wissenschaft gehört die Vorstellung der Produktion wissenschaftlicher Texte in »Einsamkeit und Freiheit« (nach Wilhelm von Humboldt). Faktisch funktioniert die Wissenschaft aber vor allem als eine Kommunikations-Gemeinschaft. Diese stellt sich über die Form des mündlichen und schriftlichen Austausches mit anderen her. Deshalb sollte man, um Schreiben zu können, auch die Rede beherrschen. Verständnisprozesse bedürfen stets der Verständigung. Um dies zu üben, kann man sich mit einzelnen oder mehreren Kommiliton*innen regelmäßig treffen (das kann auch über digitale Medien erfolgen) und Themen aus einem Forschungstagebuch diskutieren. Die Gruppe kommentiert die vorab verschickten oder vorgelesenen Auszüge und Überlegungen, entwickelt Fragestellungen und Hypothesen, gibt Hilfestellung für die jeweiligen Themenbearbeitungen und berät bei der Studienorganisation. Die Ergebnisse werden wiederum im Forschungstagebuch festgehalten.

*Umgang mit Nichtwissen:* Das Tagebuch-Schreiben kann auch ein Medium der Krisenbewältigung sein. Denn das Diffuse oder Unklare wird im Aufschreiben fixiert und das Denken formt sich beim Schreiben. In einem bewertungsfreien Raum können alle Fragen gestellt und fixiert werden, um als Ausgangspunkt einer Suchbewegung zu fungieren. Während das Schreiben in den Prüfungsleistungen im Studium zumeist der Dokumentation des ›Begriffenen‹ dient, kann im Forschungstagebuch dem noch Unbegriffenen Raum gegeben werden. Zugleich kann es dazu dienen, eine eigene forschende Haltung im Umgang mit Nichtwissen zu etablieren. In einer Wissensgesellschaft erscheint Nichtwissen häufig als negativ und defizitär. Mit Wissen wird Professionalität verbunden. Aber jedem Lernprozess geht Nichtwissen voraus und zumeist besteht die Gefahr darin, dass wir zu schnell meinen zu verstehen, anstatt dem Nichtverstehen Raum und Beachtung zu schenken, damit es zum kreativen Nährboden für vielfältige Lernprozesse werden kann. So wird das Wissen um das Nichtwissen zur Voraussetzung für Überprüfungen, Reflexionen, Suchprozesse des Verstehens und der Verständigung. Nichtverstehen ist der Motor von Wissenschaft. Mit Hilfe des Forschungstagebuches kann eine eigene Haltung des Nichtwissens eingeübt werden.

*Schwerpunktsetzungen:* Womit habe ich mich in meinem Studium bisher eigentlich beschäftigt? Bei der Durchsicht des Forschungstagebuches lassen sich alle wichtigen Gedanken farblich markieren, Themen auflisten und unter Oberbegriffen oder Überschriften gruppieren (mit Verweis auf die entsprechenden Seitenzahlen im Forschungstagebuch). So wird die chronologische Ordnung des Tagebuches in eine analytische Ordnung nach Themen überführt.[5] Am Computer lassen sich über Suchfunktionen einzelne Begriffe oder Autor*innen auffinden und zentrale Passagen können kopiert und neu zusammengestellt werden. Auch Zitate und Exzerpte können später direkt in die Arbeit übernommen werden, um sie dort weiter zu verarbeiten.

---

5 Dieses analytische Vorgehen wird ebenso in der Forschung angewandt, bspw. als Analyseprozess in ethnographischen Forschungsprojekten, bei denen so teilnehmende Beobachtungsprotokolle thematisch codiert und neu zusammengestellt werden (vgl. Breidenstein et al., 2013).

*Fundgrube für Prüfungsthemen:* Oft finden sich viele spannende Erkenntnisse in Form von Hypothesen in Forschungstagebüchern. Für das Schreiben von Referaten, Hausarbeiten und Qualifikationsarbeiten können sie aufgegriffen und vertieft werden. Es genügt ein Blick ins Forschungstagebuch, um zu bilanzieren: Was weiß ich bereits, wo habe ich Kenntnisse oder Ideen, auf die ich aufbauen kann, oder was habe ich schon zu diesem Thema gemacht, gedacht oder gesammelt?

*Dozent\*innen-Gespräch:* Das Forschungstagebuch bildet auch eine gute Grundlage für Gespräche mit Dozent\*innen. Hier können die interessierenden Themen aus dem Forschungstagebuch zum Ausgangspunkt eines Gespräches genutzt werden, die zuvor im Selbstmanagement oder in der Zusammenarbeit der Gruppe zusammengestellt wurden. Die eigenen Themen können dann leicht in eine mündliche Prüfung, in Klausurthemen oder eine schriftliche Arbeit (Hausarbeit oder Qualifikationsarbeit) münden.

*Reflexion des Lernens:* Das Forschungstagebuch stellt zudem ein Instrument der Selbstreflexion dar. Über die Praxis des Schreibens wird der Blick auf sich selbst gerichtet, auf die eigenen Gedanken, Gefühle, Denk-, Bewertungs- und Handlungsmuster. Die eigenen Lern- und Entwicklungsprozesse werden analytisch zugänglich und lassen sich so nachvollziehen. Das Forschungstagebuch kann von Zeit zu Zeit dazu genutzt werden, das eigene Studium und die eigenen Praktiken des Studierens aus einer Beobachtungsposition zu betrachten und zu reflektieren. So lassen sich durch die Reflexion von Schreiberfahrungen die Vorlieben des Schreibens ergründen. Die Erkenntnisse über den eigenen ›Lern- und Schreibtyp‹ (vgl. Becker, 1994; Kolb, 1976) können für die Planungen von Zeitmanagement und Tagesstrukturen sowie zur Entwicklung von Studienstrategien genutzt werden. Zu welchen Tageszeiten kann ich an welchen Orten besonders kreativ oder konzentriert schreiben?

*Übertragung auf berufliche Praxis:* In der beruflichen Praxis gewinnt die schriftliche Dokumentation der eigenen Arbeit zunehmend an Bedeutung, insbesondere zur Evaluation, Qualitäts- oder Konzeptentwicklung im pädagogischen Bereich. Die Praxis des Tagebuchschreibens kann auch hier hilfreich sein, um eigene Beobachtungen und Erfahrungen zu dokumentieren und so der reflektierenden Bearbeitung zugänglich zu machen. Ein Praktikum kann dazu genutzt werden, die darauf bezogenen Möglichkeiten der forschenden Praxisreflexion zu erproben. Dabei kann das Forschungstagebuch auch als Instrument des Transfers zwischen Wissenschaft und Praxis eingesetzt werden. Während theoriegeleitete Reflexionen das praktische Handeln qualifizieren, regen praxisbezogene Wissensbestände zur Weiterentwicklung theoretischer Konzepte an. Mit Hilfe des Forschungstagebuches lassen sich (pädagogische) Handlungsfelder forschend erkunden sowie (Selbst-)Evaluations- und (Selbst-)Reflexionsprozesse gestalten. Die schriftliche Dokumentation und die anschließende Analyse ermöglichen ein Changieren zwischen Teilnahme und Distanznahme sowie zwischen praxisbezogenen und theoretischen Wissensbeständen, worüber ein Theorie-Praxis-Transfer angeregt wird (vgl. Friebertshäuser 2001, S. 182 f.).

## 6 Lehren mit dem Forschungstagebuch – Hinweise und Ausblick

In die akademische Lehre kann das Forschungstagebuch auf ganz unterschiedliche Weise integriert werden. Als Anregungen können hier insbesondere die Punkte genutzt werden, die oben unter den Stichworten »Schreibendes Lesen«, »Begriffe – begreifen«, »Biographische Reflexionen« sowie »Kooperatives Arbeiten in Peergruppen« aufgeführt wurden. Zu Beginn von Lehrveranstaltungen können »Biographische Reflexionen« als Einstieg in die Themen genutzt werden. Implizite Wissensbestände zu Themenbereichen lassen sich so explizieren und Anschlüsse zu den Seminarinhalten herstellen (vgl. Richter in diesem Band). Während des Semesters kann das Forschungstagebuch in die Diskussionen zu ausgewählten Themen, Lektüren oder in Gruppenarbeitsprozesse einbezogen werden. Was sind die jeweiligen Erträge und offenen Fragen der schreibenden Lektüren? In Form von aktiven Teilnahmen können Studierende am Ende des Semesters ihre Auseinandersetzungen zu den zentralen Themen oder Begriffen ausarbeiten.

Über das Instrument »Lehren mit dem Forschungstagebuch« lassen sich Lehrveranstaltungen als Forschungsprozesse gestalten, als forschende Annäherungen an unterschiedliche Gegenstände. Das seminarbegleitende Schreiben des Forschungstagebuches gleicht einem Forschungsprozess und unterstützt die Ausbildung einer forschenden Haltung im Prozess des Studiums. Mit dem Forschungstagebuch als einer Sammlung von ›Daten und Dokumenten‹ (Texte, Beobachtungen, [biographische] Erfahrungen, usw.) lässt sich analytisch arbeiten, indem die Dokumentationen unter einer spezifischen thematischen Perspektive in eine neue analytische Form gebracht werden. So lassen sich Bezüge zwischen Seminarthemen und Inhalten des Studiums herstellen und eigene Fragestellungen generieren. Als Dokument ermöglicht das Forschungstagebuch den Wechsel in eine Beobachtungsposition auf sich selbst, in seine Gedanken, Konstrukte und Ideen – ganz im Sinne der ethnographischen Forschungslogik als Strategie der »Befremdung« (Amann & Hirschauer, 1997) und der Erschließung neuer Sichtweisen und Perspektiven. Dieser Perspektivenwechsel kann immer wieder in Lehrveranstaltungen angeregt werden. Abschließend laden wir dazu ein, unterschiedliche Möglichkeiten der Integration eines Forschungstagebuches in Lehrveranstaltungen zu erproben.

## Literatur

Altrichter, H., Lobenwein, W. & Welte, H. (1997). PraktikerInnen als ForscherInnen. Forschung und Entwicklung durch Aktionsforschung. In B. Friebertshäuser & A. Prengel (Hrsg.). *Handbuch Qualitative Forschungsmethoden in der Erziehungswissenschaft* (S. 640–660). Weinheim und München: Juventa.

Amann, K. & Hirschauer, S. (1997). Die Befremdung der eigenen Kultur. Ein Programm. In S. Hirschauer & K. Amann (Hrsg.). *Befremdung der eigenen Kultur. Zur ethnographischen Herausforderung soziologischer Empirie* (S. 7–52). Frankfurt am Main: Suhrkamp.

Arnold, R. & Siebert, H. (1995). *Konstruktivistische Erwachsenenbildung. Von der Deutung zur Konstruktion von Wirklichkeit.* Baltmannsweiler: Hohengehren.

Auhagen, A. E. (1991). *Freundschaft im Alltag. Eine Untersuchung mit dem Doppeltagebuch.* Bern, Stuttgart u. a.: Huber Verlag.

Becker, H. S. (1986/1994). *Die Kunst des professionellen Schreibens: ein Leitfaden für die Geistes- und Sozialwissenschaften.* Frankfurt am Main, New York: Campus-Verlag.

Behnken, I. (2003). »Auf der Fahrt zur Entdeckung des Kinderlandes«. Wissenschaftliche Elterntagebücher als neue Quelle für die historische Kindheits- und Sozialisationsforschung. *Zeitschrift für Soziologie der Erziehung und Sozialisation (ZSE).* 23 (1), 51–67.

Behnken, I. & Schmid, P. (1996). Sozialisation in Frauentagebüchern. Diaristinnen im Generationenvergleich vom Kaiserreich bis zur Gegenwart. In Historische Kommission der Deutschen Gesellschaft für Erziehungswissenschaft (Hrsg.). *Jahrbuch für Historische Bildungsforschung* (Band 3, S. 267–288). Weinheim und München: Juventa.

Behnken, I., Messner, R., Rosebrock, C. & Zinnecker, J. (1997). *Lesen und Schreiben aus Leidenschaft. Jugendkulturelle Inszenierungen von Schriftkultur.* Weinheim und München: Juventa.

Bosse, D. (2016). Digitales Sammeln: Das ePortfolio in der Lehrerbildung – Stärken entdecken, Potentiale entfalten. In M. Kekeritz, B. Schmidt & A. Brenne (Hrsg.). *Vom Sammeln, Ordnen und Präsentieren. Ein interdisziplinärer Blick auf eine anthropologische Konstante* (S. 83–96). München: kopaed.

Bräuer, G. (2016). *Das Portfolio als Reflexionsmedium für Lehrende und Studierende.* Opladen und Toronto: Verlag Barbara Budrich.

Breidenstein, G., Hirschauer, S., Kalthoff, H. & Nieswand, B. (2013). *Ethnografie. Die Praxis der Feldforschung.* Konstanz und München: UVK UTB.

Buschbeck, H. (1995). Das Pädagogische Tagebuch – ein Notwendiges Handwerkszeug im Schulalltag. In H. Eberwein & J. Mand (Hrsg.). *Forschen für die Schulpraxis* (S. 271–288). Weinheim und München: Juventa.

Devereux, G. (1984). *Angst und Methode in den Verhaltenswissenschaften.* Frankfurt am Main: Suhrkamp.

Döpp, W. (1988). *Die Ameise im Feuer. Schulgeschichten. Mit einer Einführung von Hartmut von Hentig.* Essen: Neue Deutsche Schule.

Egloff, B. (2012). Teilnehmende Beobachtung. In B. Schäffer & O. Dörner (Hrsg.). *Handbuch Qualitative Erwachsenen- und Weiterbildungsforschung* (S. 419–432). Opladen und Toronto: Barbara Budrich.

Fischer, D. & Bosse, D. (2010). Das Tagebuch als Lern- und Forschungsinstrument. In B. Friebertshäuser, A. Langer & A. Prengel (Hrsg.). *Handbuch Qualitative Forschungsmethoden in der Erziehungswissenschaft* (S. 871–886). Weinheim und München: Juventa.

Friebertshäuser, B. & Panagiotopoulou, A. (2010). Ethnographische Feldforschung. In B. Friebertshäuser, A. Langer & A. Prengel (Hrsg.). *Handbuch Qualitative Forschungsmethoden in der Erziehungswissenschaft* (S. 301–322). Weinheim und München: Juventa.

Friebertshäuser, B. (2004). »Anregungen zum Studieren mit einem Forschungstagebuch.« *Journal für Lehrerinnen- und Lehrerbildung,* 4 (3), S. 52–59.

Friebertshäuser, B. (2001). Feldforschung im Praktikum. Ein Konzept für das studienbegleitete Praktikum in der Erziehungswissenschaft? In J. Schulze-Krüdener & H.-G. Homfeldt (Hrsg.). *Praktikum. Eine Brücke zwischen Wissenschaft und Beruf* (S. 181–204). Neuwied, Kriftel, Berlin: Luchterhand.

Göhlich, M., Wulf, C. & Zirfas, J. (2007). Pädagogische Zugänge zum Lernen. Eine Einleitung. In M. Göhlich, C. Wulf & J. Zirfas (Hrsg.). *Pädagogische Theorien des Lernens* (S. 7–19). Weinheim und München: Juventa.

Gudjons, H., Wagener-Gudjons, B. & Pieper, M. (2020). *Auf meinen Spuren. Übungen zur Biografiearbeit.* Bad Heilbrunn: Julius Klinkhardt.

Hess, R. (2009). *Die Praxis des Tagebuchs. Beobachtung – Dokumentation – Reflexion.* Herausgegeben, übersetzt und eingeleitet von Gabriele Weigand. Münster und New York: Waxmann.

Hüther, G. (2011). *Was wir sind und was wir sein könnten*. Frankfurt am Main: Fischer.
Klenowski, V. (2002). *Developing Portfolios for Learning and Assessment*. London and New York: Routledge.
Kolb, D. (1976). *Learning Style Inventory*. Boston: McBer & Company.
Marotzki, W. (1992). *Entwurf einer strukturalen Bildungstheorie*. Weinheim und München: Juventa.
Marotzki, W. & Jörissen, B. (2008). Wissen, Artikulation und Biographie: theoretische Aspekte einer Strukturalen Medienbildung. In J. Fromme & W. Sesink (Hrsg.). *Pädagogische Medientheorie* (S. 51–70). Wiesbaden: Springer VS.
Nadig, M. & Erdheim, M. (1984). »Die Zerstörung der wissenschaftlichen Erfahrung durch das akademische Milieu – Ethnopsychoanalytische Überlegungen zur Aggressivität in der Wissenschaft.« *Psychosozial, 7* (23), S. 11–27.
Neubert, S., Reich, K. & Voß, R. (2001). Lernen als konstruktiver Prozess. In T. Hug (Hrsg.). *Die Wissenschaft und ihr Wissen* (Band 1, S. 253–265). Baltmannsweiler: Hohengehren.
Neß, H. (2010). *Professionalisierungs-Portfolio. Instrument zur Erkennung und Anerkennung von informellem, non-formalem und formalem Lernen in der Verzahnung der drei Phasen der Lehrerbildung*. http://www.dipf.de/de/projekte/pdf/steufi/Abschlussbericht_2010_PP_Endfassung.pdf [07.09.2020].
Projektgruppe Jugendbüro (Hrsg.) (1978). *Karin Q.: »Wahnsinn, das ganze Leben ist Wahnsinn«. Ein Schülertagebuch*. Frankfurt am Main: päd. Extra Buchverlag.
Reich, K. (Hrsg.) (2003). *Portfolio*. http://methodenpool.uni-koeln.de [22.07.2020].
Ruhe, H. G. (2014). *Praxisbuch Biographiearbeit. Methoden, Themen und Felder*. Weinheim und München: Juventa.
Rumpf, H. (1966). *40 Schultage. Tagebuch eines Studienrats*. Braunschweig: Westermann.
Scheuermann, U. (2016). *Schreibdenken. Schreiben als Denk- und Lernwerkzeug nutzen und vermitteln*. Stuttgart: UTB.
Shaklee, B. D., Barbour, N. E., Ambrose, R. & Hansford, S. J. (1997). *Designing and Using Portfolios*. Boston: Allyn and Bacon.
Siebert, H. (2008). *Konstruktivistisch lehren und lernen*. Augsburg: Ziel.
Siebert, H. (2014). Lehren und Lernen aus konstruktivistischer Sicht. In R. Egger, D. Kiendl-Wendner & M. Pöllinger (Hrsg.). *Hochschuldidaktische Weiterbildung* (S. 49–68). Wiesbaden: Springer VS.
Soff, M. (1989). *Jugend im Tagebuch. Analysen zur Ich-Entwicklung in Jugendtagebüchern verschiedener Generationen*. Weinheim und München: Juventa.
Stary, J. & Kretschmer, H. (1994). *Umgang mit wissenschaftlicher Literatur. Eine Arbeitshilfe für das sozial- und geisteswissenschaftliche Studium*. Berlin: Cornelsen.
Schüßler, I. (2005). Paradoxien einer konstruktivistischen Didaktik. Zur Problematik der Übertragung konstruktivistischer Erkenntnisse in didaktische Handlungsmodelle – theoretische und praktische Reflexionen. *REPORT 28 (1)*, 88–94.
Unger, T. (2019). Selbststudium als Freiheit in Zwängen? Studentische Praktiken und erziehungswissenschaftliche Fachkultur. In S. Richter & B. Friebertshäuser (Hrsg.). *Studieren – Forschen – Praxis. Erziehungswissenschaftliche Erkundungen im Feld universitären Lebens* (S. 51–71). Norderstedt: Book on Demand.
Werder, L. v. (1992). *Kreatives Schreiben in den Wissenschaften*. Berlin: Schibri Verlag.
Winterhagen-Schmid, L. (2003). Jugendtagebuchforschung. In B. Friebertshäuser & A. Prengel (Hrsg.). *Handbuch qualitative Forschungsmethoden in der Erziehungswissenschaft* (S. 354–370). Weinheim und München: Juventa.
Wünsche, K. (1972). *Die Wirklichkeit des Hauptschülers. Berichte von Kindern der schweigenden Mehrheit*. Köln: Kiepenheuer & Witsch.
Zinnecker, J. (1995). Pädagogische Ethnographie. Ein Plädoyer. In I. Behnken & O. Jaumann (Hrsg.). *Kinderleben im Blick von Grundschulpädagogik und Kindheitsforschung* (S. 21–38). Weinheim und München: Juventa.

# Wissenschaftlich schreiben: Zwischen Fremdbezug und Eigenanteil

*Michael Knoll*

## 1 Einleitung

Wer wissenschaftlich arbeitet, beschäftigt sich immer eigenständig mit einem Gegenstand, unter einer bestimmten Perspektive, stellt Fragen und sucht nach Antworten. Dabei ist es stets notwendig, Bezug auf den aktuellen Forschungsstand sowie andere Quellen zu nehmen. An dieser Stelle entsteht ein nicht unerhebliches Problem, das vielleicht vor allem Studierende mit wenig Erfahrung im wissenschaftlichen Arbeiten betrifft: Wie macht man das? Man soll *selbständig* schreiben und sich zugleich auf Referenztexte beziehen, wobei in mehr oder weniger umfänglichem Maße *fremde* Gedanken die eigene Darstellung tragen. Wie nahe bleibt man dabei am Original? Wie weit geht man in der eigenständigen Formulierung? Man soll ferner, das ist eine formale Anforderung an wissenschaftliche Texte, deutlich zwischen den eigenen Gedanken und solchen, die aus Referenzliteratur stammen, unterscheiden können. Aber was sind genuin eigene Gedanken? Vieles, was man weiß, hat man schließlich aus anderen Quellen; aus Texten, Seminardiskussionen oder Vorlesungen. Eigene Ideen lassen sich bisweilen nicht mehr trennscharf von dem unterscheiden, was bereits zuvor gesagt oder geschrieben wurde. Wie kann man ›Eigenes‹ von ›Fremdem‹ unterscheiden? Wieviel Fremdbezug und wieviel Eigenanteil sollte ein eigener wissenschaftlicher Text enthalten? Soll man selbständig schreiben oder ›wissenschaftlich präzise‹, d. h. nahe an den Quellen? Ideal wäre ›selbständig wissenschaftlich‹, aber was das heißt, erschließt sich möglicherweise in frühen Phasen des Studiums noch nicht ohne Weiteres. Der vorliegende Text möchte entlang dieser Fragen einige Gedanken entwickeln, die vielleicht zu einem Verständnis der Problematik beizutragen vermögen. Er wendet sich vorrangig an Studierende und versucht, einige Tipps zu geben, wie man im Laufe der Zeit Sicherheit im Schreiben eigenständiger (erziehungswissenschaftlicher) Texte erlangen kann. Vielleicht kann er aber auch Dozentinnen und Dozenten Anregungen zur Reflexion des ihnen wahrscheinlich bekannten Problems und zur Unterstützung Studierender bieten.

In einem ersten Schritt wird versucht, das Problem ein wenig zu erhellen, indem einige Gedanken Niklas Luhmanns dazu vorgestellt werden (Kapitel 2). Luhmann schlägt – ohne Ironie oder elitäre Attitüde – vor, Studienanfänger*innen müssten *Lesen lernen*, und zwar wissenschaftliche Texte, die eine Textgattung mit besonderen Merkmalen darstellen (vgl. Luhmann, 2000). In einem eigensinnigen Bildungsprozess wird es über die Zeit einfacher, in erziehungswissenschaftlichen Referenztexten Relevantes von weniger Relevantem zu unterscheiden –

ein Vermögen, das in Lehrveranstaltungen zwar nicht systematisch hergestellt, wohl aber unterstützt werden kann. Der anschließende Abschnitt soll zwei Formen der Bezugnahme auf fremde Texte beleuchten: das Zitat und die Paraphrase (Kapitel 3). Dabei zeigt sich, dass beide gängig und legitim sind, dass man aber bei beiden auch Fehler machen kann und der Übergang zum Plagiat dann fließend erscheint. Hier ist folglich Präzision gefragt. Im Weiteren werden einige typische Fehler und Fehlformen vorgestellt, und den Abschluss dieses Textes bilden einige schreibpraktische Gedanken dazu, wie man diese vermeiden und die Problematik zwischen selbständigem und unselbständigem Schreiben gut in den Griff bekommen kann (Kapitel 4).

## 2 »Lesen lernen« (Niklas Luhmann)

Das Problem der selbständigen oder unselbständigen schriftlichen Wiedergabe von Referenzliteratur beginnt bereits bei der Lektüre. Wie kann man sich ein Verständnis, eine eigene Lesart eines fremden wissenschaftlichen Textes erarbeiten? Was in einem fremden Text ist eigentlich wichtig für das eigene Thema und die eigene wissenschaftliche Arbeit? Worauf soll man sich beziehen und worauf nicht? Wenn man das nicht weiß oder erschließen kann, muss der ganze Text als ›wichtig‹ gelten, und wenn man etwas wegließe bestünde die Gefahr, Wesentliches auszublenden. Aber einen oder gar mehrere Referenztexte inhaltlich vollständig wiederzugeben, erscheint als unmögliches Vorhaben und wenig zielführend.

Der Soziologe Niklas Luhmann (1927–1998) hat dieses Problem einmal in einem Essay mit dem Titel »Lesen lernen« (Luhmann, 2000) beschrieben. Er grenzt darin wissenschaftliche Texte als eigene Gattung von bspw. Gedichten und Romanen ab, die ihrerseits eigene Textformen bilden. Anders als im Falle des Gedichtes, bei dem es auf Versmaß, Reim und mithin genaue Auswahl und Platzierung von Worten ankommt, herrsche in wissenschaftlichen Texten ein »unvorstellbares Maß an Zufall« vor (a.a.O., S.152). Gemeint sind die Wortwahl sowie die Sortierung der Worte. Man kann Sinn, den man ausdrücken möchte, in einer Vielzahl unterschiedlicher Begriffskombinationen formulieren. So könnte man, den voranstehenden Satz reformulierend, auch schreiben: »Man kann Gleichbedeutendes mit unterschiedlichen Worten sagen« – inhaltlich macht das wenig Unterschied. Luhmann unterscheidet weiter ›Füllwörter‹ (auf die es inhaltlich nicht so sehr ankommt) von solchen, die mit besonderer und ausgewählter Bedeutung aufgeladen und dadurch in besonderer Weise wichtig für die Aussage eines Textes sind. Letztere »machen nur einen geringen Teil der Textmasse aus« (a.a.O. S.152), obgleich sie doch für einen Text wesentlich sind, während die Masse der austauschbaren, variierbaren Füllwörter (hier bspw.: »austauschbaren« und »variierbaren«) im Text weit überwiegt. Luhmann schließt hier die Frage an:

»Anfänger, vor allem Studienanfänger, finden sich zunächst mit einer satzförmig geordneten Menge von Worten konfrontiert, die sie Satz für Satz lesen und dem Satzsinn nach verstehen können. Aber auf was kommt es an? Was soll man ›lernen‹? Was ist wichtig, was ist nur Beiwerk?« (Luhmann, 2000, S. 153).

Bisweilen kann man dieses Problem bei Studierenden beobachten. Es ist nicht unüblich, bei der Lektüre eines Textes Unterstreichungen und Annotationen vorzunehmen. Man markiert (Be-)Merkenswertes, das, was in einem Text relevant und wichtig erscheint. Manche Studierende markieren ihre Textunterlagen vielfarbig, Zeile für Zeile; ganze Absätze und Seiten hindurch; letztlich ist (beinahe) der ganze Text markiert. Dann hätte man aber auf Markierungen verzichten können: Wenn alles als (gleich) relevant gewertet wird, ist nichts davon mehr besonders bemerkenswert, vielmehr erscheint alles gleich-wichtig. Das zeigt die beschriebene Problematik sehr deutlich: Es ist für Lesende, die in der erziehungswissenschaftlichen Disziplin unerfahren sind, schwer, das Wichtige vom Unwichtigen zu unterscheiden.

Wie lässt sich damit umgehen? Luhmann betont das Langzeitgedächtnis. Bei der Lektüre unterschiedlicher Texte fänden sich über die Zeit immer wieder Namen, Begriffe, Formulierungen, zwischen denen sich Querverbindungen herstellen lassen. Man gewinne auf diese Weise »(…) ein Gefühl für schon Bekanntes und kennt sich im ›Stand der Forschung‹ aus« (a. a. O., S. 154). Mit solchen Vorkenntnissen falle es zunehmend leichter, *selektiv* zu lesen, aus der Masse der Wörter *Wesentliches* herauszuziehen und Unwichtiges beiseite zu lassen.

Dort angekommen dürfte die Dichte der Unterstreichungen in einem Text deutlich nachgelassen haben. Das Wesentliche ergibt sich aus dem spezifischen Vorverständnis des oder der Lesenden selbst; es ist relevant für sie oder ihn, ist Kennzeichen eines eigenen Verständnisses von einem Gegenstand oder Diskurs. Und es ist genau dieses Vorverständnis, das letztlich Studierende – und Wissenschaftler*innen im Allgemeinen – nur selbst erringen können; im Studium, in Vorlesungen und Seminaren, in der eigenen Lektüre, in Gesprächen und Diskussionen in Seminaren oder mit Kolleg*innen auf Tagungen. Das braucht Zeit, lässt sich nicht ad-hoc herstellen und kann v. a. nicht (als Sinn-Übertragung) gelehrt werden. Das Verstehen wissenschaftlicher Texte und Diskurse ist Ergebnis eigenständiger Bildungsprozesse Studierender, die zwar in Lehrveranstaltungen angeregt werden können (vgl. Rost, 2018, S. 4), über die aber Lehrende nicht mit einer noch so ausgefeilten Hochschuldidaktik kausal verfügen können. Dozent*innen können Studierende nicht begreifen-machen. Luhmann und Schorr (1979) hatten das als *strukturelles Technologiedefizit der Erziehung* markiert, und es gilt in universitären Lehrveranstaltungen in gleichem Maße wie in Schulen oder anderen pädagogischen Settings.

Die eigensinnige Rezeption von Referenztexten hängt demnach von einem Verständnis der Disziplin und ihrer Gegenstände und Diskurse ab – so wie umgekehrt das Verständnis von Gegenständen und Diskursen der Disziplin von vielfältiger Lektüre einschlägiger Texte abhängt. Das Dilemma lässt sich über die Dimension der Zeit auflösen. Ein eigensinniges Verständnis kann sich durch längerfristige, beharrliche Auseinandersetzung Studierender mit den Erziehungswissenschaften einstellen. Vor allem Studieneinsteiger*innen bringen ein Vorwissen mit, das umfangreich sein mag, aber nicht ohne Weiteres bereits einer erziehungswissenschaftlichen Art des Denkens folgt. Das macht es schwierig, von Anfang an alles zu verstehen, und so mag es anfangs zu Frustrationen bei der Lektüre scheinbar völlig unverständlicher Texte kommen. Man kann aber annehmen, dass sich in einer kontinuierlichen (individuellen und gemeinsamen) Lektüre und Auseinandersetzung mit wissenschaftlichen Texten, beispielsweise im Kontext von Seminaren und Vorlesungen, Denkweisen entwickeln, die man (seitens der Studierenden) erwerben oder die man (seitens Lehrender) befördern will. Ein solches Befördern kann heißen: Das Verständnis Studierender mit Blick auf erziehungswissenschaftliche Gegenstände und Diskurse zu unterstützen, indem man Wesentliches in Vorlesungen oder Seminaren besonders hervorhebt; indem Wichtiges wiederholt besprochen wird; oder, indem zwischen verschiedenen Lehrveranstaltungen Synergieeffekte entstehen (man findet z. B. im Seminar Gedanken, die bereits in einer Vorlesung thematisch waren). Solche Querverbindungen markieren Relevantes und bleiben auf Seiten Studierender meist nicht unbemerkt. Auf diese Weise können bspw. Vorlesungen und Seminare die *Wahrscheinlichkeit* einer sukzessive zunehmenden Einsicht in erziehungswissenschaftliches Denken auf Seiten der Studierenden steigern.

## 3  Zitat, Paraphrase, Plagiat

Angenommen, man hat in obigem Sinne Relevantes in einem oder mehreren Referenztexten erkannt und will sich darauf in einer eigenen Arbeit beziehen – wie kann man das tun? Üblicherweise in Form von *direkten Zitaten* oder von *Paraphrasen*. Hingegen sind *Plagiate* tunlichst zu vermeiden! Zunächst empfiehlt es sich, die genannten Begriffe – Zitat, Paraphrase, Plagiat – näher zu bestimmen.

### Das Zitat

Ein (direktes) Zitat ist eine wörtliche Übernahme einer Passage aus einem fremden Text in einen eigenen. Das Zitat ist das Mittel der Wahl, wenn man auf einen genauen Wortlaut Bezug nehmen will. Dabei wird dieser Wortlaut in Anführungsstriche gesetzt und in den eigenen Text übernommen. Alles, was innerhalb der Anführungsstriche steht, findet sich exakt so an der referierten Stelle.[1] Am Ende eines Zitats muss (!) ein Beleg darüber erfolgen, wo genau (!) man diese Textstelle findet. Z. B.: (Klein, 2015, S. 71), wobei ›Klein‹ den/die Autor*in benennt, ›2015‹ das Erscheinungsjahr und ›S. 71‹ die Seite, auf der sich das Zitat im Originaltext befindet. Ausführliche Angaben hierzu müssen im Literaturverzeich-

---

[1] Über besondere Zitierregeln soll hier nicht gesprochen werden, siehe dazu exemplarisch: Rost, 2018, S. 266 ff.

nis[2] stehen, mit dem Lesende dann in der Lage sind, das entsprechende Werk zu finden und das Zitat in seinem ursprünglichen Kontext nachzuvollziehen.

Zitate sollten nicht ›für sich selbst sprechen‹. Man muss etwas mit ihnen machen. Ein Zitat kann beispielsweise den Beginn einer ausführlichen Erörterung bilden. Es kann auch im Verlauf einer Argumentation als Untermauerung stehen oder aber am Ende eines Gedankenganges dafür dienen, diesen prägnant abzuschließen – in Worten, die man vielleicht selbst nicht besser hätte wählen können. Wie auch immer: man sollte niemals einfach Zitate an die Stelle eigener Formulierungen setzen oder gar wie ein Mosaik aneinanderreihen (s. u.: Fehlformen).

Insgesamt empfiehlt es sich, Zitate eher spärlich zu verwenden. In einer Prüfungsarbeit bspw., die nur wenige Seiten umfasst, können ausführliche Zitate die Relation zwischen eigenständig geschriebenem und fremdem Text ungünstig verschieben. Viele Zitate bedeuten dann zugleich wenig Eigenleistung, was sich mit einiger Wahrscheinlichkeit negativ auf die Bewertung der Arbeit auswirkt.

## Die Paraphrase

Unter ›Paraphrase‹ versteht man schlicht eine Umschreibung, etwa eines Wortes oder aber eines umfänglicheren Sachverhaltes (vgl. Klein, 2015, S. 71). Die Paraphrase – allgemein auch als *indirektes* Zitat bezeichnet – stellt die Form der Bezugnahme auf fremde Gedanken dar, die vermutlich beim Verfassen eigener wissenschaftlicher Texte am häufigsten zum Einsatz kommt. Wenn man sich auf andere Literatur bezieht, dann in der Regel in indirekt-zitierender, paraphrasierender Form.

Der wesentliche Unterschied zum (direkten) Zitat ist der, dass man einen fremden Text nicht wörtlich wiedergibt (und entsprechend verzichtet man auf Anführungszeichen). Man stellt einen fremden Gedankengang mit eigenen Worten dar, man präsentiert eine eigene Lesart dieses Gedankens vor dem Hintergrund der eigenen Aufgaben- oder Fragestellung. Dabei sollte man nicht einfach gleichlautende Sätze mit leichten Wortvariationen verwenden (s. u.: Fehlformen), sondern den fremden Gedankengang mit eigenen Worten und entlang der eigenen Argumentationslinie (›roter Faden‹) wiedergeben. Wichtig ist auch hier, dass jederzeit klar wird, woher der referierte Gedankengang stammt. Man belegt, indem man, wie auch beim direkten Zitat, den Autor*innennamen, das Erscheinungsjahr und die Seite angibt, auf der sich der referierte Gedanke findet. Zur Verdeutlichung, dass es sich um eine Paraphrase handelt (und in Abgrenzung zum direkten Zitat), fügt man ein ›vgl.‹ an – ›vergleiche‹. Also, wie oben bspw.: (vgl. Klein, 2015, S. 71).

---

2 Vgl. hierzu bspw. Rost, 2018, S. 333 ff. oder exemplarisch das Literaturverzeichnis am Ende dieses Textes.

## Fehlformen

Auf fremde Texte in einem eigenen wissenschaftlichen Text durch direkte oder indirekte Zitate Bezug zu nehmen ist also nicht nur legitim, sondern geradezu notwendig. Doch damit ist die Frage nach dem selbständigen oder nicht-selbständigen Schreiben noch nicht beantwortet, hier können Fehler gemacht werden. Einige Beispiele:

»It's the quotation mark, stupid!« *(Kiesow, 2015, S. 63) – Zitate ohne Anführungsstriche:* Der vielleicht krudeste Fehler wäre der, dass ein fremder Text zitiert wird, ohne dass die betreffende Passage mit Anführungsstrichen als Zitat gekennzeichnet wird. Anführungsstriche besagen, dass jeglicher Text zwischen ihnen im Wortlaut einer fremden Quelle entstammt. Lässt man die Anführungszeichen weg, dann wird derselbe (!) Text formal als eigene Produktion präsentiert – was er nicht ist. Bereits das simple Verzichten auf Anführungsstriche macht die betreffende Passage zu einem Plagiat (s. u.), erst recht, wenn dann noch versäumt wird, ordnungsgemäß zu belegen, was einem Verschleierungsversuch gleichkommt.

*Zitatemosaik:* Es kommt ferner darauf an, wie bzw. wie umfänglich man sich auf einen fremden Text bezieht. Man stelle sich folgenden Fall vor: Ein wissenschaftlicher Text beginnt mit einem Zitat, dem sich ein zweites Zitat direkt anschließt. Nach einem kurzen moderierenden Satz folgt ein drittes Zitat und so weiter. Eine so verfasste Arbeit, die zu 90 % aus Zitaten und zu 10 % aus Füllsätzen besteht, wäre ›legal‹ in dem Sinne, dass mit kenntlich gemachten wörtlichen Fremdbezugnahmen gearbeitet wurde. Gleichwohl wird auf den ersten Blick ersichtlich, dass der/die Autor*in sich zwar die Mühe gemacht hat, diese Zitate auszuwählen, dass er/sie aber keinen eigenen Gedankengang entwirft. Eine hinreichende Eigenleistung im Sinne einer erwarteten Prüfungsleistung würde nicht erbracht. Kurz: Man kann formal korrekt zitieren und – in einer Prüfung – dennoch durchfallen, wenn man es mit dem Zitieren im Verhältnis zum eigenen Text übertreibt.

*Durchgängige Paraphrase:* Gleiches trifft auch auf das Paraphrasieren zu, wobei die Situation hier komplizierter ist. Eine wissenschaftliche Arbeit *kann* zu großen Teilen aus Paraphrasierungen bestehen. Hier verschwimmt (aufgrund des Wegfalls exakter Markierungen des Zitats) die Grenze zwischen eigenständigem und fremdreferenziellem Schreiben. Doch geht auch hier umfängliches Paraphrasieren auf Kosten der eigenen Gedankenentwicklung im Text. Analog zum obigen Beispiel kann man in gleichem Umfang Paraphrase an Paraphrase reihen, ohne eigenständige Gedanken zu formulieren oder einen eigenen Argumentationsgang aufzubauen. In diesem Falle würde eine solche Prüfungsarbeit sicher das gleiche Schicksal ereilen wie eine, in der durchgängig zitiert wird: Nichtbestehen oder schlechte Benotung aufgrund mangelnder Eigenleistung. Die Wasserscheide zwischen selbständigem und unselbständigem Schreiben ist hier allerdings weitaus weniger eindeutig bestimmbar.

*Paraphrasieren als Wortsudoku – »Yoda-Talk«:* Ein anderes Problem kann das Verschleiern einer übergroßen Nähe der indirekten Wiedergabe zur Originalquelle darstellen. Indirekt zu zitieren heißt, einen fremden Gedankengang in *ei-*

*genen* Worten ausdrücken. Ungünstig ist es, wenn ein Bezug auf eine fremde Textpassage im nahezu gleichen Wortlaut und Satzbau und mit nur wenigen Auslassungen oder Wortvariationen wiedergegeben wird; ein Umstellen der Sätze eines Absatzes; ein Vertauschen von Haupt- und Nebensätzen; geringfügige Auslassungen, Ergänzungen oder ›kreative‹ Begriffsänderungen. Im Extremfall erweckt ein solcher Text den Eindruck, als ob Meister Yoda (der sicher allseits bekannte Jedi-Meister der Star-Wars-Filme) ihn verfasst hätte: *Nur Wörter und Sätze vertauschen ich muss, dann merken niemand wird, dass bloß kopiert ich habe.* Das Ergebnis eines solchen Schreibens ist jedoch keineswegs die Wiedergabe des in einer Quelle Gemeinten, sondern vielmehr (zumeist) ein unverständliches Wortkonglomerat. Solche Textproduktionen sind meist syntaktisch, grammatikalisch und orthografisch hoch elaboriert und zugleich inhaltlich kaum nachvollziehbar und sinnfrei, weil sich Texte nicht in gleicher Weise umstellen lassen, wie ein Sudoku (was ein mathematisches Spiel ist, bei dem das geht), ohne dass dadurch ihre Bedeutung verloren geht. Auch diese Form genügt den Erwartungen an eine Prüfungsarbeit nicht: Ein den Kandidat*innen eigenes Verständnis des Niedergeschriebenen lässt sich in solchen Fällen nicht erkennen.

## Das Plagiat

Die vielleicht bekannteste Form der fehlerhaften, unzulässigen Verwendung fremden Textes stellt das *Plagiat* dar. Ein Plagiat ist eine Übernahme fremden geistigen Eigentums bzw. Gedankenguts in einen eigenen Text, die nicht als solche kenntlich gemacht wurde. Kurz gesagt: Es wurde *abgeschrieben*. Dabei kann die Übernahme fremder Gedanken sowohl im Wortlaut erfolgen als auch in indirekter Wiedergabe. Entscheidend ist die fehlende Kenntlichmachung als fremdes Gedankengut durch einen Quellenbeleg. Ein Plagiat täuscht eine Eigenleistung vor, die nicht erbracht wurde. Dass das im Fall von Prüfungsarbeiten, aber auch im Falle wissenschaftlicher Publikationen ein Problem darstellt und Konsequenzen hat, ist spätestens seit einigen prominenten und in der jüngeren Vergangenheit medienöffentlich diskutierten Fällen bekannt.

> »Wenn ein Schüler beim Abituraufsatz abschreibt, wenn ein Student Teile der Hausarbeit aus dem Internet herunterlädt, wenn ein Professor seinen Namen auf einen Aufsatz setzt, den seine Mitarbeiter geschrieben haben und zu dem er inhaltlich so gut wie nichts beigetragen hat, dann werden Leistungen vorgetäuscht, die nicht erbracht wurden. Das ist Betrug und muss sanktioniert werden (…)« (Klein, 2015, S. 81).

Das Wort ›Plagiat‹ taucht hier, wie auch in vielen anderen einschlägigen Texten oder auch Prüfungsordnungen, nicht auf. Möglicherweise deshalb, weil der Begriff als »nicht rechtsfähige(r) Terminus« gilt (Theisohn, 2015, S. 250). Allgemein anerkannt ist aber, dass das Vortäuschen erbrachter Eigenleistung, wo sie nicht stattgefunden hat, gegen die Regeln und Gepflogenheiten guten wissenschaftlichen Arbeitens verstößt und dass das nicht tolerierbar und sanktionswürdig ist. Die Prüfungsordnung des Bachelor-Studiengangs Erziehungswissenschaften an der Goethe-Universität (in der Fassung vom 26.05.2015) befasst sich mit Prüfungsarbeiten und Täuschungsversuchen in Prüfungsarbeiten an mehreren Stellen (§§ 15(8), 26(3), 30(7), 36(15)). Es wird betont,

- dass Prüfungsleistungen eigenständig zu verfassen sind,
- dass verwendete Hilfsmittel anzugeben sind,
- dass eine Prüfungsleistung nicht (auch nicht auszugsweise) mehrfach eingereicht werden darf.

Im Falle der Nichtbeachtung und insbesondere der versuchten Täuschung wird die Prüfung mit ›nicht ausreichend‹ (5.0) bewertet und im Falle von Wiederholung und besonderer Schwere kann dies auch zum Verlust des Prüfungsanspruches nach §26(3) und zur Exmatrikulation führen.

## 4    Einige schreibpraktische Vorschläge

Doch Betrugsversuche einmal beiseitegelassen und mit Blick auf das eingangs beschriebene Dilemma: Wie kann man mit der Spannung zwischen Fremdbezugnahme und origineller Eigenleistung schreibpraktisch umgehen? Hierzu sollen abschließend einige Ideen angedeutet werden.

*Die Fragestellung oder These:* Im Wesentlichen entscheidet bereits die Einleitung darüber, ob es gelingt, eine Arbeit eigenständig zu verfassen oder nicht. In der Einleitung führt der/die Autor*in in den Gegenstand der Arbeit ein und formuliert eine oder mehrere *eigene* Fragestellungen oder Thesen. Diese zu bearbeiten wird zur Aufgabe des gesamten Textes. Bereits diese Gegenstandsbeschreibung und Frageformulierung lässt einen *eigensinnigen* Blickwinkel erkennen, die Perspektive, die auf den Gegenstand eingenommen wird. Fragestellungen oder Thesen sollten möglichst konkret verfasst sein und eine *doppelte Orientierungsfunktion* erfüllen: Sie sollen den/die Autor*in beim Schreiben orientieren und zugleich Lesende bei der Lektüre.

Eine *eigene* Fragestellung oder These kann man nirgendwo abschreiben. An ihr zeigt sich der originelle Blickwinkel der/des Schreibenden. Insofern alles, was in der späteren Arbeit folgt, der Bearbeitung von Fragestellung oder These dienen soll, richtet sich (beinahe zwangsläufig) auch die Rezeption von Fremdtexten daran aus. Eine *selektive* Wiedergabe fremder Texte unter solchen Vorzeichen wird immer als eigenständige erkennbar sein. Kurz: *An der Fragestellung bzw. Thesenformulierung hängt wesentlich das Design der gesamten Arbeit.* Hier ist Originalität wichtig: Kreativität, Eigenständigkeit und Eigensinnigkeit. Gerade die Formulierung einer eigensinnigen Fragestellung kann sich als schwierig erweisen. Hier können Dozent*innen in der Planung einer Prüfungsarbeit behilflich sein, indem sie mögliche Fragestellungen oder Thesen und damit mögliche Perspektiven auf mögliche Referenzliteratur mit Studierenden diskutieren. Vor einem eigenständigen Hintergrund wird die Frage nach der Bezugnahme auf Fremdtexte zu einem technischen Problem. Die vielleicht zunächst unklare Frage nach den zu zitierenden *relevanten* Stellen (s. o.) löst sich auf. Relevant ist schlicht, was der Beantwortung der Fragestellung zuträglich ist. Alles andere nicht.

*Exzerpieren:* Wichtig ist also, eine (eigensinnige) Distanz zu Referenztexten einzunehmen. Wenn man ihre Inhalte wiedergibt, dann sollte man dabei eine eigene Lesart entfalten. Es geht gerade nicht um die möglichst exakte und umfängliche Inhaltswiedergabe. Eine Technik, mit der man eine solche Distanzierung gut erreichen kann, ist das Exzerpieren (vgl. dazu Rost, 2018, S. 212 ff.). Während der Lektüre macht man, Absatz für Absatz, Notizen zum Gelesenen. Dies in eigener Formulierung. Man erarbeitet sich ein intensives Textverständnis. Dabei kann man möglicherweise relevante Zitate übernehmen, aber auch eigene Kommentare, Hervorhebungen und kritische Anmerkungen etc. notieren. Nach intensiver Lektüre des Originals (und vielleicht nach einigen Tagen Pause) kann man mit dem Exzerpt weiterarbeiten, anstatt mit dem Original. Das Exzerpt ist selbstverfasst und dokumentiert ein eigenes Leseverständnis. Hieraus eigene Gedanken für eine Quellenwiedergabe zu entnehmen heißt, eine hinreichende Distanz zum Original einzunehmen, so dass die Wahrscheinlichkeit eines Plagiats oder des unselbständigen ›Klebens am Original‹ marginal wird.

*Konjunktiv oder Indikativ?* Ein eleganter Weg zur Unterscheidung eigener von fremden Gedanken ist die Verwendung des *Konjunktivs*. Ein *Indikativ* besagt, dass etwas ›so ist‹. Ein Konjunktiv hingegen, dass etwas ›so sei‹. Als Faustregel kann man dann sagen: Eigene Statements und Positionen sollten indikativisch verfasst sein. Aussagen anderer Autor*innen, die man übernimmt, kann man in den Konjunktiv setzen. Auf diese Weise unterscheidet man *grammatikalisch* zwischen eigenen und fremden Aussagen. Das gelingt mit ein wenig Übung und Lesende können schon quasi beiläufig erkennen, welches in einem Text eigene Argumentationen der/des Autor*in sind, und was nicht. Durch geschickte Verwendung von Konjunktiv und Indikativ wird es beispielsweise auch möglich, in eleganter Form fremde Aussagen einer Kritik zu unterziehen: »Autor*in x (2015) geht davon aus, es *sei* so, dass (…). Demgegenüber *ist* aber zu berücksichtigen, dass (…)«. Vorsicht: Auch bei der Verwendung von Konjunktiv und Indikativ sollte nicht außer Acht gelassen werden, dass in einer Arbeit *eigene* Gedanken erkennbar werden sollen. Ähnlich wie im Falle direkter oder indirekter Zitate, sollte man nicht (beinahe) ausschließlich im Konjunktiv schreiben (und sich dabei auf das Reproduzieren fremder Gedanken beschränken).

Diese Hinweise und Tipps können natürlich ebenso wenig bereits eine ›Technik richtigen wissenschaftlichen Schreibens‹ vermitteln, wie ein eigensinniges Verständnis erziehungswissenschaftlicher Themen und Gegenstände gelehrt werden kann. Sicher braucht es auch hier Übung, das Sammeln von Erfahrungen mit dem wissenschaftlichen Schreiben. Aber, so die Hoffnung, diese knappen Ausführungen vermögen es vielleicht, (nicht nur) früh im Studium auftretende Schwierigkeiten bei eigenständigen Texten aufzuzeigen und Hinweise zu geben, die über die Zeit zu einer selbstbewussten Schreibpraxis verhelfen können, zu selbständigem wissenschaftlichem Schreiben.

## Literatur

Kiesow, R. M. (2015). Das Recht aufs Plagiat. In C. Lahusen & C.J. Markschies (Hrsg.). *Zitat, Paraphrase, Plagiat. Wissenschaft zwischen guter Praxis und Fehlverhalten* (S. 59–66). Frankfurt, New York: Campus Verlag.

Klein, W. (2015). Fast nur Zitate und Paraphrasen, oder: Von Nutzen und Schaden des Plagiats. In C. Lahusen & C.J. Markschies (Hrsg.). *Zitat, Paraphrase, Plagiat. Wissenschaft zwischen guter Praxis und Fehlverhalten* (S. 67–84). Frankfurt, New York: Campus Verlag.

Luhmann, N. (2000). Lesen lernen. In Ders. *Short cuts* (S. 150–157). Frankfurt am Main: Zweitausendeins.

Luhmann, N. & Schorr, K.-E. (1979). Das Technologiedefizit der Erziehung und die Pädagogik. *Zeitschrift für Pädagogik.* 25 (3), 345–365.

Rost, F. (2018). *Lern- und Arbeitstechniken für das Studium*. Wiesbaden: Springer VS.

Theisohn, P. (2015). Noch einmal das Gleiche: Die Wiederverwendung von Texten als wissenschaftliches und ethisches Problem. In C. Lahusen & C.J. Markschies (Hrsg.). *Zitat, Paraphrase, Plagiat. Wissenschaft zwischen guter Praxis und Fehlverhalten* (S. 249–260). Frankfurt, New York: Campus Verlag.

# Merkmale, Bedeutungen und Funktionen von Thesen bei der Einführung ins wissenschaftliche Denken und Handeln

*Ulrich Mehlem & Mejrema Koca*

## 1 Einführung

In seiner Typologie unterschiedlicher Lehrstile an der Universität stellte Andreas Gruschka eine beziehungsorientierte und eine sachorientierte Position einander gegenüber: (A) »Sie (die Studierenden, UM & MK) können nur lernen, wenn sie sich bei mir aufgehoben fühlen!« – (B) »Es geht allein um die Sache, und die lautet hier: Wissenschaft und wissenschaftliche Kritik« (Gruschka, 2002, S. 35). Während der eine Typus das Gespräch und den Austausch in den Vordergrund stellt und dafür Abstriche bei der wissenschaftlichen Qualität der Beiträge und den Formalia in Kauf nimmt, beharrt der andere auf hohen, auch formalen Standards, akzeptiert eingereichte Papiere und Arbeiten nur nach aufwendiger Korrektur und schreckt damit viele Studierende ab, die sich gar nicht mehr einbringen.

Um dieses Dilemma zu überwinden, werden am Fachbereich Erziehungswissenschaften der Goethe Universität seit 2015 die Seminare »Einführung in die Erziehungswissenschaft« mit Übungen/Tutorien zur »Einführung in das wissenschaftliche Arbeiten« verknüpft. Das Seminar wird dadurch von der Aufgabe entlastet, ständig über die Einhaltung von Formalia zu wachen. Dafür erhalten die Lernenden Gelegenheit, neben der vorgeschlagenen Lektüre auch eigenständige Recherchen im Internet, wie sie es bereits aus der Oberstufe gewohnt sind, in den Kurs einzubringen und durch einen reflektierten Umgang mit solchen Quellen eine wissenschaftliche Verantwortlichkeit kennen zu lernen. In der begleitenden Übung bzw. dem Tutorium beschäftigen sich die Studierenden in einem geschützten Raum mit den notwendigen Regeln des wissenschaftlichen Arbeitens und erproben sie an einem Lehrinhalt, der aus dem Seminar bereits bekannt ist. Dadurch, so die Hoffnung, sollen die Regeln des Zitierens und korrekter bibliographischer Angaben als unverzichtbare Voraussetzung von Wissenschaft erkennbar werden, der sich Studierende eben auch dadurch nähern, dass sie an ihre eigenen alltäglichen Meinungen und Behauptungen neue Maßstäbe anlegen lernen. Die Textformen Protokoll, Referat mit Präsentation, Handout und Thesenpapier, die im Seminar zum Einsatz kommen, sind zuvor Gegenstand im Tutorium. Die Studierenden lernen sie nicht nur theoretisch zu bestimmen und zu differenzieren, sondern erproben sie auch praktisch.

In dieser Verzahnung von Seminar und Tutorium spielt das in der Schulpädagogik entwickelte Konzept des Accountable Talk (Resnick et al., 2008) eine entscheidende Rolle: Im Sinne der von Andreas Gruschka eingangs skizzierten Position (A) geht es darum, Studierende möglichst auch mit alltagsnahen Auffassungen und Vorstellungen am Gespräch zu beteiligen, aber im Sinne der Position (B) auf eine wissenschaftlich verantwortliche Form des Sprechens hinzuarbeiten. Die Verantwortlichkeit jedes*r Gesprächsteilnehmers*in besteht erstens gegenüber der Gemeinschaft aller Beteiligten, da mit dem eigenen Beitrag ein gemeinsamer Klärungsprozess im Seminar vorangetrieben werden soll, indem sich auf vorher Gesagtes bezogen wird. Zweitens besteht sie gegenüber den Standards des Argumentierens, also der Verpflichtung, Aussagen zu begründen, zu belegen, sich auf andere Argumente zu beziehen (Resnick et al., 2008, S. 287 f.). Drittens besteht die Verantwortlichkeit gegenüber dem Wissen über die Sache selbst, das im Unterschied zum Alltagswissen als wissenschaftliches Wissen unter strengen Anforderungen produziert und weiterentwickelt wird (Seifert, 2020).

Die Auseinandersetzung mit Thesen, die sowohl formale als auch inhaltliche Standards einbeziehen, ist eine besonders gute Möglichkeit, sich einer solchen Diskurskultur anzunähern. In dem folgenden Beitrag soll dies in zwei Schritten demonstriert werden: Zunächst wird anhand einer Diskussion im Tutorium gezeigt, wie – am Beispiel des ›Bildes des Kindes‹ der Reformpädagogik – Merkmale einer These in Auseinandersetzung mit wissenschaftlichen Texten und dem Vorwissen der Studierenden entwickelt werden (Kapitel 2). Anschließend wird an einer Seminardiskussion zum Thema der Landerziehungsheime demonstriert, wie das Einhalten wissenschaftlicher Standards beim Umgang mit vorgefundenen Zitaten dazu beitragen kann, eine aktuelle politische Streitfrage in einem neuen Licht zu sehen. Grundlage unserer Ausführungen sind verschiedene Materialien aus dem Seminar wie Bücher und Aufsätze, aber auch von Studierenden verfasste Präsentationen und Sitzungsprotokolle. Wir möchten damit die Kolleg*innen ermutigen, die Verzahnung der beiden Veranstaltungen weiterzuverfolgen, aber auch Studierende, Angebote einer Diskurskultur im Seminar zu nutzen und einzufordern.

## 2 Thesen als Baustein des wissenschaftlichen Arbeitens: Die Erarbeitung der Merkmale von Thesen im Tutorium

Im Tutorium »Wissenschaftliches Arbeiten« werden grundlegende Kenntnisse und Arbeitstechniken zum Verfassen wissenschaftlicher Arbeiten vermittelt. Hierfür werden der Aufbau theoretischer Arbeiten und die Funktionen einzelner Textabschnitte erläutert. Die Stunden sind wie folgt didaktisch aufbereitet: Nach einem theoretischen Input folgt eine Selbsterprobung allein oder in einer Arbeitsgruppe, danach eine Reflexion. Die Aufgaben dienen einerseits zum Erlernen einer Arbeitstechnik auf der Ebene des wissenschaftlichen Textverstehens (Exzerpt) und anderseits dazu, dass die Studierenden dieses anhand der entsprechenden Literatur für die gewünschte Seminarleistung üben und anwenden können. Daher werden alle von den Studierenden erbrachten Aufgaben eingesammelt, durchgesehen und mit Anmerkungen versehen, um so eine konstruktive Rückmeldung für die Studierenden zu ermöglichen.

Eines der Themen ist es, die Bedeutung und Funktion von *Thesen* kennenzulernen und in einem praktischen Teil der Sitzung Thesen anhand eines Textes aus dem Seminar herauszuarbeiten. An den ersten Formulierungsversuchen der Studierenden wird ersichtlich, dass viele Studierende keine Erfahrungen mit Thesen haben und unsicher sind, wie eine These formuliert wird. Viele Fragen werden gestellt: Was bedeutet es, einen wissenschaftlichen Text zu lesen und kritische Fragen zu stellen? Wie belege ich meine Argumente? Von wem stammt eine These, stammt sie von dem*der Autor*in selbst oder von jemand anderem und in welchem Kontext steht eine These?

Bei manchen Studierenden rufen diese Fragen Angst hervor, etwas falsch zu machen, oder sie haben die Befürchtung, dem »wissenschaftlichen Anspruch« nicht zu entsprechen. Andere sehen nicht den Sinn, eine Aussage des Autors oder der Autorin in eigenen Worten zu formulieren, und übertragen lieber ein Zitat. Wieder andere äußern nur eine persönliche Meinung über den Text.

Dass eine These oder ein Thesenpapier gut gelingt, ist von mehreren Faktoren abhängig. Die Studierenden möchten meistens für alles ein Musterbeispiel haben, an dem sie sich orientieren können. Auf den ersten Blick scheinen feste Vorgaben wie die folgenden eine Hilfestellung zu bieten: Eine These wird als kurz und prägnant formulierte Behauptung beschrieben (Rost, 2012, S. 252). Sie muss entweder verifizierbar oder falsifizierbar sein (Franck, Haacke & Lahm, 2007, S. 170). Es sollte sich bei ihr nicht um faktische Trivialitäten handeln (Rost, 2012, S. 252). Vielmehr sind inhaltlich zugespitzte, eventuell provokative Behauptungen gefordert, die einer argumentativ stichhaltigen Begründung bedürfen (ebd.). Wie kurz der Weg von solchen sinnvollen Kriterien zu unsinnigen Mustern sein kann, demonstriert z. B. Andreas Gruschka (2011, S. 166) an einem Arbeitsblatt aus der Sekundarstufe, wo Schüler immer jeweils 4 Sätze zu einem Thema den Kategorien These, Argument, Beispiel und Begründung zuordnen sollen. Die These wäre dann daran zu erkennen, dass sie keinen Nebensatz enthält, nicht mit ›deshalb‹ beginnt und dass eine Forderung erhoben wird. Beim Schreiben einer These geht es vielmehr darum, dass die Studierenden üben, selbst eine Position zu beziehen und sie zu verteidigen, also aus den vielen Gedanken und Überlegungen zu einem Thema einige wenige auszuwählen, die besonders wichtig sind. Die mechanische Orientierung an einem Muster blockiert dagegen den Prozess und hindert sie daran, frei zu schreiben.

Am Beispiel der Aufgabe, zu einem Text Wolfgang Scheibes über »Das Bild des Kindes« in der Reformpädagogik Thesen zu formulieren, soll dieser mühsame Prozess im Folgenden veranschaulicht werden: Ein typischer Satz von vielen Studierenden war die Aussage, die sich auch wörtlich in Scheibes Text findet (Scheibe, 2010, S. 58): »Das Kind ist kein kleiner Erwachsener« (Version A).

Wie wird nun aus einer solchen Aussage eine wissenschaftliche These? Als erstes fällt auf, dass es sich um eine rein negative Bestimmung handelt. Scheibe selbst hat diese »Differenz« des Kindes zum Erwachsenen weiter ausgeführt: »Das

Kind ist in seiner physischen und psychischen Struktur anders als der erwachsene Mensch. Es ist etwas Eigenes und stellt eine besondere Form des Lebens dar« (Scheibe, 2010, S. 58). »Das Kind ist kein kleiner Erwachsener, sondern stellt eine eigenständige Form des Lebens dar« (Version B).

Im nächsten Schritt muss nun die Sprecherposition markiert werden: Wer vertritt die These? »In der Sicht der Reformpädagogik ist das Kind kein kleiner Erwachsener, sondern stellt eine eigenständige Form des Lebens dar« (Version C).

Aber was ist das Besondere an dieser Aussage? Wogegen ist sie gerichtet? Welche Gegenposition wird hier eigentlich unterstellt? Es handelt sich offenbar um eine Position, die den Unterschied graduell begreift, damit aber auch das Kind nur negativ zum Erwachsenen, also defizitär bestimmt. Eine dritte Reformulierung der These würde auch diesen Kontext berücksichtigen: »Im Unterschied zu einer traditionellen Auffassung von Erziehung sieht die Reformpädagogik im Kind nicht mehr nur einen kleinen Erwachsenen« (Version D).

Damit ist bereits deutlicher, dass mit dieser Aussage in eine Kontroverse eingegriffen wird. Welche Schlussfolgerungen ergeben sich aus dieser These? Spätestens hier tritt dann ein Wechsel von einem Anspruch auf Faktizität zu einem Anspruch auf richtiges Handeln (vgl. Habermas, 1995, S. 26 ff.) auf: Wenn es neue Erkenntnisse über die psychologischen, sozialen, kognitiven etc. Besonderheiten von Kindern im Unterschied zu Erwachsenen gibt (Wahrheitsansprüche), ergeben sich daraus neue Anforderungen an den Umgang von Erwachsenen mit Kindern (Richtigkeit von Handlungsnormen).

In der Diskussion über den Zusammenhang von Wissenschaft und Handlungsnormen werden von den Studierenden verschiedene Argumente vorgebracht:

1. »Der Erwachsene solle die ›Kinderwelt‹ achten, und jedes Kind habe seine eigene Würde.«
2. »Da das Kind kein kleiner Erwachsener ist, ist es wichtig, dass das Kind in seiner Entwicklung angemessen gefördert und unterstützt wird.«
3. »Das Kind kommt zwar als kompetenter Säugling zur Welt, ist aber dennoch auf Hilfe angewiesen, und die Aufgabe der Eltern, damit das Kind zu einem selbstständigen Menschen heranwachsen kann, ist es, das Kind zu fördern, aber nicht zu überfordern.«
4. »Damit keine Überforderung stattfindet, ist es ganz wichtig, dass der Erwachsene weiß, dass das Kind ein Individuum ist, das eigene Denkweisen hat und nicht mit dem Erwachsenen verglichen werden kann.«
5. »Als Erwachsener ist es sehr schwer, die kindliche Welt richtig zu verstehen, jedoch sollte man versuchen, sein Kind zu verstehen und ihm zu vertrauen. Das Kind möchte ernst genommen werden.«

Mit diesem Rückgriff auf die Alltagserfahrungen und Vorstellungen der Studierenden erhält die Aussage Scheibes über eine Position der Reformpädagogik nicht nur immer mehr Plausibilität, sondern schließt auch an wissenschaftliche und pädagogische Diskurse an, die bereits ihren Niederschlag bei den Studierenden gefunden haben. »Das Recht des Kindes auf Achtung« (1) ist ein Buchtitel von Janusz Korczak (Korczak, 1970). Die Begriffe »Entwicklung« und »Förderung« (2) stehen im Zentrum des aktuellen Diskurses der empirischen Bildungsforschung und in Dokumenten der Bildungspolitik, etwa dem hessischen »Bildungs- und Erziehungsplan« (Hess. Kultusministerium, 2011). »Der kompetente Säugling« (3) heißt eine Studie von Martin Dornes über die »präverbale Entwicklung des Menschen« (Dornes, 2004). Die Schwierigkeit des Erwachsenen, die kindliche Welt zu verstehen (4 und 5), wird insbesondere in Montessoris Buch »Kinder sind anders« (Montessori, 1993) zum Thema. Aber erst an der Stelle, wo die Wissenschaftlichkeit der Reformpädagogik selbst zur Diskussion steht und etwa bei Jürgen Oelkers von einem *Mythos des Kindes in der Reformpädagogik* (2005, S. 116 ff.) die Rede ist, wird tatsächlich ein wissenschaftliches Niveau der Auseinandersetzung erreicht.

Wie diese praktische Übung zeigt, kann eine These zwar zunächst aus einem kurzen und prägnanten Zitat bestehen. Das sah für die Studierenden zuerst leicht und plausibel aus. Dann aber führten die Diskussion und die gemeinsame Suche nach einer Verdeutlichung des Streitwerts zu immer komplexeren Aussagen, in denen immer mehr Kontexte und Sprecherpositionen in der These verankert werden. Im weiteren Diskussionsverlauf, der hier nicht nachgezeichnet werden soll, kommt durch die Position von Oelkers noch ein kritischer Blick aus der aktuelleren erziehungswissenschaftlichen Forschung hinzu, der 30 Jahre nach Scheibe und 90 Jahre nach dem ersten Höhepunkt der Reformpädagogik beide in ganz anderer Weise historisiert. Die Aufgabe, aus ein paar Seiten eines wissenschaftlichen Textes Thesen abzuleiten, ermöglicht also den Studierenden eine neue Erfahrung mit wissenschaftlicher Diskussion, zeigt aber auch, wie sie selbst als Sprechende bereits an unterschiedlichen Diskursen beteiligt sind und vielleicht beginnen, sich darüber Rechenschaft abzulegen.

## 3 »Was Lietz pädagogisch erstrebte, hat Hitler politisch umgesetzt.« Der Werdegang einer These im Diskussionsprozess eines Einführungsseminars

Das Seminar »Reformpädagogik – eine kritische Dogmengeschichte«, das sich an der Darstellung von Oelkers (2005) orientiert, ist so aufgebaut, dass nach einem theoretischen und historischen Einleitungsteil in jeder Sitzung von jeweils zwei Gruppen Referate zu einem bestimmten reformpädagogischen Konzept gehalten werden. Dabei sieht der Seminarplan vor, dass in einem Referat möglichst die Perspektive des*der jeweiligen pädagogischen Autor*in vorgestellt, in dem zweiten dagegen eine kritische Perspektive an diese*n Autor*in herangetragen wird. Dabei ist es den Studierenden freigestellt, zusätzlich weitere Quellen in ihre Arbeit einzubeziehen.

Außer den Kurzreferaten wird in dem Seminar die Form des Protokolls genutzt, und zwar entgegen der häufigeren Form des Ergebnisprotokolls als Verlaufsprotokoll, das den Ablauf einer Diskussion möglichst genau wiedergibt. Entsprechend besteht jede Sitzung im ersten Teil aus einer Protokolldiskussion, in der das Thema der vorigen Sitzung aufgegriffen und abgeschlossen wird, und im zweiten Teil aus der Präsentation und Diskussion der Referate des neuen Themas.

Der im Folgenden präsentierte Diskussionsprozess erstreckte sich über zwei Sitzungen. Gegenstand des Hauptteils der ersten Sitzung war das Konzept der Landerziehungsheime von Herrmann Lietz, das in den klassischen Darstellungen eine der Säulen der deutschen Reformpädagogik darstellt. Nachdem das erste Referat Informationen zu Lietz und den Heimgründungen vorgestellt und anhand seiner »Grundsätze der Landerziehungsheime« (Lietz, 1913) einige wichtige Ideen zu deren Gestaltung aus der Sicht des Gründers vorgestellt hatte, stellte das zweite Referat mithilfe einer Darstellung aus Oelkers (2011) die »dunklen Seiten« der Pädagogik in den Heimen vor. Das Referat endete mit einem Diskussionsimpuls, der aus dem folgenden Satz bestand: »Was Lietz pädagogisch erstrebte, hat Hitler politisch umgesetzt.«

Dieser Satz wurde nun zur Diskussion gestellt. Nachdem ein Meinungsbild zu einer Zustimmung von ca. 50 zu 5 geführt hatte, wurden die jeweiligen Argumente zusammengetragen, die sich entsprechend im Protokoll finden:

»Von der Mehrheit der zustimmenden Studierenden wurden folgende Aspekte herausgestellt:

- die militärische Erziehung der Jungen
- der Nationalismus
- der Vorrang der Gemeinschaft vor dem Individuum
- die Nicht-Aufnahme jüdischer Kinder

Die Gegenposition argumentierte:

- die NS-Verbrechen werden durch den Vergleich verharmlost
- Lietz starb 1919, nach dem Ersten Weltkrieg. Wir wissen nicht, ob er sich der NSDAP angeschlossen hätte« (Protokoll der Sitzung vom 5.11.2018, S. 2).

Das Beispiel veranschaulicht, wie eine vermeintliche Plausibilität mit dem Inhalt des Referats des Oelkers-Textes zu einer großen spontanen Zustimmung geführt hatte: die entsprechenden Bezüge stellten die Teilnehmer*innen, auch wenn sie die Details der Argumentation von Oelkers nicht kannten, schnell von selbst her. Umso beachtlicher erscheinen daher die beiden Gegenargumente: Wenn tatsächlich die autoritäre, militaristische und deutschtümelnde Erziehung in den Landerziehungsheimen schon ein Vorläufer des Nationalsozialismus gewesen sein soll, werden dadurch dessen Verbrechen einmal mehr bagatellisiert. Das zweite Argument geht von Lietz selber aus. Es argumentiert im Sinne eines historischen Relativismus, dass der Zeithorizont von Lietz eben begrenzt gewesen und ohne Bezug zur NSDAP gewesen sei (die ja erst 1921 gegründet wurde).

Meine Rolle (UM) als Diskussionsleitung verstand ich bis zu diesem Zeitpunkt so, noch nicht in die Problematisierung der Quelle einzusteigen und zunächst eine kontextfreie inhaltliche Würdigung zuzulassen. Als ich dann aber den Entwurf des Protokolls erhielt, sah ich die Notwendigkeit für eine Wiederaufnahme der Debatte unter einem quellenkritischen Gesichtspunkt. Ich bat daher die Protokollantin, direkt hinter dem Zitat der Referent*innen, das die Diskussion eröffnet hatte, eine Fußnote zu platzieren und in dieser folgenden Text aufzunehmen:

»1 Das Zitat stammt von: Andreesen, Alfred (1933/34). Die Erziehungsaufgaben der Heimat. Die Erziehung 9, S. 353)« (Protokoll der Sitzung vom 5.11.2018, S. 2).

Außerdem wurde folgende weitere Literatur in das Protokoll aufgenommen:

»Lesanovsky, W. (1998): »Was Lietz pädagogisch erstrebte, hat Hitler politisch umgesetzt.« Schulreformerische Traditionen und nationalsozialistische Schulpolitik in Thüringen. Zeitschrift für Pädagogik 44, 4, S. 523–542« (Protokoll der Sitzung vom 5.11.2018, S. 3).

Über den weiteren Verlauf der Diskussion in der folgenden Sitzung, und zwar anlässlich der Protokolldiskussion vom 5.11., gibt selbst das Protokoll dieser Sitzung, nämlich vom 12.11. Auskunft, das in der Sitzung vom 19.11. zu diesem Thema abschließend verteilt wurde. Ich zitiere daraus einen längeren Passus:

»Prof. Dr. Mehlem begann die Besprechung mit der Diskussion des Zitats von Lietz und Hitler vom Referat. Er hatte nochmal in dem Aufsatz von Lesanovsky (1998) nachgesehen und stellte fest, dass der Titel, den die Referenten als provokante Frage genutzt hatten, selber ein Zitat sei. Daraufhin stellte er die Frage, was uns die Fußnote (Andreesen 1934) über den Status der These lehre …
Ein Anwesender meldete sich und erläuterte, dass die Gleichsetzung von Lietz und Hitler nicht provokant gemeint sei. Sondern eher im Gegenteil, positiv. Ideen von Lietz würden dann von Hitler in die Tat umgesetzt. Daraufhin stimmte Prof. Dr. Mehlem ihm zu. Auch erwähnte er, dass er es gut finde, dass es in der letzten Sitzung kritische Stimmen zum Zitat gab. Lesanovsky habe bewusst provozieren wollen. Der eigentliche Autor des Zitats, Andreesen, der in der NS-Zeit Leiter der Landerziehungsheime war, habe versucht, die damals bedeutungsvollen Landerziehungsheime dem NS Regime anzudienen und um auszudrücken: was die Nazis jetzt machen, das haben wir schon damals gewollt« (Protokoll der Sitzung vom 12.11.2018, S. 1).

Die sehr detailreichen Formulierungen der Protokollant*innen zeigen das Bemühen der Autor*innen, einen komplexen, mehrschichtigen Sachverhalt nachvollziehbar wiederzugeben. Tatsächlich handelt es sich um zwei Kontextualisierungen, die mithilfe der Protokolldiskussion ermöglicht wurden: (1) Zunächst wurde die These als ein Zitat aus einem erziehungswissenschaftlichen Fachaufsatz identifiziert. Der Verdacht, dass die Referent*innen den Satz als Zitat irgendwo im Internet gefunden hatten, erhärtete sich schnell bei einer Google-Recherche des Seminarleiters nach der Sitzung. Deshalb war es wichtig, den Aufsatz Lesanovskys als Quelle ins erste Protokoll aufzunehmen. Die Formulierung im zweiten Protokoll zeigt aber auch, dass das Vorgehen der Referent*innen nicht völlig ungeeignet für die Diskussion war. Denn auch mit dem Hinweis auf den Autor hätte es genau dieselbe Diskussion geben können. Allerdings wäre dann evtl. schneller die Frage aufgekommen, aus welchem Kontext Lesanovsky seinerseits das Zitat bezogen hat.

Dies führte die Diskussion zur zweiten Kontextualisierung, die durch den Verweis auf Andreesen 1934 ermöglicht wurde. Die Äußerung des einen Studierenden bringt denn auch die völlige Verschiebung der Perspektive durch ihre neue historische Verortung auf den Punkt: (2) Es handelt sich um eine Quelle, die selbst aus der NS-Zeit stammt, »nicht provokant gemeint« ist, das heißt nicht darauf zielt, Lietz als Vorläufer der NS-Pädagogik zu diskreditieren, sondern im Gegenteil, als »positives« Beispiel hinzustellen (siehe Protokollauszug). Hieran schließen dann auch meine Ausführungen zu Andreesen und seiner Rolle während des Nationalsozialismus an, die im Protokoll wiedergegeben sind und sich vor allem auf Lesanovskys Artikel beziehen.

Der provokative Effekt, den das Zitat in der früheren Sitzung hatte, wird nun auch durch den Beitrag Lesanovskys bestätigt: Das Zitat Andreesens zeigt besser als eine aufwendige Quelleninterpretation, wie wichtig den Erben der Deutschen Landerziehungsheime der Beitrag des Gründers für den Nationalsozialismus war. Damit wird auch die Plausibilität der ersten Diskussion deutlich: Zentrale Elemente der Lietz'schen Pädagogik waren tatsächlich für die Nazis anschlussfähig. Die Referent*innen hatten also einerseits Recht, dass sie die Formulierung als Skandalisierung der NS-Verstrickung der Reformpädagogik von Herrmann Lietz verwendet hatten, aber eben auch Unrecht, weil sie die Quelle ihres doppelten wissenschaftlichen Kontexts entkleidet hatten.

Was können Studierende durch eine solche Seminardiskussion nicht nur über wissenschaftliches Arbeiten, sondern auch über »accountable talk« lernen?

Folgende Aspekte lassen sich hier zusammenfassen:

- Es ist notwendig, Referate in Diskussionen zu überführen, und hierfür sind auch kontroverse und provokante Thesen gut geeignet.
- Es ist genauso notwendig, Quellen korrekt zu belegen und auf ihre Glaubwürdigkeit und Wissenschaftlichkeit zu hinterfragen.
- Das Ergreifen von Positionen in Diskussionen sollte – trotz gewisser Vorlieben für eine Debattenkultur im angelsächsischen Kontext, die von einem Diskutanten verlangt, Argumente für jede beliebige Position vertreten zu können – in Verantwortung vor der historischen und wissenschaftlichen Wahrheit geschehen, das heißt, darum bemüht sein, Streitfragen tatsächlich zu klären.
- Eine wichtige Hilfe, um die Ernsthaftigkeit von Diskussionen zu erhöhen, könnte ein Protokoll sein, das versucht, den Diskussionsverlauf wiederzugeben. Dadurch können später neue Bezüge und Wiederaufnahmen eröffnet werden, die beim bloßen Vollzug der Diskussion untergehen würden.
- Auf diese Weise entsteht auch eine Seminarkultur, in der das Diskutierte nicht einfach verschwindet, sondern Teil eines institutionellen Gedächtnisses wird.

Um einen verantwortlichen wissenschaftlichen Diskurs zu lernen, ist es also notwendig, Bezüge zur Alltagspraxis und -erfahrung von Studierenden nicht zugunsten wissenschaftlicher Texte zu unterdrücken und auszuklammern, aber die Diskussion auch nicht auf dem Niveau des Austauschs von Meinungen zu belassen. Die These als kürzeste wissenschaftliche Textform kann hierbei wertvolle Dienste leisten.

## 4  Ausblick: Die Arbeit mit Thesen als Teil einer Modulstruktur

Auch bei der Vorbereitung einer mündlichen Prüfung dient das Thesenpapier dem*der Prüfungskandidaten*in zur Darstellung von Aussagen und Positionen zu den Prüfungsthemen. Hier können dann die Fragen des*der Prüfers*in ansetzen. Im Zuge der Verteidigung der Abschlussarbeiten können die eigenen Erkenntnisse und Erträge in Form von Thesen zur Diskussion gestellt werden. Sinn und Zweck von Thesenpapieren ist es, eine wissenschaftliche Diskussion vorzustrukturieren.

Das Thesenpapier ist eine Abfolge von Thesen, die jeweils mit Literaturhinweisen oder Belegen begründet werden. Im Zuge der mündlichen Begründungen können sich die Studierenden auf weitere Textstellen oder weiterführende Literatur stützen, um die jeweilige These zu untermauern (Kruse, 2004). Das Thesenpapier kann gegebenenfalls auch Pro- & Contra- Argumente zu einer These umfassen. Wie wichtig ein Thesenpapier ist, wird bei den mündlichen Prüfungen im Studiengang Bachelor Erziehungswissenschaft an der Goethe-Universität, etwa im Modul »Umgang mit Differenz« oder bei der Verteidigung der Bachelorarbeit im Abschlussmodul, deutlich. Dort begegnen wir immer wieder der Unklarheit der formulierten Thesen seitens Studierender und einer fehlenden Routine, was der Inhalt einer These und die passende Argumentation dazu sein sollen. Auf Grund der späteren Schwierigkeit bei der Verteidigung der Bachelorarbeit oder einer mündlichen Prüfung wurde die Arbeit mit Thesen bei der Einführung in das wissenschaftliche Arbeiten zu Beginn des Studiums verankert, damit die Studierenden die Möglichkeit haben, sich schon früh damit zu beschäftigen, was eine These im wissenschaftlichen Kontext ist.

Bereits 2002 hatte Andreas Gruschka (2002, S. 37) als Antwort auf das zuvor konstatierte Dilemma der Hochschuldidaktik eine dritte Position formuliert: (C) »Studierende sind Lernende, für deren Entwicklung ich zuständig bin.«

Die in diesem Beitrag vertretene These ist, dass eine solche Zuständigkeit nicht nur Merkmal eines individuell besonders engagierten Lehrenden, sondern auch Resultat einer gut durchdachten Modulstruktur werden könnte.

## Literatur

Andreesen, A. (1934). Gegenwartsaufgaben der Landerziehungsheime. *Die Erziehung 9*, 353–362.
Dornes, M. (2004). *Der kompetente Säugling – Die präverbale Entwicklung des Menschen.* Frankfurt am Main: Fischer Taschenbuchverlag.
Franck, N. (2019). *Handbuch Wissenschaftliches Schreiben. Eine Anleitung von A bis Z.* Paderborn: Schoeningh.
Frank, A., Haacke, S. & Lahm, S. (2007). *Schlüsselkompetenzen – Schreiben in Studium und Beruf.* Stuttgart: Springer.
Gruschka, A. (2002). *Didaktik. Das Kreuz mit der Vermittlung. Elf Einsprüche gegen den didaktischen Betrieb.* Wetzlar: Büchse der Pandora.
Gruschka, A. (2011). *Verstehen lehren. Ein Plädoyer für guten Unterricht.* Stuttgart: Reclam.
Habermas, J. (1995). *Theorie des Kommunikativen Handelns* (Band I). Frankfurt: Suhrkamp.
Hessisches Sozialministerium/Hessisches Kultusministerium (2011). *Bildung von Anfang an. Bildungs- und Erziehungsplan für Kinder von 0 bis 10 Jahren in Hessen.* Wiesbaden.
Korczak, J. (1970). *Das Recht des Kindes auf Achtung.* Göttingen: Vandenhoeck & Ruprecht.
Kruse, O. (2004). *Keine Angst vor dem leeren Blatt.* Frankfurt a. M.: Campus.
Lesanovsky, W. (1998). »Was Lietz pädagogisch erstrebte, hat Hitler politisch umgesetzt.« Schulreformerische Traditionen und nationalsozialistische Schulpolitik in Thüringen. *Zeitschrift für Pädagogik* 44 (4), 523–542.
Lietz, H. (1913). *Deutsche Landerziehungs-Heime. Grundsätze und Einrichtungen.* Leipzig: R. Voigtländer.
Michaels, S., O'Connor, C. & Resnick, L. B. (2008). Deliberative Discourse Idealized and Realized: Accountable Talk in the Classroom and in Civic Life. *Studies in Philosophy and Education* 27 (4), 283–297.
Montessori, M (1993). *Kinder sind anders.* Il segreto dell'infanzia (aus dem Ital. übers. von P. Eckstein und U. Weber. Im Auftr. der Erben der Verf. bearb. von H. Helming). Stuttgart: Klett Cotta.
Oelkers, J. (2005). *Reformpädagogik. Eine kritische Dogmengeschichte.* Weinheim: Juventa.
Oelkers, J. (2011). *Eros und Herrschaft. Die dunkle Seite der Reformpädagogik.* Weinheim: Juventa.
Rost, F. (2012). *Lern- und Arbeitstechniken für das Studium* (S. 252–256). Wiesbaden: VS- Verlag.
Seifert, A. (2020). Zum Verhältnis von Wissenschaft und Praxis. Deutungsangebote und Reflexionsimpulse für den Diskurs um Service Learning. In M. Hofer & J. Derkau (Hrsg.). *Campus und Gesellschaft. Service Learning an deutschen Hochschulen. Positionen und Perspektiven* (S. 53–68). Weinheim: Beltz Juventa.
Scheibe W. ([1969] 2010). *Die reformpädagogische Bewegung 1900–1932. Eine einführende Darstellung.* (S. 58–62). Weinheim: Beltz.

# Zur Vermittlung eines allgemeinen erziehungswissenschaftlichen Paradigmas am Beispiel der Lehre in der Sonderpädagogik

*Manfred Gerspach*

## 1 Sonderpädagogik als kritisch-emanzipative Lesart beschädigter Subjektivität

Die Sonderpädagogik ist keine wissenschaftliche Disziplin, die man sich rein kognitiv aneignen kann, ohne persönlich davon affiziert zu werden. Die Befassung oder noch mehr: die Begegnung mit Kindern, Jugendlichen und Erwachsenen, die von sozialer Exklusion und Behinderungen wie Beeinträchtigungen bedroht und betroffen sind – worauf die universitäre Lehre vorbereiten will –, löst Resonanzen aus, die im Eigenen beheimatet sind und gleichwohl als Projektionen von etwas Fremdem auf diese Zielgruppe aufscheinen. Behinderungen und Auffälligkeiten beflügeln ängstigende Phantasien, die es im Zaum zu halten gilt. Zunächst gemahnen sie an die Gefahr körperlicher Versehrtheit, die tendenziell über jeden von uns hereinbrechen könnte. Dann aber ist da noch die Gefahr, zum Paria erklärt zu werden, was mit großen Kränkungen und Selbstzweifeln verbunden wäre. Mit dieser Betonung der affektiven Dimension ist ein wichtiger Strang der Frankfurter Ausrichtung der Sonderpädagogik benannt. Es geht um das Verstehen der unbewussten Bedeutung, die als Ergebnis einer problematisch erlebten Lebensgeschichte einer Störung oder Behinderung innewohnt (vgl. Gerspach, 2009, S. 14).

In ihrem Text »Zur Genese der Dummheit« beschreiben Horkheimer und Adorno, wie das »Fühlhorn der Schnecke« vor einem Hindernis sogleich in die »schützende Hut des Körpers zurückgezogen« wird. Und sie folgern: »Die Unterdrückung der Möglichkeiten durch unmittelbaren Widerstand der umgebenden Natur ist nach innen fortgesetzt, durch die Verkümmerung der Organe durch den Schrecken. (…) Dummheit ist ein Wundmal« (Horkheimer & Adorno, 1969, S. 274). Als Horkheimer und Adorno diese Aussagen formulierten, hatten sie ein allgemeines Phänomen im Sinn, die eigene Neugier zu zensieren, wenn der Widerstand zu groß ist. Werden Kinder nicht gefördert, sondern gehemmt, entstehen früh Narben, die Deformationen bilden. Das kann sich negativ auf alle Leistungen auswirken – »praktische und geistige« (ebd., S. 274).

Von Lüpke geht einen Schritt weiter und befindet, dass in solchen Szenen »die Keimzelle für die Entwicklung von geistiger Behinderung« liegt (von Lüpke, 2006, S. 4f.). Hier zeigt sich der innere Rückzug in eine Behinderung, die vorher so nicht vorhanden war. Behinderung entpuppt sich als eine »Nutzanwendung der Dummheit« (Hoven-Buchholz, 2001, S. 116). Spätestens jetzt wird die scheinbar eindeutige Grenze zwischen Normalität und Behinderung niedergelegt. Die Dummheit ereilt nicht nur ein Subjekt, das aussortierbar erscheint. Mithin ergibt sich die Erwartung, dass die Sonderpädagogik eine vertiefte Einsicht in Ausgrenzungsphänomene zu liefern vermag, ohne sich indessen als Sonderdisziplin zur Disziplinierung der Ausgegrenzten zu präsentieren. Dieses Spannungsverhältnis auszubalancieren ist oberster Auftrag der Lehre. Lange Jahre war dem nicht so.

Zunächst geht es also um eine kritische Gesellschaftsanalyse, die von den herrschenden ökonomischen Verhältnissen und der daraus resultierenden Ungleichverteilung ausgeht. Dieser Zusammenhang ergibt sich nicht von selbst, sondern muss kritisch erarbeitet werden. In anderen Worten ist nach Erdheim das Marxsche Postulat, wonach das gesellschaftliche Sein das Bewusstsein bestimmt, außer Kraft gesetzt. Weil die herrschende Kultur danach verlangt, dass alles unbewusst werden muss, was ihre Stabilität bedroht – also vor allem eine Aufdeckung dieser Wirkmechanismen –, treten Phantasmen und Illusionen als scheinbare Motive des menschlichen Handelns an die Stelle eines kritischen Bewusstseins (vgl. Erdheim, 1984, S. 192 ff.).

Gerade für Studierende mag es hilfreich sein, sich zunächst einer gewissen Systematik zu bedienen, um die unterschiedlichen Formen individuell geronnener Auffälligkeiten halbwegs ordnen und begreifen zu lernen. Aber am Ende gilt noch immer: »Klassifikation ist Bedingung von Erkenntnis, nicht sie selbst, und Erkenntnis löst die Klassifikation wiederum auf« (Horkheimer & Adorno, 1969, 231). Die Einsicht in dieses von innerpsychischen Widerständen angetriebene Procedere zu vermitteln, ist von Beginn an und bis heute zentrales Anliegen der Lehre am Institut für Sonderpädagogik.

## 2 Das Verhältnis von Außensicht und Innensicht

Jetzt ist es an der Zeit, das Verhältnis des Allgemeinen zum Besonderen zu thematisieren. In Verkennung des umspannenden Einflusses der herrschenden Produktionsweise auf die Subjektgenese scheint die Gefahr auf, im Sinne einer metaphysischen Verklärung quasi naturwüchsig allgemeine, einem statischen Prinzip gehorchende Gesetzmäßigkeiten zu unterstellen, die vorgeblich – ganz gemäß dem Jargon der Eigentlichkeit – auf *die* Existenz des Menschen zurückgehen (vgl. Adorno, 1990a, S. 219). Demzufolge ist es unabdingbar notwendig, die gegenseitige Verschiebung von objektiver und subjektiver Struktur sichtbar zu machen, ohne von einer simplen mechanistischen Abbildbarkeit auszugehen. Unter dem dogmatischen »Primat des Seins übers Bewusstsein« würde so die Spontaneität des Subjekts verleugnet (Adorno, 1973, S. 52 f.; 1990b, S. 204 f.). Und deshalb warnt Adorno davor, das Subjekt auf ein qualitätsloses Allgemeines zu reduzieren (vgl. Adorno, 1990b, S. 54).

Übersetzen wir diese Debatte auf die Sonderpädagogik, so wäre zunächst festzuhalten, dass uns nichts bleibt, als von der »realen Lebensnot konkreter Menschen« auszugehen. In seiner Hommage an Adorno plädiert Jakobs daher für einen mikrologischen Blick aufs einzelne Subjekt, jenseits einer Subsumtion unter Oberbegriffe, der uns gestattet, auch das »Fremde« der Behinderung auszuhalten (vgl. Jakobs, 2004, S. 32 f.). In einer auf ungebrochener geistiger, physischer und seelischer Leistungsfähigkeit ausgerichteten Gesellschaft entsteht für Eltern eines behinderten Kindes ein großer innerer Druck und befördert den Wunsch, dieses defekte Anderssein ungeschehen machen zu wollen. Nicht selten kommt es zu einer »perversen Allianz« mit den Fachleuten, die diese Phantasie noch bestärken. Für Milani Comparetti (1986, S. 11) kulminiert dieser Drang in der Suche nach immer neuen Austreibungsritualen. Die Wut auf das behinderte Kind darf nicht gespürt werden und wird unbewusst in pädagogische oder therapeutische Maßnahmen verwandelt. Er spricht von »wilder Rehabilitation«, wenn sich unter diesem Druck verschiedene Therapieformen anzuhäufen beginnen (ebd.).

Wie sich an dieser Stelle, an der objektive Vorgaben und subjektives Dilemma aufeinandertreffen, zeigt, ist beider Verhältnis in der Sonderpädagogik weit behutsamer als in anderen erziehungswissenschaftlichen Disziplinen auszutarieren. Zum Mythos des Allgemeinen gehört, dass Fachvetreter*innen noch immer zu einer einseitig individualisierenden Pathologisierung des Kindes und einer Psychiatrisierung der Eltern, d.h. zur Konstituierung der Sonderfamilie neigen (vgl. Weiß, 1989). Allerdings können hier auch Themen wie Enttäuschung der eigenen Lebenserwartungen, Einsamkeit, Erfahrung der Verwundbarkeit der eigenen Existenz, Machtlosigkeit, Erfahrung der Ungerechtigkeit als Risikofaktoren relevant werden (vgl. Hackenberg, 2008, S. 45).

Auf dem Terrain der Sonderpädagogik existiert eben dieses Allgemeine doch, selbst wenn es kritisch zu lesen bleibt: Kinder mit Behinderung sind länger auf Behütung und Fürsorge angewiesen und die Sorge um ihr Wohlergehen gründet nicht ausschließlich im innerpsychischen Abwehrmechanismus der Reaktionsbildung. Um den Einfluss einer realen Schädigung muss man wissen, und er ist nicht zu unterschätzen (vgl. Milani Comparetti, 1986, S. 10 f.). Eingedenk des Umstandes, dass sich unsere Außensicht von der Innensicht eines Betroffenen deutlich unterscheiden mag, benötigen wir eine faktenorientierte Annäherung an die Behinderung, ohne auf falsche Verallgemeinerungen hereinzufallen (vgl. Sautter, 2012). So lässt sich eine geistige Behinderung als »komplexes soziales Phänomen von sich wechselseitig bedingenden Komponenten« (Fischer, 2010, S. 385) beschreiben. Eine Fokussierung der damit verknüpften subjektiven Sinnkonstruktionen darf aber die zugrunde liegenden Schädigungen und daraus resultierenden funktionellen Einschränkungen nicht vernachlässigen (vgl. ebd.). In diesem Sinne befindet Rauh, dass das Bild von stets heiteren und leicht zu führenden Kindern mit Down-Syndrom nicht generell stimmt:

> »Je nach bisherigem Entwicklungsverlauf sowie An- und Überforderungserfahrungen bilden sie offenbar ein sehr unterschiedliches Selbstbild aus und unterschiedliche Strategien, sich vor Selbstschädigungen zu schützen (…). Einige verleiten dann ihre Mitwelt durch Charme und zur Schau gestellte Hilflosigkeit, vermeintlich schwierige Situationen an ihrer Stelle zu lösen. Andere bieten alternative Aufgabenlösungen (…) als Ausgleichsgabe an« (Rauh, 2009, S. 14).

Gerade die früh erlebten Beziehungserfahrungen, die sich um den fantasierten »Dämon« Behinderung zentrieren, geben oftmals die basale Voraussetzung für eine beeinträchtigte Entwicklung des betroffenen Kindes ab. In diesem Sinne sind die gesellschaftlichen Phantasmen zu beleuchten, die in die Familie hineinragen und das eigene behinderte Kind als Monster erscheinen lassen. Nicht selten entstehen Tötungsphantasien, die aber ein so großes Erschrecken auslösen, dass ihre bewusste Wahrnehmung und Verarbeitung massiv erschwert sind (vgl. Gerspach, 2009, S. 127; Niedecken, 2003, S. 227 ff.).

Das vorgeburtlich entstandene Wunschbild eines idealen Kindes erscheint unvereinbar mit der Begegnung mit dem realen behinderten Kind. Ein Grund für die Unmöglichkeit, die Trauer zuzulassen und damit ein Erkalten der Tötungsphantasien zu ermöglichen, ist die »unaufhörliche Existenz des imaginären Kindes. Die Kluft ist so groß, dass das reale Kind keinen Platz finden kann. (…) Im Hintergrund mögen Gedanken aufkommen, dass es besser sei, wenn das Kind tot wäre, weil die Trauer um das reale Kind weniger schwer wäre als die Trauer um das imaginäre Kind« (Korff-Sausse, 1997, S. 60 f.). Sie folgert: »Die Behinderung schafft ein Ereignis, das etwas Undenkbares und Schreckenerregendes umfasst« (ebd., S. 61).

## 3 Sonderpädagogik als *besonderer* Zugang zum beschädigten Subjekt

Die ex cathedra aufzubereitende Begegnung mit zugespitzten Problemlagen verlangt nach einer ganz eigenen Thematisierung des Verhältnisses vom Allgemeinen zum Besonderen, und in diesem Sinne nimmt Sonderpädagogik in sich die Aporie auf, vorbehaltlos auf Inklusion zu bestehen und doch um die Beschädigung des Subjekts zu wissen. Das ist ihr großes Dilemma.

Nun ist es an der Zeit, den drei sich hartnäckig haltenden Vorwürfen an meine Disziplin entgegenzutreten: erstens, sie sei Ursache und Träger von Ausgrenzung, zweitens, ihre Existenz hintertreibe die Inklusion und drittens, sei speziell die Frankfurter Orientierung am überholten Modell der Psychoanalyse obsolet.

(1) Am überzeugendsten hat Schumann die Fundamentalkritik – Sonderpädagogik samt ihrer Diagnostik sei fragwürdig, beschädigend und verzichtbar – formuliert (vgl. Schumann, 2016).

Laut Benkmann ist die über zweihundertjährige Geschichte der Heilpädagogik »weitgehend eine Geschichte der ›Entsolidarisierung‹« (Benkmann, 2010, S. 445). Beides stimmt, wie es nicht stimmt. Zum einen gab es immer schon eine starke konservative Richtung, wonach klar war, dass bestimmte Beeinträchtigungen den »Absichten der Erziehung entgegenstehen« und die Behinderung sich »als Defekt der Erziehung« niederschlage (Bleidick, 1978, S. 86 ff.).

Zum andern hat sich gerade die Frankfurter Lesart der Sonderpädagogik von Anfang an gegen solche reaktionäre Positionen verwahrt. Ihr ging es stets um erschwerte Sozialisationsbedingungen, wenn gesellschaftliche Rahmung und daraus hervorgehende unbewusste seelische Dynamiken folgenreich übereinander stürzen. Leber[1] drückte es so aus:

> »Die Auseinandersetzung konzentriert sich heute mehr und mehr darauf, ob man weiterhin den Behinderten als ›Objekt‹ der wissenschaftlichen Forschung und des heilpädagogischen Handelns sieht und herausfinden möchte, wie gut er ›geheilt‹ oder rehabilitiert, das heißt funktionabel gemacht werden kann – oder ob wir uns auf den Dialog mit ihm einlassen, um mit ihm herauszufinden, was seine Behinderung im gesellschaftlichen Zusammenleben bedeutet, wozu er sie selbst braucht und wozu sie von anderen benutzt wird« (Leber, 1984, S. 478).

Ungebrochen fließt dieses emanzipative Selbstverständnis in die folgende apodiktische Setzung ein: »Sonderpädagogik definiert sich danach nicht mehr über eine irgendwie als besonders auszuweisende Klientel, sondern über spezifische Wissens- und Könnensbestände zu krisenhaften Lern- und Entwicklungsprozessen« (Katzenbach & Schröder, 2007, S. 208).

(2) Damit wird auch der zweite Vorwurf entkräftet, als ob die Idee der Integration (heute Inklusion) nur um den Preis einer halbherzigen Unterwerfung unter die Gebote der Mehrheit umgesetzt werden könne und dies auch so formuliert worden wäre. Diese von kritischen Repräsentant*innen der Sonderpädagogik wie Wolfgang Jantzen, Georg Feuser, Helmut Reiser oder Ulf Preuss-Lausitz Mitte der 1980er Jahre entworfene Alternative, die an die Stelle einer aussondernden pädagogischen Praxis treten sollte, war erstaunlich kompromisslos. Übrigens war seinerzeit von Vertreter*innen anderer erziehungswissenschaftlicher Fachdisziplinen dazu kaum etwas zu hören. Allerdings wurde diese ›Befreiungsbewegung‹ nicht von Betroffenen oder ihren Angehörigen angeführt. Nicht zuletzt vor dem Hintergrund einer nachwirkenden menschenverachtenden Euthanasiepolitik der Nationalsozialisten gab es zu viel Scham und Angst auf ihrer Seite, um sich offensiv für eine radikale pädagogische Umorientierung auszusprechen. Im Sinne einer »advokatorischen Ethik«, die Pädagogik als normative, an Werten orientierte Wissenschaft ausweist (Brumlik, 2004), ergriffen aber zahlreiche Fachvertreter*innen – gerade jene am Frankfurter Institut für Sonderpädagogik – stellvertretend das Wort.

Ihnen war dabei durchaus der Widerspruch bewusst, dass sich eine demokratisch verfasste Pädagogik an den Widersprüchen einer an Leistungsprinzipien ausgerichteten Gesellschaft brechen muss, sie aber deswegen noch lange nicht von Anbeginn an kontaminiert zu werden braucht. Im Gegensatz zu einer dann ungenügend umgesetzten Schulpolitik belegen diese Schriften, dass keine einsei-

---

1 Der Psychoanalytiker Aloys Leber war Mitbegründer des Instituts für Sonderpädagogik und hat mit seiner tiefenhermeneutischen Sicht auf Störungen und Behinderungen nach dem latenten, d. h. unbewussten Sinn hinter den manifesten Auffälligkeiten gesucht, ohne dabei die gesellschaftliche Dimension zu vernachlässigen (vgl. Gerspach, 2016).

tige Anpassung an normierte Maßstäbe propagiert wurde, sondern der inklusive Leitsatz »weil alle verschieden sind, sind alle gleich« damals schon galt und umgesetzt werden sollte (vgl. Reiser, 2006; Deppe, 2008; Gerspach, 1994). Deutlich warnt Reiser davor, dass durch eine positive Umdeutung von Behinderungen und Störungen – wie etwa »Celebrate diversity« (Hinz, 2004, S. 64) – »nicht nur gesellschaftlich bedingte Differenzen verharmlost werden, sondern es wird auch der potentielle Gehalt an Leiden der Betroffenen und ihrer Umwelt negiert« (Reiser, 2007, S. 104). Inklusion vermag ja die auf dem meritokratischen Prinzip aufruhende Allokationsfunktion der Schule, was vermittelt, dass die »so hergestellte Ordnung auch gerechtfertigt« sei, nicht auszuhebeln (Katzenbach, 2016, S. 22).

(3) Schließlich zum dritten Vorwurf der zu großen Nähe zur Psychoanalyse. Dieser wird eher implizit erhoben als explizit ausformuliert – mit Blick etwa auf die »typische Vermengung von empirischen Befunden mit idealistisch-spiritualistischen Spekulationen« (Leuschner, 2008, S. 26). In seiner These vom umgekehrten Dispositiv als einer Gegenmacht, »welche die Subjektwerdung fördert«, hat Langnickel dem vehement widersprochen (Langnickel, 2020, S. 81). Was schon für den Begriff der Behinderung gilt, dass er von seiner naturalistischen Gestalt befreit, ergo: dekonstruiert gehört (vgl. Trescher, 2013), muss indessen auch für ebensolche psychoanalytische Vorstellungen gelten. Ging es noch dem Strukturalismus um die Ausleuchtung bedeutungstragender Strukturen, so geht es jetzt um die Dekonstruktion solcher Elemente, die »die Strukturen zum Kippen bringen« (Müller, 2012, S. 25). So erscheint in den frühen psychoanalytischen Wirklichkeits- bzw. Weiblichkeitskonstruktionen die Frau noch als defizitäres Wesen (vgl. Müller, 2012, S. 18 ff.).

Allerdings findet sich in Freuds Schriften auch eine konzeptuelle Kluft zwischen dem, was er recht dogmatisch als »genitale« Sexualität beschreibt, und einer infantilen polymorphen Sexualität. Dieses Oszillieren zwischen der Einsicht in die Vieldeutigkeit menschlicher Sexualität einerseits und normativen Vorstellungen von ›natürlicher‹ (Hetero-)Sexualität andererseits zieht sich durch Freuds gesamtes Werk (vgl. Heenen-Wolff, 2016, S. 135 ff.; Freud, 1905d, S. 108 f.; 1940a, S. 74). Insofern verwundert nicht, dass die psychoanalytischen Theorien Freuds trotz ihrer patriarchalisch orientierten Denkrichtung als grundlegende posthumanistische Wegweiser galten (vgl. Müller, 2012, S. 5), auch wenn es heute mehr denn je darum gehen muss, die These von der Universalität des Ödipuskomplexes, d. h. *den* entwicklungspsychologischen Dreh- und Angelpunkt für Geschlechtsidentität und Orientierung, zu dekonstruieren (vgl. Heenen-Wolff, 2016, S. 142).

Es darf nicht vergessen werden – und damit komme ich wieder auf mein Thema zu sprechen –, dass sich zum intelligenten Durchdringen eines epistemologischen humanwissenschaftlichen Problems das affektiv verunsichernde Gewahrwerden unserer Leibgebundenheit zu gesellen hat. Will sagen: Geschlechtsidentität auf der einen und Behinderung auf der anderen Seite bleiben *auch* einem wechselseitigen Aufeinanderbezogensein von Körper und Psyche verhaftet. Und so kommt das Unbewusste ins Spiel.

In der Sonderpädagogik zu lehren bedeutet, sich ein Gespür für die aufkommenden Gefühle der Studierenden zu bewahren, wenn sie mit unseren Themen in Berührung kommen. Im Geiste Bions muss ich mich als ›Container‹ zur Verfügung stellen (vgl. Bion, 1992, S. 146), um ihnen zu helfen, diese noch schwer zu ertragenden Affekte und Empfindungen zu verarbeiten. Ich muss anfangs akzeptieren, dass sie nach einfachen Handlungsrezepten verlangen, weil sie den Wunsch hegen, so der Irritation der Praxis entkommen zu können. Ich muss meine eigenen Erfahrungen von Unsicherheit, Ohnmacht und Kränkung im Praxisfeld wie an der Hochschule zu erkennen geben, aufzeigen, wie ich es halbwegs geschafft habe, mich damit zu versöhnen, um sie so zur Identifikation einzuladen. Schließlich hängt der Erfolg einer solchen Lehrveranstaltung von positiven Übertragungs- und Gegenübertragungsverläufen ab. Dies schließt Wahrnehmen, Aushalten, Benennen und Bearbeiten von Störungen und Widerständen ein. Erst dann wird möglich, was mir vorschwebt: dass der Einspruch gegen eine »irrationale Vernaturwissenschaftlichung« (Schneider, 2012, S. 696) psycho-sozialer Problemfelder zu einer erlebten Wirklichkeit und sich im Innern abgesetzten Haltung wird (vgl. Gerspach, 2014, S. 182; Gerspach, 2012, S. 92). Vielleicht wird jetzt ein wenig klarer, warum es an unserem Institut schon immer eine gewisse Affinität zur Psychoanalyse gegeben hat.

Das Ausmaß der emotionalen Belastung von Sonderpädagog*innen ist sehr hoch. Wenn man so will, ist das der *quantitative* Unterschied zu einer Reihe erziehungswissenschaftlicher Fachrichtungen. In *qualitativer* Hinsicht tun sich zudem Unterschiede auf, die nach einer eigentümlichen Mischung aus Wissen und Sensibilität verlangen. Diese den Studierenden der Sonderpädagogik zu vermittelnde Kompetenz kann meines Erachtens zur Grundsteinlegung für ein allgemeines erziehungswissenschaftliches Paradigma führen. Jedes Kind ist einmalig und besonders – da sind wir uns sicher einig. In einem hermeneutischen Zirkel verstehen wir diese Einmaligkeit, weil uns allgemeine Entwicklungsprinzipien vertraut sind.

Wir Sonderpädagog*innen sind aber zudem vor die Aufgabe gestellt, im Sinne der Ergänzung von allgemeiner und heilpädagogischer Anthropologie, Gemeinsames und Eigenes zu erfassen und auf dieser Differenz zu bestehen, ohne dass sie in eine aussondernde Praxis umschlüge. »Als anthropologische Grundvoraussetzung des Verstehens geht es also nicht darum, das Andere bzw. das Fremde an definierten Kriterien zu messen und zu vergleichen, sondern sich hermeneutisch in die jeweilige Welt des Anderen hineinzuspüren« (Mattner & Gerspach, 1997, S. 112). Die der Sonderpädagogik unter durchaus fraglichen Umständen überstellten Kinder sind *besonders* besonders, wie ich jetzt gleich zeigen möchte. Insofern lernen wir über das tiefe Eintauchen in diese Spezifität viel mehr vom ›Normalfall‹ zu verstehen.

Exemplarisch seien drei der großen Themen, die hierrunter fallen, aufgeführt:

- Wir stoßen auf Kinder, die auf Grund ihrer Neigung zu exzessiver Unruhe und Aggressivität im pädagogischen Regelbetrieb als nicht tragbar eingestuft wurden. Frühe Vernachlässigung und schwere seelische Belastung wirken sich auf ihre spätere psychische Verfassung und ihr Verhalten aus. Die schweren

narzisstischen Kränkungen, die die in unzureichenden Beziehungskonstellationen erlebten Traumen hinterlassen haben, bergen die Gefahr von jederzeit abrufbaren heftigsten Wut- und Verzweiflungsausbrüchen (vgl. Leber & Gerspach, 1996, S. 494 f.).
- Die Fähigkeit zur Affekt- und insbesondere Angstregulation ist die allgemeine, basale Voraussetzung für die Entwicklung der Lernfähigkeit. Eine ungenügend erfahrene Affektspiegelung zieht aber in einer besonderen Weise strukturelle Lernstörungen nach sich, so dass Kinder mit geringen emotionsregulativen Kompetenzen schulische Lernsituationen als unkontrollierbare Belastungssituationen erleben und Lernen insgesamt als zu riskant erscheint. Ihnen eine Lernumgebung anzubieten, die durch zuverlässige, kontinuierliche und belastbare Beziehungen geprägt ist, stellt allerdings angesichts ihrer »hohen narzisstischen Bedürftigkeit« eine enorme professionelle Herausforderung dar (Katzenbach, 2004, S. 96 ff.).
- Ein Kind mit einer geistigen Behinderung sieht sich einer von außen kommenden umfassenden Stigmatisierung und Diskriminierung ausgesetzt. Um aber entwicklungsfördernd auftreten zu können, benötigen wir eine Vorstellung davon, wie diese in seinem Innern zur zerstörerischen Wirkung gelangen. Von Anfang an muss es sich nicht nur mit seiner Behinderung und seinen eigenen Phantasien dazu auseinandersetzen, sondern auch mit dem Schmerz, den es bei seinen Eltern und in anderen auslöst. Jede Projektion über seine Abnormalität und jede Phantasie, die mit Seltsamkeit und Tod verbunden ist, nimmt es dabei auf (vgl. Korff-Sausse, 1997, S. 60 ff.). Die Mesalliance aus eingeschränkten geistigen Voraussetzungen und restringierten Objektbeziehungen macht aus der Behinderung ein »*doppeltes Handicap*« und kann massive Gefühle von Scham, Wut und Selbsthass hervorrufen, mit denen wir modulierend umzugehen lernen müssen (vgl. Gerspach, 2018, S. 173; Gerspach, 2009, S. 145 ff.).

Es gibt noch weitere Nuancen wie die der »Sprachzerstörung«, die es den Sonderpädagog*innen aufnötigen, bestehende Konzepte weiterzudenken. Lorenzer erachtet die Einführung von Sprache als das Wesentliche menschlicher Identitätsentwicklung. Weil Sprache gemeinhin die Grundvoraussetzung jeder sozialen Rollenfindung darstellt, ist die Verfügungsgewalt darüber so wichtig (vgl. Lorenzer, 1973, S. 110). Mit ihrer Hilfe erhalten die vorsprachlichen Interaktionsformen einen Namen, und nach und nach entwickeln sich daraus immer reifere symbolische Interaktionsformen. Unter starkem Konfliktdruck wird aber eine psychische Abwehrarbeit nötig, was zu einem erneuten Verlust der Symbolisierungsfähigkeit, zu einer »Desymbolisierung« führt. Als Zeichen dieser »Privatsprache« taucht dann eine neurotische Symptombildung, etwa in Form von Ängsten oder Zwängen, auf. In aktuellen Situationen, die ähnlich traumatisch erscheinen, werden diese Erinnerungsspuren aktiviert. Da aber eine bewusste Wahrnehmung zu schmerzlich wäre, bleibt dieser Zusammenhang zwischen dem jetzigen »szenischen Auslösereiz« (Lorenzer, 1973, S. 116) und der dadurch aktivieren Reproduktion der frühen Interaktionsmuster verschleiert (vgl. Lorenzer, 173, S. 142 f.).

Der aktuelle Beziehungskontext wird verfälscht, so als sei er genauso bedrohlich wie jener frühere. Mit Hilfe des »szenischen Verstehens«[2] kann die aktuelle Szene als »Doublette einer infantilen Situation« genommen, d. h. aus den verfälschten kann auf die »wirklichen‹ Bedeutungen« geschlossen werden. Somit lässt sich der eigentliche Sinn wiederherstellen (Lorenzer, 1973, S. 150 ff.). Im Zuge einer psychoanalytischen Kur ist folglich die »Resymbolisierung« – und damit die Aufgabe des neurotischen Symptoms – das Ziel (vgl. Lorenzer, 1973, S. 127 ff.; Lorenzer, 1977, S. 38 ff.).

Unterstellt Lorenzer, vor dem Hintergrund seiner klinischen Arbeit als Psychoanalytiker mit erwachsenen Patient*innen, eine allgemeine Verfügbarkeit über Sprache, so können wir Sonderpädagog*innen dieses nicht ohne weiteres erwarten. Wo eine auf Empathie und Orientierung angelegte Einigung mit den primären Objekten nur unzureichend zustande gekommen ist, fehlt der Sprachentwicklung häufig die Voraussetzung eines vorsprachlich-gestischen Dialogs (vgl. Leber, 1979, S. 65 f.). Um sich mitzuteilen, verbleibt diesen Kindern meist nur ein unbändiges Agieren. Sprache als ausdrucksfähiges, erlebensnahes Medium steht nicht wirklich zur Verfügung. »Sprache wird so nur gewonnen, um Bilder von (phantasierten) Beziehungen zu vermitteln, und nicht zur Weitergabe von beziehungs- und subjektunabhängiger Information. Sie wird oft nur als leere Worthülse benutzt, um phrasenhaft etwas auszudrücken, dessen Bedeutung nicht oder nur wenig erfasst ist« (Leber, 1978, S. 107). Daher lässt sich Praxis nicht über Sprache regeln.

Setzt also die klassische psychoanalytische Methodik noch an einer sprachregulierten Konfliktfähigkeit an, so wird nun bereits den vorsprachlichen Interaktionsformen die nötige Aufmerksamkeit zuteil. Jenseits der Sprache gibt es eine »präsentative Symbolik«, welche diejenigen Erlebnisse zum Ausdruck bringt, die der diskursiven Sprache unzugänglich sind, in der aber eine größere Nähe zu den Affekten deutlich wird (vgl. Lorenzer, 1973, S. 110). In die präsentativen Symbole fließen noch sehr viel körper- und erlebensnähere Empfindungen ein. Zwar wird der sprachlich organisierten Interaktion eine entscheidende Bedeutung eingeräumt. Gleichzeitig gilt es aber zu akzeptieren, dass neben der sprachlichen Kommunikation eine dieser entwicklungspsychologisch gesehen gleichgestellte existiert.

Insofern ist es für uns Sonderpädagog*innen hilfreich, dass sich Lorenzer auch den nichtverbalen Darstellungsweisen von »Erlebnissen« zuwendet, die sich nicht nur im verbalen Begreifen, sondern auch in »sinnlich greifbaren Gestalten« artikulieren (Lorenzer, 1981, S. 31 f.). Da viele unserer Adressat*innen – aus den unterschiedlichsten Gründen – vor den sprachlich normierten Mittelstandsanforderungen kapitulieren, erscheint die Ausdehnung des Konzepts vom szenischen Verstehen auf die Ebene der gestischen Präsentation überaus gut geeignet, eine tiefenhermeneutische Annäherung zu erzielen, ohne auf eine elaborierte Sprach-

---

2 Das szenische Verstehen zielt auf die Entschlüsselung der konflikthaften Verwicklung des Pädagogen/der Pädagogin mit jenen Kindern und Jugendlichen, denen die an seine/ihre Person geknüpfte Wiederholung ihrer unbewältigten Lebensgeschichte noch nicht bewusst zugänglich ist (vgl. Gerspach, 2009, S. 110).

fähigkeit rekurrieren zu müssen. Während Lorenzer Sprachzerstörung aus der Perspektive einer neurotischen Symptombildung betrachtet, bei der bereits erworbene symbolische Kompetenzen wieder verloren gehen, haben wir es in der Sonderpädagogik zum einen eher mit der genuinen Einführung von Sprache zu tun, weil auf Grund inkonsistenter früher Lebenserfahrungen symbolbildende und mentalisierende Funktionen nicht vermittelt wurden. Zum andern wird aber bei eingeschränkt vorliegenden kognitiven Ressourcen einem gelingenden »fördernden Dialog« (Leber, 1984, S. 482) auf der sinnlich-symbolischen Ebene viel mehr Beachtung zu schenken sein.

Dass diese Spielart des szenischen Verstehens auf unserem Terrain Anwendung finden kann, belegt Schnoor anhand eines Einblicks in ihre psychotherapeutische Arbeit mit einem Jungen mit Down-Syndrom, der in einer Wohngruppe lebt und dort wegen seines störenden Verhaltens auffällt. Sie deutet die spielerische Wiederholung seines Lebensdramas des Verstoßenseins nicht verbal, sondern über symbolische Gesten in der gemeinsam gestalteten Szene, was am Ende eine befreiende Wirkung nach sich zieht (vgl. Schnoor, 1992, S. 132 ff.; Preiß, 2006, S. 98 ff.). Die Psychoanalytikerin Sinason wiederum hat therapeutisch mit geistig behinderten jungen Menschen gearbeitet und dabei festgestellt, dass die Unterstellung, sie könnten sich nur in einfachen Zwei-Wort-Sätzen ausdrücken, auf einer Fehleinschätzung beruht. Sobald sie sich und ihre beschämende Behinderung, die sie stumm gemacht hatte, verstanden fühlten, drangen sie sehr rasch zu grammatikalisch komplexen Sätzen mit Substantiven, Verben und Adjektiven vor. Sinason bekennt freimütig, dass sie selbst aus eigener Angst vor der Begegnung mit diesen Traumen für einen Moment unfähig wurde, therapeutisch zu reagieren: »Ich war diejenige, die dumm wurde.« Und so formuliert sie in ihrer Schlussfolgerung: »Die Angst vor Behinderung, Krankheit, Verrücktheit weckt den Wunsch, das Opfer zu beschuldigen« (Sinason, 2000, S. 94 ff.; Gerspach, 2020).

# 4 Fazit

Die noch immer sichtbar werdenden Vorbehalte gegenüber der Sonderpädagogik als dem Zentrum der Ausgrenzung laufen ins Leere, als es sich genau anders herum verhält: Sie weist den Weg zu einem tieferen Verstehen auf, ohne Differenz oder Devianz verharmlosen oder verleugnen zu müssen. Wer den schweren ›Fall‹ meistert, kommt insgesamt besser zurecht. Kurzum: In der Lehre gilt es zweierlei zu vermitteln: (1) Zur Entlastung der Regelschule werden seit dem Beginn des Ausbaus des Sonderschulwesens zu Beginn der 1960er Jahre die »Bildungsversager« an die Sonderpädagogik überstellt. Diese Selektionsdynamik ist als ein gesellschaftliches Phänomen sichtbar zu machen (vgl. Katzenbach, 2004, S. 85). (2) Es werden Konzepte für sich stabilisierende, also affektfreundliche Arbeitsbündnisse vorgestellt, die in der Praxis zur Befreiung von Entwicklungsblockaden beitragen. Ausgehend vom Besonderen erschwerter Bedingungen des Aufwachsens bildet die Lehre in der Sonderpädagogik paradigmatisch Hinweise für den Umgang mit allgemeinen erziehungswissenschaftlichen Fragestellungen ab.

## Literatur

Adorno, T. W. (1973). *Philosophische Terminologie* Bd. 2. Frankfurt: Suhrkamp.
Adorno, T. W. (1990a). *Soziologische Schriften 1.* In: Gesammelte Schriften Bd. 8. Frankfurt: Suhrkamp (1972).
Adorno, T. W. (1990b). *Negative Dialektik*. Frankfurt: Suhrkamp (1966).
Benkmann, R. (2010). Professionalisierung von Sonderschullehrkräften für den Gemeinsamen Unterricht. *Zeitschrift für Heilpädagogik* 61 (12), 444–453.
Bion, W. R. (1992). *Lernen durch Erfahrung*. Frankfurt: Suhrkamp (1962).
Bleidick, U. (1972). *Pädagogik der Behinderten. Grundzüge zu einer Theorie der Erziehung behinderter Kinder und Jugendlicher*. Berlin: Marhold.
Brumlik, M. (2004). *Advokatorische Ethik. Zur Legitimation pädagogischer Eingriffe*. Berlin: Philo.
Deppe-Wolfinger, H. (2008). *Von der Ausgrenzung zur Inklusion – Wer oder was ist normal im Bildungswesen?* In: http://bidok.uibk.ac.at/library/deppe-wolfinger-ausgrenzung.html [14.04.2020].
Erdheim, M. (1984). *Die gesellschaftliche Produktion von Unbewusstheit*. Frankfurt: Suhrkamp.
Fischer, E. (2010). Geistige Behinderung im Kontext der ICF – ein interdisziplinäres, mehrdimensionales Modell? In E. Fischer (Hrsg.). *Pädagogik für Menschen mit geistiger Behinderung. Sichtweisen – Theorien – aktuelle Herausforderungen* (S. 385–417). Oberhausen: Athena.
Freud, S. (1905). *Drei Abhandlungen zur Sexualtheorie* (S. 27–145). In Gesammelte Werke Bd. 5. Frankfurt am Main: Fischer.
Freud, S. (1940). *Abriss der Psychoanalyse* (S. 63–138). In Gesammelte Werke Bd. 17. Frankfurt am Main: Fischer.
Gerspach, M. (1981). *Kritische Heilpädagogik. Überlegungen zu einer Neuorientierung aus psychoanalytischer Sicht*. Frankfurt: Fachbuchhandlung für Psychologie – Verlagsabteilung.
Gerspach, M. (2009). *Psychoanalytische Heilpädagogik. Eine systematische Einführung*. Stuttgart: Kohlhammer.
Gerspach, M. (2012). Das heimliche Curriculum der Psychoanalytischen Pädagogik. In W. Datler, U. Finger-Trescher & J. Gstach (Hrsg.). *Psychoanalytisch-pädagogisches Können. Vermitteln – Aneignen – Anwenden* (S. 81–105). Jahrbuch für Psychoanalytische Pädagogik 20. Gießen: Psychosozial.
Gerspach, M. (2014). Das Projekt als curricularer Ansatz zu Fallverstehen und Selbstreflexion. In M. Gerspach, A. Eggert-Schmid Noerr, T. Naumann & L. Niederreiter (Hrsg.). *Psychoanalyse lehren und lernen an der Hochschule. Theorie, Selbstreflexion, Praxis* (S. 179–199). Stuttgart: Kohlhammer.
Gerspach, M. (2016). Aloys Leber als akademischer Lehrer und Neubegründer der Psychoanalytischen Pädagogik – zu Leben und Werk. In B. Ahrbeck, M. Dörr, R. Göppel, H. Krebs & M. Wininger (Hrsg.). *Innere und äußere Grenzen. Psychische Strukturbildung als pädagogische Aufgabe* (S. 162–183). Jahrbuch für Psychoanalytische Pädagogik 24. Gießen: Psychosozial.
Gerspach, M. (2020). Tiefenhermeneutisches Verstehen in der Sonderpädagogik Menschen. *Zeitschrift für gemeinsames Leben, Lernen und Arbeiten*. 43 (4/5), 17–23.

Hackenberg, W. (2008). *Geschwister von Menschen mit Behinderung. Entwicklung, Risiken, Chancen*. München: Reinhardt.
Heenen-Wolff, S. (2016). Die »genitale« Sexualität – Versuch der Dekonstruktion eines normativen psychoanalytischen Konzepts. *Journal für Psychoanalyse* 36 (57). 133–149.
Hinz, A. (2004). Vom sonderpädagogischen Verständnis der Integration zum integrationspädagogischen Verständnis der Inklusion!? In I. Schnell & A. Sander (Hrsg.). *Inklusive Pädagogik* (S. 41–74). Bad Heilbrunn: Klinkhardt.
Horkheimer, M. & Adorno, T. W. (1969). *Dialektik der Aufklärung. Philosophische Fragmente*. Frankfurt: Fischer (1944).
Hoven-Buchholz, K. (2001). Zu dumm zum Leiden? Psychoanalytische Überlegungen zur geistigen Behinderung. *Psychosozial* 24 (4). 113–125.
Jakobs, H. (2004). Mikrologische Heilpädagogik – Heilpädagogische Mikrologie? Oder: »Nur wenn, was ist, sich ändern lässt, ist das, was ist, nicht alles«. In H. Greving, C. Mürner & P. Rödler (Hrsg.). *Zeichen und Gesten – Heilpädagogik als Kulturthema* (S. 29–47). Gießen: Psychosozial.
Jantzen, W. (1974). *Sozialisation und Behinderung*. Gießen: Fokus.
Jantzen, W. (1977). *Konstitutionsprobleme materialistischer Behindertenpädagogik*. Lollar: Achenbach.
Katzenbach, D. (2004). Wenn das Lernen zu riskant wird. Anmerkungen zu den emotionalen Grundlagen des Lernens. In F. Dammasch & D. Katzenbach (Hrsg.). *Lernen und Lernstörungen bei Kindern und Jugendlichen. Zum besseren Verstehen von Schülern, Lehrern, Eltern und Schule* (S. 83–105). Frankfurt: Brandes & Apsel.
Katzenbach, D. (2016). Inklusion, psychoanalytische Pädagogik und der Differenzdiskurs. In R. Göppel & B. Rauh (Hrsg.). *Inklusion. Idealistische Forderung, individuelle Förderung, institutionelle Herausforderung* (S. 17–29). Stuttgart: Kohlhammer.
Katzenbach, D. & Schroeder, J. (2007). »Ohne Angst verschieden sein können«. Über Inklusion und ihre Machbarkeit. *Zeitschrift für Heilpädagogik* 58 (6), 202–213.
Korff-Sausse, S. (1997). Ein psychoanalytischer Ansatz bei geistiger Behinderung. In E. Heinemann & J. de Groef (Hrsg.). *Psychoanalyse und geistige Behinderung* (S. 58–73). Mainz: Grünewald.
Langnickel, R. (2020). Das umgekehrte Machtdispositiv der Pädagogik eines gespaltenen Subjekts: Orte der psychoanalytischen Pädagogik als Gegenmacht. *Emotionale und soziale Entwicklung in der Pädagogik der Erziehungshilfe und bei Verhaltensstörungen* 2 (2), 80–91.
Laplanche, J. (1992). Deutung zwischen Determinismus und Hermeneutik. Eine neue Fragestellung. *Psyche – Zeitschrift für Psychoanalyse.* 46 (6), 467–498.
Leber, A. (1978). Die Sozialisation von Pflegekindern. In R. Junker, A. Leber, U. Leitner & L. Bieback. *Pflegekinder in der Bundesrepublik Deutschland – ein Forschungsbericht* (S. 96–131). Frankfurt: Deutscher Verein für öffentliche und private Fürsorge.
Leber, A. (1979). Heilpädagogik – was soll sie heilen? In F. Schneeberger (Hrsg.). *Erziehungserschwernisse. Antworten aus dem Werk Paul Moors* (S. 59–77). Luzern: Schweizerische Zentralstelle für Heilpädagogik.
Leber, A. (1984). Heilpädagogik. In H. Eyferth, H.-U. Otto & H. Thiersch (Hrsg.): *Handbuch der Sozialarbeit/Sozialpädagogik* (S. 475–486). Neuwied, Darmstadt: Luchterhand.
Leber, A. & Gerspach, M. (1996). Geschichte der Psychoanalytischen Pädagogik in Frankfurt am Main. In T. Plänkers, M. Laier, H.-H. Otto, H.-J. Rothe & H. Siefert (Hrsg.). *Psychoanalyse in Frankfurt. Zerstörte Anfänge, Wiederannäherung, Entwicklungen* (S. 489–541). Tübingen: edition diskord.
Leuschner, U. (2008). *Ein moderner Mythos. Kritik der Freudschen Psychoanalyse.* https://www.yumpu.com/de/document/view/5066527/ein-moderner-mythos-kritik-der-freudschen-udo-leuschner. [05.01.2021].
Lorenzer, A. (1973). *Sprachzerstörung und Rekonstruktion*. Frankfurt: Suhrkamp.
Lorenzer, A. (1974). *Die Wahrheit der psychoanalytischen Erkenntnis*. Frankfurt: Suhrkamp.
Lorenzer, A. (1977). *Sprachspiel und Interaktionsformen*. Frankfurt: Suhrkamp.
Lorenzer, A. (1981). Was ist eine unbewusste Phantasie? In A. Schöpf (Hrsg.). *Phantasie als anthropologisches Problem* (S. 213–224). Würzburg: Königshausen & Neumann.

v. Lüpke, H. (2006). »*Ein Zeichen sind wir, deutungslos...*« *Kinder, die nicht stören können.* http://www.inklusion.net.2.2006; (aufgenommen in http://bidok.uibk.ac.at/library/inkl-02-06-luepke-zeichen.html [02.03.2020].

Mattner, D. & Gerspach, M. (1997). *Heilpädagogische Anthropologie.* Stuttgart, Berlin, Köln: Kohlhammer.

Milani-Comparetti, A. (1986). Von der »Medizin der Krankheit« zu einer »Medizin der Gesundheit«. In Paritätisches Bildungswerk – Bundesverband e. V. (Hrsg.). *Von der Behandlung der Krankheit zur Sorge um Gesundheit* (S. 9–18). Frankfurt: Eigenverlag.

Müller, N. (2012). *Adaption und Dekonstruktion der psychoanalytischen Theorie von Jelineks »Die Klavierspielerin«.* https://www.grin.com/document/298520 [20.04.2020].

Niedecken, D. (2003). *Namenlos. Geistig Behinderte verstehen.* Neuwied, Kriftel, Berlin: Luchterhand.

Preiß, H. (2006). *Ein psychoanalytischer Blick auf geistige Behinderung. Impulse für Theorie und Praxis der Geistigbehindertenpädagogik.* Rimpar: Edition von Freisleben.

Rauh, H. (2004). Kindliche Behinderung und Bindungsentwicklung. In L. Ahnert (Hrsg.). *Frühe Bindung. Entstehung und Entwicklung* (S. 313–331). München: Reinhardt.

Reiser, H. (2006). Machbarkeitsversprechungen und (sonder-)pädagogische Professionalität. *Vierteljahresschrift für Heilpädagogik und ihre Nachbargebiete* 75 (4), 336–339.

Reiser, H. (2007). Inklusion – Vision oder Illusion? In D. Katzenbach (Hrsg.). *Vielfalt braucht Struktur. Heterogenität als Herausforderung für die Unterrichts- und Schulentwicklung* (S. 99–105). Frankfurt: Johann Wolfgang Goethe-Universität.

Sautter, H. (2012). Außensicht – Innensicht. Menschen mit Autismus begleiten. In H. Sautter, K. Schwarz & R. Trost (Hrsg.). *Kinder und Jugendliche mit Autismus-Spektrum-Störung* (S. 17–29). *Neue Wege durch die Schule.* Stuttgart: Kohlhammer.

Schneider, G. (2012). Die Psychoanalyse ist ein Humanismus. *Psyche – Zeitschrift für Psychoanalyse* 66 (8), 675–701.

Schnoor, H. (1992). Szenisches Verstehen als diagnostischer Ansatz zum Erfassen des Konflikterlebens bei einem Kind mit Down-Syndrom. Ein tiefenhermeneutischer Ansatz. *Sonderpädagogik* 22 (3), 132–142.

Schumann, B. (2016). *Sonderpädagogische Diagnostik: fragwürdig, beschädigend, verzichtbar.* https://bildungsklick.de/schule/meldung/sonderpaedagogische-diagnostik-fragwuerdig-beschaedigend-verzichtbar/ [05.01.2021].

Sinason, V. (2000). *Geistige Behinderung und die Grundlagen menschlichen Seins.* Neuwied, Kriftel, Berlin: Luchterhand.

Trescher, H. (2013). Behinderung als demokratische Konstruktion. Zum objektiven Sinn und ›cultural impact‹ der UN-Konvention über die Rechte von Menschen mit Behinderungen. *Zeitschrift für Inklusion* 04. http://bidok.uibk.ac.at/library/q?publication=1&publication_name=Zeitschrift_für_Inklusion&publication_volume=04/2013 [20.04.2020].

Weiß, H. (1989). Diskussionsanstöße und Orientierungslinien zur Eltern- und Familienarbeit. In O. Speck & A. Warnke (Hrsg.). *Frühförderung mit den Eltern* (S. 43–59). München. Reinhardt.

# Eine wissenschaftliche (Abschluss-)Arbeit schreiben. Anforderungen, Planung und Durchführung

*Birte Egloff & Sophia Richter*

## 1   Herausforderung Abschlussarbeit

Sechs Semester sehen Bachelor-Studiengänge in der Regel vor, um Studierende in (erziehungs-)wissenschaftliches Denken und Arbeiten einzuführen, ihnen theoretisches Wissen zu vermitteln und methodische Instrumente an die Hand zu geben, die sie dazu befähigen, Themen, Problem- und Fragestellungen aus wissenschaftlicher Literatur, pädagogischer Praxis und Gesellschaft mit einer erziehungswissenschaftlicher Perspektive zu betrachten, zu bearbeiten, systematisch darzustellen und kritisch zu diskutieren.

In zahlreichen Hausarbeiten, Referat(sausarbeitung)en, Projektarbeiten sowie Seminardebatten/-diskussionen haben Studierende im Verlauf des Studiums Gelegenheit, sich diese spezifische erziehungswissenschaftliche Denkweise anzueignen, sie einzuüben und sich darin stetig zu verbessern. Doch trotz dieser vielfältigen Erfahrungen mit dem wissenschaftlichen Arbeiten fällt es Studierenden oft schwer, ihre Abschlussarbeit zu planen, zu bearbeiten und manchmal sogar auch, sie zu Ende zu bringen und damit das Studium der Erziehungswissenschaften erfolgreich abzuschließen. Die Abschlussarbeit erscheint für viele Studierende als große Herausforderung und als Hürde – auch wenn sie eigentlich nur eine weitere Hausarbeit im Studienverlauf ist. Wie also lässt sich dieser Herausforderung begegnen? Welche Anforderungen sind mit dem Schreiben einer Abschlussarbeit verbunden? Was ist bei der Planung und Durchführung zu beachten und auf welche Unterstützungsangebote können Studierende während der Bearbeitung zurückgreifen?

Der folgende Beitrag befasst sich mit diesen Fragen vor dem Hintergrund unserer Erfahrungen in der Beratung, Begleitung und Betreuung von Bachelor-, Master- und Staatsexamensarbeiten. Dabei sollen die folgenden Ausführungen nicht als Ratschläge gelesen werden, im Sinne einer detaillierten Anleitung zum Schreiben einer solchen Arbeit, sondern als Anregung zur reflexiven Auseinandersetzung mit dem Studium, den Schwerpunktsetzungen und dem eigenen Prozess der Professionalisierung, in den die Arbeit mündet. So ist insbesondere die Abschlussarbeit Ergebnis von Eigenständigkeit, die genau in dieser reflexiven Auseinandersetzung begründet liegt und sich nicht als ›Rezept‹ anwenden lässt.

Und so möchten wir im Folgenden verdeutlichen, welche Rolle die Bachelorarbeit im Rahmen erziehungswissenschaftlicher Studiengänge einnimmt, inwiefern sie die ›Ernte‹ eines mehrjährigen Studiums sein kann, die auch für die weitere professionelle Entwicklung bedeutsam ist. Entlang der zentralen Phasen eines solchen Projektes möchten wir zudem Hinweise zu dessen Planung und Umsetzung geben. Ziel des Beitrages ist es, die mit der Abschlussarbeit verbundenen möglichen Unsicherheiten und Ängste zu minimieren und dazu zu motivieren, das Projekt mit Freude und einer gewissen Lust auf Entdeckung anzugehen.[1]

Dabei haben wir im Titel bei der Bezeichnung ›Abschlussarbeit‹ bewusst den ›Abschluss‹ eingeklammert. Dies soll zum einen darauf hinweisen, dass die folgenden Ausführungen auf alle schriftlichen Leistungen im Studium übertragbar sind und somit bereits im Rahmen von Hausarbeiten hilfreich sein können. Zugleich wollen wir aber damit hervorheben, dass es sich zwar formal um eine Arbeit handelt, die am Ende des Studiums geschrieben wird und den Abschluss des Studiums markiert, jedoch bereits im Laufe des Studiums erarbeitet wird. Es empfiehlt sich somit diesen Beitrag nicht erst am Ende des Studiums zu lesen.

Der Beitrag ist folgendermaßen aufgebaut. Zunächst möchten wir erörtern, welchen Sinn und Zweck eine Abschlussarbeit erfüllt (Kap. 2). Anhand der verschiedenen Phasen werden dann Planung und Durchführung eines solchen Projektes (Kap. 3) skizziert, bevor wir darlegen, nach welchen wissenschaftlichen Kriterien Abschlussarbeiten bewertet werden (Kap. 4). Ein kurzes Fazit mit Ausblick (Kap. 5) rundet den Beitrag ebenso ab, wie einige Stimmen von Studierenden im Rückblick auf den Prozess des Schreibens einer Abschlussarbeit (Kap. 6).

## 2 Die erziehungswissenschaftliche Abschlussarbeit

Was eine erziehungswissenschaftliche Abschlussarbeit ist, hört sich zunächst recht nüchtern an, wie beispielsweise ein Blick in die Prüfungsordnung des Bachelorstudiengangs Erziehungswissenschaft an der Goethe-Universität Frankfurt zeigt. Dort steht:

> »Die Bachelorarbeit ist eine Prüfungsarbeit, die zeigen soll, dass die oder der Studierende dazu in der Lage ist, innerhalb einer vorgegebenen Frist ein Problem aus ihrem oder seinem Fach selbstständig nach wissenschaftlichen Methoden zu bearbeiten« (Ordnung des Fachbereichs Erziehungswissenschaften, 2015, S. 27).

In einem zweiten Blick offenbart sich, dass der Abschlussarbeit bereits auf der formalen Ebene eine gewisse Bedeutung zugewiesen ist und sie eben doch mehr ist als eine gewöhnliche Hausarbeit im Rahmen des Studiums. Denn in der Regel kann sie erst am oder gegen Ende des Studiums verfasst werden, wenn alle

---

[1] Auch wenn wir vornehmlich die Bachelorarbeit als erste größere Abschlussarbeit in den Blick nehmen und hin und wieder explizit von der »Bachelorarbeit« und nicht allgemein von der »Abschlussarbeit« sprechen, so sind alle anderen Arbeiten, mit denen ein Studium abgeschlossen wird, wie etwa Master- oder Staatsexamensarbeiten natürlich ebenso mit einbezogen.

anderen Module absolviert sind oder zumindest eine bestimmte Anzahl an ECTS-Punkten erbracht worden ist. Damit soll gewährleistet sein, dass Studierende ihre Arbeit auf einer gewissen Grundlage des Wissens und Könnens verfassen. Die Abschlussarbeit ist häufig verbunden mit einem Kolloquium, in dem unter Anleitung eines*einer Hochschullehrer*in (zumeist dem*der Betreuenden der Arbeit) gemeinsam mit anderen Studierenden die entstehenden Arbeiten fachlich diskutiert und weiterentwickelt werden. Darüber hinaus müssen die Abschlussarbeiten häufig in einer mündlichen Prüfung ›verteidigt‹ werden, was meist eine kurze Präsentation der Arbeit und ihrer wichtigsten Erkenntnisse sowie ein Fachgespräch mit den gutachtenden Hochschullehrer*innen über die Arbeit beinhaltet.[2] Und nicht zuletzt gehen Abschlussarbeiten mit einer mehrfachen Wertung in die Gesamtnote des Studiengangs ein. Die Abschlussarbeit ›zählt‹ also etwas und hat ein nicht unerhebliches Gewicht für die Studienabschlussnote, die im Zeugnis erscheint und damit den ›Erfolg des Studiums‹ nach außen dokumentiert.

Auf den dritten Blick wird klar, dass eine Abschlussarbeit auch auf der inhaltlichen Ebene etwas Besonderes ist. Am Ende des Studiums sollen Studierende anhand der Arbeit demonstrieren, dass sie das Studium der Erziehungswissenschaften erfolgreich durchlaufen haben und so das erworbene Wissen, die Methoden, aber auch das fachspezifische Denken auf eine selbst gewählte Fragestellung anwenden und aus einer erziehungswissenschaftlichen Perspektive beantworten können. Hier bietet sich also die Chance, ein Thema aus dem Studium aufzugreifen und dies mit besonderer Sorgfalt zu durchdringen und dabei auf all sein Können und Wissen zurückzugreifen. Die Abschlussarbeit bildet dann das Kondensat der Schwerpunktsetzungen im Studium und ist zugleich Dokumentation der eigenen Expertise als Erziehungswissenschaftler*in, womit die Abschlussarbeit eine wichtige Funktion im Übergang vom Studium in den Beruf einnimmt.

Der Besonderheiten der Abschlussarbeit sind sich Studierende zumeist sehr bewusst. Dabei können sie aber häufig nicht benennen, worin diese Besonderheiten bestehen. So beschreiben viele Studierende, dass sie ein diffuses, oft mulmiges Gefühl haben, wenn es an der Zeit ist, sich mit der Abschlussarbeit zu beschäftigen. Diese Diffusität kann zur Folge haben, dass sich Studierende nicht mit Lust und Elan in diesen wichtigen Studienabschnitt begeben, der nach Meinung von Wolfsberger (2016, S. 33) »die intensivste Lernphase im Studium« darstellt, sondern eher ängstlich, mutlos und häufig auch orientierungslos an diese Herausforderung herantreten. Die Bachelorarbeit wird dann nicht als Chance, sondern als Bedrohung wahrgenommen, der man sich nicht gewachsen fühlt. Aus diesem Grund ist eine gute Planung wichtig, die – und das ist wahrscheinlich für viele zunächst irritierend – nicht nur den Blick nach vorne beinhaltet: Was mache ich wann?, sondern zunächst den Blick zurück richtet: Was habe ich bisher gemacht?

---

2 Dabei stellt meist ein Thesenpapier die Grundlage der mündlichen Prüfung dar, auf dem die zentralen Ergebnisse der Arbeit in Form von Thesen präsentiert werden. Zum Thesenpapier vgl. Mehlem & Koca in diesem Band.

# 3 Planung und Durchführung einer BA-Arbeit

Das folgende Kapitel gibt einen knappen Überblick über die verschiedenen Phasen, die beim Anfertigen einer Abschlussarbeit relevant sind. Zur vertiefenden Lektüre empfehlen wir das Buch »Lern- und Arbeitstechniken für das Studium« (Rost, 2018), das inzwischen als eine Art ›Klassiker‹ bezeichnet werden kann und regelmäßig in neuen und überarbeiteten Auflagen erscheint. Da der Autor selbst Erziehungswissenschaftler ist, versteht er es, die fachkulturellen Besonderheiten sehr gut herauszuarbeiten. Zudem kennt er die spezifischen Probleme von Studierenden der Erziehungswissenschaften. In seinem Buch finden sich neben grundlegenden Darstellungen zu allen Facetten des wissenschaftlichen Arbeitens und des Studierens außerdem viele konkrete Hinweise, Fragen und Checklisten, die bei der »Vorbereitung und Durchführung eines größeren schriftlichen Projekts« (ebd., S. 313) hilfreich sind.

Bei der Planung und Durchführung einer Abschlussarbeit wird häufig mit der Metapher des Reisens oder des Bergsteigens gearbeitet (vgl. hierzu Widmer, 2016; Zinger & Pitzer, 2020). Das Studium als Landkarte zu betrachten, auf der sich die zahlreichen Wege, Irrwege und Kreuzungen des eigenen Studiums dokumentieren, die gewählten Themengebiete unterschiedlichen Raum einnehmen und manche Abschnitte vielleicht als steinig und beschwerlich und andere als leicht und erschwinglich erlebt wurden, kann dabei helfen, sich im Rückblick zu orientieren. Welche Berge hat man im Laufe des Studiums erklommen und welche neuen Perspektiven haben sich darüber ergeben? Welche Aussichten zeigten sich und welche dieser Momente sind weshalb besonders in Erinnerung geblieben? Die Abschlussarbeit beginnt also mit einem Moment des Innehaltens, der einen Perspektivwechsel ermöglicht. Es gilt, die Praktiken des Studierens zu unterbrechen und in die Rolle eines*einer Beobachtenden zu wechseln, aus der das eigene Studium und das damit verbundene Praktizieren aus einer Metaperspektive betrachtet wird. Es ist ein Zurückblicken und Erinnern und daraus hervorgehend die Planung des weiteren Weges zu dem gewünschten Ziel des erziehungswissenschaftlichen Abschlusses. Auf was kann ich bereits alles zurückgreifen? Wo möchte ich anschließen und gibt es hier Dinge, die mir noch fehlen? Wo könnte ich diese herbekommen?

## 3.1 Den Blick zurück richten: Themensuche und -findung

Um ein Thema für seine Abschlussarbeit zu finden, bieten sich verschiedene Vorgehensweisen an. In einem ersten Schritt kann eine Rückschau auf den eigenen Studienverlauf eine gute Basis bilden, um herauszufinden, welche Themen und Studieninhalte von besonderem Interesse waren, welche Themen bereits in Seminararbeiten, Referaten oder Lehrforschungsprojekten bearbeitet worden sind oder welche Themen neu in das Blickfeld geraten sind, die man interessant genug findet, um sich intensiver damit zu befassen. Auch die Erfahrungen aus Praktika können eine Quelle sein, um ein Thema für seine Abschlussarbeit zu finden. Manchmal arbeiten Studierende in Forschungsprojekten im Rahmen von Hilfskrafttätigkeiten mit und sitzen damit an einer ergiebigen Quelle. Idealerweise haben Studierende ein Studienbuch oder Forschungstagebuch während des Studiums geführt, das nun hierfür zu Rate gezogen werden kann (vgl. Richter & Friebertshäuser in diesem Band).

Eine erste, noch unsystematische Recherche in den Bibliothekskatalogen oder Datenbanken, die eher einem »nosing around«,[3] einem Umherschnüffeln, ähnelt, bei dem man noch nicht gezielt sucht, sich aber möglichst offen für Entdeckungen und Anregungen aller Art zeigt, ist der nächste Schritt, sich einem Thema zu nähern. Bei dieser ersten Literatursuche lässt sich bereits feststellen, wie die Literaturlage zum fokussierten Thema ist. Handelt es sich um ein Thema, zu dem wenig Literatur zu finden ist, ist es möglicherweise kein geeignetes Thema für eine Abschlussarbeit.[4] Oft sind die Themen, die Studierende sich zur Bearbeitung aussuchen, noch sehr groß (z. B. »Lebenslanges Lernen«, »Beratung«, »Neue Medien«), so dass eine Themeneingrenzung vorgenommen werden muss. Dabei geht es ganz generell darum, einen Ausschnitt aus dem Thema festzulegen, der zum Mittelpunkt der Arbeit werden soll. Rost (2018, S. 317) empfiehlt hierzu, »W-Fragen« an das Thema zu stellen, beispielsweise: »Was ist der Gegenstand meines Themas? Aus welchen Teilen setzt sich mein Thema zusammen und wie sind diese miteinander verbunden? (…) Welchen Stellenwert hat mein Thema und in Bezug worauf (Wissenschaft/Praxis)?« Um ein Thema einzugrenzen und damit für eine Abschlussarbeit bearbeitbar zu machen, sind Gespräche mit dem*der Betreuer*in wichtig, etwa in Sprechstunden.

## 3.2 Den Ausgangspunkt festlegen: Entwicklung einer erziehungswissenschaftlichen Fragestellung

Hat man sein Thema nun eingegrenzt, gilt es eine Fragestellung zu finden, ein Schritt der vielen Studierenden schwerfällt. Das Finden und die Formulierung einer Fragestellung ist zumeist ein längerer Prozess – schließlich drückt sich in der

---

3 Der Begriff des »nosing around« kommt aus der qualitativen Sozialforschung, genauer aus der Tradition der »Chicago School of Sociology«, die vor allem in den 1930er und 1940er Jahren in den USA Stadtforschung mittels ethnographischer und biographischer Forschungsmethoden betrieb (vgl. Lindner, 2007). Mit »nosing around« ist das ziellose Umherlaufen und -stöbern und das aufmerksame Beobachten, Aufnehmen und Erfassen von allem, was einem dabei begegnet, gemeint. Erst in einer späteren Phase der Feldforschung werden die Beobachtungen dann systematischer durchgeführt und erfasst. Ähnlich könnte es bei einer Literaturrecherche sein.

4 Das setzt allerdings voraus, dass man sich mit dem Suchen und Finden von Literatur auskennt und die einschlägigen Datenbanken und Kataloge zu nutzen weiß, wie Rost (2018, S. 316) betont: »Finden Sie wenig oder gar nichts, beherrschen Sie entweder die Recherchetechniken nicht ausreichend, haben nicht mit den adäquaten Fachtermini bzw. in den falschen Datenbanken/OPACs gesucht – oder Sie haben eine Forschungslücke entdeckt.« Im Falle einer Forschungslücke rät er jedoch ab, diese zum Gegenstand einer ersten Abschlussarbeit zu machen. Fachbibliotheken an Hochschulen bieten regelmäßig Führungen und Workshops zur kompetenten Nutzung an.

Frage das genaue Erkenntnisinteresse am Thema sowie die wissenschaftliche Perspektive auf das Thema aus. Viele Studierende haben die Hoffnung, bereits mit dem Thema in den Schreibprozess einsteigen zu können. Hier stellt sich spätestens bei der Gliederung und der Literaturauswahl die Frage, weshalb welche Quellen Einzug in die Arbeit finden und welche nicht – für ein Thema sind zumeist alle Quellen relevant. Erst im Zuge einer Fragestellung lassen sich Priorisierungen vornehmen. Die Fragestellung ist folglich ein Entscheidungsprozess, der im Zuge der ›Entscheidung für‹ auch eine ›Entscheidung gegen‹ beinhaltet. Um diese Entscheidung treffen zu können, bedarf es zunächst des Überblickes über das Themenfeld und einer Eruierung der damit verknüpften Möglichkeiten der Erkundung. Hier empfiehlt sich eine erneute Recherche[5] zu dem eingegrenzten Themenfeld und die Lektüre von Überblicksartikeln, die sich zumeist in Handbüchern finden.

Nach all den Recherchen und den damit einhergehen Lektüren fühlen sich viele Studierende erschlagen von der Vielzahl an möglichen Schwerpunktsetzungen. In der sich zumeist entfaltenden Komplexität von Themenfeldern lässt sich leicht der Überblick verlieren. An dieser Stelle kann es hilfreich sein, sich noch einmal die Ursprungsmotivation zu vergegenwärtigen, das heißt erneut den Blick zurück zu richten. Dies kann methodisch im Rahmen eines Interviews erfolgen, bei dem man einer Person aus seinem Umfeld einen kleinen Interviewleitfaden übergibt (siehe Tab. 1) und sich selbst zu der eigenen Arbeit befragen lässt. Der*die Interviewer*in erhält den Auftrag, alles nachzufragen, was sie*er nicht versteht. Es empfiehlt sich, das Gespräch mit einem Diktiergerät aufzuzeichnen, da so das Gesprochene im Anschluss mehrfach angehört und der Flüchtigkeit der Gedanken entgegengewirkt werden kann. Das erneute Hören der eigenen Gedanken kann dabei helfen, aus der Fülle des Wissens um das Thema eine Forschungsfrage zu finden und sich zugleich von anderen möglichen Forschungsfragen zu verabschieden. Neben dem Prozess der Themenfindung und Fokussierung lassen sich die Antworten immer wieder im Schreibprozess nutzen, bspw. beim Schreiben der Einleitung (Interesse bei den Lesenden wecken) und dem Resümee (Relevanz des Themas für Theorie und Praxis).

**Tab. 1:** Interviewleitfaden zur Abschlussarbeit[6]

**Interview zur Abschlussarbeit**

1. Zu welchem Thema möchtest du gerne deine Abschlussarbeit schreiben?
2. Welche Überlegungen, Beobachtungen, Erkenntnisse haben dich auf dieses Thema neugierig gemacht?
3. Was waren deine allerersten Ideen und Bilder zu diesem Thema?
4. Hast du Zugang zu besonderem Material, eigene Erfahrungen, eine spezifische Perspektive?
5. Worauf willst du eigentlich hinaus? Worum geht es dir im Kern?

---

5  Empfehlungen für die Recherche finden sich bspw. bei Grund und Heinen (1996).
6  Die Fragen finden sich in Wolfsberger (2016, S. 81).

6. Welches Material könnte dir helfen, deine Forschungsfrage zu beantworten? (Fachliteratur oder empirische Daten)
7. Mit welchem analytischen Werkzeug könntest du dein Material befragen und bearbeiten? (wissenschaftliche Schulen, Ansätze bzw. Methoden)
8. Wem könnte deine Abschlussarbeit nützlich sein?
9. Gibt es eine Verbindung zwischen deiner Abschlussarbeit und deiner möglichen, zukünftigen Berufstätigkeit?

Grundsätzlich lässt sich ein Thema aus sehr unterschiedlichen Perspektiven betrachten, befragen und bearbeiten – je nachdem, welche Wissenschaftsdisziplin es untersucht. In einem erziehungswissenschaftlichen Studiengang ist es klar, dass der Blick auf den zu betrachtenden Gegenstand ein erziehungswissenschaftlicher sein muss – und kein psychologischer, juristischer oder ökonomischer. Doch was bedeutet das? Es bedeutet, dass die Fragen, die an ein Thema gestellt werden, auf erziehungswissenschaftlich relevante Theorien, Diskurse oder empirische Befunde Bezug nehmen, so wie sie in der wissenschaftlichen Disziplin, der Fach-Community und damit in Fachliteratur und entsprechenden Fachbibliotheken erscheinen. Die Abschlussarbeit beantwortet also eine erziehungswissenschaftlich relevante Frage.

Dabei ist wichtig darauf zu achten, dass es sich um eine wissenschaftlichen Frage in Abgrenzung zu einer Alltagsfrage handelt. Die Frage: »Wie kann mit Störungen im Unterricht umgegangen werden?« deutet bspw. auf die Bestrebung einer Vereinfachung alltäglicher Problemlagen hin (Rezeptwissen), einhergehend mit dem Effekt von Normierung, Pauschalisierung und Generalisierung. Im Zuge der Formulierung der Fragestellung ist es wichtig, eigene Annahmen und etwaige Hypothesen zu berücksichtigen – in dem Beispiel wäre dies eine spezifische Auffassung von Unterricht und Störungen. Wissenschaftliche Fragestellungen kennzeichnen sich dadurch, dass man sich über weitere Fragen auf die Spurensuche nach Antworten macht und dabei Theorien über den Gegenstand mit einbezieht (bspw. kindheitstheoretische Perspektiven, Theorien abweichenden Verhaltens, Schulkulturtheorien).

An der Fragestellung orientieren sich Argumentation und Aufbau der Abschlussarbeit. Sie bildet den ›roten Faden‹, der sich durch die gesamte Arbeit zieht. Es handelt sich um eine Frage oder Problemstellung, die sich bezogen auf das zuvor eingegrenzte Thema ergibt und auf das die Abschlussarbeit eine (mögliche) Antwort geben soll. Rost (2018, S. 317) weist darauf hin, dass eine gute Fragestellung eine sein kann, die man »trotz (…) Vorkenntnisse – nicht sofort beantworten [kann].« Damit ist sie ideal, um beforscht zu werden.

## 3.3 Den Blick nach vorne richten: Das Exposé als Projektskizze

Nach Klärung des Themas, der Eingrenzung und der Fragestellung wird nun eine Projektskizze zum geplanten Vorhaben angefertigt. Einige Studierende erleben diesen Schritt als Schikane durch die zusätzliche Schreibbelastung Das Exposé ist dabei alles andere als eine Schikane, sondern ein wichtiger Schritt im Forschungs- und Schreibprozess, der im weiteren Prozess Orientierung bietet. Bereits das Verfassen eines Exposés hilft dabei, Klarheit über das Vorhaben und das Vorgehen zu gewinnen und sich mit der Arbeit ein konkretes Ziel zu setzen. Das Exposé dokumentiert die Festlegung des Ausgangspunktes der Abschlussarbeit im Zuge des Rückblickes auf das eigene Studium und bündelt dabei all das Wissen, welches dafür bereits zur Verfügung steht. Zugleich wird darin ein Fahrplan entworfen, welche Schritte wann zur Erreichung des Ziels (die Beantwortung der gewählten Fragestellung) erfüllt werden. Es werden dabei Puffer für noch Unvorhersehbares eingebaut, die – wie auf einer Reise – Umwege und kleinere Ausfälle ermöglichen.

Das Exposé hilft, bei den weiteren Schritten gezielt vorzugehen, bspw. bei der Suche nach einem*einer Betreuer*in der Arbeit und der Suche nach bzw. der Auswahl von geeigneter Literatur. Es gibt Planungssicherheit und dient zugleich der Verständigung zwischen Studierenden und Betreuenden hinsichtlich des Vorhabens. So lassen sich auf Basis eines Exposés konkrete Rückmeldungen und Anregungen zum Vorhaben geben. Im übertragenen Sinne ist die Verschriftlichung eines Exposés zugleich eine Vorbereitung auf das Berufsleben. Auch hier gilt es regelmäßig Projektskizzen zu verfassen, z. B. um Projekt- oder Fördergelder zu beantragen, oder auch um Kooperationspartner*innen zu gewinnen.

Auf wenigen Seiten wird in einem Exposé dargelegt, was das Thema ist, was die erziehungswissenschaftliche Fragestellung ist, wie man vorgehen möchte, welche Erkenntnisse man erwartet und auf welche Theorie(n) und welche Literatur Bezug genommen wird. Zudem dokumentiert das Exposé den Zeitplan sowie die relevante Literatur. Konkret bedeutet dies, auf folgende Fragen eine Antwort zu formulieren, wobei die folgenden Punkte zugleich als Gliederung in der Erstellung des Exposés dienen können:

- *Ausgangspunkt und Fragestellung:* Was motiviert mich zu der Arbeit? Welches erziehungswissenschaftliche oder pädagogische Problem bildet den Ausgangspunkt der Arbeit? Gibt es aktuelle Bezüge und unter welcher konkreten Fragestellung setzt sich die Arbeit mit dem Problem auseinander? Welche Annahmen und Hypothesen beinhaltet die Fragestellung und sind diese wissenschaftlich belegt, oder ist es möglich, diese im Rahmen der Arbeit zu untersuchen (Ursache-Wirkungs-Zusammenhänge, Problemlagen usw.)?
- *Forschungsstand:* Wie bettet sich die von mir gewählte Fragestellung im Stand der Forschung ein? Welche Erkenntnisse liegen bereits vor und auf welche offenen Fragen verweisen diese?
- *Theoretischer Rahmen:* Was sind meine zentralen theoretischen Bezüge? Auf Basis welcher Theorien soll die Auseinandersetzung mit der Fragestellung erfolgen?
- *Methodisches Vorgehen:* Wie plane ich das methodische Vorgehen? Welches Vorgehen leitet die Auseinandersetzung mit der Fragestellung an? Auf was wird Bezug genommen und was soll wie erarbeitet werden? Hier stellt sich die Frage, ob es sich um eine literaturbasierte oder um eine empirische Arbeit

handelt. Wie sollen welche Quellen mit welchem Ziel erschlossen werden? Wie lässt sich das methodische Vorgehen unter Bezugnahme auf das Erkenntnisinteresse der Arbeit begründen? Bei einer empirischen Arbeit gilt es, das Design festzulegen. Mit Hilfe welcher Methoden der Datenerhebung und -analyse soll wo geforscht werden (Bezüge zur Methodenliteratur)? Es gilt Zugänge (bspw. zu Einrichtungen oder Interviewpartner*innen) abzuklären, den Umfang der Erhebung (bspw. die Anzahl der befragten Personen) festzulegen, das genaue Vorgehen zu planen und sich die technischen Notwendigkeiten zu organisieren (bspw. Diktiergeräte, Unterstützungssoftware für Transkription oder Datenanalyse).

- *Vorarbeiten:* Auf welche Vorarbeiten kann ich zurückgreifen? Welche Erarbeitungen aus dem Studium fließen in die Arbeit ein? Welche methodischen Kompetenzen und Erfahrungen sind bereits vorhanden?
- *Gliederung:* Wie lässt sich mein Vorhaben in eine logisch aufeinander aufbauende Gliederung übersetzen? Hier gilt es, sich die inhaltlichen Dimensionen der Arbeit zu vergegenwärtigen und diese in eine Reihenfolge zu bringen. Dabei bietet es sich an, die Subfragestellungen, die den einzelnen Kapiteln zugrunde liegen, zu formulieren. Welche Teilfragen werden in den einzelnen Kapiteln beantwortet und weshalb leistet diese Teilfrage einen wichtigen Beitrag in der Auseinandersetzung mit der übergeordneten Fragestellung der Arbeit?
- *Zeitplan:* Wie lässt sich mein Vorhaben in die zeitlich vorgegebene Struktur übersetzen (mit Pufferzeiten für Unvorhergesehenes)?
- *Literaturverzeichnis:* Welche Literatur soll in der Arbeit genutzt werden (mit Fokus auf die für die Fragestellung relevante Literatur)?

Das Exposé ist ein guter Startpunkt, um mit der Arbeit zu beginnen. Es hilft, sich zu sortieren, in einen Klärungsprozess zu treten oder auch – zwischendurch – sich daran zu erinnern, was man eigentlich machen wollte. Das Exposé ist aber nicht als starres Gebilde gedacht, das man im Anschluss abarbeitet. Man begibt sich damit in einen Forschungs- und Schreibprozess, in dem sich viele Dinge ändern können. Und daher wird auch am Ende das Exposé nicht mit der fertigen Arbeit verglichen (was manchmal die Befürchtung von Studierenden ist).

## 3.4 Wegbegleiter*innen: Suchen und Finden eines Betreuers oder einer Betreuerin für die Abschlussarbeit

Das Exposé ist ebenfalls ein gutes Instrument, um eine*n geeignete*n Betreuer*in für die Abschlussarbeit zu finden. Das ist ein Punkt, um den sich Studierende häufig zu spät und zu unstrukturiert kümmern. Zunächst ist festzuhalten, dass es zu einer der zentralen Aufgaben von Hochschullehrenden gehört, Studierende in ihrem Forschungs- und Schreibprozess während einer Abschlussarbeit zu begleiten – so ist es auch in Prüfungsordnungen festgehalten. Insofern sind Studierende, wenn es um die Betreuung der Abschlussarbeiten geht, keine Bittsteller*innen, sondern haben ein Anrecht darauf. Dabei sind aber auch hier eine gute Vorbereitung und ein planvolles Vorgehen von großer Bedeutung. So gilt es, sich frühzeitig mit diesem Aspekt zu befassen – und nicht kurz vor dem Anmeldetermin der Arbeit, zumal auch Lehrende nur über bestimmte Kapazitäten verfügen oder sich im Zuge von Befristungen und Stellenwechseln nicht immer die Betreuung zu dem gewünschten Termin ermöglichen lässt. Bei der Eruierung von geeigneten Betreuer*innen für die Abschlussarbeit ist es hilfreich, sich an folgenden Fragen zu orientieren: Bei welchen Lehrenden habe ich studiert und bereits Seminararbeiten verfasst? Wer ist mit dem gewählten Thema vertraut oder in wessen Forschungs- und Arbeitsbereich fällt das Thema? Ein* Lehrende*r aus dem Bereich der Kindheitsforschung wird voraussichtlich kein Thema aus der Erwachsenenbildung betreuen. Hier hilft ein Blick auf die Homepages von Lehrenden, auf denen Arbeitsschwerpunkte, Publikationslisten und Forschungsprojekte aufgelistet sind. Hat man eine*n passende*n Betreuer*in gefunden, bieten sich Sprechstunden an, um in Kontakt zu treten. Je besser vorbereitet man dann in das Gespräch geht, je besser man »sein« Thema darstellen, darüber diskutieren und im Austausch weiterentwickeln kann, umso höher sind die Chancen, eine Zusage zu einer Betreuung zu bekommen. Eher abzuraten ist von unspezifischen Anfragen per E-Mail, gar noch als Sammel-E-Mail zugleich an mehrere Lehrende adressiert. Hier sind die Aussichten gering, dass überhaupt jemand auf die Anfrage antwortet.

## 3.5 Auf den Weg begeben: Der Schreibprozess

Es beginnt nun, nach diesen zentralen Vorbereitungen, der (eigentliche) Forschungsprozess, der im Wesentlichen aus Lesen, Schreiben und Reflektieren besteht. Auf Fragen, wie man Literatur systematisch recherchiert und bibliographiert, wie man liest und exzerpiert, wie man sein Material sortiert, strukturiert, belegt und richtig zitiert usw., möchten wir an dieser Stelle nicht eingehen. Hier sei zum einen auf die Beiträge im vorliegenden Band verwiesen (siehe Knoll), aber auch auf Bücher zum wissenschaftlichen Arbeiten, die darauf teilweise sehr detailliert eingehen.[7] Oft haben auch Lehrende Merkblätter und Hinweise dazu formuliert und auf ihren Homepages oder ihren Online-Lernplattformen hinterlegt.

Wichtig erscheint es uns stattdessen, einige Bemerkungen zum wissenschaftlichen Schreiben zu machen, über das Studierende häufig recht vage Vorstellungen haben, auch wenn sie im Laufe des Studiums selbst bereits einige Schreiberfahrungen gesammelt haben. So ist ihnen oft nicht klar, dass das wissenschaftliche Schrei-

---

[7] Hier liegt inzwischen eine Fülle an Literatur vor, so dass man aufpassen muss, sich nicht zu verzetteln und über die Beschäftigung mit dieser Literatur den eigentlichen Gegenstand aus den Augen zu verlieren. Es ist daher ratsam, mit Bedacht auszuwählen und beispielsweise vorrangig auf solche Literatur zurückzugreifen, die sich auf die eigene Fachkultur (erziehungswissenschaftliche, sozialwissenschaftliche oder geisteswissenschaftliche) bezieht, da mitunter sehr unterschiedliche Konventionen gelten. Wir können folgende Titel empfehlen: Neben den bereits erwähnten Büchern von Rost (2018), Wolfsberger (2016) sind dies auch: Kruse (2012); Bohl (2018); Franck & Stary (2013).

ben ein längerer (Auseinandersetzungs-)Prozess ist, in dem Texte und Entwürfe regelmäßig einer kritischen Revision durch die Forschenden und Schreibenden selbst, aber auch durch andere (Fachkolleg*innen, »critical friends«, Kommiliton*innen, Betreuer*innen) und einer permanenten Überarbeitung unterzogen werden, bis am Ende eine Fassung steht, die den*die Autor*in zufriedenstellt und auch vor Kritiker*innen (Gutachter*innen) Bestand hat, da sie konsistent und klar ist. Für Studierende erscheinen kritische Anmerkungen zu geschriebenen Texten oft eher als Geringschätzung oder als Ausweis eines ›Nicht-Könnens‹, somit erfahren sie Kommentierungen von Texten als ein ›Scheitern‹. Ihre Vorstellung ist die, dass ein Text erst dann aufs Papier gebracht werden kann oder darf, wenn dieser ›druckreif‹ bereits im Kopf vorliegt und dann höchsten noch geringfügig geändert wird. Das kann zur berüchtigten »Angst vor dem leeren Blatt« (Kruse, 2012) führen (worauf wir im kommenden Abschnitt noch näher eingehen). Aus diesem Grund scheuen sich Studierende, Textentwürfe vorzulegen und zu diskutieren (z. B. in Kolloquien). Auch die unter Studierenden gängige Vorstellung, sich erst mit Literatur auseinanderzusetzen, um anschließend das Gelesene ›nur‹ noch aufzuschreiben, ist vermutlich hierin begründet.

Eine bezogen auf den Schreibprozess in der akademischen Welt in vielerlei Hinsicht erhellende Lektüre ist das Buch »Die Kunst des professionellen Schreibens« von Howard S. Becker (2000), einem renommierten amerikanischen Soziologen aus der »Chicago School of Sociology«. Ausgehend von eigenen Erfahrungen mit Studierenden und Doktorand*innen und deren Schreibprozessen beschreibt er sehr treffend die mit dem wissenschaftlichen Schreiben verbundenen Herausforderungen und Probleme. Im Anschluss an diese Darstellungen geht er den Hintergründen auf die Spur, indem er den Schreibprozess aus seiner Perspektive als Soziologe gewissermaßen seziert und in seinen strukturellen Setzungen und im Kontext der akademischen und universitären Welt mit ihren (teils unausgesprochenen) Regeln, Normen und habituellen Besonderheiten analysiert – und das in einer lesbaren, teils vergnüglichen Weise. Das Buch bietet keine Checklisten im engeren Sinne, ist aber äußerst hilfreich, um den verborgenen Mechanismen des Schreibens an der Universität auf die Spur zu kommen und vielfältige ›Aha-Erlebnisse‹ bezogen auf den eigenen Schreibprozess hervorzurufen. Das Buch hilft dabei, die Lust am Schreiben (wieder)zu gewinnen.

## 3.6 Hürden und Unterstützungsangebote

Auch wenn man das Schreiben von wissenschaftlichen Texten nun im skizzierten Sinne als durchaus harte und anstrengende Arbeit versteht und die notgedrungen auftretenden ›Hochs‹ und ›Tiefs‹, den Wechsel zwischen Phasen großer Euphorie und Schaffenskraft und Phasen tiefster Niedergeschlagenheit und Verzweiflung als normale Erscheinungen in diesem Prozess betrachtet und akzeptiert, so können doch auch tiefergehende Probleme auftauchen, mit denen sich Studierende konfrontiert sehen und die sie manchmal kapitulieren lassen. Wir greifen hier lediglich zwei Problemlagen heraus, da sie zu den häufigsten gehören: Schreibblockaden und Prokrastination.

Schreibblockaden als eine Form von ›Kreativitätsblockade‹ sind allen Menschen vertraut, die schreibend tätig sind – ob Schriftsteller*innen, Wissenschaftler*innen oder eben Studierende. Gemeint ist damit, dass es aufgrund einer Vielzahl äußerer wie innerer Blockaden nicht mehr möglich ist, einen Schreibprozess aufzunehmen oder fortzusetzen. Manchmal sind dies Phasen, die wieder vergehen. Manchmal ist die Blockade jedoch so beständig, dass ein Fortsetzen der Arbeit unmöglich erscheint. Viele dieser Blockaden hängen mit der oben beschriebenen grundsätzlichen Vorstellung von wissenschaftlichem Schreiben und Arbeiten zusammen, etwa, wenn man kein Konzept oder keinen Plan für seine Arbeit hat, wenn man Angst hat, sich vor anderen zu blamieren,[8] wenn die eigenen Ansprüche zu hoch sind usw. Hier kann zum einen das Exposé hilfreich sein in der Rückbesinnung auf das Interesse und den Ausgangspunkt der Arbeit. Zudem kann es hilfreich sein, sich zu vergegenwärtigen, wen man sich als Lesende der Arbeit vorstellt und wer einem damit sprichwörtlich ›über die Schulter schaut‹. Wie im folgenden Abschnitt ausführlicher dargestellt, empfiehlt es sich, sich interessierte und neugierige potenzielle Leser*innen vorzustellen.

Gleiches gilt für das Prokrastinieren, das Aufschieben, das ebenfalls jeder kennen dürfte, der kreativ tätig ist: Es fallen einem hundert andere Dinge ein, die dringend und unaufschiebbar erledigt werden müssen, bevor man sich endlich an den Schreibtisch setzt, um an seiner Abschlussarbeit weiterzuschreiben. Und plötzlich wird die Zeit, die einem zur Bearbeitung zur Verfügung steht, knapp. Dieses Phänomen erfasst auch gestandene Wissenschaftler*innen[9] regelmäßig und kann als durchaus übliches und ›normales‹ Verhalten im Rahmen eines komplexen Schreibprozesses betrachtet werden.

Patrzek, Grunschel, König & Fries (2015) haben Gründe akademischer Prokrastination in einem Fragebogen zusammengefasst, der bei der Ermittlung der Gründe behilflich sein kann, wie mangelndem Zeitmanagement, fehlende Selbstmotivation, geringes Selbstvertrauen, Unsicherheit, Perfektionismus bis hin zu fehlenden studienbezogenen Kenntnissen und Kompetenzen oder sozialen Faktoren durch Familie, Peers oder Dozierende. Handelt es sich um die sogenannte »Arousal-Procrastination«, die Ausdruck der Erfahrung ist, dass man unter Druck am besten arbeitet und die besten Leistungen erzielt, besteht kein Handlungsbedarf (vgl. ebd.; Klingsieck, 2013). Der Handlungsbedarf orientiert sich folglich an dem jeweiligen Erleben. Inzwischen gibt es an vielen Hochschulen entsprechende Beratungsangebote, denn je nach individuellem Erleben gibt es unterschiedliche Ansätze und Methoden eines möglichen Umgangs, die in einem gemeinsamen Gespräch entwickelt werden können.

Ähnliches gilt für Schreibblockaden, bei denen im Rahmen von Schreibzentren, Beratungen, Workshops und Seminaren Studierenden Unterstützung gebo-

---

8 Dieser Aspekt wird ganz hervorragend in dem Buch »Uni-Angst und Uni-Bluff« beschrieben (Wagner, 2012) – auch dies ein Klassiker, der bereits in den 1970er Jahren entstanden ist und seither regelmäßig aktualisiert worden ist.
9 Darüber gibt beispielsweise die sehr lesenswerten Aufsatzsammlung »Lust und Last des wissenschaftlichen Schreibens – Hochschullehrerinnen und Hochschullehrer geben Studierenden Tipps« (Narr & Stary, 2000) Auskunft.

ten wird. Und auch in der einschlägigen Literatur zum wissenschaftlichen Schreiben werden diese und andere Themen aufgegriffen, diskutiert und Lösungswege aufgezeigt (zu Prokrastination vgl. expl. Rückert, 2014; zu Schreibblockaden vgl. expl. Thomas-Johaentges, 2008, S. 92–103). Mit dem Buch »Frei geschrieben. Mut, Freiheit und Strategie für wissenschaftliche Abschlussarbeiten« von Judith Wolfsberger (2016) sei an dieser Stelle ein weiterer Titel empfohlen, der dabei hilft, die skizzierten Probleme produktiv anzugehen. Das Buch spricht Studierende sehr direkt an und greift ihre spezifische Situation im Angesicht der Anforderung Abschlussarbeit sehr präzise auf. Die Autorin gibt wertvolle Hinweise, indem sie – als ausgebildete Schreibtrainerin – vor allem auf kreative Schreibtechniken und -methoden setzt, die Studierende motivieren, in einen Schreibfluss zu kommen.

Neben diesen hochschulweiten Unterstützungsformen und dem Bezug auf hilfreiche Literatur ist an dieser Stelle natürlich auch der*die Betreuende einer Abschlussarbeit in der Pflicht. In Sprechstunden oder in Kolloquien ist der Raum, um auch solche schwierigen und belastenden Themen zu benennen, zu besprechen und Hinweise zur Überwindung zu geben. Da es sich nicht um individuelle Probleme handelt, sondern um solche, die dem Schreiben als kreativem Schaffensprozess inhärent sind und somit alle betreffen, ist das Kolloquium, begriffen als Ort des fachlichen Austausches und der wechselseitigen Beratung, genau der richtige Ort. Im Kolloquium wird deutlich, dass Forschen, Schreiben, wissenschaftliches Arbeiten eine soziale und kommunikative Praxis ist. Diese kommunikative Praxis begleitet den Schreibprozess als einen stetigen Überarbeitungsprozess, wie bereits skizziert. Dabei ist es empfehlenswert, sich in Forschungs- und Schreibgruppen zusammenzufinden und gegenseitig die Arbeiten zu redigieren. Denn nicht nur im Schreiben formt sich wissenschaftliches Denken und Arbeiten – insbesondere im Redigieren von Texten Anderer übt sich der Blick für zentrale Kriterien wissenschaftlichen Schreibens. Im Folgenden geben wir einen Überblick über diese Kriterien, die im Rahmen einer gegenseitigen Peer-Begutachtung ebenso als Orientierung dienen können, wie im Prozess der eigenen Überarbeitung der Arbeit.

# 4 Inhaltliche und formale Kriterien wissenschaftlicher Arbeiten

Die folgende Auflistung stammt aus einem Verständigungsprozess unter Lehrenden in der Auseinandersetzung mit der Frage, was Kriterien der Begutachtung wissenschaftlicher Arbeiten sind und wie darauf bezogen Notengebung zustande kommt.[10] Das Ergebnis dieses Verständigungsprozesses wird im Folgenden dar-

---

10 Unser Dank gilt an dieser Stelle insbesondere Barbara Friebertshäuser, Antje Langer und Ulrich Mehlem.

gestellt. Die beschriebenen Kriterien sollen Studierenden als Orientierung dienen und eine Selbstbegutachtung des eigenen Schreibens und der eigenen Werke ermöglichen. Zugleich können die Kriterien als Grundlage für Peer-Reviews genutzt werden, in der gegenseitigen Begutachtung von Hausarbeiten und Abschlussarbeiten.

Grundsätzlich lässt sich zwischen formalen und inhaltlichen Kriterien unterscheiden, die im Folgenden entlang dieser Systematik einzeln ausgeführt werden.

## Inhaltliche Kriterien

- *Problembeschreibung und Fragestellung(en):* Es wird in der Arbeit eine klare Problemstellung und eine im Rahmen der Arbeit bearbeitbare (innovative) Fragestellung formuliert. Es wird auf den aktuellen Forschungsstand Bezug genommen, um vor diesem Hintergrund die eigene Problem- und Fragestellung zu verorten.
- *Aufbau und Struktur der Arbeit (Gliederung):* Es existiert ein deutlich erkennbarer ›roter Faden‹ in der Argumentation, der sich an der Bearbeitung der Problem- bzw. Fragestellung orientiert und Hinweise auf (denkbare) Exkurse gibt. Insbesondere Einleitung und Resümee geben hierzu Hinweise in Form einer Leseanleitung (Einleitung unter der Fragestellung: was folgt weshalb?) sowie in Form einer zusammenfassenden Betrachtung (Fazit unter der Fragestellung: was wurde weshalb gemacht mit welchem Ertrag/Erkenntnisgewinn?). Der logische Aufbau der Arbeit dokumentiert sich zugleich im Inhaltsverzeichnis anhand der gewählten Überschriften und Kapitelkompositionen sowie im Fließtext durch Überleitungen zwischen den Kapiteln. Dabei fasst ein Kapitel einen inhaltlichen Teilaspekt zusammen, Übergänge und Zusammenhänge werden herausgearbeitet.
- *Einführung und Erläuterung zentraler Begriffe:* Zentrale Begriffe der gewählten theoretischen Bezüge werden präzise unter Rückbezug auf die entsprechenden Diskurse und Autor*innen verwendet und von ›verwandten‹ Begriffen abgegrenzt.
- *Literaturauswahl:* Zentrale Autor*innen aus dem gewählten Themenbereich und der fokussierten Problem- und Fragestellung werden berücksichtigt und bearbeitet. Die Literaturauswahl wird im wissenschaftlichen Kontext begründet und sollte in Bezug auf Umfang und Aktualität angemessen sein. Außerdem werden die Beiträge hinsichtlich disziplinärer Logiken und zeithistorischer Entstehungskontexte betrachtet.
- *Einbindung der Literatur in Argumentation:* Die Argumentation ist schlüssig und klar und wird präzise durch Literatur untermauert.
- *Verdeutlichung von Positionen:* Positionen der gewählten Autor*innen werden verdeutlicht, nachvollziehbar und korrekt referiert sowie in den wissenschaftlichen Kontext gestellt. Bei allen Ausführungen sind die Literaturbezüge hergestellt. Dabei werden kontroverse Positionen identifiziert und diskutiert. Es wird verdeutlicht, an welche publizierten Erkenntnisse angeknüpft wird und

worauf die jeweiligen Autor*innen in ihrer Argumentation Bezug nehmen. Zwischen den eigenen Überlegungen und fremden Position(en) wird deutlich unterschieden. (Eigene) Hypothesen werden als solche kenntlich gemacht und nachvollziehbar dargestellt. Es wird zwischen Vermutungen, Annahmen, Behauptungen und wissenschaftlich hergeleiteten Überlegungen differenziert.
- *Diskussion, Transfer und Reflexion:* Wichtige Ergebnisse werden zusammengefasst und in Bezug auf die unterschiedlichen Positionen der Autor*innen diskutiert. Das Thema und die Darstellung werden im wissenschaftlichen Zusammenhang positioniert und kritisch reflektiert, indem ›über den Tellerrand hinaus‹ gedacht wird. In einer reflektierten Distanz zum eigenen Text, zu der verwendeten Literatur, der Argumentation und dem methodischen Vorgehen werden die Stärken und Schwächen hervorgehoben sowie die Möglichkeiten und die Grenzen der Erkenntnis im Kontext der gewählten Problem- bzw. Fragestellung diskutiert (Einschätzung der Ergebnisse, Verallgemeinerbarkeit, Reichweite, Grenzen). Bezüge zu explizit pädagogischen Aspekten werden hergestellt. Der Erkenntnisgewinn wird hinsichtlich seiner pädagogischen Relevanz (pädagogische Schlussfolgerungen) ausgelotet und es werden offene Fragestellungen für weitere sich anschließende wissenschaftliche Arbeiten formuliert.
- *Bei empirischen Arbeiten:* Es wird verdeutlicht, vor welchem Hintergrund welches Untersuchungsfeld, welches Sample und welche Methoden ausgewählt wurden, wie die jeweiligen Daten erhoben, aufbereitet und ausgewertet wurden. Es wird Bezug auf relevante methodische Literatur zu dem jeweiligen Zugang genommen. Zugleich wird das methodische Vorgehen reflektiert (bspw. hinsichtlich der eigenen Nähe zum Feld, der Interviewsituation, des gewählten Samples usw.).

## Formale Kriterien

Neben den inhaltlichen Kriterien hat eine wissenschaftliche Abschlussarbeit bestimmte formale Vorgaben zu erfüllen. Hier empfiehlt es sich, sich bezogen auf Einzelheiten bei den jeweiligen Dozierenden und bei den jeweiligen Prüfungsämtern kundig zu machen. Grundlegend gehören zu den formalen Kriterien folgende Aspekte:

- *Sprache, Rechtschreibung:* Die Arbeit ist gut lesbar, Formulierungen sind verständlich und präzise, Rechtschreibung, Interpunktion und Grammatik sind korrekt.
- *Zitation und Literaturverzeichnis*: In der Arbeit wird einheitlich (bspw. nach den APA-Richtlinien oder der Harvard-Zitierweise) und korrekt zitiert (vgl. Knoll in diesem Band) und alle Angaben befinden sich vollständig und formal einheitlich in alphabetischer Reihenfolge im Literaturverzeichnis aufgeführt.
- *Gliederung*: Gliederungsmomente sind nicht nur Überschriften und Unterpunkte, sondern auch Absätze (meistens ein bis drei pro Seite), je nach Sinneinheit. Außerdem besteht die Arbeit aus einem Deckblatt mit allen relevan-

ten Angaben zur Person, zum Studium und zur Arbeit, einem Inhaltsverzeichnis mit Seitenangaben, dem Text bestehend aus Einleitung, Hauptteil, Schluss, dem Literaturverzeichnis und der eidesstattlichen Erklärung. Bei empirischen Arbeiten sollten die Daten bzw. Quellen als Angang der Arbeit beigefügt werden (bspw. Interviewleitfäden, Fragebögen, Transkripte, Beobachtungsprotokolle oder Einblicke in die analytische Aufbereitung der Daten).
- *Umfang und Layout der Arbeit:* Der Umgang der Arbeit entspricht den Vorgaben der Prüfungsordnung. Das Layout und die Formatierung sind einheitlich zu gestalten (bspw. Times New Roman, Schriftgröße 12, Zeilenabstand 1,5, Seitenränder innen und außen ca. 3 cm, oben und unten ca. 2 cm), die Arbeit ist mit Seitenzahlen zu versehen, Überschriften sind einheitlich hervorzuheben und entsprechend der Untergliederung (Über- und Unterüberschriften) kenntlich zu machen.

Beim Schreiben einer wissenschaftlichen (Abschluss-)Arbeit stellen sich womöglich viele Studierende die jeweiligen Betreuenden als Lesende vor. Was mögen die jeweiligen Dozierenden wohl zu der Formulierung sagen? Wie begutachten sie die Konzeption der Arbeit, die Form der Darstellung? Sollten weitere Verweise eingeführt werden und sind die gewählten Verweise auch die ›richtigen‹? Sich Dozierende als Leser*innen beim Schreiben zu imaginieren, kann nicht nur Verunsicherungen bis hin zu Schreibblockaden hervorrufen, es kann auch dazu führen, dass komplizierte Formulierungen und möglichst viele Fachbegriffe verwendet werden, mit dem Ziel und Anspruch, Wissenschaftlichkeit gerecht werden zu wollen. Im ungünstigsten Fall leidet darunter die Nachvollziehbarkeit der Arbeit, so dass sich Inhalt und Argumentation in den jeweiligen Zusammenhängen nicht mehr erschließen lassen. Es empfiehlt sich daher, sich nicht die Betreuenden als Lesende beim Schreiben vorzustellen und für diese die Arbeiten zu schreiben, sondern Kommiliton*innen oder pädagogische Fachkräfte, für die die Erkenntnisse der Arbeit relevant sind. Wie lassen sich die Gedanken, die theoretischen Erarbeitungen, die Analysen und die Ergebnisse so beschreiben, dass sie für Mitstudierende und/oder Pädagog*innen nachvollziehbar sind? Wo bedarf es Erläuterungen und Hinführungen, Hinweise zur Einbettung in Entstehungsgeschichte oder zur wissenschaftstheoretischen Verortung? Es gilt sich zur Aufgabe zu machen, die Gedanken und Ergebnisse verständlich aufzubereiten und möglichst genau darzustellen, wie man zu diesen Erkenntnissen gekommen ist. Weshalb sind die ausgewählten theoretischen Perspektiven im Zusammenhang des Themas der Arbeit relevant? An welche Erkenntnisse schließt die Arbeit an und welche Fragen sind noch ungeklärt? Welche Antworten lassen sich im Zuge der Erarbeitungen geben und welche neuen Fragen eröffnen sich? Es sollten dabei grundsätzlich keine Vorkenntnisse bei den Lesenden vorausssetzt werden.

## 5 Fazit und Ausblick

Unser Beitrag hat gezeigt, dass eine Abschlussarbeit zu schreiben keine unüberwindbare Hürde darstellt, sondern mit der entsprechenden Planung und Vorbereitung ein Prozess sein kann, bei dem die Freude – und nicht die Qual – überwiegt. Vor diesem Hintergrund lässt sich die Abschlussarbeit vielleicht mit einem Gesellenstück vergleichen, das in manchen Handwerksberufen (z. B. Goldschmied*in oder Tischler*in) zum Ende der Ausbildung als praktischer Teil der Abschlussprüfung angefertigt werden muss und anhand dessen überprüft wird, inwiefern das Handwerk – nach dieser ersten Phase der Ausbildung – beherrscht wird und Ausweis einer bestimmten Expertise und Könnerschaft ist. Das Gesellenstück trägt dabei die individuelle Handschrift des oder der Auszubildenden, steht aber auch in Zusammenhang mit dem Wissen und Können des*der Meister*in, bei dem*der die Ausbildung absolviert wurde. Es ist ein Werk, in das besondere Sorgfalt gelegt wird und das individuelle Ansprüche und Fähigkeiten der*/des Kandidat*in mit fachlichen Ansprüchen und Kriterien verbindet. Das fertiggestellte Gesellenstück – hier die wissenschaftliche Abschlussarbeit – wird präsentiert und teilweise auch prämiert, was den*die Kandidatin als Expert*in würdigt und damit als Statuspassage betrachtet werden kann im Übergang vom Laien zum Experten.

Wir hoffen, dass wir mit diesem Beitrag Lust und Neugierde auf das Abenteuer Abschlussarbeit wecken konnten als ein ganz besonderer Abschnitt im Studium, an den man sich zumeist sein ganzes Leben zurückerinnert. So möchten wir zum Ende des Beitrages Studierenden eine Stimme geben, die diesen Prozess gerade erfolgreich abgeschlossen haben und im Rückblick die Facetten hervorheben, die sie als besonders bedeutsam erlebt haben. Diese Stimmen sollen Mut machen, sich auf den Weg zu begeben.

## 6 Die Abschlussarbeit im Rückblick: Stimmen von Studierenden

»Ich empfinde es als außerordentlich wichtig, sich mit Inhalten auseinanderzusetzen, die einen interessieren und zu denen man gerne einen breitgefassten Erkenntnisgewinn haben möchte. Interesse ist deshalb der wichtigste Ausgangspunkt bei der Wahl des Themas der Abschlussarbeit.«

»Man verbringt in den Wochen und Monaten der Bearbeitungszeit gedanklich viel Zeit mit der Arbeit, weshalb ich es nur immer wieder empfehlen kann, ein Thema zu wählen, was einen wirklich interessiert. Das motiviert. Ich würde deshalb empfehlen, auf Methoden oder Thematiken zurückzugreifen, mit denen man* sich im Laufe des Studiums bereits beschäftigt hat, da die Zeit wirklich begrenzt ist und dieses Vorwissen dann für eine gewisse Sicherheit sorgt.«

»Besonders in Erinnerung geblieben ist mir die Schwierigkeit eine Forschungsfrage zu kreieren, die wirklich das beschreibt, womit ich mich beschäftigen möchte.«

»Das wichtigste und gleichzeitig herausforderndste war, die konkrete Fragestellung während des Schreibens immer im Kopf zu behalten. Die Fragestellung stellte sich als Dreh- und Angelpunkt aller Schritte des Schreibprozesses heraus. Ich habe mir die Fragestellung immer wieder als Brille aufgesetzt und versucht, alles Niedergeschriebene auf die Fragestellung zu beziehen. Ich denke es ist wichtig, den Mut aufzubringen, Fragen und eigene Gedankengänge in die Bachelorarbeit miteinzubringen, um darüber den Forschungsprozess transparent zu machen.«

»Gestützt werden kann der rote Faden, wenn man beim Schreiben jeden Schritt begründet. Somit fallen Unstimmigkeiten auf oder Aspekte, die eventuell noch fehlen.«

»Die Bachelorarbeit erschien mir wie ein Berg, der unüberwindbar vor mir aufragte. Das Schreiben war dementsprechend eine Wanderung durch Täler der Verzweiflung und Gipfel erfolgreicher Momente, wenn Dinge so aufgingen, wie ich es mir vorgestellt hatte.«

»Motiviert hat es mich, dass ich mit dem Kapitel der Arbeit begonnen habe, mit dem ich mich am besten auskannte. Als schwierigere Kapitel anstanden, wirkte ein Blick auf das bereits Erreichte sehr motivierend.«

»Kommiliton*innen würde ich raten, schwierige Zeiten nicht als Anlass zum Aufgeben zu sehen, sondern sie aus- und durchzuhalten, denn es lohnt sich. Hat man sich irgendwo festgefahren, sollte man die Möglichkeit, um Hilfe oder Rat zu bitten, nicht außer Acht lassen.«

»Ein weiterer wichtiger Aspekt war für mich der Austausch mit anderen Studierenden und Kommiliton*innen.« »Such dir Kommiliton*innen, die auch an ihrer Arbeit schreiben, tauscht euch aus, lest gegenseitig Korrektur und unterstützt euch.«

»Forschung lebt von Austausch. Steh' auf und tanke Kreativität! Verlasse deinen Schreibtisch, begib dich unter Menschen und rede mit ihnen über deine Bachelorarbeit. Erkläre ihnen, woran du forschst und was du bereits herausfinden konntest. Sauge die Fragen und Kommentare deiner Zuhörer auf.«

»Kritik, Kritik und noch mehr Kritik. Lasse andere deine Bachelorarbeit lesen. Lasse Fragen und Kritik zu und versuche dich in die Lage anderer hineinzuversetzen.«

»Als Verfasser*in einer BA-Arbeit muss mir die Frage nach der Bedeutung für meine Disziplin stets im Kopf sein. Wissenschaft ist ein stetiger Prozess, der durch meine Arbeit theoretisch angereichert wird. Das habe ich mir immer wieder ins Bewusstsein gerufen.«

»Letztendlich kann man sich aber auch einiges an Druck nehmen, sich bewusst machen, dass es ›nur‹ eine längere Hausarbeit ist und dass man durch die Module und Abschlussprüfungen genau dafür vorbereitet wird und es doch gar nicht so schlimm und überwältigend ist, wie man vielleicht immer dachte.«

»So hart es auch klingt: Deine Bachelorarbeit wird höchstwahrscheinlich nicht die Welt verändern. Akzeptiere, dass sie nicht das Ende der Forschung ist und du deshalb auch noch nicht DIE Antwort auf deine Fragestellung brauchst. Versuche eher, einer Beantwortung deiner Fragestellung näher zu kommen.«

»Habe den Mut aufzuhören. Es kann schwerfallen, die Bachelorarbeit abzugeben. Selbstzweifel und Angst kommen ggf. auf. Man möchte am liebsten tausendmal drüberlesen, um Fehler oder Unstimmigkeiten zu finden. Höre auf. Zwei Stunden vor Abgabe wird dir keine neue Bachelorarbeit mehr einfallen. Habe den Mut und das Selbstbewusstsein, sie abzugeben. Das relevanteste war für mich der Stolz, eine Bachelorarbeit und somit einen Abschnitt des Lebens fertiggebracht zu haben.«

»Ich habe mich für eine empirische Arbeit entschieden und würde dies auch immer wieder so machen, auch wenn das zunächst aufwändiger klingt, kann man einiges für die eigene pädagogische Praxis mitnehmen, da das theoretische, im Studium gesammelte Wissen mit den empirischen Ergebnissen verbunden wird.«

»Das intensive Beschäftigen mit dieser Thematik führte dazu, dass ich bestimmte Aussagen von Klient*innen besser einzuschätzen lernte. Das gibt mir eine gewisse Sicherheit und Klarheit im Berufsalltag.«

»Durch meine Bachelorarbeit konnte ich zu meiner professionell-pädagogischen Haltung kommen, indem ich mir erarbeitet habe, wie ich meine erworbenen Erkenntnisse aus dem Studium im Rahmen meiner praktischen Arbeit nutzen kann. Dabei stellten sich mir neue Fragen, welchen ich in meinem aktuellen Masterstudium nachgehe. Ich ziehe also aus meinen Erfahrungen, welche ich vor und während dem Schreiben meiner Bachelorthesis gemacht habe, wertvolle Früchte für meine Arbeit danach, also jetzt.«

»Mir persönlich hat meine Bacherlorarbeit insofern weitergeholfen, dass ich jetzt, während des Masterstudiengangs genau weiß, wie ich meinen Fokus legen möchte. Durch die Bachelorarbeit konnte ich meinen ganz individuellen Schwerpunkt in der Erziehungswissenschaft setzen.«

# Literatur

Becker, H. S. (2000). *Die Kunst des professionellen Schreibens: ein Leitfaden für die Geistes- und Sozialwissenschaften*. Frankfurt am Main [u. a.]: Campus-Verlag.
Bohl, T. (2018). *Wissenschaftliches Arbeiten im Studium der Erziehungs- und Bildungswissenschaften. Arbeitsprozesse, Referate, Hausarbeiten, mündliche Prüfungen und mehr*. Weinheim/Basel: Beltz.
Franck, N. & Stary, J. (2013). *Die Technik wissenschaftlichen Arbeitens. Eine praktische Anleitung*. Paderborn: Schöningh.
Grund, U. & Heinen, A. (1996). *Wie benutze ich eine Bibliothek? Basiswissen – Strategien – Hilfsmittel*. München: Fink.
Klingsieck, K. B. (2013). Wider besseres Wissen. Prokrastination – was steckt dahinter? *Forschung und Lehre*, 20 (4), 308–309.
Kruse, O. (2012). *Keine Angst vor dem leeren Blatt – ohne Schreibblockaden durchs Studium*. Frankfurt [u. a.]: Campus-Verlag.
Lindner, R. (2007). *Die Entdeckung der Stadtkultur. Soziologie aus der Erfahrung der Reportage*. Frankfurt: Suhrkamp.
Narr, W. D. & Stary, J. (Hrsg.) (2000). *Lust und Last des wissenschaftlichen Schreibens. Hochschullehrerinnen und Hochschullehrer geben Studierenden Tips*. Frankfurt am Main: Suhrkamp.
Patrzek, J., Grunschel, C, König, N. & Fries, S. (2015). Fragebogen zu Gründen akademischer Prokrastination. Konstruktion und erste Validierung. *Diagnostica*, 61, 184–196. https://doi.org/10.1026/0012-1924/a000121
Rost, F. (2018). *Lern- und Arbeitstechniken für das Studium*. Wiesbaden: Springer.

Rückert, H.-W. (2014). *Schluss mit dem ewigen Aufschieben. Wie Sie umsetzen, was Sie sich vornehmen*. Frankfurt/New York: Campus Verlag.

Thomas-Johaentges, U. (2008). *Praxishandbuch Seminar-, Examens- und Doktorarbeit: sprachliche, zeitliche und emotionale Blockaden des wissenschaftlichen Schreibens erfolgreich überwinden*. Norderstedt: Books on Demand GmbH.

Wagner, W. (2012). *Uni-Angst und Uni-Bluff heute. Wie studieren und sich nicht verlieren*. Berlin: Rotbuch-Verlag.

Widmer, J. (2016). Forschen als Reise begreifen. In J. Wintzer (Hrsg.), *Herausforderungen in der Qualitativen Sozialforschung. Forschungsstrategien von Studierenden für Studierende* (S. 19–25). Berlin, Heidelberg: Springer.

Wolfsberger, J. (2016). *Frei geschrieben. Mut, Freiheit und Strategie für wissenschaftliche Abschlussarbeiten*. Stuttgart: utb.

Zinger, B. & Pitzer, E. (2020). Systemische Betrachtung: Ebenen und Schnittstellen bei der Beratung und Begleitung von Lehrenden und Studierenden. In B. Benjamin Zinger, B., D. Vode & N. Oberbec (Hrsg.). *Lernen für die Zukunft. Impulse für eine lehrbezogene Hochschulentwicklung* (S. 16–32). Weinheim: Beltz Juventa.

# III Wissen und Erkenntnis

# Forschendes Lehren und Lernen

*Christiane Hof*

## 1 Forschendes Lernen als Beitrag zur Entwicklung einer professionellen Handlungskompetenz?

In pädagogischen Studiengängen wird Forschung häufig als unwichtig für das professionelle Handeln angesehen. Es scheint nur für eine wissenschaftliche Karriere bedeutsam, in der konkreten pädagogischen Berufsarbeit aber eher überflüssig. Diese einfache Gegenüberstellung ist allerdings in vielfacher Weise problematisch.

Denn damit wird außer Acht gelassen, dass ein Universitätsstudium keine Berufsausbildung ist – wie etwa die Ausbildung zur Erzieher:in.[1] Im Rahmen des theoretischen und praktischen Unterrichts für die *berufliche Ausbildung* sollen

- Kenntnisse über den Einfluss von sozioökonomischen, kulturellen und lebensweltlichen Bedingungen auf das Verhalten und Erleben von Menschen,
- Methoden zur Gestaltung pädagogischer Beziehungen,
- Verfahren zur Förderung individueller Entwicklungs- und Bildungsprozesse,
- Vorschläge zur Zusammenarbeit mit Bezugspersonen und anderen Institutionen sowie zur Entwicklung von Teams,
- Wissen über die rechtlichen, finanziellen und gesellschaftlichen Rahmenbedingungen pädagogischer Einrichtungen,

erworben werden.

Statt der Vermittlung von Handlungsmethoden und Verfahren geht es in einem *Universitätsstudium* darum, die *Grundlagen* für professionelles pädagogisches Handeln zu entwickeln. Professionelles Handeln zeichnet sich dadurch aus, dass dem pädagogischen Handeln eine *detaillierte Situationsanalyse* vorausgeht. Professionelles Handeln versteht sich somit *nicht* als Anwendung von Wissen und Können, sondern basiert darauf, dass spezifische *Handlungsprobleme identifiziert* und ein *Konzept zu ihrer Lösung entwickelt* wird. Professionelle Problemlösungen basieren dabei auf detaillierten Situationsanalysen. Die konkrete Problemsituation gilt es vor dem Hintergrund systematischer (Vor-)Überlegungen zu analysieren. Hierbei spielen etwa das pädagogische Selbstverständnis der Einrichtung, theore-

---

[1] https://berufenet.arbeitsagentur.de/berufenet/faces/index?path=null/kurzbeschreibung/ausbildungsinhalte&dkz=9162&such=Erzieher%2Fin

tische Vorüberlegungen und empirische Forschungsergebnisse ebenso eine Rolle wie das Vorhandensein bereits erprobter (Handlungs-)Konzepte. Auf der Basis der Situationsanalyse wird ein Handlungskonzept entworfen und umgesetzt. Abschließend gilt es den Erfolg (oder auch Misserfolg) zu reflektieren (vgl. Hof & Egloff, 2021; Kap. 2; Egloff, 2011).

Für das Studium der Erziehungswissenschaft bedeutet dies, dass es nicht darum gehen kann, sich ›richtige‹ pädagogische Handlungskonzepte anzueignen, sondern dass das Ziel vielmehr in der Fähigkeit liegen muss, (pädagogische) Situationen zu analysieren und auf dieser Basis Handlungsoptionen zu entwickeln. Wichtig erscheint daher der Erwerb von fachlichen und methodischen Grundlagen für die *Analyse, Entwicklung* und kritische *Überprüfung* solcher Handlungskonzepte.

Ein probates Mittel, dieses Ziel zu erreichen, wird in der Ermöglichung des Forschenden Lernens gesehen. So hat etwa Peer Pasternack (2017) zusammengetragen, was die Hochschulforschung zum Forschenden Lernen weiß. Er stellt dabei mit Überraschung fest, dass die Kompetenzen, die für eine Beschäftigungsfähigkeit als relevant angesehen werden, zu großen Teilen identisch sind mit den Kompetenzen, die die moderne Forschung verlangt. Dies wird damit begründet, dass nicht nur im Forschungsprozess, sondern auch im Berufsleben problemlösendes Handeln unverzichtbar ist:

> »Wer heute studiert, wird mit hoher Wahrscheinlichkeit morgen – im Berufsleben – unter (zum Beispiel Zeit-)Druck komplizierte Sachverhalte entscheiden und in komplexen, risikobehafteten und durch Ungewissheit charakterisierten Situationen sicher handeln müssen. Dafür muss sie oder er in der Lage sein, Wesentliches von Unwesentlichem zu trennen, Ursache-Wirkungs-Bündel zu selektieren, gesellschaftliche Kontextualisierungen und Handlungsfolgenabschätzungen vorzunehmen, Problemlösungsanordnungen zu organisieren, Handlungsoptionen auszuwählen und Prozesse steuern zu können« (Pasternack, 2017, S. 41).

Inhaber:innen anspruchsvoller Berufsrollen werden sich häufig nicht in Routinesituationen zu bewegen haben. Um auch in solchen offenen Situationen sicher handeln zu können, wird »wissenschaftlich basierte Urteilsfähigkeit – das heißt die Befähigung, komplexe Sachverhalte methodisch geleitet und kritisch zu analysieren und zu bewerten – sowie eine explizit darauf gründende Handlungsfähigkeit benötigt« (ebd.). Dabei wird das Forschende Lernen an der Universität auch als Möglichkeit angesehen, sich neben Fachwissen grundlegende Kompetenzen für eine professionelle und reflexive Berufstätigkeit aneignen zu können. Dies impliziert nicht nur die Fähigkeit, pädagogische Handlungsprobleme zu identifizieren und wissenschaftlich fundierte Antworten zu entwickeln, sondern beinhaltet auch die reflexive Einbettung pädagogischer Fragen und Problemlösungen in gesamtgesellschaftliche Kontexte. Entsprechend zielt das forschungsorientierte Studium auch darauf ab, die Studierenden in die Lage zu versetzen, komplexe Sachverhalte kritisch zu durchdringen und gesellschaftliche Verantwortung innerhalb wie außerhalb der Hochschule zu übernehmen.

Auch wenn die Verbindung von Forschung, Lehre und Studieren schon zur klassischen Idee der Universität gehört (vgl. Hof, 2014), wird das Forschende Lernen seit den 1970er Jahren erneut als grundlegendes hochschuldidaktisches Prinzip gefordert (vgl. Bundesassistentenkonferenz, 1970).

»Forschendes Lernen zeichnet sich vor allen anderen Lernformen dadurch aus, dass die Lernenden den Prozess eines Forschungsvorhabens, das auf die Gewinnung von auch für Dritte interessanten Erkenntnissen gerichtet ist, in seinen wesentlichen Phasen – von der Entwicklung der Fragen und Hypothesen über die Wahl und Ausführung der Methoden bis zur Prüfung und Darstellung der Ergebnisse in selbstständiger Arbeit oder in aktiver Mitarbeiter in einem übergreifenden Projekt – (mit)gestalten, erfahren und reflektieren« (Huber, 2009, S. 11).

Der Hinweis darauf, dass Studieren an der Universität forschungsorientiert sein soll (wie dies etwa auch im Leitbild Lehre der Goethe Universität[2] formuliert ist), verweist auf unterschiedliche Lehrkonzepte. So wird in der Diskussion um das Forschende Lernen zwischen forschungsbasierter, forschungsnaher oder forschungsbezogener Lehre unterschieden (Huber & Reinmann, 2019, S. 2). Während *Forschendes Lernen im engeren Sinne* dadurch charakterisiert wird, dass die Studierenden einen Forschungsprozess selbst forschend vollständig durchlaufen, beziehen sich die anderen genannten Formen darauf, dass die Studierenden nur Teilaspekte des vollständigen Forschungszyklus kennenlernen bzw. gestalten. Sei es, dass ihnen lediglich der Forschungsprozess vorgestellt wird oder sie nur Teile des Prozesses durchführen oder diskutieren.

Damit einher gehen unterschiedliche Formen des Lernens und unterschiedliche Aufgaben von Lehrenden.

**Tab. 1:** Typologie Forschenden Lernens (ergänzt und übernommen aus Mieg, 2017, S. 23)

|  | **Forschungsbasiert** | **Forschungsorientiert** | **Forschendes Lernen** |
|---|---|---|---|
| *Definition* | Forschen verstehen lernen | Forschen üben | Selber forschen |
| *Lernen* | Rezeption | Aktives Nachvollziehen | Produktion |
| *Lehre* | Vermittlung | Aktivierung | Begleitung |

An dieser Stelle zeigt sich, dass das *forschungsorientierte* Lernen in unterschiedlichen Formaten universitärer Lehre stattfinden könnte. Einführungen in die Grundfragen etwa der Erziehungswissenschaft oder die empirische Bildungsforschung wären ebenso als forschungsorientierte Lehre zu begreifen wie Übungen zur empirischen Forschung oder der Diskussion von Forschungsergebnissen zu aktuellen Themen. Das Angebot eines Forschungsseminars, in dem ein konkretes Forschungsprojekt durchgeführt wird, wäre als Format zur Unterstützung *Forschenden* Lernens zu begreifen.

In Erweiterung dieser Perspektive möchte ich im Folgenden herausarbeiten, dass Forschendes Lernen nicht nur auf ein Lehrformat verweist, sondern dass das Forschen als Grundlage jeglicher Form der Generierung von Wissen zu verstehen ist. Diese Perspektive eröffnet zugleich den Blick auf die Gemeinsamkeiten zwischen Forschung und Lernen und kann damit – so die Intention – eine neue Sicht auf das Verständnis erziehungswissenschaftlichen Studierens weisen.

---

[2] https://www.uni-frankfurt.de/51044043/Grundsaetze-Lehre-Studium.pdf

## 2 Forschung als grundlegende Form der Generierung von Wissen

Der amerikanische Pädagoge und Philosoph John Dewey (1859–1952) hat sich in seinen Schriften mit der Frage befasst, »wie wir denken« (Dewey, 1951). Diese Überlegungen arbeitete er später zu einer »Theorie der Forschung« (2008) aus, übertrug sie aber auch auf seine pädagogisch-praktischen Überlegungen. Insbesondere das Konzept der Projektmethode, aber auch der Zusammenhang von Lernen und Erfahrung sind hier zu nennen.

Es kann an dieser Stelle nicht darum gehen, Deweys Theorie in all ihren Facetten darzustellen (vgl. hierzu etwa Elkjaer, 2000; Göhlich, 2007; Oelkers, 2009; Pape & Kehrbaum, 2018). Das Augenmerk soll stattdessen auf seiner Beschreibung der Strukturmerkmale des Forschungsprozesses liegen.

> »Forschen und Fragen sind bis zu einem gewissen Punkt synonyme Termini. Wir forschen, wenn wir fragen; und wir forschen, wenn wir danach suchen, was Antwort auf eine gestellte Frage ergibt« (Dewey, 2008, S. 132).

Mit dieser Sichtweise verdeutlicht John Dewey, dass Forschung eine Tätigkeit ist, die wir nicht nur an der Universität praktizieren, sondern auch im alltäglichen Lebenszusammenhang und im beruflichen Arbeitskontext:

> »Wir drücken uns oft so aus, als ob eigenes Forschen ein besonderes Vorrecht der Forscher oder wenigstens der fortgeschrittenen Studierenden wäre. Alles Denken ist jedoch Forschung, alle Forschung ist eigene Leistung dessen, der sie durchführt, selbst wenn das, wonach er sucht, bereits der ganzen übrigen Welt restlos und zweifelsfrei bekannt ist« (Dewey, 1993, S. 198).

Ausgangspunkt eines jeden Forschungsprozesse ist dabei – wie er es nennt – ein Zustand der Beunruhigung, des Zögerns, des Zweifelns (Dewey, 1951, S. 9). Als Beispiel verweist Dewey auf einen Wanderer, der an einer Straßenkreuzung nicht weiß, welchen Weg er nehmen soll. Um seine Unsicherheit zu beheben, hat er zwei Möglichkeiten: entweder er läuft aufs Geratewohl weiter – lässt sich also durch den Zufall leiten –, oder er sucht Gründe zu entdecken, die für den einen oder den anderen Weg sprechen. Jeder Versuch, die Entscheidung denkend und reflexiv zu treffen, führt zur Prüfung von möglichen Annahmen. Wenn er sich daran erinnert, dass sein Ziel im Süden liegt, kann er den Sonnenstand betrachten und diese Beobachtung als Begründung für die Wahl des Weges heranziehen. Mit anderen Worten, der Wanderer entwickelt gedanklich einen möglichen Ansatz zur Problemlösung und sucht dann nach Beweisen, die seine Annahme bekräftigen oder widerlegen können.

> »Das Denken nimmt seinen Ausgang von einer Stelle, die man ganz gut eine *Straßenkreuzung* nennen kann, von einer Situation, die mehrdeutig ist, die Alternativen enthält, ein Dilemma darstellt. Solange unsere Gedanken ungehindert von einem Ding zum anderen gleiten, …, ist kein Zwang zur Reflexion vorhanden. Schwierigkeiten und Hindernisse auf dem Weg, etwas für wahr zu halten, veranlassen uns anzuhalten. Im bangen Zweifel der Unsicherheit …. versuchen wir einen Standort zu finden, von dem aus weitere Tatsachen überblickt werden können, der uns Übersicht über die Situation ermöglicht und es gestattet, die Beziehungen der Tatsachen zueinander zu beurteilen« (ebd, S. 11 f.).

Das Ziel, vom Zustand des Zweifelns zum Zustand des ›Für-wahr-Haltens‹ zu gelangen und dadurch wieder Handlungsfähigkeit zu erlangen, lässt sich anhand der folgenden Elemente eines Forschungsprozesses zusammenfassen (vgl. hierzu auch Dewey, 2008, S. 132 ff.) Diese sind

1. die »unbestimmte Situation«,
2. die »Problemstellung«,
3. die gedankliche »Bestimmung einer Problemlösung«,
4. Argumente und Schlussfolgerungen,
5. die Überprüfung durch Anwendung.

Ein Forschungsprozess beginnt mit einer *unbestimmten, verworrenen oder widersprüchlichen Ausgangslage* (Dewey, 2008, S. 132 ff.), die im zweiten Schritt als relevant eingeschätzt und problematisiert wird (ebd.). »Wenn eine Situation in eben ihrer Unbestimmtheit nicht einzigartig qualifiziert ist, herrscht vollständige Panik; die Reaktion darauf nimmt die Form blinder und wilder offener Tätigkeiten an – von Seiten der Personen aus formuliert, haben wir dann ›den Kopf verloren‹« (Dewey, 2008, S. 132). Damit diese unbestimmte Situation bearbeitbar wird, bedarf es der Benennung des zugrunde liegenden Problems. Die Problemformulierung geht mit bewussten Denkprozessen einher:

> »Wenn man herausfindet, welches das Problem und die Probleme sind, deren Erforschung sich angesichts einer bestimmten problematischen Situation empfiehlt, ist man mit der Forschung auf bestem Weg. Ein Missverstehen des enthaltenen Problems hat zur Folge, dass die nachfolgende Forschung irrelevant ist oder in die Irre geht. Ohne ein Problem kommt es nur zu einem blinden Herumtasten im Dunkeln. Die Art, wie das Problem begriffen wird, entscheidet darüber, welche spezifischen Vorschläge aufgenommen und welche fallen gelassen werden, welche Daten ausgewählt und welche verworfen werden; sie ist das Kriterium für die Relevanz und die Irrelevanz von Hypothesen und begrifflichen Strukturen« (ebd., S. 135).

Mit Blick auf die Hochschule lässt sich etwa eine Situation vorstellen, in der die Kommunikation zwischen Dozierenden und Studierenden nicht funktioniert. Um die damit einhergehenden Unsicherheiten zu beheben, gilt es gedanklich unterschiedliche Problembenennungen zu formulieren: liegt es …

- … an den unklaren Anweisungen und Aufforderungen des/der Dozent:in?
- … an den fehlenden Sprachkompetenzen der Studierenden?
- … an einer problematischen Gruppendynamik zwischen einzelnen Studierenden?
- … an widersprüchlichen Informationen?
- … daran, dass die Beteiligten nicht vorbereitet waren?
- … daran, dass die Studierenden den/die Dozent:in unsympathisch finden?
- … an überfüllten Räumen?
- … an etwas Anderem, etwas, zu dem es noch keine Hypothese gibt?

Um eine Lösung der schwierigen Situation herbeizuführen, bedarf es daher nicht nur der Erkenntnis, dass es Widersprüche gibt, sondern auch der *Konkretisierung des*

*Problems.* Dies erfolgt in Form von Annahmen oder Hypothesen. Dabei orientiert sich der Einzelne an seinem vorhandenen Wissen bzw. seinen bisherigen Erfahrungen – dadurch lässt sich auch begründen, warum vielfältiges (Theorie-)Wissen und die Auseinandersetzung mit unterschiedlichen Handlungskonzepten im Studium wichtig sind, denn dann verfügt man über ein größeres Repertoire an Wissen, welches zur (gedanklichen) Analyse der Situation herangezogen werden kann.

Im dritten Forschungsschritt geht es darum, die *Problemstellung zu konkretisieren*. Dabei werden die möglichen Bestandteile der zu untersuchenden Situation definiert und konkrete Fragestellungen oder Annahmen über mögliche Problemlösungen (Hypothesen) formuliert.

Im vierten Schritt werden die bisherigen *Überlegungen in einen argumentativen Zusammenhang* gebracht und ein Konzept entworfen, wie die Annahmen überprüft werden können. Im Rahmen wissenschaftlicher Forschung sprechen wir hier von einem Forschungskonzept oder der Operationalisierung, im alltäglichen Zusammenhang wäre es das Nachdenken darüber, ob man in der Situation des Wanderers, der den Weg nicht weiß, lieber auf einen Baum klettern möchte oder den Sonnenstand betrachtet.

Im letzten Schritt werden die gedanklich entwickelten *Annahmen auf ihre praktischen Folgen hin überprüft*. Die erhobenen Daten werden ausgewertet und es wird geprüft, ob sich die Annahmen bewahrheiten oder ob sie widerlegt werden. Durch die dadurch gewonnenen neuen Erkenntnisse entsteht eine »neue Ordnung von Tatsachen« (Dewey, 2008, S. 142), die sich als neue Idee oder Hypothese darstellt, die neue Beobachtungen veranlasst usw. Im Ergebnis kann der Forschungsprozess also dazu führen, dass der anfängliche Zweifel einer Überzeugung weicht, es ist aber auch möglich, dass durch die Erkenntnisse neue Fragen auftauchen und der Forschungsprozess entsprechend weitergeht.

Die Art und Weise, wie dieser Forschungsprozess stattfindet, kann nun sehr unterschiedlich sein. In der Literatur wird dabei häufig zwischen der (forschenden) Generierung von Wissen im Alltag und der wissenschaftlichen Wissensproduktion unterschieden. Alltagsforschung wird dabei eher auf persönliche Erfahrung Bezug nehmen, während wissenschaftliche Forschung sich durch eine systematische Erkundung auszeichnet – sei es, dass der bisherige Stand der Forschung aufbereitet, statistische Daten zusammengetragen oder durch methodisch geleitete Beobachtung oder Befragung neue empirische Daten erhoben und in einem strukturierten Verfahren ausgewertet werden. Nicht zuletzt erfordert wissenschaftliche Forschung die Offenlegung der einzelnen Argumentationsschritte und Ableitungen, welche im alltäglichen Forschen oftmals implizit bleiben.

Ergänzend muss an dieser Stelle betont werden, dass die Gegenüberstellung von Alltagsforschung und wissenschaftlicher Forschung nicht dahingehend missverstanden werden darf, dass es nur zwei Arten des Forschens gibt. Stattdessen ist davon auszugehen, dass sich Forschung als grundlegender Form der Generierung von Wissen entlang eines Kontinuums darstellen lässt – ein Kontinuum, das von einer primär auf persönlicher Erfahrung basierenden Alltagsforschung bis hin zu einem systematischen wissenschaftlichen Forschungsplan reicht. Irgendwo in der Mitte lässt sich die reflektierte Analyse beruflicher Problemsituationen ansiedeln. Forschung dient hier als Basis für die Entwicklung geeigneter Handlungskonzepte. Hier zeichnet sich der Forschungsprozess dadurch aus, dass er auf einem möglichst umfassenden Fachwissen basiert, welches zur Interpretation einer komplexen Situation herangezogen wird. Der Forschungsprozess basiert mithin nicht allein auf der individuellen Erfahrung eines einzelnen Akteurs – erreicht aber auch nicht die Komplexität eines differenzierten Forschungsprozesses.

Eine weitere Ergänzung betrifft die Tatsache, dass Forschung natürlich nicht immer – um nicht zusagen: immer seltener – allein stattfindet. Gerade die Zusammenarbeit in Forschungsteams kann die Generierung von vielfältigen und unterschiedlichen Hypothesen begünstigen. Außerdem wird man durch die Anwesenheit der Anderen aufgefordert, seine eigenen Gedanken mitzuteilen. Dies kann helfen, den Argumentationsgang auszuprobieren und zu prüfen, wie weit er schlüssig und für andere verständlich ist.

## 3   Lernen als Forschungsprozess

In einem sehr allgemeinen Verständnis lässt sich Lernen als Veränderung von Verhalten oder Verhaltensdispositionen aufgrund von Erfahrung beschreiben (Hasselhorn & Gold, 2017, S. 35). Die Verarbeitung von Erfahrungen – und nicht etwa körperliche Entwicklungsprozesse – sind damit der Ausgangspunkt für Lernen. Göhlich und Zirfas konkretisieren dies, indem sie »Lernen als die erfahrungsreflexive, auf den Lernenden sich auswirkende Gewinnung von spezifischem Wissen und Können« beschreiben (Göhlich & Zirfas, 2007, S. 17; im Original kursiv). Damit wird der Fokus auf das Lernergebnis gelegt, etwa auf ein verändertes Selbst- und Weltverständnis oder auf neues Wissen und Können.

Das Verständnis von Lernen als Veränderung aufgrund von Erfahrung verweist aber nicht nur auf das Ergebnis. Darüber hinaus ist auch der Prozess in den Blick zu nehmen. In diesem Zusammenhang rückt die Reflexion – verstanden als reflexive Verarbeitung von Erfahrungen – in den Mittelpunkt. Zudem werden wir wieder auf die Schriften von John Dewey verwiesen. Denn Dewey gilt als Theoretiker, der sich grundlegend mit dem ›Wesen der Erfahrung‹ auseinandergesetzt hat und der als ein Klassiker reflexiven Lernens (vgl. z. B. Hilzensauer, 2008) angesehen wird.

So hat Dewey insbesondere herausgearbeitet, dass Erfahrung nicht einfach in der Wahrnehmung der Welt durch die Sinne besteht, sondern immer mitgedacht ist, dass es der Mensch ist, der die Welt vor dem Hintergrund spezifischer Perspektiven wahrnimmt.

> »Das Wesen der Erfahrung kann nur verstanden werden, wenn man beachtet, daß [sic!] dieser Begriff ein passives und ein aktives Element umschließt, die in besonderer Weise miteinander verbunden sind. Die aktive Seite der Erfahrung ist Ausprobieren, Versuch – man *macht* Erfahrungen. Die passive Seite ist ein Erleiden, ein Hinnehmen. Wenn wir etwas erfahren, so wirken wir auf dieses Etwas zugleich ein, so tun wir etwas damit, um dann die Folgen unseres Tuns zu erleiden. Wir wirken auf den Gegenstand ein, und der Gegenstand wirkt auf uns zurück; darin liegt eben die besondere Verbindung der beiden Elemente« (Dewey, 1993, S. 186).

Für das Verständnis des Lernprozesses bedeutet das erstens, dass Lernen auf Erfahrung basiert. Erfahrung machen bedeutet dabei allerdings nicht einfach ein Aufnehmen des Wahrgenommenen (des Gesehenen, des Gehörten, des Gelesenen, des Gefühlten). Vielmehr muss das Wahrgenommene interpretiert werden. Dies wird beschrieben als Prozess der Reflexion bzw. Rekonstruktion (ebd., S. 187).

> »Es ist keine Erfahrung, wenn ein Kind in eine Flamme greift; es ist Erfahrung, wenn die Bewegung mit dem Schmerz, den es infolgedessen erlebt, in Zusammenhang gebracht wird. In die Flamme greifen bedeutet für das Kind von nun an ›sich verbrennen‹. – Ebenso gilt das Umgekehrte: eine Verbrennung eines Körperteils ist ein bloß physischer Vorgang genau so wie das Verbrennen eines Stückes Holz, wenn es nicht als die Folge irgendeiner anderen Handlung oder Betätigung erkannt wird« (Dewey, 1993, S. 187).

Dewey selber hebt die Bedeutung von Reflexion hervor. Dabei charakterisiert er diesen Prozess als Kombination der Aufnahme und Verarbeitung von Information. Er stellt heraus, dass wir erst dann etwas aus einer Erfahrung lernen, »wenn eine Betätigung hineinverfolgt wird in ihre Folgen, zurückwirkt auf uns selbst und in uns eine Veränderung bewirkt (Dewey, 1993, S. 187).

> »Durch Erfahrung lernen heißt das, was wir den Dingen tun, und das, was wir von ihnen erleiden, nach rückwärts und vorwärts miteinander in Verbindung zu bringen. Bei dieser Sachlage aber wird das Erfahren zu einem Versuchen, zu einem Experiment mit der Welt zum Zwecke ihrer Erkennung. Das sonst bloß passive ›Erleiden‹ wird … zur Erkenntnis des Zusammenhangs der Dinge« (ebd.).

An dieser Stelle wird die Ähnlichkeit zwischen dem Lern- und dem Forschungsprozess (nicht nur)[3] bei Dewey deutlich. Systematisch hat dies Johannes Wildt (2009) dargestellt:

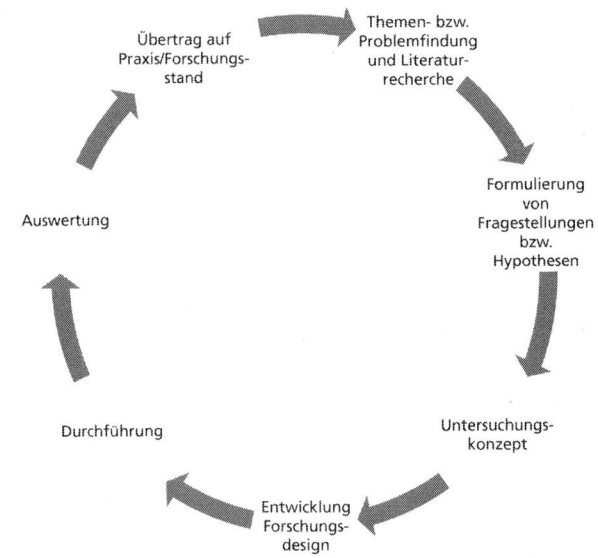

**Abb. 1:** Der Learning Cycle im Format des Forschungsprozesses (nach Wildt, 2009)

---

3  Vgl. hierzu etwa auch Kolbs Learning Cycle – wobei auch er sich auf die pragmatistische Tradition bezieht (Kolb, 1984).

Lernen wird dabei erkennbar als ein Prozess, der seinen Ausgangspunkt in der Erfahrung nimmt. Allerdings bildet nicht jegliche Erfahrung einen Anlass für Reflexion und Lernen, sondern nur solche Erfahrungen, die sich als widersprüchlich zu alltäglichen Selbstverständlichkeiten bzw. der Gewissheit erweisen Die Feststellung einer Irritation oder einer Schwierigkeit sieht Dewey als Auslöser für Lernen. Lernen wird demzufolge als Problemlösungsprozess begriffen. In ähnlicher Weise beschreibt Ludwig den Forschungsprozess:

> »Vom Standpunkt des Lernenden aus betrachtet stellt Lernen den Zugang zu noch unbekanntem Wissen dar, so wie Forschung für Wissenschaftler den Zugang zu noch unbekanntem Wissen darstellt. Beide Prozesse nehmen ihren Ausgangspunkt in Fragestellungen, die mit Handlungsproblematiken verbunden sind: Beispielsweise das Unvermögen, einen Zusammenhang erklären zu können oder adäquate Lösungsstrategien zu finden. Lernen zielt wie Forschung auf die Erweiterung der Handlungs-/Begründungs-/Erklärungsfähigkeit. Der Unterschied besteht lediglich in der Reichweite: Lernprozesse zielen auf die Erweiterung der individuellen Handlungsfähigkeit, Forschungsprozesse zielen auf die Erweiterung der kollektiven Handlungsfähigkeit durch Erweiterung des gesellschaftlich verfügbaren Wissens« (Ludwig, 2011, S. 10).

Die Einsicht, dass Lernen – wie auch Forschen – ein Prozess ist, bei dem es um die Bearbeitung offener Fragen geht, hat auch Konsequenzen für das pädagogische Handeln bzw. für die Unterstützung von Lernprozessen: »Ein Kind oder einen Erwachsenen ganz allgemein zum Denken aufzufordern, ohne daß [sic!] vorher in irgendeiner Form das Gefühl einer Schwierigkeit empfunden wurde, das sein Gleichgewicht erschüttert, ist daher vollkommen sinnlos« (Dewey, 1951, S. 12 f.). Notwendig sei demzufolge die Gestaltung einer Situation, in der der Lernende ein Problem wahrnimmt, welches er dann durch Lernen lösen möchte.

# 4 Implikationen für das Studium der Erziehungswissenschaft

Begreift man Forschen als grundlegende Form der Generierung von Wissen und erkennt, dass auch Lernen als Forschungsprozess zu rekonstruieren ist, dann lässt sich folgern, dass die Förderung Forschenden Lernens vielfältige Aspekte des Studiums der Erziehungswissenschaft anspricht, so wie es an der Goethe Universität gestaltet wird.

So gibt es Lehrveranstaltungen zu den verschiedenen Formen forschungsorientierter Lehre, sie ermöglichen

- die Auseinandersetzung mit Ergebnissen der Forschung,
- die Aneignung von Wissen und Können über forschungsmethodische Konzepte, ihre Voraussetzungen und Grenzen,
- das Kennenlernen und Einüben von Forschungsmethoden,
- die Bearbeitung konkreter Forschungsprojekte im Rahmen von Forschungsseminaren und Abschlussarbeiten.

Das Studium am Fachbereich Erziehungswissenschaft der Goethe Universität zeichnet sich dabei durch einen geringen Grad an Verschulung aus. So gibt es innerhalb der Modulstruktur, die zentrale erziehungswissenschaftliche Fragen aufnimmt, sehr unterschiedliche thematische Angebote, aus denen die Studierenden wählen können. Dies mag zwar für den Einzelnen mit der »Qual der Wahl« verbunden sein, eröffnet zugleich aber auch die Möglichkeit, eigene Schwerpunkte zu setzen und das Studium interessenorientiert zu gestalten. Das Studium fordert damit die Aktivierung der eigenen Neugierde sowie ein hohes Maß an Selbstorganisation. Wem dies gelingt, der kann Wissenschaft nicht nur als Produzent von Forschungsergebnissen kennenlernen, sondern Wissenschaft als Praxis erleben:

> »Studierende erfahren Wissen hierbei als etwas Offenes, im Werden Begriffenes – eben als Forschung. Sie werden so zu Fragenden und zu Forschenden, die von Anfang an befähigt werden sollen, Wissen und seine Entstehungsbedingungen kritisch zu hinterfragen« (Leitbild Lehre, S. 1)

Für die Studierenden ermöglicht dies die Weiterentwicklung eines Lernstils, »der sich durch neugieriges, problemorientiertes und kritisches Denken, durch autonomes und kreatives Arbeiten sowie durch gedankliches Nachvollziehen eines Forschungsprozesses und unmittelbare Teilnahme an Forschungsvorhaben auszeichnet« (Multrus, 2012, S. 53).

Dadurch können sie – so die Erwartung etwa des Wissenschaftsrats (2000, S. 21 f.) – grundlegende Schlüsselkompetenzen wie vernetzendes Denken, Kreativität, methodische Flexibilität, Ausdauer, Kommunikations- und Kooperationsfähigkeit etc. (vgl. Huber, 2018, S. 3) erwerben. Auch ermöglicht die Erfahrung von Forschung als Praxis die Ausbildung einer Haltung, die Wissenschaft als Erkenntnismodus begreift, und damit die Selbstreflexion des Subjekts mittels Wissenschaft ebenso wie die verantwortliche Reflexion auf das Allgemeinwohl befördert (ebd. mit Bezug auf Euler, 2005).

Wichtig erscheint dabei, dass die Studierenden nicht nur an Forschungsprojekten *teilnehmen*, sondern den Forschungsprozess selbstständig (mit-)gestalten und reflektieren. Es geht also darum, dass sie als Forschende verstanden und adressiert werden. Denn nur dadurch wird die Strukturanalogie von Forschen und Lernen erkennbar:

> »Als Akteure in einem Forschungsprozess generieren Studierende als Lernende Wissen. Aus dieser Perspektive wirken im forschenden Lernen die zentralen Aufgaben der Universität – Forschen und Lehren – zusammen. Forschen lässt sich dabei als eine kritisch-explorative Generierung von Wissen auf Grundlage wissenschaftlicher Gütekriterien wie Objektivität, Reliabilität und Validität verstehen« (Kergel & Heidkamp, 2018, S. 489).

Diese kritisch-explorierende Generierung von Wissen erweist sich dabei nicht nur als Voraussetzung für ein erfolgreiches Studium der Erziehungswissenschaft oder die weitere Karriere in einem Forschungsinstitut bzw. einer Universität. Auch für die Entwicklung professioneller Handlungskompetenz für die vielfältigen Felder der pädagogischen Praxis ist die Fähigkeit zu und die Freude am Forschenden Lernen unabdingbar. Denn hier geht es ja – wie ich zu Beginn dieses Aufsatzes herausgearbeitet habe – nicht um die Anwendung, sondern um die

Entwicklung von geeigneten Handlungskonzepten auf der Basis differenzierter Situationsanalysen (siehe hierzu auch Hof & Egloff, 2021).

Zu diskutieren wäre allerdings, ob die Universität bzw. die Lehrenden davon ausgehen können, dass die Studierenden schon die Voraussetzungen mitbringen, sich in den Prozess der Selbstorganisation des Studiums einzufügen oder ob es hierzu gesonderte Unterstützungsangebote braucht. Aus einer Befragung der Studierenden über ihre Erfahrungen mit dem ersten digitalen »Corona-Semester« lässt sich entnehmen, dass nur ein Teil der Studierenden über die für das digitale Studieren erforderliche Selbstlernkompetenzen verfügen (vgl. Hof, 2022). In eine ähnliche Richtung weist auch eine bundesweite Studierendenbefragung. Sie zeigt, dass nur 28 % der Befragten eigene Interessenschwerpunkte setzen, nur ein Drittel zusätzliche Fachliteratur liest und nur 41 % sich oft Gedanken zu Problemlösungen macht (vgl. Multrus, 2012, S. 53).

## Literatur

Bundesassistentenkonferenz (BAK) (1970). *Forschendes Lernen – Wissenschaftliches Prüfen.* Bonn: Schriften der BAK Bd. 5. Neudruck Bielefeld: Universitätsverlag Webler 2009.

Dewey, J. (1951). *Wie wir denken. Die Beziehung des reflektiven Denkens zum Prozess der Erziehung,* Zürich: Morgarten Verlag.

Dewey, J. (1993). *Demokratie und Erziehung.* Weinheim & Basel: Beltz.

Dewey, J. (2008). *Logik. Die Theorie der Forschung.* Frankfurt/Main: Suhrkamp.

Egloff, B. (2011): Praxisreflexion. In J. Kade, W. Helsper, C. Lüders, B. Egloff, F.-O. Radtke & W. Thole (Hrsg.). *Pädagogisches Wissen. Erziehungswissenschaften in Grundbegriffen* (S. 211–228). Stuttgart: Kohlhammer.

Elkjaer, B. (2000). The Continuity of Action and Thinking in Learning: Re-visiting John Dewey. *Outlines. Critical Social Studies.* 2, 85–101.

Euler, D. (2005). Forschendes Lernen. In S. Sporn & W. Wunderlich (Hrsg.). *Studienziel Persönlichkeit. Beiträge zum Bildungsauftrag der Universität heute* (S. 253–272). Frankfurt, New York: Campus Verlag.

Göhlich, M. & Zirfas, J. (2007). *Lernen. Ein pädagogischer Grundbegriff.* Stuttgart: Kohlhammer.

Göhlich, M. (2007). Aus Erfahrung lernen. In M. Göhlich, C. Wulf & J. Zirfas (Hrsg.). *Pädagogische Theorien des Lernens* (S. 191–202). Weinheim, Basel: Beltz.

Hasselhorn, M. & Gold, A. (2017). *Pädagogische Psychologie: Erfolgreiches Lernen und Lehren.* Stuttgart: Kohlhammer.

Hilzensauer, W. (2008). Theoretische Zugänge und Methoden zur Reflexion des Lernens. Ein Diskussionsbeitrag. *bildungsforschung* Jg. 5, Ausgabe 2. https://bildungsforschung.org/ojs/index.php/bildungsforschung/article/view/77/80

Hof, C. (Hrsg.) (2014). *Das Spektrum der Lehre – Vermittlung wissenschaftlichen Wissens im Wandel der Zeit. Katalog zur Ausstellung.* Frankfurt/M.: Goethe Universität.

Hof, C. (2022). *Erste Ergebnisse einer explorativen Studie zu den Erfahrungen Frankfurter Studierender im ersten digitalen Semester.* Frankfurt/München: unveröffentlichtes Manuskript.

Hof, C. & Egloff, B. (2021). *Handeln und Forschen in der Erwachsenenbildung/Weiterbildung.* Bielefeld: wbv

Huber, L. (2009). Warum Forschendes Lernen nötig und möglich ist. In: L. Huber, J. Hellmer & F. Schneider (Hrsg.). *Forschendes Lernen im Studium. Aktuelle Konzepte und Erfahrungen* (S. 9–36). Bielefeld: Universitätsverlag Webler.

Huber, L. (2018). *Forschendes Lernen: Begriff, Begründungen und Herausforderungen*. Ruhr Universität Bochum. https://dbs-lin.ruhr-uni-bochum.de/lehreladen/lehrformate-methoden/forschendes-lernen/begriff-begruendungen-und-herausforderungen/ (05.01.2021)

Huber, L. & Reinmann, G. (2019). *Vom forschungsnahen zum forschenden Lernen an Hochschulen*. Wiesbaden: Springer VS. https://doi.org/10.1007/978-3-658-24949-6_1

Kergel, D. & Heidkamp, B. (2018). Forschendes Lernen mit digitalen Medien im Kontext von Mobile Learning. In C. de Witt & C. Gloerfeld (Hrsg.). *Handbuch Mobile Learning* (S. 487–512). Wiesbaden: Springer VS.

Kolb, D. A. (1984). *Experiential Learning*. Englewood Cliffs, NJ.: Prentice Hall.

Leitbild Lehre der Goethe Universität Frankfurt. https://www.uni-frankfurt.de/51044043/Grundsaetze-Lehre-Studium.pdf

Ludwig, J. (2011). *Forschungsbasierte Lehre als Lehre im Format der Forschung*. Brandenburgische Beiträge zur Hochschuldidaktik | 3. Potsdam: Universitätsverlag.

Mieg, H.A. (2017). Einleitung: Forschendes Lernen – erste Bilanz. In H. A. Mieg & J. Lehmann (Hrsg.), *Forschendes Lernen. Wie die Lehre in Universität und Fachhochschule erneuert werden kann* (S. 15–36). Frankfurt/M.: Campus.

Multrus, F. (2012). *Forschung und Praxis im Studium. Befunde aus Studierendensurvey und Studienqualitätsmonitor*. Berlin: BMBF. http://kops.uni-konstanz.de/handle/123456789/22246

Oelkers, J. (2009). *John Dewey und die Pädagogik*. Weinheim: Beltz.

Pape, H. & Kehrbaum, T. (2018). *John Dewey. Über Bildung, Gewerkschaften und die demokratische Lebensform*. Düsseldorf: Hans-Böckler-Stiftung.

Pasternack, P. (2017). Konzepte und Fallstudien: Was die Hochschulforschung zum Forschenden Lernen weiß. In H. A. Mieg & J. Lehmann (Hrsg.). *Forschendes Lernen. Wie die Lehre in Universität und Fachhochschule erneuert werden kann* (S. 37–46). Frankfurt/M.: Campus.

Wildt, J. (2009). Forschendes Lernen. Lernen im Format der Forschung. *Journal Hochschuldidaktik*, 20 (2), 4–6. Online verfügbar unter: http://www.hdz.tu-dortmund.de/fileadmin/JournalHD/2009_2/2009_2_Wildt.pdf [27.10.2011]

Wissenschaftsrat (2000). *Empfehlungen zur Einführung neuer Studienstrukturen und -abschlüsse (Baccalaureus/Bachelor – Magister/Master) in Deutschland*. Berlin.

# Für jedes Problem gibt es eine Lösung! – Oder vielleicht doch mehr als eine? Zur Vielfältigkeit erziehungswissenschaftlichen Denkens und Arbeitens

*Mandy Röder & Carolin Marschall*

## Über die Relevanz erziehungswissenschaftlichen Denkens und Arbeitens

Die Erziehungswissenschaft ist jene Disziplin, die das Individuum im Zusammenhang mit spezifischen Sozialisationsinstanzen betrachtet (Baacke & Schulze, 1993). Im Fokus stehen also Instanzen, in denen oder durch die Bildung und Erziehung geschieht. Mit der Aufnahme eines Studiums der Erziehungswissenschaften verfolgt ein Gros der Studierenden das Ziel, in unterschiedlichsten praktischen Feldern von Erziehung und Bildung tätig zu werden (z. B. Arbeit mit bedrohten oder benachteiligten Personengruppen, Arbeit mit Personen eines bestimmten Lebensalters). Vielen Studierenden stellt sich an dieser Stelle vielleicht folgende Frage: »Wozu nützen mir eine kritische Auseinandersetzung mit Texten, Literaturquellen oder die Diskussion verschiedener theoretischer Positionen in den Lehrveranstaltungen während des Studiums für meine spätere berufliche Tätigkeit?« Diese Frage mag auf den ersten Blick trivial erscheinen, doch sie ist es keineswegs. Zur Verdeutlichung der Tatsache, dass es nicht immer nur *eine* Möglichkeit gibt, Dinge wahrzunehmen und Lösungen zu finden, möchten wir eine Aufgabe stellen. Diese lautet: »Sortieren Sie die Formen aus Abbildung 1«.

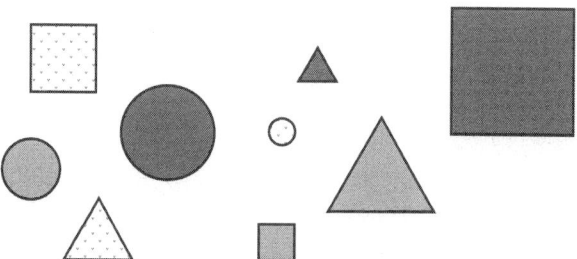

**Abb. 1:** Formen zur Verdeutlichung der Verschiedenartigkeit von Merkmalen

Diese Aufgabe erscheint für manche Personen sehr einfach und schnell lösbar, andere Personen sehen sich aber einer Aufgabe gegenüber, die ihnen vielleicht unpräzise formuliert und schwierig zu bearbeiten vorkommt. Was auch immer Ihr erster Eindruck von der Aufgabe sein mag, so werden Sie sicher feststellen, dass das Ergebnis der Sortierung in starkem Maße davon abhängig ist, welche Kategorie bzw. Merkmalsdimension Sie bei der Aufgabenbearbeitung zu Grunde gelegt haben. Möglicherweise haben Sie sich entschieden, anhand der Größe zu sortieren oder anhand der Farbe oder der Form oder einer Kombination aus mehreren Merkmalen. Anhand dieses einfachen Beispiels zeigt sich bereits, wie vielfältig Denk- und Entscheidungsprozesse ablaufen können.

Die Aufgabe demonstriert also auf eindrucksvolle Weise, wie wichtig die Vermittlung einer kritischen Haltung zu Texten bzw. Informationen und die Auseinandersetzung mit verschiedenen Sichtweisen auf einen zu erschließenden Themenbereich ist. Eine solche Haltung kann als reflexiv beschrieben werden (Dausien, 2007). Die Aneignung einer solchen Reflexivität gehört zu den Grundprämissen moderner wissenschaftsbasierter Lehre (Hummrich, 2019), auch wenn von den Studierenden keine wissenschaftliche Karriere angestrebt wird. Wie es bereits Foucault (2005, S. 751) ausdrückte, scheint die Arbeit, die wir und die Studierenden zu leisten haben, in einer stetigen Problematisierung und Reproblematisierung zu liegen. Es geht also nicht um das Etablieren einer »disziplingetreuen« Denk- und Arbeitsweise im Rahmen des Studiums der Erziehungswissenschaft, sondern vielmehr um den Prozess des erziehungswissenschaftlichen Denkens und Arbeitens und die damit verbundene Reflexivität. Konkret kann dies bedeuten, Denkstile auszubilden, die gleichermaßen die eigene Sozialisation und das eigene Handeln, aber auch relevante Forschungsergebnisse und theoretische Inhalte für das berufliche Handlungsfeld nutzbar machen. Kessl und Maurer (2012) verwenden den Begriff der »radikalen Reflexivität« zur semantischen Beschreibung einer kritischen Wissenschaft. Dies bedeutet, dass das Zusammenspiel von Herausbildung, Reproduktion und Wandel von gesellschaftlichen Strukturen in den Blick genommen werden soll und dass erkannt, reflektiert und diskutiert werden muss, welche Verflechtungen das erziehungswissenschaftliche Tätigkeitsfeld mit sozialen Strukturen und bestehenden Verhältnissen aufweist und welche Praktiken und Diskurse dazu beitragen, dass im praktischen Alltag Handlungsmöglichkeiten geschaffen oder verschlossen werden (Hollenstein, 2020).

## ›Verstehen fremder Lebenswelten‹

Eine Grundoperation, welche zu Reflexionsfähigkeit verhelfen kann, beschreibt Katzenbach (1992) für die Erziehungs- und Geisteswissenschaften als *Verstehen*. Vor allem das Verstehen fremder Lebenswelten und Erfahrungen ist dabei zentral. Zunächst klingt Verstehen als Grundoperation vielleicht etwas banal, jedoch täuscht hier der erste Eindruck. Die Fähigkeit zum »Verstehen fremder Lebenswelten« und damit zum Perspektivenwechsel erfordert kognitive sowie emotionale Anstrengung (Friebertshäuser, 2006; Katzenbach, Eggert-Schmid Noerr & Finger-Trescher, 2017). Diese Anstrengung ist in der erziehungswissenschaftlichen Praxis umso mehr erforderlich, da professionelle Akteure immer auch mit divergierenden Lebensentwürfen, Lebensrealitäten und Sinnkonstitutionen konfrontiert sind und somit nicht einfach immer wieder eine Art schematisiertes Verstehen angewendet werden kann. Um Menschen optimal fördern, unterrichten und begleiten zu können, ist es bedeutsam, sich der Fremdheit anzunähern und diese verstehen zu wollen. Dies kann und sollte bereits auf theoretischer Ebene in der Hochschule während des erziehungswissenschaftlichen Studiums geschehen und wird während des Studiums oftmals prototypisch über Texte und Textverstehen realisiert.

»Ein Text kann nur dann wirklich verstanden werden, wenn man für die Andersheit des Textes wirklich empfänglich ist«, schreibt Gadamer (1965, S. 250) in seiner Beschreibung der Grundzüge einer philosophischen Hermeneutik. Diese Sicht auf das Textverständnis hat Hey (1978, S. 54) später auf pädagogische Settings übertragen:

> »Was als Grundsatz für eine Textanalyse gilt, muß [sic!] auch bei der Erfassung des Sinns fremder Verhaltensweisen zur Geltung kommen: das Weinen, der Ungehorsam oder die Trägheit eines Kindes haben vielleicht einen Sinn, der unseren Erwartungen widerspricht.«

Dieses Zitat verdeutlicht eine wesentliche Prämisse der erziehungswissenschaftlichen Hochschulbildung sehr eindrucksvoll. Die reflexive Auseinandersetzung auf theoretischer Ebene wirkt sich ebenso positiv auf spätere Verstehenszugänge in der Praxis aus, wie das Verstehen fremder Lebenswelten in realen Situationen. Insbesondere Lehrveranstaltungen mit *kasuistischem*, also fallbezogenem Schwerpunkt bieten die Möglichkeit, sich anhand kasuistischen Materials (z. B. Transkripte von pädagogischen Interaktionen und Situationen, Einzelfalldarstellungen, komparative Darstellungen) auf theoretischer Ebene in Themen hineinzuversetzen und eine fragende Haltung zu entwickeln (Schott-Leser, 2019). Studierende können also durch eine entsprechende didaktisch-methodische Aufbereitung von Lehrveranstaltungen Gelegenheit zum Verknüpfen von verschiedenen Wissensbeständen erhalten und zum kritischen Reflektieren angeleitet werden. Das Ziel sollte dabei die Vermittlung einer Kompetenz sein, die es erlaubt, »sich gezielt mit Fragen und Hypothesen an pädagogische Sachverhalte anzunähern und in der Haltung der reflexiven Offenheit sich der eigenen Vorannahmen bewusst zu werden« (Ackermann et al., 2012, S. 2).

Zur Illustration, wie ein kritisches Reflektieren durch Textarbeit in Seminaren gefördert werden kann, werden im Folgenden zwei Methoden an beispielhaft gewählten Inhaltsfeldern vorgestellt: 1) das reziproke Lesen und 2) die Diskussionsmethode Fishbowl. Die Methoden eignen sich besonders, da sie über ein rein rezeptives Bearbeiten hinausgehen und ein mehrperspektivisches und kritisches Auseinandersetzen mit thematischen Inhalten erlauben.

## Das reziproke Lesen als Methode zur Förderung kritischer Reflektionsprozesse

Das reziproke Lesen ist bereits seit den 1980er Jahren bekannt und wurde ursprünglich in den USA von Palincsar und Brown (1984) entwickelt und als Methode publiziert. Die Methode des reziproken Lesens dient nicht einer Verbesserung von Lesefertigkeiten, sondern einer Optimierung des Textverständnisses. Wocken (2017) beschreibt die Kernaspekte des reziproken Lesens als *Klären, Fragen, Zusammenfassen* und *Vorhersagen*. Die Anwendung dieser vier Lesestrategien führt in einem reziproken Dialog dazu, dass wechselseitige Lehr- und Lernprozesse aktiviert werden. Die kooperative Ausrichtung des reziproken Lesens führt dann zu einem vertieften, systematischen und reflektierten Leseverständnis.

Zur Anwendung im Seminarkontext muss die Seminargruppe in Kleingruppen eingeteilt werden. Innerhalb der Kleingruppe wird jeder Person eine spezifische Rolle, die mit einer der vier Lesestrategien des reziproken Lesens korrespondiert, zugewiesen. Erfahrungsgemäß eignen sich kürzere Texte oder Textausschnitte am besten für das reziproke Lesen, da das Bearbeiten des Textes mit verteilten Rollen und die damit einhergehende ausführliche Besprechung viel Zeit in Anspruch nehmen. Der Text sollte vorab in kürzere Sinneinheiten untergliedert werden, die dann jeweils nacheinander bearbeitet werden. Begonnen wird in der Kleingruppe mit dem Vorlesen des ersten festgelegten Textabschnitts (oft sind es ca. 2–3 Sätze, maximal 1 Absatz). Nach dem Vorlesen wird das Gelesene von einem Gruppenmitglied in eigenen Worten zusammengefasst. Daran schließt sich eine Phase des Fragens an, in der von dem mit der Rolle des Fragenden betrauten Gruppenmitglied Fragen zum Gelesenen formuliert werden, die in der sich anschließenden Phase des Klärens beantwortet, hinterfragt und diskutiert werden können. Als letzter Schritt folgt das Vorhersagen, bei dem es darum geht, Vermutungen darüber anzustellen, wie der Text weiter geht, welche Informationen als nächstes folgen werden und was noch zu erwarten wäre. Sind alle Schritte für den aktuellen Textabschnitt bearbeitet, werden die Rollen in der Gruppe getauscht (z. B. im Uhrzeigersinn oder durch ein zuvor festgelegtes Prinzip) und der nächste Textabschnitt wird bearbeitet. Durch das Rotieren der Rollen innerhalb der Kleingruppe sind alle Studierenden aktiv einbezogen und erhalten die Chance, sich am Prozess der Textbearbeitung zu beteiligen. Durch die Verwendung des reziproken Lesens ergeben sich im Seminarkontext vielfältige Anknüpfungspunkte für weitere Recherchen und Diskussionen. Durch das aktive Partizipieren des gesamten Seminars an der Texterschließung kann eine bessere Basis für nachfolgende Arbeitsprozesse gelegt werden, da eine aktive Auseinandersetzung mit dem Lerngegenstand bereits stattgefunden hat (vgl. Schumacher & Adelt, 2020). Zur besseren Illustration der Methodik des reziproken Lesens folgt nun ein kurzes *Beispiel* anhand eines Textausschnittes aus Grumm, Hein und Fingerle (2013), der bereits in einem Seminar zur Vermittlung von Wissen über Möglichkeiten der Förderung von sozialen und emotionalen Kompetenzen bei Kindern und Jugendlichen verwendet wurde. Es handelt sich um folgenden Textausschnitt:

> »[…] Weiterhin muss auch in Bezug auf die Anwendung bzw. den erwarteten Transfer eine theoretische Fundierung vorliegen. Denn nur, wenn realistisch erwartbar ist, dass

ein Training auch zu Effekten führen wird und somit nach dem Training vermehrt sozial kompetentes Verhalten gezeigt werden wird, birgt der Einsatz einer Maßnahme zur Steigerung des Niveaus sozialer Kompetenzen Aussicht auf Erfolg. Ein weiterer zentraler Themenbereich fokussiert die Problematik der Passung zwischen Programminhalten und den Kenntnissen und Erwartungen der Zielgruppe [...].«

Die Seminargruppe wurde in Gruppen zu jeweils 5 Personen unterteilt, und es wurde anhand eines Aufgabenblattes jedem Gruppenmitglied eine Rolle zugewiesen. Die erste Rolle bezog sich dabei auf das *Vorlesen* des Textausschnittes und war mit keinen weiteren Arbeitsaufträgen verknüpft. Die Aufgabe des zweiten Gruppenmitglieds lautete *Zusammenfassen* des gelesenen Textabschnittes, was anhand des Beispieltextes etwa folgendermaßen erfolgt ist: »Ich denke, hier geht es darum, dass nicht alle Möglichkeiten zur Förderung von sozialen und emotionalen Kompetenzen in Schulen gleich effektiv sind. Und die theoretische Fundierung wird in ihrer Rolle für den Transfer betont.« Danach wurde die Person mit der dritten Rolle durch *Fragen* aktiv. Die Aufgabe lautete, Fragen zu formulieren, die im Anschluss in der Gruppe beantwortet wurden. Im Beispiel wurden folgende Fragen formuliert: »Ich frage mich, woran man den Erfolg einer Maßnahme erkennen kann. Außerdem wüsste ich gern, was hier genau mit Transfer gemeint ist.« Diese wurden dann innerhalb der Kleingruppen im Rahmen des *Klärens* besprochen. Hier kann gut beobachtet werden, welches Vorwissen bei den Studierenden bereits vorhanden ist, welche Rollenvorstellungen und Erwartungen in Bezug auf das besprochene Themengebiet bestehen und welche gesellschaftlichen bzw. normativen Ansichten vorherrschen. Im Beispiel wurde im Rahmen der Klärung überlegt, ob es denn sinnvoll sei, den Erfolg eines Präventionsprogramms nur in einer Verbesserung sozialer Kompetenz des Einzelnen zu sehen und ob nicht das soziale Miteinander ein viel wichtigerer Indikator sei. Hierbei wurden vielfältige Wissensbereiche mit in die Klärung innerhalb der Kleingruppe einbezogen. Im letzten Schritt der Arbeit an diesem Textausschnitt wurden *Vorhersagen* den weiteren Textverlauf betreffend aufgestellt. Im Beispiel wurde erwartet, dass noch weitere Einflussgrößen auf die Effektivität von Präventionsangeboten folgen würden, aber auch, dass es Hinweise geben würde, wie genau Schule als Bildungs- und Erziehungsinstitution die Umsetzung von Förderangeboten realisieren soll. Schon aus diesen kurzen Stellungnahmen und beispielhaft wiedergegebenen Aussagen der Studierenden lassen sich vielfältige Diskussionsmöglichkeiten ableiten, die im Rahmen des Seminars in den Kleingruppen wie aber auch in der gesamten Seminargruppe aufgegriffen werden können. Beispielsweise seien hier Aspekte der Professionalisierung von Lehrkräften oder auch der Kooperation der Lehrkräfte mit außerschulischen Institutionen, die ebenfalls Prävention anbieten, genannt. Wurde ein ganzer Text mit der Methode des reziproken Lesens bearbeitet, kann besprochen werden, welche Fragen oder Kritikpunkte häufig aufgetaucht sind und welche man nun gemeinsam (vertiefend) weiterbearbeiten möchte. Die Methode des reziproken Lesens kann auch problemlos um weitere Rollen ergänzt werden. Zum Beispiel könnte eine weitere Person beauftragt werden, die Inhalte des Textes aus den Perspektiven unterschiedlicher Rezipienten zu betrachten und somit eine Art »Perspektivenübernahme« herstellen und verschiedene Sichtweisen auf die Inhalte des Textes eröffnen (aus Sicht der Lernenden, aus Sicht der Eltern, aus Sicht der Lehrkräfte, usw.), auch die Einführung der Rolle einer beobachtenden Person ist durchaus denkbar und im Rahmen des reziproken Lesens sinnvoll einsetzbar. Es stellt sich an dieser Stelle natürlich die Frage nach der Rolle der Lehrenden im Rahmen des reziproken Lesens. Lehrenden können hier nicht nur in einer passiven beobachtenden Position verbleiben, sondern Prozesse aktiv unterstützen, indem Anregungen für Nachbesprechungen oder Diskussionen generiert werden.

Zusammenfassend lässt sich an dieser Stelle festhalten, dass das reziproke Lesen einen hervorragenden Einstieg in ein Seminarthema ermöglicht, bei dem alle Studierenden einbezogen sind. Die Verarbeitungs- und Auseinandersetzungstiefe mit dem Material werden jedoch entscheidend durch inhaltliche wie auch organisatorische Rahmenbedingungen beeinflusst. Es muss daher unbedingt beachtet werden, dass ein ausreichender zeitlicher Rahmen zur Verfügung steht, dass eine Atmosphäre der Offenheit und Gesprächsbereitschaft hergestellt wird und dass ein ausreichendes Vorwissen für das Klären von Fragen bzw. auch das Überlegen von Fragen zur Verfügung stehen. Hier empfiehlt sich eine möglichst heterogene Zusammensetzung der Studierenden innerhalb der Gruppe, um eine größtmögliche Vielfalt an Ideen zu binden und die gewünschte Tiefe der Reflektion über den Text zu erreichen.

Für den weiteren Seminarverlauf kann dann auf eine zweite Methode, die ebenfalls sehr gut dazu geeignet scheint, eine kritische Haltung zu Texten und Inhalten zu erzeugen, angewandt werden. Es handelt sich hierbei um die Methode Fishbowl.

## Die Fishbowl Methode zur kritischen Diskussion von Seminarinhalten

Bei der Methode Fishbowl handelt es sich um eine Diskussionsmethode, die für die Teilnehmenden motivierend wirkt und zu einer aktiven Partizipation der Studierenden führt (Dutt, 1997). Manchmal wird anstatt von einer Fishbowl Diskussion auch von der »Aquarium« oder »Inner Circle«-Methode gesprochen (Waldherr & Walter, 2014). Der besondere Vorteil der Methode liegt darin, dass sie auch für große Personengruppen geeignet ist (Flor, De Meulemeester, Allen & Isaksson, 2013). Somit ist die Fishbowl Methode geradezu für den Einsatz in der universitären Lehre prädestiniert, denn hier stellt sich oft die Frage, wie 50 oder mehr Personen miteinander diskutieren können, so dass jede Person auch die Gelegenheit erhält, etwas zur Diskussion beizutragen. Die Fishbowl Methode eignet sich außerdem hervorragend zum Training des Kommunikationsverhaltens in Diskussionen sowie zum Einüben eines sicheren Argumentierens und Vertretens der eigenen Position (Ulrich 2016, Waldherr & Walter, 2014).

Zur Durchführung einer Fishbowl Diskussion bedarf es zunächst einiger räumlicher Vorbereitungen. Es wird ein Kreis aus fünf bis sechs Stühlen gebildet, um den in weiteren konzentrischen Kreisen die übrigen Stühle angeordnet werden (siehe Abb. 2). Durch diese Anordnung entsteht ein innerer Kreis und einer oder mehrere äußere Kreise. Personen, die auf einem der Stühle im inneren Kreis

Platz nehmen, führen die Diskussion miteinander. Personen im äußeren Kreis hingegen nehmen vorerst eine beobachtende Rolle ein, können aber jederzeit auf dem leeren Stuhl des inneren Kreises Platz nehmen und damit ebenso aktiv an der Diskussion teilnehmen. Der stete Wechsel der Personen verhindert, dass die Diskussion schnell beendet ist und keine neuen Argumente mehr aufgebracht werden.

Man kann die Fishbowl Diskussion als geschlossene Variante durchführen, bei der die Stühle im Innenkreis alle für eine bestimmte Zeit mit Personen besetzt werden, die die Diskussion führen, und nach einem festen Zeitintervall wechselt die Besetzung der Stühle. Alternativ bietet sich der Einsatz einer sogenannten offenen Form der Fishbowl Diskussion an, bei der jeweils ein Stuhl im Innenkreis frei ist und durch eine neue Person besetzt werden kann. Wird dieser freie Stuhl besetzt, muss einer der Diskussionsteilnehmer*innen des inneren Kreises nach außen wechseln, so dass wieder ein Stuhl frei ist. Es darf beliebig oft zwischen dem inneren und dem äußeren Kreis gewechselt werden.

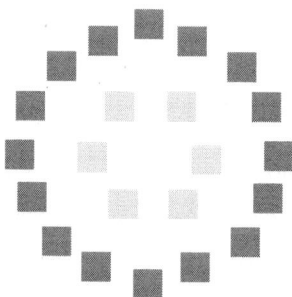

**Abb. 2:** Schematische Darstellung der Stuhlanordnung in einer Fishbowl Diskussion

Zu besserer Strukturierung der Diskussion ist es ebenfalls möglich, eine Person mit der Leitung der Diskussion zu beauftragen, um bei Bedarf vertiefende Fragen zu stellen, die Diskussion am Laufen zu halten oder Redebeiträge zu kommentieren oder zusammenzufassen.

Um während des Einsatzes der Fishbowl Methode im Seminar sicherzustellen, dass Studierende nicht ins anekdotische Erzählen abdriften, sondern sich vor allem auch auf vorher erarbeitete wissenschaftliche Inhalte beziehen, lohnt es sich, den Studierenden vor der Diskussion einige Minuten Zeit zu geben, verschiedene Texte noch einmal zu überfliegen und zur Diskussion bereitzuhalten. Weiterhin kann es hilfreich sein, bereits in der Vorbereitung der Diskussion verschiedene Thesen, Fragen oder Argumente herausarbeiten zu lassen. Dabei geht es vor allem darum, dass Fragen und Thesen formuliert werden, die nicht schlicht mit Ja oder Nein beantwortet oder simpel belegt bzw. widerlegt werden können, sondern zu einer angeregten Debatte innerhalb des Seminars führen. Es eignen sich besonders provokante Themen und Inhalte. Ein Beispiel dafür könnte die Auseinandersetzung mit sozialer Ungleichheit und Bildung sein. Dies kann einerseits durch Texte, aber auch zusätzlich durch Dokumentationen geschehen.

## Problematisierung statt Manualisierung. Ein Fazit

Wie wir gezeigt haben, bedeutet erziehungswissenschaftlich Denken und Arbeiten, nicht einfach einer bestimmten Manualisierung zu folgen, sondern immer wieder nach neuen individuellen Lösungen zu suchen. Für Studium und Lehre bedeutet dies, dass sich sowohl Studierende wie auch Lehrende immer wieder damit auseinandersetzen müssen, dass es in der Regel nicht *die eine* Musterlösung gibt, die man lehren und lernen kann, sondern dass es notwendig ist, sich immer wieder aktiv mit Formen des Argumentierens, Debattierens und Problemlösens aus verschiedenen Perspektiven zu beschäftigen. Um in pädagogischen Kontexten Professionalisierung voranzutreiben, geht es demnach nicht einfach nur darum, für bestehende Problemfelder passende Lösungen zu finden, sondern um eine stetige Problematisierung und Reproblematisierung (Foucault, 2005), die zu einer kontinuierlichen Reflexion und Weiterentwicklung professionellen Handelns führt. Abschließend soll noch einmal die eingangs formulierte Frage »Wozu nützen mir eine kritische Auseinandersetzung mit Texten oder Literaturquellen oder die Diskussion verschiedener theoretischer Positionen in den Lehrveranstaltungen während des Studiums für meine spätere berufliche Tätigkeit?« aufgegriffen werden. Insbesondere in der pädagogischen Praxis, ganz gleich in welchem spezifischen Tätigkeitsfeld, werden professionelle Akteure fortwährend mit fremden Lebenspraxen und damit auch mit herausfordernden Denk- und Verhaltensweisen konfrontiert. Um in solchen Situationen nicht vorschnelle und vielleicht auf den ersten Blick pragmatische allgemeingültige Antworten auf konflikthafte Situationen zu geben, lohnt es sich diese Situationen alleine oder in der Gruppe zu reflektieren und verschiedenste Handlungsoptionen abzuwägen, um schlussendlich die individuell angemessene beste Lösung zu finden und anbieten zu können. Ein solches Vorgehen setzt voraus, dass die Prinzipien Reflektieren und Verstehen angewendet und beherrscht werden, um nicht nur einem Schema zu folgen, sondern die gerade wesentlichen Informationen immer wieder situationsangemessen und aktuell zu erschließen.

## Literatur

Ackermann, F., Ley, T., Machold, C. & Schrödter, M. (2012). Was (ver-)heißt qualitativ forschen in der Erziehungswissenschaft? – Eine Einleitung. In F. Ackermann, T. Ley, C. Machold & M. Schrödter (Hrsg.). *Qualitatives Forschen in der Erziehungswissenschaft* (S. 7–26). Wiesbaden: VS Verlag für Sozialwissenschaften.

Baacke, D. & Schulze, T. (1993). *Aus Geschichten lernen: zur Einübung pädagogischen Verstehens*. Weinheim: Beltz Juventa.

Dausien, B. (2007). Comment: Reflexivität, Vertrauen, Professionalität. Was Studierende in einer gemeinsamen Praxis qualitativer Forschung lernen können. *Forum Qualitative Sozialforschung, 8,* http://nbn-resolving.de/urn:nbn:de:0114-fqs0701D4Da3

Dutt, K. M. (1997). The fishbowl motivates students to participate. *College Teaching, 45,* 143–143. https://doi.org/10.1080/87567559709596217

Flor, P., De Meulemeester, A., Allen, T. & Isaksson, K. (2013). Use of the fishbowl method for a discussion with a large group. *Journal of the European Association for Health Information and Libraries (EAHIL), 9,* 24–25.

Foucault, M. (2005). Zur Genealogie der Ethik. Ein Überblick über die laufende Arbeit. In D. Defert, F. Ewald & J. Lagrange (Hrsg.). *Michel Foucault. Schriften in vier Bänden. Dits et Ecrits* (S. 747–776). Berlin: Suhrkamp.

Friebertshäuser, B. (2006). Verstehen als methodische Herausforderung. In B. Friebertshäuser, M. Rieger-Ladich & L. Wigger (Hrsg.). *Reflexive Erziehungswissenschaft. Forschungsperspektiven im Anschluss an Pierre Bourdieu* (S. 231–251). Wiesbaden: Springer VS.

Gadamer, H.-G. (1965). *Wahrheit und Methode. Grundzüge einer philosophischen Hermeneutik.* Tübingen: Mohr.

Grumm, M., Hein, S. & Fingerle, M. (2013). Schulische Präventionsprogramme: Eine Onlinebefragung an hessischen Grundschulen zu Nutzung und Beurteilung. *Psychologie in Erziehung und Unterricht, 60,* 81–93.

Hey, G. (1978). *Psychoanalyse des Lernens. Psychodynamische Bedingungen kognitiver Lernprozesse.* Düsseldorf: Pädagogik Schwann.

Hollenstein, L. (2020). *Gesellschaft, Organisation, Professionalität: Zur Relevanz Von Professionspolitik in der Sozialen Arbeit.* Wiesbaden: Springer Vieweg.

Hummrich, M. (2019). Zur Frage: (Wozu) braucht die Lehramtsausbildung Forschungsmethoden? Kritische Perspektiven einer erziehungswissenschaftlichen Schulpädagogik. *Erziehungswissenschaft, 30,* 65–71.

Katzenbach, D. (1992). *Die soziale Konstitution der Vernunft. Erklären, Verstehen und Verständigung bei Piaget, Freud und Habermas.* Heidelberg: R. Asanger Verlag.

Katzenbach, D., Eggert-Schmid Noerr, A. & Finger-Trescher, U. (2017). Szenisches Verstehen und Diagnostik in der Psychoanalytischen Pädagogik. In A. Eggert-Schmid Noerr, W. Datler, U. Finger-Trescher, J. Gstach, D. Katzenbach & M. Wininger (Hrsg.). *Zwischen Kategorisieren und Verstehen. Diagnostik in der psychoanalytischen Pädagogik* (S. 11–38). Gießen: Psychosozial-Verlag.

Kessl F. & Maurer S. (2012). Radikale Reflexivität als zentrale Dimension eines kritischen Wissenschaftsverständnisses Sozialer Arbeit. In E. Schimpf & J. Stehr (Hrsg.). *Kritisches Forschen in der Sozialen Arbeit* (S. 43–55). Wiesbaden: VS Verlag für Sozialwissenschaften.

Myschker, N. & Stein, R. (2018). *Verhaltensstörungen bei Kindern und Jugendlichen. Erscheinungsformen – Ursachen – Hilfreiche Maßnahmen.* Stuttgart: Kohlhammer.

Palincsar, A. S. & Brown, A. L. (1984). Reciprocal teaching of comprehension fostering and comprehension monitoring activities. *Cognition and Instruction, 1,* 117–175.

Schott-Leser, H. (2019). Wozu Kasuistik in der sonderpädagogischen Lehrerbildung? Überlegungen zur Bedeutsamkeit von Fallbezug und reflexivem Habitus. In S. Ellinger & H. Schott-Leser (Hrsg.). *Rekonstruktionen sonderpädagogischer Praxis. Eine Fallsammlung für die Lehrerbildung* (S. 11–20). Leverkusen: Verlag Barbara Budrich.

Schumacher, A. & Adelt, E. (2020). *Lern- und Entwicklungsplanung in der Praxis. Lernprozesse begleiten und individuell gestalten.* Bielefeld: W. Bertelsmann Verlag.

Ulrich, I. (2016). *Gute Lehre in der Hochschule. Praxistipps zur Planung und Gestaltung von Lehrveranstaltungen.* Wiesbaden: Springer.

Waldherr, F. & Walter, C. (2014). *Didaktisch und praktisch. Ideen und Methoden für die Hochschullehre.* Stuttgart: Schäffer-Poeschel Verlag.

Wocken, H. (2017). Reziprokes Lesen. Texte verstehen durch strategisches Lesen und kooperatives Lernen. In M. Gercke, S. Opalinski & T. Thonagel (Hrsg.). *Inklusive Bildung und gesellschaftliche Exklusion. Zusammenhänge – Widersprüche – Konsequenzen* (S. 151–164). Wiesbaden: Springer VS.

# Biographische Reflexivwerdung. Ein Ansatz zur Ausbildung einer reflexiv-forschenden Haltung in Studium und Hochschullehre

*Sophia Richter*

## 1 Einleitung

Wozu benötige ich all das Wissen aus der Vielzahl an Vorlesungen und Seminaren und wie kann ich mein Studium so gestalten, dass ich am Ende das ›richtige Wissen‹ für meine beruflichen Pläne erworben habe? Wie wähle ich aus der Fülle von Veranstaltungen und Themen das ›Passende‹ aus? Diese und ähnliche Fragen treiben viele Studierende im Studium um, und für einige führen sie zu Verunsicherung oder Zweifel am Studium.

Als Lehrende beschäftigt mich die Frage, wie ich Studierende zum Umgang mit komplexen Wissensbeständen befähigen und sie in den Möglichkeiten, Welt zu betrachten, begleiten und unterstützen kann. Wie kann Lehre gestaltet werden, dass forschende Auseinandersetzungen mit den jeweiligen Gegenständen erweckt werden? Im Zuge der Auseinandersetzung mit diesen Fragen habe ich im Laufe meiner Lehrtätigkeiten den Ansatz der ›Biographischen Reflexivwerdung‹ entwickelt. Dieser verbindet Elemente der Biographiearbeit mit Elementen von Biographieforschung, gerahmt durch eine biographisch orientierte Didaktik mit dem Ziel, unterschiedliche Prozesse des Forschens und Reflektierens anzuregen.

In diesem Beitrag werde ich den Ansatz, die ihm vorausgehenden Überlegungen, die Einsatzweisen und einige Erfahrungen vorstellen. Dazu gehe ich einleitend auf (Be-)Deutungen von Studium und Wissen ein, welche den Ausgangspunkt der Überlegungen zur ›Biographischen Reflexivwerdung‹ bilden (Kapitel 2). Darauf bezugnehmend stelle ich die theoretischen Vorüberlegungen und Rahmungen des Ansatzes vor (Kapitel 3) sowie die Zielsetzungen und möglichen Einsatzweisen (Kapitel 4). Dabei ist der Ansatz nicht als didaktisches Konzept zu verstehen, welches zur Anwendung gebracht wird, sondern als ein Orientierungswissen in der Gestaltung von Lehr-Lern-Settings. Inwiefern dies als Möglichkeit der Gestaltung einer ›reflexiven Lehre‹ genutzt werden kann, skizziere ich im Ausblick (Kapitel 5).

Der Beitrag richtet sich gleichermaßen an Lehrende und Studierende. Das Sich-Zurückwenden und das eigene Denken zu beobachten, die eigenen Wahrnehmungen und Gedanken in ihrer Konstruktion von Welt zu hinterfragen sowie die Besinnung auf sich selbst können Lehrende als Anregung für die Gestaltung sowie die Reflexion von Lehre nutzen. Studierende können einzelne Aspekte daraus im Rahmen ihres Selbststudiums aufgreifen. Zugleich soll der Beitrag Ideen und Gedanken von Prozessen der Gestaltung von Lehre transparent machen, damit Studierende diese kritisch auf ihre ›Sinnhaftigkeit‹ hinterfragen können, als Voraussetzung für Lern- und Bildungsprozesse.[1]

## 2 Studieren und (Nicht-)Wissen

»Je mehr ich weiß, desto mehr weiß ich, dass ich nichts weiß« (Sokrates).

›Wissen‹ unterliegt einer steten Pluralisierung, Ausdifferenzierung und Veränderungsdynamik, worauf das Konzept der »Wissensgesellschaft« (Knorr-Cetina, 2002) verweist. Die unentwegte Generierung von Wissen führt dabei nicht unbedingt zu einem Mehr an Gewissheit. Vielmehr bedeutet ein Zuwachs an Wissen zugleich die Produktion von Nichtwissen und damit von Ungewissheit (Münch, 1991, S. 29 ff.) – ganz im Sinne des Eingangszitates von Sokrates. Neben dem Wissen als Wertschöpfung tritt das Nichtwissen als Risiko.

Was bedeutet dies nun für das Studium (der Erziehungswissenschaften)? Die komplexen Tätigkeiten in (pädagogischen) Berufsfeldern erfordern einen »breit angelegten Kenntniserwerb« – so wird dies in den Prüfungs- und Studienordnungen des Bachelor- und Masterstudienganges Erziehungswissenschaft[2] hervorgehoben. Dies kann mit dem Bedürfnis einhergehen, möglichst viel ›Wissen‹ durch das Studium zu ›erhalten‹, welches möglichst gezielt auf die Anforderungen der angestrebten Berufsfelder vorbereitet – im Sinne einer Handlungssicherheit durch Wissenszuwachs. Die in der Studien- und Prüfungsordnung hervorgehobenen Ziele des Studiums beziehen sich jedoch auf den Erwerb von Fähigkeiten des ›Verstehens‹, ›Analysierens‹, ›kritischen Überprüfens‹ und ›Entwickelns‹.[3] Im Studium geht es damit weniger um die Anhäufung von Wissen als um die Ausbildung eines kritischen und reflexiven Denkens. Dies beinhaltet, sich mit den Entstehungsbedingungen von Wissen auseinanderzusetzen und Wissen ›im Werden‹ zu begreifen – als etwas Offenes, Vorläufiges und vom Beobachtenden Abhängiges. Zugleich bedeutet dies, Wissen in seiner strukturellen Logik von Sinn- und

---

1 Die Bedeutung von Sinnhaftigkeit und Anschlussbildung wird besonders in konstruktivistisch-systemischen Lerntheorien hervorgehoben unter Bezugnahme auf neurowissenschaftliche Erkenntnisse. Demnach bilden sich Vernetzungen durch für den Menschen bedeutsame Erfahrungen aus (vgl. expl. Siebert, 2014, S. 58; Hüther, 2011).
2 Ordnungen des Fachbereichs Erziehungswissenschaften der Johann Wolfgang Goethe-Universität Frankfurt am Main für den Bachelor- und den Masterstudiengang Erziehungswissenschaft vom 26. Mai 2015, S. 6.
3 Das Studium soll der Studienordnung zufolge Studierende in die Lage versetzen »die sich verändernden Berufsfelder zu verstehen und zu analysieren«, »Situationen in diesen Feldern unter Anwendung wissenschaftlicher Theorien und Handlungskonzeptionen zu bewältigen« sowie »Berufsfelder kritisch und unter Berücksichtigung des gesellschaftlichen Bedarfs auf Entwicklungsmöglichkeiten zu überprüfen und Veränderungen in die Wege zu leiten« – auch hinsichtlich einer Verbesserung von »Verfahren zur Bewältigung von Problemen«.

Bedeutungsproduktion zu betrachten – als Wissensordnungen (Spinner, 1994). Mit den Worten von René Rüegg (2019) geht es um »die Kunst, richtig statt das Richtige zu denken«. Verfolgt man den Anspruch, »das Richtige« zu denken bzw. zu wissen, läuft man schnell Gefahr, Komplexität auszublenden und damit vorschnell Schlüsse zu ziehen. Das »Richtige« zu denken dient dann der Orientierung, wobei die Entscheidung darüber, was in der Flut an Wissensbeständen nun das »Richtige« ist, zugleich mit Unsicherheit und Überforderung einhergehen kann. Die damit verbundene Orientierungslosigkeit kann dazu führen, sich auf gewohnte oder bewährte Routinen im Handeln zu verlassen, ohne diese zu hinterfragen und begründen zu können.[4]

»Richtig zu denken« im Sinne eines kritisch-reflexiven Denkens bedeutet ein Wissen um Komplexität von Wissen und zugleich ein Wissen um die Gestalt der Komplexität als Ordnung. Durch das ›Verstehen‹ von Komplexität, Dezentrierung und Unergründlichkeit von Wissen entsteht ein Wissen um das Nichtwissen, als man begreift, dass es immer viele Antworten gibt und dass jede Antwort perspektivisch ist. Mit einer Zunahme dieser ›Kenntnis‹ tritt an die Stelle eines abstrakten Wissens um Komplexität ein Wissen über die Gestalt von Komplexität. Komplexität und Kontingenz werden (be-)greifbarer. In diesem Sinne ist der Zuwachs an (Nicht-)Wissen ein Erkenntnisprozess, der »auf ein neues Level des NichtWissen-Wissens« (Kade et al., 2011, S. 7) führt. So wird mit jedem Wissen ›über die Welt‹ zugleich ›in Welt‹ eingeführt (Höhne, 2004, S. 98). Anstelle einer Sicherheit durch Wissenszuwachs im Sinne eines Lernens von Verfügungswissen soll durch ein Studium (der Erziehungswissenschaften) Sicherheit durch Formen des Umgangs mit der Komplexität von Wissen, im Sinne der Ausbildung eines Orientierungswissens, erlangt werden. Dieses Orientierungswissen beschreibt die Dimension der »reflexiven lebensweltlichen Integration [von] Informationen in die Selbst- und Welthaltungen« im Sinne eines Bildungsprozesses (Marotzki & Jörissen, 2008, S. 51 f.).

Dabei ist es hilfreich, zwischen ›Formen des Wissens‹ zu differenzieren. Wissen lässt sich nach Orten der Wissenserzeugung, nach den Funktionen von Wissen, nach Gegenständen, auf die sich das jeweilige Wissen bezieht, nach Themenbereichen als Bezugspunkt von Wissen oder nach Geltungsbedingungen, unter denen Wissen Gültigkeit zugesprochen wird, unterscheiden (vgl. expl. Vogel, 2002). Grundsätzlich wird zumeist zwischen einem ›Alltagswissen‹ (auch als nichtwissenschaftliches oder praktisches Wissen bezeichnet) und einem ›wissenschaftlichen Wissen‹ (auch als theoretisches oder deklaratives Wissen beschrieben) unterschieden.[5] Neben dieser Unterscheidung ist im Kontext der Ausbil-

---

4 Sie kann auch dazu führen, algorithmischen Logiken digitaler Welten zu folgen, indem bei Fragen oder Entscheidungen Programme und Portale befragt werden, die nach den Logiken des Messens, Kategorisierens und Analogisierens Ergebnisse produzieren (vgl. Nassehi, 2019).

5 Als Alltagswissen werden persönliche Erfahrungen, subjektives Erleben, Intuitionen, Hören-Sagen usw. beschreiben. Das Wissen basiert auf zufälligen und selektiven Beobachtungen auf Grundlage eigener Vorerfahrungen, Befindlichkeiten, Wünsche, Gruppendynamiken u. v. m. Begriffliche Verwendungen sind bedeutungsoffen (Umgangssprache) und das Wissen dient zumeist der konkreten Situationsbewältigung. Als wissenschaftli-

dung eines Orientierungswissens das ›biographische Wissen‹ (Dausien & Hanses, 2017) als Heuristik bedeutsam. Biographisches Wissen als »sinnhafte Verarbeitung von Handlungen und Erlebnissen zu Erfahrungen und Bedeutungszusammenhängen« (Hof, 2020, S. 104) fungiert als Orientierung ›in Welt‹. Es schließt implizite wie auch explizite[6] Dimensionen des Wissens ein und wird prozesshaft und dynamisch hervorgebracht. Biographisches Wissen verweist sowohl auf die Vergangenheit, welche durch das biographische Wissen strukturiert und geordnet wird, sowie auf die Zukunft, in der das biographische Wissen der Planung dient (vgl. Lüsebrink, Messmer & Volkmann, 2014, S. 25). Praktiken des Studierens sind gewissermaßen durchzogen von biographischem Wissen. Der Ansatz der Biographischen Reflexivwerdung regt eine forschende Auseinandersetzung mit (dem eigenen) biographischen Wissen an, um ein Orientierungs*wissen* als Grundlage professionellen Handelns auszubilden.

## 3 Biographische Reflexivwerdung – Grundlagen und theoretische Bezüge

Der Ansatz der Biographischen Reflexivwerdung setzt an dem Anspruch an, Studierende bei der Ausbildung eines Orientierungswissens, eines kritischen Denkens und (selbst-)reflexiven Handelns zu begleiten. Der Ansatz basiert auf folgenden Thesen:

- Pädagogischem Handeln liegen Annahmen, Normen und Konzepte zugrunde. Diese zu reflektieren und immer wieder aufs Neue zu hinterfragen, ist zentraler Bestandteil professionellen Handelns.
- Dafür bedarf es einer forschenden Haltung, welche das Selbst (Selbstreflexion) ebenso umfasst wie die Felder und Aufgaben der pädagogischen Arbeit, die Adressat*innen pädagogischen Handelns sowie die strukturellen Rahmungen, in denen sich pädagogisches Handeln vollzieht.
- Theoretisches Wissen eröffnet Möglichkeiten des Denkens, woraus sich alternative Bewertungs- und Handlungsmöglichkeiten ableiten lassen.

Studieren lässt sich im Anschluss an diese Thesen als Verbindung der Dimensionen von Selbstbeobachtung, Beobachtung von Wissenschaft und Betreiben von

---

ches Wissen hingegen werden Wissensbestände, die nach bestimmten Gütekriterien systematisch gewonnen wurden und als ein ›vorläufig bewährtes Wissen‹ gelten, beschrieben. Begriffe werden bestimmt und das Wissen wird in seiner Reichweite reflektiert (vgl. expl. Bardmann, 2015, S. 25 f.).

6 Die Unterscheidung zwischen implizitem und explizitem Wissen verweist auf die ›Bewusstheit‹ und ›Verfügbarkeit‹ und damit auf auch auf die Verbalisierbarkeit von Wissen.

Wissenschaft bezeichnen. Während die Selbstbeobachtung den Fokus auf Annahmen und Erwartungen, dem Gewordensein und Werden lenkt (dem biographischen Wissen) und diese zum Ausgangspunkt kritischer Selbstbeobachtung der eigenen Praktiken (des Studierens oder pädagogischen Handelns) nimmt, fokussiert die Beobachtung von Wissenschaft das disziplinäre Feld in seinen Logiken von Wissensproduktion. Das Betreiben von Wissenschaft verbindet diese Dimensionen in der Auseinandersetzung mit Wissen(-sproduktion) als stetigen Prozess von Rekonstruktion, Dekonstruktion und Konstruktion von Wissen (Neubert, Reich & Voß, 2001). Dabei ist das Betreiben von Wissenschaft nicht unter der Prämisse der Generierung neuer Erkenntnisse für Wissenschaft gedacht, sondern als Erkenntnis ›von sich in Welt(-hervorbringung)‹.

> »Jedes Mal, wenn [ein Individuum] eine Entdeckung macht, ist es originell, auch wenn tausende von Personen bereits ähnliche Entdeckungen gemacht haben. Der Wert einer Entdeckung im geistigen Leben eines Individuums ist der Beitrag, der sie zu einem kreativen, aktiven Geist macht; er hängt nicht davon ab, dass niemand jemals zuvor an dieselbe Idee gedacht hat« (Dewey, 1988, S. 12, übersetzt durch Neubert, Reich & Voß, 2001).

Im Anschluss an dieses Verständnis des Studierens steht bei dem Ansatz der Biographischen Reflexivwerdung die forschende Auseinandersetzung mit Wissen(-sproduktion) im Zentrum mit dem Ziel der Ausbildung einer ›reflexiven-forschenden Haltung‹. Diese umfasst:

- *Kritisches Denken* im Sinne des Hinterfragens von Entstehungsbedingungen von Wissen;
- *Denken in Möglichkeiten* im Sinne der Produktion von Komplexität durch Einbeziehung unterschiedlicher Perspektiven (Lesarten);
- *Erwägen von Alternativen* im Sinne der Reduktion von Komplexität durch erwägungsorientierte Entscheidungen (vgl. Blanck, 2012; 2019)[7];
- *Beobachtendenposition* im Sinne des Einnehmens einer Meta-Position als Grundlage für (Selbst-)Reflexion.

Eine ›reflexiv-forschende Haltung‹ verbindet damit Aspekte von ›Forschungspraxis‹ als ›Medium für Reflexion‹ mit der Fähigkeit, diese durch eine ›Haltung‹ als Selbstverständnis und Positionierung bewusst einzunehmen (vgl. Schlömerkemper, 2006, S. 8; Schütze, 1994).[8] Diese Haltung entspricht einer Haltung des Nichtwissens einhergehend mit der Neugierde, ›Neues‹ zu entdecken sowie Phä-

---

7 Unter Bezugnahme auf das philosophische Konzept der Erwägung, initiierte die »Forschungsgruppe Erwägungskultur Paderborn« ein inzwischen vielfach aufgegriffenes und für Forschung, Lehre und Praxis weiterentwickeltes Konzept der Erwägungsorientierung. Im Zentrum steht die Frage nach einem kulturwissenschaftlichen Umgang mit Vielfalt. Erwägungsorientiertes Entscheiden bedeutet Möglichkeiten und Alternativen einzubeziehen, auszuloten und die Entscheidung im Kontext der ausgeschlossenen Alternativen zu begründen (vgl. Blanck, 2012, 2019; Schmidt, 2013).
8 Schütze (1994) spricht von einer »ethnographischen Haltung« und bezeichnet damit die »ethnographische Perspektive« als eine »systematische Haltung gegenüber der sozialen Realität«.

nomene, Gegenstände und Praktiken in ihren Logiken und in ihren Effekten verstehen und deuten zu können. ›Verstehen‹ wird hierbei im Anschluss an Pierre Bourdieu (1993) als standortgebunden und perspektivisch gedacht. Im Sinne eines ›reflexiven Verstehens‹ (vgl. Friebertshäuser, 2006) werden die eigenen Vorannahmen, die Denk-, Wahrnehmungs-, Bewertungs- und Handlungsmuster hinsichtlich ihrer spezifischen Form der Welterfassung zu berücksichtigen gesucht. Reflexives Verstehen umfasst damit Beobachtungen auf unterschiedlichen Abstraktionsniveaus. Die Einbeziehung der eigenen Standortgebundenheit im Zuge von Beobachtung schließt die Ebene der Beobachtung von Beobachtungen ein. Hier liegt m. E. nach das Potenzial, Erfahrungen im Kontext von Biographien reflexiv zu deuten. Dies beinhaltet die Einbeziehung von zeitlichen Strukturen (Vergangenheit und Zukunft), die Bezugnahme auf strukturelle Kontexte sowie die Berücksichtigung dynamischer Prozesse von Umdeutung durch Reflexion. Biographien sind einzigartige Geschichten eines Subjekts, die interaktiv hervorgebracht werden und in soziale Welten eingebunden sind, auf die sie verweisen und die sie reproduzieren. »Sie verbinden in einem dialektischen Sinn individuelle und kollektive Erfahrungs- und Deutungsstrukturen, subjektive und objektivierte, d. h. in institutionellen und historisch-gesellschaftlichen Bedingungen ›verfestigte‹ soziale Strukturen« (Dausien, Rothe & Schwendowius, 2016, S. 29). Damit verweisen Biographien auch auf soziale Positionierungen von Akteur*innen, auf gesellschaftliche Zusammenhänge und auf die ihnen zugrundeliegenden Regeln und Normen.

Über die Analyse von biographischen Erzählungen oder Beschreibungen lassen sich Aussagen über Deutungen und Bedeutungszuschreibungen von Akteur*innen, über biographisches Wissen (Erfahrungsmuster) sowie über soziale, institutionelle und gesellschaftliche Bedingungen als Kontexte, in die Erfahrungen eingebettet sind, rekonstruieren. Ausgehend von der analytischen Auseinandersetzung mit dem eigenen biographischen Wissen als implizites dominantes Wissen (Lüsebrink, Messmer & Volkmann, 2014, S. 25) können Voreinstellungen – die »Bias« und »Doxa« (Bourdieu 1993) – in den Blick geraten. So können Studierende über die Beschäftigung mit der eigenen Biographie als »subjektive und bedeutungsstrukturierte Konstruktionen des individuellen Lebens« (Miethe, 2011, S. 21) einen Zugang zu den eigenen Formen des Denkens, Wahrnehmens, Bewertens und Handelns erhalten, aus denen die jeweiligen Praktiken des Studierens hervorgehen. Eine analytische Auseinandersetzung mit (der eigenen) Biographie im Sinne der Beobachtung von (eigenen) (Re-)Konstruktionsprozessen von Welt kann Um- und Neudeutungen anregen. Der Begriff ›Reflexivwerdung‹ verweist auf den Prozess der Ausbildung einer reflexiv-forschenden Haltung.

Wie genau über die Verbindung von biographischen Dimensionen Reflexionsprozesse im Sinne der Ausbildung einer reflexiv-forschenden Haltung angeregt werden können, wird im Folgenden anhand der Vorstellung von möglichen Einsatzweisen des Ansatzes in der Hochschullehre vorgestellt.

## 4 Biographische Reflexivwerdung – Einsatzweisen in der Lehre

Der Ansatz der Biographischen Reflexivwerdung umfasst sechs Dimensionen, die mit unterschiedlichen Zielsetzungen für die Studierenden verbunden sind. Die Dimensionen sind in verschiedenem Umfang einsetzbar. Sie bauen teilweise aufeinander auf, sind jedoch auch in Bezugnahme auf die inhaltliche Ausrichtung und modulare Verankerung der jeweiligen Lehrveranstaltung in unterschiedlichen Kombinationen einsetzbar.

1. Interesse und Neugierde wecken unter dem Aspekt von *Anschlussbildung*;
2. *Biographische Analyse* in Form einer Auseinandersetzung mit der eigenen Biographie auf die jeweiligen Seminarinhalte bezogen und den damit verbundenen Annahmen, Bewertungen und Erwartungen;
3. Auseinandersetzung mit den eigenen Praktiken des Studierens und Lernens und den damit verbundenen Annahmen, Bewertungen und Erwartungen als *gegenwärtige Selbstbeobachtung*;
4. Rekonstruktionen von Wirklichkeitskonstruktionen und deren Neubetrachtung als Möglichkeitskonstruktionen durch *Perspektivwechsel*;
5. *Perspektivenvielfalt* in Form des Nachvollziehens von theoretischen Perspektiven und deren Auslotung in ihren Grenzen möglicher Erkenntnis;
6. *Verstehen von Komplexität* durch Annahme von Dissens und das Treffen von erwägungsorientierten Entscheidungen

Im Folgenden stelle ich die sechs Dimensionen des Ansatzes in ihren Zielsetzungen und Einsatzweisen vor und veranschauliche diese anhand einiger Einblicke in eine meiner Lehrveranstaltungen zu dem Thema »Disziplin(-ieren) und Strafen im Kontext von Erziehung«.

### Anschlussbildung

Studierende haben bezogen auf ihr Studium unterschiedliche Vorstellungen, Erwartungen und Ziele. Sie kommen mit konkreten Fragen oder mit gesammelten Erfahrungen in Lehrveranstaltungen. Im Rahmen einer Lehrveranstaltung zu dem Thema »Disziplin(-ieren) und Strafe(n)« stellten sich im Kontext dieser Wissensbestände folgende Fragen: Wie strafe ich pädagogisch sinnvoll? Wie verhalte ich mich als Pädagog*in, wenn sich Kinder streiten und sich nicht an Regeln halten? Wie agiere ich als Lehrer*in, wenn ein Schüler oder eine Schülerin den Unterricht stört? Die Erfahrungen bezogen sich auf den Einsatz von ›Timeout-Maßnahmen‹ oder ›Belohnungssysteme‹ in unterschiedlichen pädagogischen Einrichtungen.

Unter dem Fokus von Anschlussbildung beim Lernen lassen sich diese Fragen und Erfahrungen der Studierenden als ›Brücken‹ für Bedeutsamkeit nutzen (vgl. expl. Siebert, 2014, S. 58; Hüther, 2011). Die jeweiligen Beweggründe der Fragen und der Bedeutungszumessung einer möglichen Antwort lassen sich über eine Verschriftlichung der Fragen sowie eine Verschriftlichung von Erfahrungen zu den Themen der Lehrveranstaltung ergründen. Weshalb interessiere ich mich (nicht) für die Inhalte des Seminars? Dies zu explizieren kann zum einen Interesse wecken und zum anderen als Ausgangspunkt genutzt werden, (eigene) Formen des Lernens und Studierens forschend zu erkunden (vgl. expl. Miethe, 2011, S. 26 f.; Reich, 2008). Im Anschluss an Gedächtnisforschungen (Schacter, 1999) lassen sich die auf Basis von Erfahrungen gebildeten Einstellungen und Annahmen als »biographische Brillen« charakterisieren, mit denen Welt erfasst und Wirklichkeit produziert wird. Sie zugleich als »kulturelles Gedächtnis« (Assmann, 1992) zu betrachten, verweist auf die soziale Konstruktion von Wissen, bei dem Wissen immer an ein vorheriges Wissen anschließt (vgl. Höhne, 2004, S. 99).

## Biographische Analyse

In Form eines Arbeitsblattes mit seminarthemenbezogenen offenen Fragen wird ein biographischer Rückblick angeregt. Die Seminarteilnehmer*innen werden aufgefordert, die Fragen innerhalb der ersten zwei Semesterwochen zu bearbeiten. Ausgehend von den Fragen sollen sich die Studierenden gedanklich in unterschiedliche Abschnitte ihres Lebens zurückversetzen. In meiner Lehrveranstaltung zu dem Thema »Disziplin(-ieren) und Strafen« waren dies u. a. folgende Fragen: Wie bin ich erzogen worden und welche Rolle haben Strafen dabei gespielt? Was verbinde ich mit dem Thema Strafe und Disziplin? Wie erziehe ich selbst als Mutter, Vater oder Pädagog*in? An welche Strafsituation kann ich mich noch besonders gut erinnern und wie erging es mir dabei? In der Auseinandersetzung mit den Fragen sollen Situationen und Erlebnisse in Form von »dichten Beschreibungen« (Geertz, 1983)[9] verschriftlicht werden. Dabei gilt es darauf hinzuweisen, dass ausschließlich Situationen beschrieben werden, die in anonymisierter Form als empirisches Material im Rahmen der Lehrveranstaltung analysiert werden dürfen.

Dies schließt an die Ansätze von Biographiearbeit »als strukturierte Form der Selbstreflexion in einem professionellen Setting« an (Miethe, 2011, S. 24; vgl. auch: Gudjons, Wagener-Gudjons & Pieper, 2020).[10] In der Biographiearbeit geht es um ein reflexives Verstehen des »Eigen-Sinns« (anhand) biographischer Äußerungen (vgl. Miethe, 2011, S. 21). Durch die Auseinandersetzung mit der Vergan-

---

9 Im Anschluss an die Methode der »dichten Beschreibung« (Geertz, 1983) werden die Studierenden aufgefordert, die Situationen möglichst so zu beschreiben, dass sich diese vor dem ›inneren Auge‹ der Lesenden abspielen und sie die Situation nachvollziehen können.
10 In der Biographiearbeit dienen die Auseinandersetzungen mit dem eigenen Gewordensein dazu, Herausforderungen oder Krisen zu bewältigen. Auch in der politischen Bildung wird die Biographiearbeit im Verstehen und Durchschauen gesellschaftlich-politischer Prozesse eingesetzt mit dem Ziel der Förderung eigener politischer Handlungsfähigkeit (vgl. Gudjons, Wagener-Gudjons & Pieper, 2020, S. 14 ff.).

genheit und dem eigenen Gewordensein soll die Gegenwart und das gegenwärtige Sein verstehend nachvollzogen, Perspektiven eröffnet sowie Handlungspotenziale erweitert werden (ebd., S. 24). Über die Verschriftlichungen lassen sich Fragen generieren, die zum Ausgangspunkt von forschenden Erkundungen im Seminar genutzt werden können. Dabei verbindet der Ansatz Elemente von Biographiearbeit mit Elementen von Biographieforschung[11], indem die biographischen Beschreibungen der Studierenden zum Ausgangspunkt forschender Erkundungen werden. Im Zuge der analytischen Auseinandersetzungen – bspw. im Anschluss an Theodor Schulzes methodisches Verfahren einer reflexiven Hermeneutik (2013) – lässt sich implizites Wissen explizieren.

Zudem kann über die Zusammenstellung der schriftlichen Dokumente zu einem Datenkorpus biographischer Erfahrungen mit Hilfe von Systematisierungen in die Komplexität von Themen eingeführt werden. Strafe als logische Konsequenz, als Gewalt, als Erziehung, als historisches Relikt, als Instrument von Macht, u. v. m. sind einige der Betrachtungen, die sich in den Beschreibungen der Studierenden wiederfinden. Im Zuge eines Blickes durch die ›biographischen Brillen‹ der Studierenden erhalten die Gegenstände der Lehrveranstaltung eine spezifische Gestalt. Dies verweist zum einen auf das jeweilige Wissen der Studierenden (individuelle Deutungen), des Weiteren auf die Komplexität an Wissen (Summe der Deutungsmöglichkeiten) sowie auf die (Re-)Konstruktion von Wissen (als Frage nach der Entstehung von Sinn und Bedeutung sowie der Bezugnahme und Beziehungen von Deutungen). Wissen als relationales, transformatorisches Gefüge zu betrachten eröffnet alternative Deutungsmöglichkeiten. Zugleich lassen sich soziale und historische Konstitutionsbedingungen von Wissen in den Blick nehmen und Effekte aufzeigen, die durch Komplexitätsreduktion (im Sinne des Einnehmens einer spezifischen Perspektive, der »biographische Brille«) entstehen. Während das Phänomen Strafe durch ›eine Brille‹ (im Sinne einer der biographischen Beschreibungen) eine spezifische Gestalt erfährt, erhält es durch die Einbeziehung ›unterschiedlicher Brillen‹ Möglichkeiten der Gestaltbarkeit durch Perspektivität im Sinne eines Metawissens über das (eigene) Wissen.

## Gegenwärtige Selbstbeobachtung

Neben dem Fokus auf die Inhalte der Lehrveranstaltung kann im Rahmen der biographischen Analysen auch das eigene Lernen im Kontext von biographischen Erfahrungen in den Blick genommen werden (vgl. Alheit & Dausien, 2005, S. 29). Durch die Auseinandersetzung mit (schulischen) Lernerfahrungen lassen sich gegenwärtige Lernprozesse, die eigenen Praktiken des Studierens und damit einhergehende Annahmen explizieren und reflektieren. Was wird als Zumutung, als Belastung, als Bereicherung und Erfüllung empfunden? Was macht aus welchem Grund Freude, was bereitet Ängste? Sich als Lernende aus einer Metaposi-

---

11 Als ein wissenschaftlicher Ansatz des Lernens aus (Lebens-)Geschichte(n) (Baacke & Schulze, 1993; ein Überblick findet sich bei Krüger & Marotzki, 2006).

tion zu betrachten hilft dabei, die eigenen Ressourcen und Stärken zu ergründen sowie Vorurteilen, Widerständen oder Blockaden nachzuspüren. Im Seminar kann dazu angeregt werden, Formen des Lernens zu erproben und die Erkenntnisse zu dokumentieren. Das Führen eines Forschungstagebuches oder eines studienbegleitenden Portfolios kann diesen Prozess unterstützen (vgl. Richter & Friebertshäuser in diesem Band).

Die Reflexionen der Praktiken des Studierens können auch im Rahmen von Gruppenarbeiten als analytische Auseinandersetzung mit dem eigenen Feld bearbeitet werden. Der analytische Blick auf Andere im eigenen Feld (auf Kommiliton*innen und Dozierende) kann wie ein Spiegel den Blick auf eigene Denk- und Verhaltensmuster lenken. Indem Studierende die Bereiche, in denen sie sich bewegen, forschend in den Blick nehmen,[12] können sie hierzu ein kritisches Bewusstsein ausbilden und eigenes Verhalten dementsprechend hinterfragen, verändern und darüber das eigene Praktizieren weiterentwickeln – eine Grundfähigkeit professionellen Handelns (vgl. Richter & Friebertshäuser, 2019).

## Perspektivwechsel

Ziel von Perspektivwechseln ist es, Studierende dazu zu befähigen, das eigene Denken, die Felder, in denen sie sich bewegen, und das eigene Handeln reflexiv zu machen und zu analysieren, um über ein Denken in Möglichkeiten zu alternativen Deutungs- und Handlungsstrategien zu gelangen. Was sind eigene Vorannahmen und Selbstverständnisse und welche Wirklichkeiten (bspw. Produktion von Differenz) gehen mit ihnen einher? Der Fokus der analytischen Auseinandersetzungen liegt auf den »verschlungenen Pfaden biografischer Ordnungsbildung« (Marotzki, 2006, S. 113). Im Zentrum steht die Frage, *wie* etwas beschrieben wird und wie es zu der spezifischen Beschreibung kommt (vgl. Foucault, 1981, S. 42). Die »Rekonstruktion der Konstruktionsprozesse ›ersten Grades‹ sowie der Bedingungen, unter denen diese stattfinden, ausbleiben und sich ggf. verändern« (Dausien, 2000, S. 97), ist Gegenstand der Analysen mit dem Ziel, die Dominanz von ›biographischen Brillen‹, die jeweiligen Denk-, Wahrnehmungs- und Bewertungsmuster zu irritieren und zu erweitern.

Da Reflexion der Kommunikation bedarf, werden die Studierenden dazu aufgefordert, sich in Kleingruppen[13] zusammenzufinden und sich für ein bis zwei biographische Beschreibungen aus dem Datenkorpus[14] zu entscheiden. Die darin

---

12 Ethnographie als Forschungsstrategie eignet sich, um das Feld Hochschule, die eigene Fachkultur sowie Praktiken des Studierens forschend zu erkunden (vgl. Breidenstein et al., 2013).
13 Ich rege dazu an, dass sich Studierende in Kleingruppen zusammenfinden, die sich bisher noch nicht kennen. Dies hat folgende Gründe: (1) kollektive Wissensbestände durch geteilte Erfahrungen erscheinen häufig nicht mehr ›der Rede wert‹, was spezifische Kommunikationsmuster hervorbringt; (2) in ›engen Beziehungen‹ finden sich häufig ähnliche ›Betrachtungen von Welt‹, welche zugleich eine verbindende Bedeutung erhalten (siehe dazu auch Dimension 6).
14 Die biographischen Beschreibungen der Studierenden werden in anonymisierter Form als empirischer Datenkorpus den Seminarteilnehmer*innen zur Verfügung gestellt. Die

zumeist dominierenden Sichtweisen der Autor*innen sollen expliziert werden, um daran anschließend alternative Deutungen und Szenarien zu entwickeln. Der Prozess der Entwicklung von möglichst unterschiedlichen Lesarten wird durch das Stellen von »W-Fragen« unterstützt (vgl. Strauss & Corbin, 1996, S. 57 ff.; Böhm, 2013, S. 477 f.).[15]

Eine bemerkenswerte Beobachtung bei den biographischen Beschreibungen der Studierenden zu dem Thema Strafen war, dass die in den Beschreibungen zumeist dominierende Erwachsenenperspektive selbst dann reproduziert wird, wenn sich die Beschreibung auf ein Erlebnis des Bestraftwerdens aus der Kindheit bezieht. Scheinbar haben die Studierenden die Deutungen der Erwachsenen für sich übernommen. Sie beschreiben sich selbst als ›bockiges‹, ›anstrengendes‹ oder ›trödelndes‹ Kind. Erst auf Nachfrage und im Zuge der gemeinsamen Diskussion thematisieren sie die Frustrationen über diese Zuschreibungen und die damit einhergehenden Strafen.

Eine weitere interessante Beobachtung war, dass sich die Dominanz der Erwachsenenperspektive in den Analysen der Gruppen fortsetzte. Auch hier werden in den entwickelten Lesarten Verhaltensweisen von Kindern als ›trödeln‹, ›streiten‹ oder ›disziplinlos‹ beschrieben. Anhand einer gemeinsamen Betrachtung der Analysen der Gruppen im Plenum aus einer Beobachtendenposition (als analytische Perspektive auf die Analysen) zeigte sich dieser Effekt, an dem zugleich verdeutlicht werden kann, dass auch durch Forschungen ›Wirklichkeiten‹ produziert werden. Die Sensibilisierung für die Hervorbringung von Wissen durch Beobachtung und die Beobachtendenabhängigkeit hervorgebrachten Wissens kann so über den Ansatz der Biographischen Reflexivwerdung angeregt werden.

Über das Hineinversetzen in kindliche Perspektiven und das Formulieren von Fragen ließen sich in einem weiteren Schritt alternative Deutungen entwickeln. Was genau tun Kinder, wenn sie sich streiten, bockig sind, sich nicht an Regeln halten oder den Unterricht stören? Was genau wird vor welchem Hintergrund für wen zu einem Problem? Was könnte in dem Kind vor sich gehen? Dies führte zu anderen Lesarten und Formen der Beschreibung, woran sich die Bedeutung von Begriffen und Formen des Sprechens veranschaulichen lässt. Die Deutung ›Unterrichtsstörung‹ oder ›schwierige Schüler*innen‹ geht mit anderen Bewertungen und Handlungen einher als die Deutung ›Konfliktsituation‹ aufgrund von Kontexten und/oder unterschiedlichen Bedürfnissen. Während Störungen und Schwierigkeiten meist zu beseitigen gesucht werden, werden Konflikte in der Regel zu klären gesucht. *Beseitigungen* provozieren ein machtvolles Durchsetzen,[16] was im Rahmen der machtvollen Beziehung zwischen Erwachsenen und Kindern, zwischen Lehrkräften und Schüler*innen Widerstand produzieren kann.

---

Autor*innen der Beschreibungen bleiben anonym und kommen so nicht in die Rolle einer möglichen Verteidigung. Zudem erhalten sie die Möglichkeit, einen forschenden Blick auf das eigene Erleben einzunehmen (im Sinne einer Selbstbeobachtung aus einer Metaposition).

15 Man kann diese Methode gut in Seminaren nutzen, in denen Studierende in qualitative Forschungen eingeführt werden. Die Entwicklung einer Forschungsfrage anhand der Daten und die Einführung in unterschiedliche analytische Strategien qualitativer Forschung lassen sich an den Fällen erproben.

*Klärungen* hingegen bedürfen der Kommunikation und Kooperation, wofür im Kontext institutioneller Rahmungen entsprechende Bedingungen geschaffen werden müssen. Die jeweiligen Formen des Sprechens (Störung vs. Konflikt) begründen folglich auch das jeweilige Handeln. Während eine Unterrichtsstörung machtvoll beseitigt werden *muss* (zum Schutz von Unterricht),[17] bedarf ein Konflikt der Verständigung. Möglichkeiten und Grenzen durch institutionelle Kontexte gilt es hier ebenfalls kritisch einzubeziehen. Die Analyse von Formen des Sprechens, der Bedeutung eines Wortes im Gebrauch der Sprache (Wittgenstein, 2001, S. 43), sensibilisiert dafür, wie durch Sprache Wirklichkeiten und damit Formen von Bewertungen und Handlungen (re)produziert werden.

Über die unterschiedlichen Ebenen der Auseinandersetzung mit den biographischen Erfahrungen als »dichte Beschreibungen« (Geertz, 1983) lässt sich die Bedeutung der Reflexion des wissenschaftlichen (Be-)Schreibens, der wissenschaftlichen Praxis der Erkenntnisgewinnung sowie der damit verbundenen Bedeutungsproduktion veranschaulichen.

## Perspektivenvielfalt

Gezielte gegenstandsbezogene theoretische Perspektiven und Positionen regen zusätzlich Prozesse von Perspektivwechseln im Sinne eines Denkens in Möglichkeiten und Alternativen an. Beschreibungen von kindlichem Verhalten können mit Hilfe theoretischer Konzepte von Normalisierung, Etikettierung und Stigmatisierung[18] im Hinblick auf die damit einhergehenden Zuschreibungen und Bezugsnormen dekonstruiert werden. Norm- und Differenzproduktionen in ihren möglichen Effekten können so analytisch in den Blick genommen werden. Als ›Brillen‹ im Sinne von Strukturierungs-, Seh- und Analyse-Instrumente (vgl. Lindemann, 2008, S. 114) ermöglichen Theorien so neue An- und Einsichten.

Vorstellungen von Unterricht, Schule, kindlichem Verhalten und angemessenen Sanktionen lassen sich durch die Hinzunahme von kindheitstheoretischen oder peerkulturtheoretischen Perspektiven (bspw. im Anschluss an die Lektüren von Hans Oswald, 2008) in Frage stellen. Zugleich können fachkulturelle Perspektiven auf Gegenstände expliziert werden, als Formen von Wissen(-schaft)[19] und in ihren fallbezogenen Möglichkeiten und Grenzen von Erkenntnis ausgelotet werden.

---

16 Macht im Anschluss an Max Weber bedeutet, »jede Chance, innerhalb einer sozialen Beziehung den eigenen Willen auch gegen Widerstreben durchzusetzen, gleichviel worauf diese Chance beruht« (Weber, 1985, S. 28).
17 An dieser Logik schließen Konzepte wie bspw. der ›Pädagogische Trainingsraum‹ an (vgl. Balke, 2003; Bründel & Simon, 2005).
18 Im Anschluss an Erving Goffman (1967), Howard S. Becker (1981) oder Jürgen Link (1999).
19 Auch bei der Auseinandersetzung mit Theorien ist ein biographischer Zugang möglich, indem die Biographien der Autor*innen theoretischer Ansätze einbezogen werden. Die Themen und Fragen, die Wissenschaftler*innen in ihren Forschungen beschäftigen, weisen häufig vielfältige biographische Bezüge auf, bspw. bei Pierre Bourdieu oder Michel Foucault.

Durch die Erfahrung, unterschiedliche Perspektiven einzunehmen, zeigen sich Phänomene in einer sich stetig wandelnden Gestalt, wodurch die Fragen nach dem, ›was ist etwas/jemand?‹ und ›warum ist es/er/sie so?‹, an Bedeutung verlieren. Ins Zentrum rückt die Frage, ›wie und unter *welchen* Bedingungen etwas entsteht bzw. jemand etwas tut‹. Verhaltensweisen als Eigenschaften von ›bockigen‹, ›schwierigen‹ oder ›disziplinlosen Kindern‹ werden zu kontextbezogenen Zuschreibungen von Verhalten. Der normative Bezugskontext eines andauernden Stillsitzens und Schweigens würden außerhalb des schulischen Kontextes womöglich irritieren und als nicht kindgerechtes ›auffälliges Verhalten‹ pathologisiert.

## Verstehen von Komplexität

Der Wechsel von der Suche nach ›eindeutigen Antworten‹ hin zu einem Umgang mit ›vieldeutigen Antwortmöglichkeiten‹ lässt sich anhand der Reflexion der Gruppenprozesse didaktisch aufgreifen. Im Fokus steht dabei die Sensibilisierung für Perspektivität und Dissens als Ressourcen. Anhand exemplarischer Sequenzen der von den Studierenden analysierten Beschreibungen berichten die Gruppen im Rückblick, wie sie zu den jeweiligen Lesarten gekommen sind, die sie dem Plenum präsentiert haben. Welche Deutungen haben sich aus welchem Grund durchgesetzt und welche erschienen der Ergebnispräsentation (un)würdig?[20] Zumeist beschreiben die Gruppen, dass sie sich schnell einig waren, und deuten dies als ›Eindeutigkeit des Falles‹, als Indiz von ›Validität‹. Sie hätten zwar einige der Lesarten, die im Anschluss an ihre Präsentation vom Plenum eingebracht wurden, ebenfalls andiskutiert, sie dann aber schnell wieder verworfen, da sie im Vergleich zu einer anderen Lesart als unwahrscheinlich und unbedeutend erachtet wurden. Anhand der Schilderungen zeigt sich, dass es in den Gruppen zumeist wichtig ist, ›gleicher Meinung‹ zu sein, und dass Dissens als störend empfunden wird. Auf diesen Umstand machen auch unterschiedliche Studien aufmerksam, wonach gleicher Meinung zu sein als angenehm und stimmig erlebt und mit Sympathien verbunden wird und Dissens ein Gefühl von Ablehnung und Kritik hervorrufe (vgl. Klocke & Mojzisch, 2012, S. 492). Petra Korte zufolge ist dies im Kontext pädagogischer Fachkulturen besonders zu reflektieren, da das Handeln hier zumeist an einem »kommunikativen Harmoniemodell« ausgerichtet sei und Dissens in der Gruppendynamik als Gefährdung von Gruppenkonsens interpretiert werde (Korte, 2003, S. 146). Auch wenn Konsens unter pragmatischen Gesichtspunkten vorteilhaft erscheint (im Sinne von schnellen Arbeitsprozessen und Ergebnissen), verbirgt sich hinter der damit einhergehenden Komplexitätsreduktion das Risiko von Zuschreibungen und ›blinden Flecken‹

---

20 Die Dimension des Umgangs mit Komplexität lässt sich im Ansatz der Biographischen Reflexivwerdung methodisch bereits in der Dimension 4 »Perspektivwechsel« anlegen, indem einer Person aus der Gruppe die Rolle eines/einer Beobachter*in zugesprochen wird mit dem Fokus, den analytischen Diskussionsprozess der Gruppe zu beobachten. Wie werden Lesarten verhandelt und wie wird argumentiert?

pädagogischen Handelns.[21] Dissens ist demnach eine wichtige Ressource für Verständigung. Er fordert dazu auf, ›genau hinzusehen‹ entsprechend des wissenschaftlichen Prinzips des Zweifels, bei dem die Suche nach Erkenntnis sich über die Prüfung der Gegenthese zu einer Hypothese vollzieht. Differenz und Dissens regen Prozesse eines Denkens in Möglichkeiten und Alternativen an und können zum Motor für wissenschaftliche Erkenntnisse werden.[22]

Bezugnehmend auf den philosophischen Ansatz der ›Erwägung‹ haben Bettina Blanck und Christiane Schmidt unterschiedliche Konzepte eines erwägungsorientierten Umgangs mit Vielfalt und Alternativen in Entscheidungszusammenhängen entwickelt (vgl. Blanck, 2019; Schmidt, 2013).[23] Eine erwägungsorientierte Entscheidung zeichnet sich dadurch aus, dass möglichst umfassend Perspektiven und Positionen als Möglichkeiten einbezogen werden und die so erwogenen Alternativen als Begründungsbezug der jeweiligen Entscheidung dienen (Blanck, 2019, S. 35, 39; Blanck, 2014, S. 164 f.). Das Wissen um Nicht-Wissen hilft dabei, sich nicht vorschnell von Vorschlägen und Lösungen überwältigen zu lassen (ebd., S. 35). Vielmehr geht es mit den Worten von Jörg Schlömerkemper (2006, S. 8) darum, »sich mit ›Empathie‹ auf die möglicherweise abweichende Sichtweise anderer einzulassen, sie als solche akzeptieren zu können und zu verstehen, wie es zu dieser Differenz kommt«.[24] Das Einnehmen einer ›(nach)fragenden Haltung des Nichtwissens‹ anstelle einer ›(besser)wissenden Haltung‹ fördert eine Kommunikationskultur des ›Verstehens‹ anstelle einer des ›Bewertens‹.

# 5 Biographische Reflexionen als Lehrende

Der Ansatz der Biographischen Reflexivwerdung verfolgt das Ziel, durch Perspektivwechsel und das Einnehmen einer Metaposition als (Selbst-)Beobachtungsposition ein Denken in Möglichkeiten und Alternativen anzuregen und da-

---

21 Ein verdeckter und unbearbeiteter Dissens kann zudem zu Frustrationen oder Widerstand in Gruppen führen und Kommunikation verhindern. Für die pädagogische Praxis sind Formen des Umgangs mit Dissens folglich unabdingbar (vgl. Klocke & Mojzisch, 2012, S. 492; Schmidt, 2013).
22 Durch Team-Teaching-Konstellationen, in denen Lehrende sich stets hinterfragen und kritisch miteinander diskutieren, können Formen des Umgangs mit Dissens in Hochschullehre ›vorgelebt‹ werden.
23 In der Dimension 4 »Perspektivwechsel« können darauf bezogen die Analysen der Gruppen in Form einer ›erwägungsorientierten Pyramidendiskussion‹ durchgeführt werden (vgl. Schmidt, 2013). Dabei werden Lesarten zunächst einzeln gebildet und sukzessive über die Erweiterung von Gruppen (zunächst zu zweit, dann zu viert) im Verhältnis zueinander diskutiert. Aufgabe ist dabei, die Lesarten möglichst lange aufrecht zu erhalten und als unterschiedliche Wirklichkeiten zu deuten.
24 Jörg Schlömerkemper (2006) führt diesen Gedanken im Kontext seines Ansatzes der Ausbildung eines »antinomischen Blickes« auf pädagogische Praxis und ihre Praktiken aus. Auch hier geht es um Formen des Umgangs mit Widersprüchen und Spannungen.

mit Wissen als Hypothesen zu begreifen und Entscheidungen erwägungsorientiert zu treffen. Über die Auseinandersetzung mit sich und der eigenen Biographie sollen Studierende den Zugang zu einer selbstbeobachtenden Position erhalten, aus der sie die eigenen Denk-, Wahrnehmungs-, Bewertungs- und Handlungsmuster forschend erkunden können. Die Erfahrung, sich selbst in ›Betrachtung und Hervorbringung von Welt‹ zu beobachten und Wissen(-schaft) in ihrer Entstehung, Rezeption und Reichweite zu hinterfragen, soll einen Zugang zu Perspektivität und Produktion von Wissen in ihren Wandlungsprozessen und ihren (re)produzierenden Eingebundenheiten in Machtverhältnisse ermöglichen. Die Ausbildung der in diesem Beitrag beschriebenen reflexiv-forschenden Haltung der stetigen Erwägung und Reflexion von Deutungen und Wissen sowie einem Denken in Komplexität, Widersprüchlichkeit und Perspektivität ist Ziel des Ansatzes der Biographischen Reflexivwerdung, einhergehend mit Ambiguitätstoleranz, der Fähigkeiten, Dissens zuzulassen sowie Alternativen zu erwägen.

Voraussetzung hierfür ist ein Klima, in dem »risikofrei mit Denkformen und Meinungen experimentiert werden kann« (Kruse, 2010, S. 72). So setzt der in diesem Beitrag beschriebene Ansatz der Biographischen Reflexivwerdung ein (selbst-)reflexives Verständnis als Lehrende in der Gestaltung von Lehr-Lern-Settings voraus. Dies beinhaltet, sich mit (den eigenen) Theorien und Annahmen von Lehre und Lernen im Kontext von Hochschulen auseinanderzusetzen und die damit einhergehenden machtvollen Sprechweisen, die Formen und Normen des Lehrens und Lernens kritisch zu beobachten und zu hinterfragen. Die Ausbildung einer ›reflexiv-forschenden Haltung im Studium‹ bedarf einer ›gelebten forschenden Praxis an Hochschulen‹, in der sich Lehrende (selbst-)kritisch als Beobachtende eigener Lehre zeigen und die Studierenden in die eigenen Prozesse von Wissensgenerierung und Wissensprüfung einbeziehen.

# Literatur

Alheit, P. & Dausien, B. (2005). Biographieorientierung und Didaktik. Überlegungen zur Begleitung biographischen Lernens in der Erwachsenenbildung. *Report. Literatur- und Forschungsreport Weiterbildung 28* (3), 27–36.
Assmann, J. (1992). *Das kulturelle Gedächtnis*. München: C.H. Beck.
Baacke, D. & Schulze, T. (1993). *Aus Geschichten lernen. Zur Einübung pädagogischen Verstehens* (Neuausgabe). Weinheim und München: Beltz Juventa Verlag.
Balke, S. (2003). *Die Spielregeln im Klassenzimmer. Das Handbuch zum Trainingsraum-Programm. Ein Programm zur Lösung von Disziplinproblemen in der Schule*. Bielefeld: Karoi.
Bardmann, T. M. (2015). *Die Kunst des Unterscheidens*. Wiesbaden: Springer Fachmedien.
Becker, H. S. (1981). Außenseiter. Zur Soziologie abweichenden Verhaltens. In M. Brusten & K. Hurrelmann (1973). *Abweichendes Verhalten in der Schule. Eine Untersuchung zu Prozessen der Stigmatisierung*. Weinheim und München: Beltz Juventa Verlag.
Blanck, B. (2012). *Vielfaltsbewusste Pädagogik und denken in Möglichkeiten. Theoretische Grundlagen und Handlungsperspektiven*. Stuttgart: Lucius und Lucius.
Blanck, B. (2014). »Dissensfähigkeit« und gemeinsames Lernen. In B. Kopp, S. Martschinke, M. Munser-Kiefer, M. Haider, E.-M. Kirschhock, G. Ranger & G. Renner (Hrsg.). *Indivi-*

*duelle Förderung und Lernen in der Gemeinschaft* (S. 162–165). Wiesbaden: Springer Fachmedien.
Blanck, B. (2019). Erwägungsorientiert-deliberative Pädagogik und Didaktik als Grundlage für intra-, inter- und transdisziplinäre Bildung. *Inter- Und Transdisziplinäre Bildung, 1* (1), 32–44.
Bourdieu, P. (1993). Narzißtische Reflexivität und wissenschaftliche Reflexivität. In E. Berg & M. Fuchs (Hrsg.). *Kultur, soziale Praxis, Text. Die Krise der ethnographischen Repräsentation* (S. 365–374). Frankfurt am Main: Suhrkamp.
Böhm, A. (2013). Theoretisches Codieren: Textanalyse in der Grounded Theory. In U. Flick, E. von Kardorff & I. Steinke (Hrsg.). *Qualitative Forschung. Ein Handbuch* (S. 475–485). Reinbek bei Hamburg: Rowohlt-Taschenbuch-Verlag.
Breidenstein, G., Hirschauer, S., Kalthoff, H. & Nieswand, B. (2013). *Ethnografie. Die Praxis der Feldforschung*. Konstanz und München: UVK UTB.
Bründel, H. & Simon, E. (2005). *Die Trainingsraum-Methode Umgang mit Unterrichtsstörung: klare Regeln, klare Konsequenzen*. Weinheim und München: Beltz Juventa Verlag.
Dausien, B. (2000). ›Biographie‹ als rekonstruktiver Zugang zu ›Geschlecht‹ – Perspektiven der Biographieforschung. In D. Lemmermöhle, D. Fischer, D. Klika & A. Schlüter (Hrsg.). *Lesarten des Geschlechts. Zur De-Konstruktionsdebatte in der erziehungswissenschaftlichen Geschlechterforschung* (S. 96–115). Opladen: Leske + Budrich.
Dausien, B. & Hanses, A. (2017). ›Biographisches Wissen‹ – Erinnerung an ein uneingelöstes Forschungsprogramm. *Zeitschrift für Qualitative Forschung 18* (2), 173–189.
Dausien, B., Rothe, D. & Schwendowius, D. (2016). Teilhabe und Ausgrenzung als biographische Erfahrung – Einführung in eine biographiewissenschaftliche Analyseperspektive. In B. Dausien, D. Rothe, D. Schwendowius (Hrsg.). *Bildungswege: Biographien zwischen Teilhabe und Ausgrenzung* (S. 25–68). Frankfurt am Main: Campus.
Dewey, J. (1988). Construction and Criticism. Carbondale u. a. Southern Illinois Univ. Press. In *The Later Works, 1925–1953, Vol. 5*.
Friebertshäuser, B. (2006). Verstehen als methodische Herausforderung. In B. Friebertshäuser, M. Rieger-Ladich & L. Wigger (Hrsg.). *Reflexive Erziehungswissenschaft. Forschungsperspektiven im Anschluss an Pierre Bourdieu* (S. 231–251). Wiesbaden: VS Verlag für Sozialwissenschaften.
Foucault, M. (1981/1969). *Archäologie des Wissens*. Frankfurt am Main: Suhrkamp.
Geertz, C. (1983) [1973]. *Dichte Beschreibung. Beiträge zum Verstehen kultureller Systeme*. Frankfurt am Main: Suhrkamp.
Goffman, E. (2003) [1967]. *Stigma. Über Techniken der Bewältigung beschädigter Identität*. Frankfurt am Main: Suhrkamp.
Gudjons, H., Wagener-Gudjons, B. & Pieper, M. (2020). *Auf meinen Spuren. Übungen zur Biografiearbeit*. Bad Heilbrunn: Julius Klinkhardt.
Hof, C. (2020). Biografietheoretische Grundlagen reflexiver Übergangsforschung – eine Spurensuche. In A. Walther, B. Stauber, M. Rieger-Ladich & A. Wanka (Hrsg.). *Reflexive Übergangsforschung. Theoretische und methodologische Grundlagen* (S. 103–120). Opladen: Barbara Budrich.
Höhne, T. (2004). *Pädagogik und das Wissen der Gesellschaft. Erziehungswissenschaftliche Perspektiven auf Wissen*. https://core.ac.uk/download/pdf/56342308.pdf
Hüther, G. (2011). *Was wir sind und was wir sein könnten*. Frankfurt am Main: Fischer.
Kade, J., Helsper, W., Lüders, C., Egloff, B., Radtke, F.-O. & Thole, W. (2011). Einleitung: Die Erziehungswissenschaft in dreißig Grundbegriffen. In Dies. (Hrsg.). *Pädagogisches Wissen. Erziehungswissenschaft in Grundbegriffen* (S. 7–9). Stuttgart: Kohlhammer.
Klocke, U. & Mojzisch, A. (2012). Dialektische Führung: Förderung von Dissens als Führungsaufgabe. In S. Grote (Hrsg.). *Die Zukunft der Führung* (S. 491–512). Berlin: Springer.
Knorr-Cetina, K. (2002). *Wissenskulturen. Ein Vergleich naturwissenschaftlicher Wissensformen*. Frankfurt am Main: Suhrkamp.
Korte, P. (2003). Pädagogische Kommunikation oder Ein Plädoyer für alltägliche pädagogische Differenz- und Dissenskultur. In R. Girmes & P. Korte (Hrsg.). *Bildung und Bedingt-*

*heit. Pädagogische Kommunikation im Kontext individueller, institutioneller und gesellschaftlicher Muster* (S. 141–152). Opladen: Leske + Budrich.

Kruse, O. (2010). Kritisches Denken im Zeichen Bolognas: Rhetorik und Realität. In U. Eberhardt (Hrsg.). *Neue Impulse in der Hochschuldidaktik. Sprach- und Literaturwissenschaften* (S. 45–80). Wiesbaden: VS Verlag für Sozialwissenschaften.

Krüger, H.-H. & Marotzki, W. (Hrsg.) (2006). *Handbuch erziehungswissenschaftliche Biographieforschung*. Wiesbaden: VS Verlag für Sozialwissenschaften.

Lindemann, G. (2008). Theoriekonstruktion und empirische Forschung. In H. Kalthoff, S. Hirschauer, G. Lindemann (Hrsg.). *Theoretische Empirie. Zur Relevanz qualitativer Forschung* (S. 107–128). Frankfurt am Main: Suhrkamp.

Link, J. (1999). *Versuch über den Normalismus: Wie Normalität produziert wird*. Opladen: Vandenhoek & Ruprecht.

Lüsebrink, I., Messmer, R. & Volkmann, V. (2014). Zur Bedeutung von Biografie, Erfahrung und Narration für die Fallarbeit in der Sportlehrer/innenausbildung. *Zeitschrift für sportpädagogische Forschung* 14 (1), 21–40.

Marotzki, W. (2006). Forschungsmethoden und -methodologie der Erziehungswissenschaftlichen Biographieforschung. In H.-H. Krüger & W. Marotzki (Hrsg.). *Handbuch erziehungswissenschaftlicher Biographieforschung* (S. 111–135). Wiesbaden: VS Verlag für Sozialwissenschaften.

Marotzki, W. & Jörissen, B. (2008). Wissen, Artikulation und Biographie: theoretische Aspekte einer Strukturalen Medienbildung. In J. Fromme & W. Sesink (Hrsg.). *Pädagogische Medientheorie* (S. 51–70). Wiesbaden: VS Verlag für Sozialwissenschaften.

Miethe, I. (2011). *Biografiearbeit. Lehr- und Handbuch für Studium und Praxis*. Weinheim und München: Beltz Juventa Verlag.

Münch, R. (1991). *Dialektik der Kommunikationsgesellschaft*. Frankfurt am Main: Suhrkamp.

Nassehi, A. (2019). *Theorie der digitalen Gesellschaft*. München: C.H. Beck.

Neubert, S., Reich, K. & Voß, R. (2001). Lernen als konstruktiver Prozess. In T. Hug (Hrsg.). *Die Wissenschaft und ihr Wissen* (Bd 1, S. 253–265). Baltmannsweiler: Hohengehren.

Oswald, H. (2008). *Helfen, Streiten, Spielen, Toben. Die Welt der Kinder einer Grundschulklasse*. Opladen: Budrich.

Reich, K. (2008). *Biografiearbeit*. http://metbodenpool.uni-koeln.de/biografiearbeit/biografie_kurzbeschreibung.html

Richter, S. & Friebertshäuser, B. (2019). Die Welt des Studiums forschend erkunden – Ethnographie, Habitus und Fachkulturforschung. In S. Richter & B. Friebertshäuser (Hrsg.). *Studieren – Forschen – Praxis. Erziehungswissenschaftliche Erkundungen im Feld universitären Lebens* (S. 11–50). Norderstedt: Books on Demand.

Richter, S. (2022). Biographische Reflexivwerdung durch Räume des Ermöglichens und Denken in Möglichkeiten? Zum Ansatz einer systemischen akademischen Lehre. In H. Lindemann & S. Trumpa (Hrsg.). *Systemische Lehre an Hochschulen – Praktische Impulse für Methodik und Didaktik* (S. 312–327). Göttingen: Vandenhoeck & Ruprecht.

Rüegg, R. (2019). Kritisches Denken: Die Kunst, richtig statt das Richtige zu denken. In J. Studer, E. Abplanalp & S. Disler (Hrsg.). *Persönlichkeitsentwicklung in Hochschulausbildung fördern. Aktuelles aus Forschung und Praxis* (S. 59–72). Bern: hep verlag.

Schacter, D.E. (1999). *Wir sind Erinnerung. Gedächtnis und Persönlichkeit*. Reinbek bei Hamburg: Rowohlt-Taschenbuch-Verlag.

Schlömerkemper, J. (2006). Die Kompetenz des antinomischen Blicks. In W. Plöger (Hrsg.). *Was müssen Lehrerinnen und Lehrer können? Beiträge zur Kompetenzorientierung in der Lehrerbildung* (S. 281–308). Paderborn [u.a]: Schöningh.

Schmidt, C. (2013). Erwägungsorientierte Pyramidendiskussion. Eine Methode für die Auswertung qualitativer Interviews im Team. In B. Friebertshäuser & S. Seichter (Hrsg.). *Qualitative Forschungsmethoden in der Erziehungswissenschaft. Eine praxisorientierte Einführung* (S. 176–188). Weinheim und Basel: Beltz Juventa Verlag.

Schulze, T. (2013). Zur Interpretation autobiographischer Texte in der erziehungswissenschaftlichen Biographieforschung. In B. Friebertshäuser, A. Langer & A. Prengel (Hrsg.).

*Handbuch Qualitative Forschungsmethoden in der Erziehungswissenschaft* (S. 413–436). Weinheim und München: Beltz Juventa Verlag.

Schütze, F. (1994). Ethnographie und sozialwissenschaftliche Methoden der Feldforschung: eine mögliche methodische Orientierung in der Ausbildung und Praxis der Sozialen Arbeit? In N. Groddeck & M. Schumann (Hrsg.). *Modernisierung sozialer Arbeit durch Methodenentwicklung und -reflexion* (S. 189–297). Freiburg im Breisgau: Lambertus-Verlag.

Siebert, H. (2014). Lehren und Lernen aus konstruktivistischer Sicht. In R. Egger, D. Kiendl-Wendner & M. Pöllinger (Hrsg.). *Hochschuldidaktische Weiterbildung* (S. 49–68). Wiesbaden: VS Verlag für Sozialwissenschaften.

Spinner, H. F. (1994). *Die Wissensordnung: ein Leitkonzept für die dritte Grundordnung des Informationszeitalters.* Wiesbaden: VS Verlag für Sozialwissenschaften.

Strauss, A. L. & Corbin, J. M. (1996). *Grounded Theory. Grundlagen qualitativer Sozialforschung.* Weinheim und München: Beltz Juventa Verlag.

Vogel, P. (2016). Die Erziehungswissenschaft und ihr Wissen. Selbstkritik, Thematisierungsformen, Analytik. *Zeitschrift für Pädagogik* 62 (4), 452–473.

Weber, M. (1985). *Wirtschaft und Gesellschaft – Grundriss der verstehenden Soziologie* Herausgegeben von Johannes Winkelmann. Tübingen: Mohr Verlag.

Wittgenstein, L. (2001). *Philosophische Untersuchungen* (Kritisch-genetische Edition). Herausgegeben von Joachim Schulte. Frankfurt am Main: Wissenschaftliche Buchgesellschaft.

# IV Analysieren und Forschen

# Datenarchive in Lehre und Studium.
# Zur Nutzung vergessener Schatzkammern

*Helge Kminek*

»I read it in a book.« (Samwell Tarly)

## 1 Von verstaubten Archiven und prunkvollen Bibliotheken

Samwell Tarly steht in der populären Fantasysaga »A Song of Ice and Fire« auch für die/den Archivar\*in als Kauz, die/der entweder in dunklen Kellern Bibliotheken bzw. Archive betreut oder in prunkvollen Bibliotheken das historische Wissen der Menschheit gewissenhaft verwaltet. Und wenn man nicht selbst ein\*e Liebhaber\*in von Archiven ist, dann kann man diesen oftmals zunächst nicht viel abgewinnen, auch wenn im Falle von prunkvollen Bibliotheken diese zumindest noch bestaunt werden.

Wie Archivar\*innen auf die gehorteten Schätze hinweisen, die äußerst relevante Informationen bereithalten – Sam erfährt nicht nur, wo große Vorkommen des dringend benötigten Drachensteins liegen, sondern klärt auch darüber auf, welche Erkenntnisse aus banal wirkenden Statistiken gezogen werden können –, werde ich im Folgenden auf die ›Schätze‹ des Frankfurter Archivs für pädagogische Kasuistik (ApaeK – www.apaek.de) und dessen Potenzial für das Studium und die Lehre vor dem Hintergrund unserer Lehrerfahrungen aufzeigen.[1]

Hierfür werde ich in einem ersten Schritt die von Richard Schmitt et al. (2019) vorgeschlagene »Systematisierung kasuistischer Lehr-Lernformate« skizzieren. Im zweiten Schritt stelle ich das Archiv für pädagogische Kasuistik (ApaeK) vor und entwerfe exemplarisch, unter Rückgriff auf die gegenwärtig in ApaeK vorliegenden Datenbestände, konkrete Nutzungsszenarien.[2] Im dritten Schritt referiere ich aktuelle Forschungsarbeiten zur Nutzung von Datenbeständen in der Lehre und im Studium und binde diese abschließend an unsere zu Beginn entwickelte Heuristik des Studierens und Lehrens.

---

1 Ich danke Mirja Silkenbeumer, Birte Egloff und Sophia Richter für zahlreiche Anregungen für den Beitrag.
2 Auch in und für die Forschung wird zunehmend die Nachnutzung von erhobenen und archivierten Forschungsdaten gefordert, gefördert und praktiziert (vgl. bspw. Gerecht & Kminek, 2018).

## 2 Kasuistische Lehr-Lernformate

Kasuistik kommt ursprünglich aus der Medizin, wurde in den Rechtswissenschaften aufgegriffen und ist darüber hinaus heute aus der Medizinethik und Erziehungswissenschaft nicht mehr wegzudenken. Unter Kasuistik versteht man den Blick auf den einzelnen Fall. In der Pädagogik oder in der Erziehungswissenschaft kann ein Fall unterschiedlich repräsentiert werden: als mündliche Darstellung, als Transkription einer Audioaufnahme oder als Videographie. Wie auch in der Medizin und im Bereich des Rechts kann die Beschäftigung mit einem Fall in der Erziehungswissenschaft entweder Theoriegenerierung oder das Lösen von praktischen Problemen, beispielsweise das Lösen eines konkreten juristischen Falls, zum Ziel haben.

Weil Kasuistik in der universitären Lehre in der Regel nicht das primäre Ziel verfolgt, zur erziehungswissenschaftlichen Theoriebildung beizutragen, wird diese Möglichkeit, im Sinne des vorliegenden Bandes, hier ausgespart. Fokussiert werden hingegen Potenziale kasuistischer Lehre.

Gerade weil Pädagog*innen in der Praxis sich mit Fällen auseinandersetzen müssen, ist das Ziel kasuistischer Lehrveranstaltungen, zur Professionalisierung zukünftiger Pädagog*innen beizutragen. Richard Schmitt et al. (2019) schlagen vier Idealtypen der Kasuistik in der Lehre vor: (1) die subsumtive Kasuistik, (2) die problemlösende Kasuistik, (3) die praxisanalysierende Kasuistik und (4) die rekonstruktive Kasuistik.

1. Die *subsumtive Kasuistik* nutzt einen besonderen Fall, um eine allgemeine Theorie zu illustrieren. Im Falle einer solchen Nutzung kann als didaktisches Ziel der Lehrperson die Illustration von Theorien vermutet werden. So kann gezeigt werden, in welche Theorie ein konkreter Fall wie einzuordnen ist.
2. Der zweite Typ, die *problemlösende Kasuistik*, zielt auf die Lösung eines »vorab identifizierten Problems, das dem Fall innewohnt« (ebd., S. 3). Hier wird eine kollegiale Fallbesprechung mit Studierenden simuliert, und gemeinsam werden Handlungsalternativen zur protokollierten Praxis entworfen, um das Problem zumindest besser zu bearbeiten oder gar zu lösen.
3. Die *praxisanalysierende Kasuistik* als dritter Typ zielt stärker als der zweite Typ auf die Bildung eines reflektierten Habitus zukünftiger Pädagog*innen. Das Erarbeiten von Lösungen wie im Typ zwei tritt in den Hintergrund zugunsten der Analyse des pädagogischen Handelns der Akteur*innen des jeweiligen Falls. In Lehrveranstaltungen dieses Typs wird die pädagogische Praxis unter einem bestimmten Fokus analysiert. Für diesen Typ ist ein wissenschaftliches Protokoll, also beispielsweise eine Videographie oder ein Transskript, die notwendige Voraussetzung.
4. Mittels einer Lehrveranstaltung, die im Sinne einer rekonstruktiven Kasuistik angelegt ist, soll zur Herausbildung eines reflexiven Habitus zukünftiger Pädagog*innen beigetragen werden. In Lehrveranstaltungen dieses Typs wird ver-

sucht, die latenten Strukturen[3] eines Falles herauszuarbeiten, um auf diese Art und Weise den Fall in seiner Tiefenstruktur zu durchdringen und zu verstehen,

Nach dieser skizzenhaften Darstellung von vier idealtypischen kasuistischen Lehrformaten schließt nun die Darstellung des Archivs für pädagogische Kasuistik in seinen Grundzügen an, um an diesem Beispiel zu skizzieren, wie Archive die Lehre und das Studium unterstützen können und wie die Nutzung von Archiven angeregt werden kann. Dabei wird auf die soeben skizzierten vier Typen zurückgegriffen. Verzichtet wird auf die Darlegung von Nutzungsszenarien, nicht nur, weil die Möglichkeiten der Nutzung viel zu reichhaltig sind, sondern auch, weil sich der jeweilige Nutzen im Kontext der jeweiligen Lehrveranstaltung zu bewähren hat. Der Beitrag soll somit dazu anregen, das Archiv für pädagogische Kasuistik oder auch andere Archive in Lehre und Studium zu integrieren.

## 3 Über ApaeK – ein beispielhaftes Archiv

Das Archiv für pädagogische Kasuistik (ApaeK) existiert seit nunmehr 20 Jahren.[4] Im Archiv sind gegenwärtig über 3000 Datensätze archiviert, die nach einer einfachen Anmeldung und Freischaltung durch die Administrator\*innen für Forschung und Lehre zur Verfügung stehen. Archiviert sind unterschiedlichste Dokumente aus der pädagogischen Praxis und der erziehungswissenschaftlichen Forschung mit einem Schwerpunkt von Dokumenten aus der Schulpädagogik, aber auch beispielsweise zahlreichen Interviews, die dem Feld der Sozialpädagogik zuzuordnen sind. Einige Beispiele werden weiter unter aufgeführt. Die Datensätze ermöglichen einen Einblick in die protokollierte, pädagogische Wirklichkeit bzw. die erziehungswissenschaftliche Forschung. Die folgende Tabelle gibt einen Überblick über den aktuellen Datenbestand (Stand: 11.02.2021), die Zahl in Klammern steht für die Anzahl der Datensätze der jeweiligen Rubrik.

---

3 Der Rede von (objektiv) latenten Sinnstrukturen liegt die Annahme zugrunde, dass eine Wirklichkeitsebene existiert, die Individuen durch ihre Handlungen, die subjektiv motiviert sind, (mit) (re-)produzieren. Diese Wirklichkeitsebene ist jedoch nicht identisch mit ihren subjektiven Intentionen und doch hat diese Wirklichkeitsebene maßgeblichen Einfluss auf deren Handlungen (vgl. auch Kminek, 2020, S. 225 ff.).

4 Ein zentrales Motiv für die Entstehung des Archivs war, zur Überwindung des (vermeintlichen) fehlenden Praxisbezuges in der universitären Lehre beizutragen. Mit der Archivierung realer Fälle aus der Praxis und der wissenschaftlichen Auseinandersetzung mit diesen Fällen wurde die notwendige Bedingung für einen neuen Typ der Verbindung von Forschung und Lehre – dem allgemeinen Anspruch der Universität in der Lehre – geschaffen.

**Tab. 1:** Darstellung der Datentypen bei ApaeK (Stand: 11.02.2021).

| Daten der pädagogischen Wirklichkeit | Daten erziehungswissenschaftlicher Forschung |
|---|---|
| Audio-/Video- und Bilddokumente (257) | Fallrekonstruktionen (147) |
| Außerunterrichtliche Transkripte (27) | Interviews (1261) |
| Außerunterrichtliches (61) | Leitfaden (1) |
| Episode (24) | Szenariensammlungen (2) |
| Essay (1) | Theorietexte (11) |
| Reflexion (9) | |
| Schulselbstdarstellungen (5) | |
| Unterrichtsbeschreibungen (447) | |
| Unterrichtsmaterialien (4) | |
| Unterrichtsplanungen und -entwürfe (20) | |
| Unterrichtstranskripte (1126) | |
| Verlaufsprotokoll (8) | |

Im weiteren Verlauf werden exemplarisch einige dieser Datentypen exemplarisch in die Argumentation aufgegriffen.

## Zu den Datensätzen der pädagogischen Wirklichkeit und ihrer Nutzung in Lehre und Studium

Gut 1100 Datensätze der Sorte »Unterrichtstranskripte« sind gegenwärtig im Archiv vorhanden. Dabei handelt es sich fast ausschließlich um Transkripte von Audioaufzeichnungen. Das heißt, Unterricht wurde mittels eines (Ton-)Aufnahmegerätes aufgenommen und im Anschluss möglichst genau transkribiert.[5] Protokolliert ist demnach das, was hörbar war. Damit ist ein Transkript zwar viel exakter als ein ethnographisches Protokoll, kann aber beispielsweise die sprichwörtliche *Hinterbühne* nicht protokollieren und als Forschungsdatum zugänglich machen.

Die Transkripte können für alle vier skizzierten Typen der Kasuistik genutzt werden. So lässt sich eine abstrakte Theorie an einem konkreten Fall darstellen, im Sinne der *subsumtiven Kasuistik*. Gemäß einer *problemlösenden Kasuistik* kann nach manifesten Handlungsproblemen in den Transkripten gesucht werden, um gemeinsam über das pädagogische Handeln der/des Pädagog*in in dem vorliegenden Fall zu beraten und über Alternativen nachzudenken. Ferner ermöglicht

---

5 In unterschiedlichen Forschungsprojekten werden unterschiedliche Transkriptionsregeln genutzt und unterschiedlich transkribiert.

eine transkribierte Unterrichtsstunde, unterschiedlichen Fragestellungen im Sinne einer *praxisanalysierenden Kasuistik* nachzugehen. So lässt sich an einem einzigen Transkript beispielsweise die Frage erforschen, ob und wenn ja, wie soziale Ungleichheit in diesem Fall reproduziert wird, aber auch welches didaktische Konzept die Lehrperson in diesem Fall umgesetzt hat und welche Alternativen es gäbe. Und schließlich eignet sich gerade ein Transkript für eine *rekonstruktive Kasuistik*, um die latente Fallstruktur des jeweils vorliegenden Falles sichtbar zu machen.

Es liegt nahe, die Varianten gerade in Veranstaltungen der Lehramtsstudiengänge aufzugreifen und umzusetzen. Doch auch für Hauptfachstudiengänge lassen sich diese Transkripte insbesondere dazu nutzen, Studierende in Wissenschaft im Allgemeinen und in erziehungswissenschaftliche Forschung im Besonderen einzuführen.

Nicht nur Studierende, sondern auch Forschende sind immer wieder von der Komplexität des Geschehens irritiert und überrascht, wenn sie sich mit Transkripten auseinandersetzen. Für Studierende könnte sich aufgrund der Komplexität die Frage aufdrängen, wie man diese Transskripte für die Forschung nutzen bzw. wie man die auf diese Weise protokollierte pädagogische Wirklichkeit erforschen kann. Damit ist man als Studierende*r vor die Frage gestellt, mit welcher Forschungsmethode wie und warum man forschen möchte bzw. welche Forschungsmethoden es gibt, wie diese sich begründen und wie mit ihnen gearbeitet wird. Studierende stehen damit vor der Aufgabe, sich mit Forschungsmethoden auseinanderzusetzen und sich diese anzueignen.

Hebt man den bereits angesprochenen Tatbestand ins Bewusstsein, dass mit einem Transkript nicht die Gesamtheit einer pädagogischen Praxis protokolliert wurde – das gilt auch für die Versuche der Videographieforschung, die zwar möglichst viel des sichtbaren Geschehen einfangen möchte, letztlich aber auch nur Ausschnitte oder bestimmte Perspektiven erfassen kann –, stellen sich Anschlussfragen wie die folgenden: Mit welcher Erhebungsmethode kann welcher Ausschnitt aus der pädagogischen Wirklichkeit festgehalten werden? Verändert eine Erhebungsmethode die pädagogische Wirklichkeit, die festgehalten werden soll, und wenn ja wie? Wie können Theorien verifiziert oder falsifiziert werden?[6] Diesen für empirische Forschung grundlegenden Fragestellungen kann man, auf Forschungsmaterialien gestützt, nachgehen bzw. diese als Lehrende*r aktiv in eine Veranstaltung einbringen, wenn man zu einem Unterrichtstranskript eine der über 400 archivierten Unterrichtsbeschreibungen vergleichend heranzieht. Der Unterschied zwischen einer Unterrichtsbeschreibung und einem Unterrichtstranskript fällt aufgrund der unterschiedlichen Form des Protokolls unmittelbar ins Auge.

Zieht man zudem eines der gut 20 außerunterrichtlichen Transkripte heran, beispielsweise einen Abschlusskreis in einem Kindergarten, dann lässt sich die

---

6 Das gilt unabhängig von der Frage der Forschungsausrichtung, ob nun quantitativ oder qualitativ. Denn bei aller Kontroverse gilt doch für alle Forschungsrichtungen, dass eine Theorie mindestens zu modifizieren, wenn nicht gar zu verwerfen ist, wenn ein Fall auftritt, der der Theorie widerspricht.

Frage reflektieren, inwiefern Protokolle sich für die Erfassung pädagogischer Praxis eigenen und wo sie an Grenzen stoßen aufgrund von Komplexität und Parallelität des jeweiligen situativen Geschehens. Dass sich nicht immer alle Varianten der Datenerhebung gleich gut eignen, wird unmittelbar einleuchtend, wenn man bedenkt, dass beispielsweise das Geschehen in einem Klassenzimmer zumindest räumlich eingegrenzter ist als auf einem Außengelände eines Kindergartens – zumindest dann, wenn man zunächst das Geschehen möglichst umfangreich protokollieren möchte, trotz der prinzipiellen Unmöglichkeit, die Totalität in einem Protokoll wissenschaftlich festzuhalten. Vor diesem Hintergrund emergiert die Frage: In welchem Kontext eignet sich welche Variante der Datenerhebung für welche Forschungsfrage?

Die Frage lässt sich unter Rückgriff auf eines der über 250 Bilddokumente und/oder eine der gut 20 so genannten Episoden vertiefen.[7] Nun lassen sich die Fragen stellen: Was ist der Vorteil und was der Nachteil beispielsweise einer Episode als ethnographisches Protokoll im Vergleich zu einem Transkript? Welche unterschiedlichen Erkenntnismöglichkeiten eröffnen unterschiedliche Datensätze?[8] Hierbei handelt es sich um eine erkenntnistheoretische Metafrage jenseits der Suche nach einer konkreten und passenden Forschungsmethode. Denn es wird danach gefragt, welches Forschungsdatum aus welcher Perspektive was über den gewählten Forschungsgegenstand überhaupt nur einfangen und darstellen kann.

Auf einen letzten Typ von Datensätzen sei hier aufgrund der Thematik des vorliegenden Sammelbandes hingewiesen.[9] Anlässlich einer von Studierenden veranstalteten Ringvorlesung wurden Reflexionen von Studierenden verfasst, die die Ringvorlesung besucht hatten. Ein*e Studierend*e gab ihrer/seiner Reflexion den Titel: »Was bedeutet Universität für mich?«[10] Hier lässt sich folglich der Frage nachgehen, welche Bedeutung Universität und Studium für Studierende hat, ohne dass sich die Einzelne bzw. der Einzelne öffentlich mit ihrer/seiner Position exponieren muss.

## Zu den Datensätzen aus der erziehungswissenschaftlichen Forschung

In ApaeK sind gegenwärtig über 1200 Datensätze der Kategorie Interview archiviert. Dabei handelt es sich überwiegend um Interviews, die in unterschiedlichen Forschungsprojekten und -kontexten erhoben wurden, vorwiegend von Kolleg*innen des Fachbereiches Erziehungswissenschaften an der Goethe-Universität.

---

7 In einer Episode wurde ein (ethnographisches) Protokoll im Sinne einer (teilnehmenden Beobachtung) angefertigt. Beispielsweise: https://archiv.apaek.uni-frankfurt.de/show.php?docid=1696 (11.02.2021)
8 Bei ApaeK sind aus datenschutzrechtlichen Gründen keine Videos archiviert.
9 Darüber hinaus sind noch archiviert: 20 »Unterrichtsplanungen und -entwürfe«, acht »Verlaufsprotokolle«, fünf »Schulselbstdarstellungen« und vier Datensätze der Kategorie »Unterrichtsmaterialien«.
10 https://archiv.apaek.uni-frankfurt.de/3642 (01.08.2020)

Die Daten wurden dem Archiv rechtskonform zur Archivierung und zwecks Nachnutzung für die Kontexte Forschung und Lehre zur Verfügung gestellt. Es handelt sich um die folgenden Forschungsprojekte:[11]

- Biografische Übergänge
- Distribution illegaler Drogen
- KIF – Kokainkonsum in Frankfurt am Main
- Lebenslanges Lernen im Kontext lebensbedrohlicher Erkrankungen
- Legal Highs
- Ontogenese der bürgerlichen Kälte
- Umgang mit illegalen Drogen im bürgerlichen Milieu
- Wandel von Schule – Innere Schulreform durch Kriseninduktion?

Wie bereits beschrieben, lässt sich formal mit den Interviews sowohl hinsichtlich der vier skizzierten Typen der Kasuistik als auch in einer allgemeineren Einführung in die Wissenschaftstheorie und in Forschungsmethoden arbeiten. Inhaltlich können die Interviews beispielsweise genutzt werden, um die Theorien, Forschungsmethoden und Erhebungsweisen exemplarisch zu illustrieren oder die Theoriebildung, die aus der Analyse der Interviews hervorgebracht wurde, zu überprüfen und/oder neue Fragestellungen zu entwickeln.

Für die Lehre und das Studium der Hauptfachstudierenden eignen sich die Interviews noch insbesondere aus zwei weiteren Gründen. (1) Das Führen von Interviews ist keine leichte Angelegenheit. Verfolgt man sensibel den Verlauf der hier protokollierten Interviews, so lässt sich daran illustrieren, wie man Interviews führen kann und sollte, aber auch welche Fehler es zu vermeiden gilt. (2) Anhand eines Vergleiches von unterschiedlichen Interviewtypen oder eines Vergleiches von Interviews mit anderen Methoden der Datenerhebung innerhalb eines Forschungsprojektes, lassen sich Erkenntnismöglichkeiten und die jeweiligen Grenzen von Forschungsmethoden reflektieren. Es lässt sich nachverfolgen, dass Interview nicht gleich Interview ist. Das Führen eines narrativen Interviews, mit dem der subjektiv strukturierte Sinnzusammenhang der jeweiligen Biographie erhoben werden soll, ist beispielsweise etwas anderes als das Führen eines kriseninduzieren Interviews, wie dies beispielsweise im Projekt »Ontogenese der bürgerlichen Kälte« der Fall ist (vgl. auch Gruschka et al., 2021). Die interviewten Personen werden mit einem Szenario konfrontiert, um auf konflikthafte Fragen der Moral nicht die als allgemein anerkannten Antworten zu erhalten, sondern die den Interviewten selbst nicht bewussten Einstellungen zu den moralischen Fragen in den Blick zu bekommen. Für das letztgenannte Forschungsprojekt sind nicht nur die Interviews archiviert, sondern auch ein Interviewleitfaden sowie eine Szenariensammlung. Diese vollumfängliche Archivierung und damit

---

11 Zu den Projekten »Die Distribution illegaler Drogen«, »KIF – Kokainkonsum in Frankfurt am Main«, »Legal Highs« und »Umgang mit illegalen Drogen im bürgerlichen Milieu« finden sich unter der folgenden Adresse weiterführende Informationen: https://www.uni-frankfurt.de/57482360/Forschung (11.02.2021).

auch die Dokumentation des Forschungsprojektes lassen den Nachvollzug und damit auch immer die Prüfung der Forschungsergebnisse zu.[12]

## Hinweis zur Nutzung von ApaeK

Wenn Lehrende beabsichtigen, ApaeK mit ihren Studierenden in Lehrveranstaltungen zu nutzen, erleichtert eine Kontaktaufnahme mit der/dem Administrator*in den Prozess für alle Beteiligte.[13] Mit der Bereitstellung eines sogenannten Zugangsschlüssels kann der Anmeldeprozess für alle Beteiligten vereinfacht werden, unter Einhaltung der rechtlichen Bestimmungen für die Nutzung des Archivs und der archivierten Datensätze.

## 4 Fazit

Die erneute Nutzung, hier wird häufig von Re- und Sekundaranalysen gesprochen (vgl. auch Gerecht & Kminek, 2018; Kminek, 2021), von Forschungsdaten für Lehre und Studium hat in den vergangenen Jahren einen Aufschwung erlebt. Mit der stärkeren Einbindung von Forschungsdaten, wie sie in Archiven vorliegen – neben ApaeK ist beispielsweise das Archiv in Halle zu nennen, das im Zuge des Projektes »Kasuistische Lehrerbildung für den inklusiven Unterricht« (KALEI) aufgebaut wurde[14] –, ist die Hoffnung verbunden, erziehungswissenschaftliche Theorie und pädagogische Praxis nachvollziehbarer miteinander zu verzahnen. Konzeptionell verspricht man sich eine qualitative Weiterentwicklung der Lehre und des Studiums sowohl für die Nachwuchsförderung zukünftiger Forschender als auch für die Studierenden der Erziehungswissenschaften, die im Anschluss an das Studium eine Tätigkeit in der unmittelbaren pädagogischen Praxis aufnehmen. Jedoch ist diese Entwicklung der universitären Lehre kein unmittelbarer gelingender Selbstläufer. Erste Versuche, diese Form der Lehre durch digitalisierte Zusatzangebote zu unterstützen, liegen vor (Schindler et al., 2017; Veja et al., 2017; Kminek et al., 2018, 2021).

Hinsichtlich der *rekonstruktiven Kasuistik* fragt eine weitere Forschungsgruppe nach den Realisierungsformen der intendierten Professionalisierung der Studierenden (vgl. Pollmanns et al., 2017, 2018; Kabel et al., 2020).[15] Die Arbeiten rekonstruieren die Interpretationspraxis von Studierenden in Seminaren anhand von studentischen Gruppeninterpretationen in Seminarsitzungen in situ sowie

---

12 147 »Fallrekonstruktionen«, 11 »Theorietexte« und eine weitere Szenariensammlung runden das Angebot ab.
13 info@apaek.uni-frankfurt.de
14 https://kalei.uni-halle.de/kalei1/teilprojekte/elektronisches_fallarchiv/ (11.02.2021).
15 Angeknüpft wird an Untersuchungen von Frank Ohlhaver (2009, 2011) und Katharina Kunze (2016, 2017).

von Fallstudien aus Praktikumsberichten. Diese Form der kasuistischen Arbeit in der universitären Lehrer*innenbildung zielt auf den hohen Anspruch, mittels der spezifisch *rekonstruktiven* Ausrichtung von Seminaren das beruflich nötige pädagogische Fallverstehen anzubahnen.[16] Die bisherigen Rekonstruktionen der studentischen Fallarbeit zeigen auf der einen Seite, wie Studierende sich beharrlich an der in Anschlag gebrachten Methode der Objektiven Hermeneutik orientieren und das pädagogische Fallverstehen angebahnt wird. Auf der anderen Seite führt die Forschungsmethode die Studierenden in eine ›Aneignungskrise‹ der Methode. Denn für sie stellt die notwendig zu bewältigende Aufgabe, eine Forschungsfrage zu entwickeln, ein zentrales Problem dar (vgl. Pollmanns et al., 2017, 2018). So ermöglicht dialektisch das sich an der Methode orientierende Vorgehen der Studierenden die Ausbildung der Fähigkeit zum pädagogischen Fallverstehen und behindert es zugleich. Dieses bis dato bestehende Problem spricht nun aber keinesfalls gegen die grundsätzliche Ablehnung kasuistischer Lehrformate in der universitären Lehre. Im Gegenteil, der vorliegende Beitrag hat bei den Leser*innen hoffentlich das große und vielseitige Potenzial pädagogischer Fallarchive und deren Nutzung in Forschung und Lehre aufgezeigt und hierdurch die Neugier nach der Suche nach dem jeweils individuellen Schatz geweckt.

# Literatur

Gerecht, M. & Kminek, H. (2018). Wie offen können und dürfen Forschungsdaten sein? *Erziehungswissenschaft, 29 (2) (57)*, 29–36.
Gruschka, A. & Pollmanns, M. & Leser, C. (Hrsg.) (2021). *Bürgerliche Kälte und Pädagogik: Zur Ontogenese des moralischen Urteils*. Opladen: Verlag Barbara Budrich.
Hummrich, M., Hebenstreit, A., Hinrichsen, M. & Meier, M. (Hrsg.) (2016). *Was ist der Fall? Kasuistik und das Verstehen pädagogischen Handelns*. Wiesbaden: Springer VS.
Kabel, S., Leser, C., Pollmanns, M. & Kminek, H. (2020). Fallbestimmungskrisen und Formen ihrer Bearbeitung in studentischer Fallarbeit. In M. Fabel-Lamla, K. Kunze, A. Moldenhauer & K. Rabenstein (Hrsg.). *Kasuistik – Lehrer*innenbildung – Inklusion. Empirische und theoretische Verhältnisbestimmungen* (S. 168–183). Bad Heilbrunn: Verlag Julius Klinkhardt.
Kminek, H., Meier, M., Hocker, J., Veja, L., Schindler, C. & Sticht, K. (2018). *OHITool: Extension for Objective Hermeneutics for Semantic MediaWiki* [Software]. https://semantic-cora.org/index.php/Documentation/OHITool
Kminek, H. (2020). Zur »Philosophiedidaktik der Praxis« und deren Grundlagen. In Thein, C. (Hrsg.). *Philosophische Bildung und Didaktik – Dimensionen, Vermittlungen und Perspektiven* (S. 217–233). Wiesbaden: VS.
Kminek, H. (2021). Grenzen und Möglichkeiten der Nachnutzung qualitativer Forschungsdaten aus Sicht der Objektiven Hermeneutik unter Berücksichtigung der Schul- und Unterrichtsforschung sowie der Lehrerbildung. In C. Richter & K. Mojescik (Hrsg.) (2021).

---

16 In diesen Fällen vor dem Hintergrund der strukturtheoretischen Professionalisierungstheorie Ulrich Oevermanns (2008).

*Qualitative Sekundäranalyse: Daten der Sozialforschung aufbereiten und nachnutzen* (S. 309–324). Wiesbaden: Springer.

Kminek, H., Meier, M., Schindler, C., Hocker, J. & Veja, C. (2020). Interpretieren im Kontext virtueller Forschungsumgebungen – zu den Potentialen und Grenzen des Einsatzes einer virtuellen Forschungsumgebung und ihren Einsatz in der akademischen Lehre. *Zeitschrift für Qualitative Forschung,* 21 (2), 185–198.

Kunze, K. (2016). Ausbildungspraxis am Fall. Empirische Erkundungen und theoretisierende Überlegungen zum Typus einer praxisreflexiven Kasuistik. In M. Hummrich, A. Hebenstreit & M. Hinrichsen (Hrsg.). *Was ist der Fall? Kasuistik und das Verstehen pädagogischen Handelns* (S. 97–122). Wiesbaden: Springer VS.

Kunze, K. (2017). Reflexivität und Routine. Zur empirischen Realität kasuistischer Gruppenarbeit im Universitätsseminar. In C. Berndt, T. Häcker & T. Leonhard (Hrsg.), *Reflexive Lehrerbildung revisited. Traditionen – Zugänge – Perspektiven* (S. 214–227.). Bad Heilbrunn: Verlag Julius Klinkhardt.

Oevermann, U. (2008). Profession contra Organisation? Strukturtheoretische Perspektiven zum Verhältnis von Organisation und Profession in der Schule. In W. Helsper, S. Busse, M. Hummrich & R.-T. Kramer (Hrsg.). *Pädagogische Professionalität in Organisationen. Neue Verhältnisbestimmungen am Beispiel der Schule* (S. 55–77). Wiesbaden: VS Verlag.

Ohlhaver, F. (2009). Der Lehrer »riskiert die Zügel des Unterrichts aus der Hand zu geben, da er sich nun auf die Thematik der Schüler einlässt«. Typische Praxen von Lehramtsstudenten in fallrekonstruktiver pädagogischer Kasuistik. *Pädagogische Korrespondenz, 39*, 21–45.

Ohlhaver, F. (2011). Fallanalyse, Professionalisierung und pädagogische Kasuistik in der Lehrerbildung. *Sozialer Sinn,* 12 (2), 279–303.

Pollmanns, M., Leser, C., Kminek, H., Kabel, S. & Hünig, R. (2017). Professionalisierung durch kasuistisch ausgerichtete Schulpraktische Studien? Analysen studentischer Fallarbeit. In U. Fraefel & A. Seel (Hrsg.). *Konzeptionelle Perspektiven schulpraktischer Studien. Partnerschaftsmodelle – Praktikumskonzepte – Begleitformate* (S. 179–194). Münster, New York: Waxmann.

Pollmanns, M., Kabel, S., Leser, C. & Kminek, H. (2018). Krisen der Professionalisierung. Wie sich Studierende in Schulpraktischen Studien forschungsbezogenen Typs der schulischen Praxis zuwenden. In M. Artmann, P. Herzmann & A. B. Liegmann (Hrsg.). *Professionalisierung im Praxissemester. Beiträge qualitativer Forschung aus Bildungswissenschaft und Fachdidaktik zu Praxisphasen in der Lehrerbildung* (S. 21–37). Bad Heilbrunn: Verlag Julius Klinkhardt.

Schindler, C., Veja, C. & Kminek, H. (2017). Interfacing Collaborative and Multiple-Layered Spaces of Interpretation in Humanities Research. The Case of Semantically-Enhanced Objective Hermeneutics. In Alliance of Digital Humanities (Hrsg.). *Digital Humanities 2017 Montréal* (S. 580–583). https://dh2017.adho.org/abstracts/DH2017-abstracts.pdfx 0201C; \l »page=580 [01.08.2020].

Schmidt, R., Becker, E., Grummt, M., Haberstroh, M., Lewek, T. & Pfeiffer, A. (2019). Vorschlag für eine Systematisierungkasuistischer Lehr-Lern-Formatein der universitären Lehrer*innenbildung. https://blogs.urz.uni-halle.de/fallarchiv2/files/2019/02/KALEI_AK-Kasuistik_Systematisierung-von-Kasuistik.pdf [12.12.2020].

Veja, C., Sticht, K., Schindler, C. & Kminek, H. (2017). *SMW Based VRE for Addressing Multi-Layered Data Analysis – The Use Case of Classroom Interaction Interpretation.* DOI10.1145/3125433.3125457

# Ermöglichung forschungsbezogener Multiperspektivität im erziehungswissenschaftlichen Studium

*Johannes Wahl, Janek Förster & Sebastian Zimmer*

## 1 Aneignung von Forschungsmethoden als didaktische Herausforderung

Als ein zentraler Baustein in erziehungswissenschaftlichen Studiengängen kann die Vermittlung von und die Auseinandersetzung mit forschungsmethodischem Wissen angeführt werden. Die Studierenden sollen im Rahmen des Studiums die notwendigen Kompetenzen zum wissenschaftlichen Arbeiten sowie zur selbstständigen Konzeption und Umsetzung von Forschungsvorhaben entwickeln. So sind in den meisten erziehungswissenschaftlichen Studiengängen Module bzw. Lehrveranstaltungen, die den Bereich der empirischen Forschungsmethoden behandeln, explizit ausgewiesen: »Für die Ausbildungsanteile in qualitativen und quantitativen *Forschungsmethoden* zeigt sich, dass diese weiterhin in nahezu allen BA-Studiengängen (94 %) und im MA-Bereich zu 76 % verpflichtend vorgesehen sind« (Grunert, Ludwig & Hüfner, 2020, S. 33). Insgesamt bietet das Hochschulstudium sowohl Raum für die Aneignung von Wissen über verschiedene Methoden der empirischen Forschung und über die einzelnen Schritte eines Forschungsprozesses als auch Möglichkeiten zur aktiven Umsetzung und (Mit-)Gestaltung von Forschungsvorhaben, z. B. in Lehrforschungsprojekten oder Abschlussarbeiten.

Bei der Bearbeitung von (erziehungswissenschaftlichen) Forschungsfragen werden die Studierenden nicht zuletzt vor die (Lern-)Herausforderung gestellt, ein hinsichtlich der zu bearbeitenden Fragestellung passendes methodischen Vorgehen zu konzipieren sowie vor diesem Hintergrund die resultierenden Forschungsergebnisse einschätzen und methodische Grenzen reflektieren zu können (Thiel & Böttcher, 2014, S. 119–121). Die Schwierigkeit hierbei ist, dass es nicht *die eine* Forschungsmethode für *die eine* Fragestellung gibt, sondern je nach der Art und Weise des methodischen Vorgehens ein Forschungsgegenstand aus verschiedenen Perspektiven und mit jeweils unterschiedlichem Erkenntnisgewinn betrachtet werden kann. Somit gestaltet sich die Suche nach der Methodik weniger als eine Umsetzung methodologisch abgeleiteter Vorgaben, sondern vielmehr als ein je nach Forschungsgegenstand und eigenem Erkenntnisinteresse auszugestaltendes Passungsverhältnis (Erzberger, 1998, S. 100; Creswell & Plano Clark, 2017, S. 7–11). Die Verdeutlichung und das Erfahrbarmachen dieser forschungsbezogenen Multiperspektivität kann als eine Herausforderung des erziehungswissenschaftlichen Studiums wie auch der Lehre angesehen werden, die insbesondere unter den Voraussetzungen der ›klassischen‹ Seminarbedingungen nicht ohne Weiteres zu realisieren ist. Je nach Modullogik können sich diesbezüglich weitere Herausforderungen ergeben.

Dieser Beitrag fokussiert die Herausforderungen bei der Ermöglichung forschungsbezogener Multiperspektivität als Kernelement einer methodenbezogenen Forschungskompetenz. Diese adressiert das Seminarkonzept des Lehrforschungsprojektes »Lern- und Betreuungspräferenzen im Studium« (LuBiS). Das Ziel des vorliegenden Aufsatzes besteht darin, grundlegende Anforderungen und mögliche didaktisch-methodische Anregungen aufzuzeigen, um diesen zu begegnen. Ausgehend von der Darstellung des Grundprinzips des Mixed-Methods-Ansatzes (Kapitel 2) sowie einer kurzen Beschreibung des LuBiS-Konzeptes (Kapitel 3) werden anschließend die Potentiale und Herausforderungen dieses Seminarkonzeptes für das Erfahrbarmachen forschungsbezogener Multiperspektivität aufgezeigt (Kapitel 4).

## 2 Forschungsbezogene Multiperspektivität im erziehungswissenschaftlichen Studium

Wie bereits im Projekttitel anklingt, wurden im Seminarkonzept LuBiS die Lern- und Betreuungspräferenzen von Studierenden in erziehungswissenschaftlichen Studiengängen erforscht, wobei diese Präferenzen als mehrdimensionales Konstrukt[1] begriffen wurden (siehe Kap. 3). Die detaillierte Erfassung dieses Konstrukts erfolgt in der Forschung zumeist indirekt als Nebenaspekt von monomethodischen Studien (Göhring & Götz, 2017) oder statistischen Aufstellungen (Goethe-Universität Frankfurt am Main, 2013), jedoch nicht als umfängliche Betrachtung. Da ›Präferenz‹ als Grundkonzept eine komplexe begriffliche Realdefinition (Kromrey, Roose & Strübing, 2016, S. 157–160; Weischer & Diaz-Bone, 2015) besitzt und somit verschiedene Auslegungen erlaubt, ergeben sich entsprechend unterschiedliche methodische Herangehensweisen an die Thematik. Aus einer *quantitativ* orientierten Perspektive würde sich hier die Hypothesenprüfung verschiedener anzunehmender Präferenzen mit Hilfe einer standardisierten Befragung und einfachen Likert-Skalen[2] oder ganzen Fragebatterien anbieten, um entsprechende Tendenzen der Studierenden zu identifizieren (Döring & Bortz, 2016, S. 269–270; Blasius, 2019, S. 1440–1442). Eine exemplarische Fragestellung wäre hier »Inwieweit beeinflussen studienbezogene Vorerfahrungen die Teilnah-

---

1 Lern- und Betreuungspräferenz umfassen demgemäß eine Vielzahl verschiedener Aspekte wie die Vorstellungen Studierender von guten Lernbedingungen, Betreuungsmodi und -bedarfen.
2 Unter einer Likert-Skala wird in einer Befragung zumeist eine standardisierte, eindimensionale Antwortskala verstanden, z. B. eine 5-Punkt Zustimmungsskala von 1 wie »Stimme stark zu« bis 5 »Stimme gar nicht zu«.

mepräferenz für projektförmige Lehrformate?« *Qualitativ* wiederum läge der Schwerpunkt mehr auf einem Verständnis und der tieferen Motivation hinter den Präferenzen der Studierenden. Eine passende Fragestellung lautet »Welche bildungsbiographischen Erfahrungen prägen die Teilnahmepräferenz Studierender für verschiedene Lehrformate?« Ein mögliches Ziel wäre hier die Schaffung potentieller Präferenztypologien, die sich aus Gruppendiskussionen mit unterschiedlichen Ebenen der Studierendenschaft ergeben könnten (z. B. niedere/höhere Semester, Fachschaft, Voll-/Teilzeitstudierende) oder aus gezielten Leitfaden-Befragungen mit ausgewählten Studierenden. Im Gegenzug ließe sich auch die institutionelle Seite erfassen, um so etwaige Schnittmengen zu identifizieren (Bohnsack, Przyborski & Schäffer, 2010; Vogl, 2019).

Um Präferenzen jedoch umfänglich erfassen zu können, erreichen die monomethodischen Herangehensweisen aufgrund der thematischen Komplexität eine Grenze. Allein auf die Heterogenität der Studierendenschaft bezogen sind für das Erreichen der Sättigung einer qualitativen Stichprobe (Breuer, Muckel & Dieris, 2017, S. 361–365) verschiedene Fraktionen und institutionelle Gegebenheiten mitzudenken; für eine quantitative Stichprobe ist wiederum die Repräsentativität (Döring & Bortz, 2016, S. 297–302) der einzelnen Heterogenitätsgruppen sicherzustellen. Die einhergehenden Limitationen eines methodischen Zugangs können daher nur durch eine multiperspektivische Betrachtung überschritten werden (Burzan, 2010). Einfach skizziert ließen sich so im Rahmen einer umfassenden Studie die zuvor angeführten Präferenztypologien als Grundlage für entsprechende Hypothesenprüfungen verwenden (Kuckartz, 2014, S. 81–83; Creswell & Plano Clark, 2018).

Diese Sicht auf komplexe Forschungsgegenstände ist eine neuere Entwicklung im Methodenbereich, die sich vor allem aus den US-amerikanischen Bildungs- und Erziehungswissenschaften entwickelt hat (Baur, Kuckartz & Kelle, 2017). Bereits in den 1920er und 1930er Jahren wurden vermehrt größere Studien mit multimethodischen Ansätzen durchgeführt, die aber kein übergeordnetes Leitkonzept oder Paradigma verwendeten, sondern vielmehr das Verständnis des Forschungsgegenstandes mit allen verfügbaren Forschungswerkzeugen verfolgten. Als klassisches Beispiel sei hier die Studie »Die Arbeitslosen von Marienthal« genannt (Jahoda, Lazarsfeld & Zeisel, 1975).[3] Insbesondere nach dem Zweiten Weltkrieg entwickelten sich an vielen Stellen multimethodische Studien, die sich dabei zunehmend an weiterführenden Ansätzen zur Verschränkung orientierten. Einen größeren Einfluss hatte insbesondere das von Denzin (1970) eingeführte Konzept der Methodentriangulation. Als Möglichkeit der Validierung wissenschaftlicher Fragestellungen durch unterschiedliche empirische Methoden (ebd., S. 304) eröffnete es konkret das Zusammendenken der verschiedenen paradigmatischen Traditionen, zumindest mit Blick auf die Ergebnisse aus verschiedenen

---

3   In der Studie wurde die durch die Weltwirtschaftskrise verursachte Entwicklung der Arbeitslosigkeit im Ort Marienthal, die fast 80 % des Ortes traf, als bis dato unbekanntes Phänomen mit vielen damals bekannten Methoden untersucht, um ein umfängliches Verständnis für die Arbeitslosigkeit und Erkenntnisse über ihre Auswirkungen zu erlangen.

Perspektiven. In den 1990ern formierten sich auch aus der Triangulation heraus erste konkrete Integrationsbestrebungen bezüglich der Methoden (Morse, 1991), deren Kumulation in verschiedenen Bereichen und Disziplinen unterschiedliche Ausprägungen erfuhr. Für den konkreten Fall der multimethodischen Integration auf Basis von quantitativen und qualitativen Methoden (im Gegensatz zu monoparadigmatischen Modellen), bildet das Werk ›Mixed Methodology‹ der Bildungsforscher und Sozialpsychologen Tashakorri und Teddlie (1998) das erste Grundlagenwerk, aus dem sich die weitere Entwicklung ergab. Als besondere Version der multimethodischen Integration mit der Zusatzanforderung der Berücksichtigung beider bis dato geltenden Methodenparadigmen bietet es sich insbesondere für Studiengänge an, die ihrerseits beide Methodenparadigmen curricular vermitteln, um so eine mögliche und sinngeleitete Verknüpfung aufzuzeigen.

Mixed Methods (MM) als grundlegendes Verfahren der Konzeption von Forschung versteht sich dabei als ein Ansatz »[...] to thoughtfully and strategically mix or combine qualitative and quantitative research methods, approaches, procedures, concepts, and other paradigm characteristics in a way that produces an overall design with multiple (convergent and divergent) and complementary strengths (broadly viewed) and nonoverlapping weaknesses« (Johnson & Christensen, 2014, S. 663).

Im Diskurs wandelt sich Mixed Methods derzeit zunehmend von einer reinen Kombination von Methoden und der erhofften Metainferenzen aus der Zusammenführung der Forschungsschritte an unterschiedlichen Integrationspunkten (Johnson, Onwuegbuzie & Turner, 2007), zu einem ganzheitlichen, strukturierten Forschungsrahmen, dessen Integration bereits bei der Forschungsfrage beginnt (Schoonenboom & Johnson, 2017) und sich entsprechend zunehmend Mixed Methods Research (MMR) nennt (Baur et al. 2017).

Mit Hilfe von MMR lässt sich direkt eine forschungsintegrative Herangehensweise planen, die gleichzeitig die Grenzen und Schwächen von monomethodischen Herangehensweisen, wie z. B. bei den Präferenzen, auflösen kann und parallel dazu aufzeigt, welchen faktischen Mehraufwand im Verhältnis zum Erkenntnisgewinn ein multimethodischer Ansatz bedeutet (Kuckartz, 2014, S. 53–55). Nicht jede Forschungsfrage und nicht jede Studie ist für einen multimethodischen Ansatz geeignet, so dass monomethodische Vorgehensweisen weiterhin ihre Berechtigung haben. Die zuvor erläuterten Probleme der Erfassung von Präferenzen lassen sich mit MMR gezielt auflösen: Durch die angedeutete erfolgreiche Verknüpfung von Typologiengenese und Hypothesenprüfung kann ein umfassenderes Verständnis bezüglich der Lern- und Beratungspräferenzen der Studierendenschaft erreicht werden, um daraus konkrete, zielgerichtete Maßnahmen ableiten zu können. Zudem erlaubt dieses integrative Forschungsdesign den Studierenden vielfältige Zugänge zu der zu erforschenden Thematik, so dass sie den Umgang mit verschiedenen Theorien, Methoden und Erklärungsmodellen praktisch erlernen, da je verwendeter Methode unterschiedliche Anforderungen an Theorie und Daten gestellt werden.

Jenseits der aufgezeigten Vorteile eines multiperspektivischen Zugangs im Rahmen der Methodenausbildung existieren auch Herausforderungen und Schwierigkeiten. Diese lassen sich im Wesentlichen auf fünf Aspekte reduzieren:

1. Wöchentlich stattfindende und 90 Minuten dauernde Seminarsitzungen bieten keine idealen Voraussetzungen für die intensive Auseinandersetzung mit einem Gegenstandsbereich mittels mehrerer methodischer Zugänge. Hier ist offen, inwiefern in einem einzigen Seminar ausreichend Zeit zur Verfügung steht, um nicht nur die grundlegenden Informationen zum Gegenstand zu vermitteln, die methodischen Zugänge zu erläutern, sondern auch das entstandene Wissen mittels Übungen zu vertiefen bzw. zu erproben oder gar Zeit für die Reflexion der Anforderungen, Möglichkeiten und Erkenntnisse aus multimethodischen Analysen zur Verfügung zu stellen.
2. Im Rahmen von Vorlesungen können zwar verschiedene methodische Zugänge dargestellt und miteinander in Verbindung gesetzt werden, jedoch steht bei diesem Format eher ein strukturierender Überblick über das Feld im Vordergrund. Der Fokus liegt hierbei somit weniger auf der praktischen Umsetzung im Sinne eines Erfahrbarmachens der verschiedenen methodischen Möglichkeiten und Herangehensweisen, sondern eher auf der Vermittlung von Überblickswissen.
3. Zwar werden zumeist im Studienverlauf Seminare zu unterschiedlichen Forschungsmethoden besucht und das erworbene Wissen im Rahmen kleinerer Seminarprojekte praktisch umgesetzt. Jedoch ist dabei der Vergleich dieser verschiedenen Methoden durch den Umstand erschwert, dass in den verschiedenen Seminaren auch verschiedene inhaltliche Themenschwerpunkte bearbeitet werden und somit Verknüpfungen zwischen den unterschiedlichen Zugängen selten sind.
4. Im Hinblick auf die bereits erwähnten zeitlichen Ressourcen wird außerdem der Bedarf an zusätzlichen Austauschmöglichkeiten für Studierende zu Inhalts- wie Methodenfragen über das jeweilige Seminar hinaus deutlich. Diese Diskussionsräume bilden eine wesentliche Grundlage zur Schaffung weiterer Reflexionsmöglichkeiten, die zur Vertiefung des methodenbezogenen Wissens und nicht zuletzt zur Förderung forschungsbezogener Multiperspektivität von Vorteil sein können.
5. Schließlich sind zur Förderung forschungsbezogener Multiperspektivität weitere Austauschmöglichkeiten auch für Lehrende sinnvoll, um den Erfahrungs- und damit Wissensaustausch zu fördern, kollegiales Feedback zu ermöglichen und so Impulse für die Entwicklung neuer Lehr-Lern-Konzepte zu unterstützen.

Anknüpfend an die skizzierten Herausforderungen und Schwierigkeiten wird im nachfolgenden Kapitel zunächst das Seminarkonzept unseres Lehrforschungsprojekts vorgestellt und anschließend auf die Potentiale zur Förderung forschungsbezogener Multiperspektivität verwiesen.

## 3    Das Seminarkonzept »Lern- und Betreuungspräferenzen im Studium (LuBiS)«

Das Seminarkonzept LuBiS wurde im Rahmen der studiumsbezogenen Methodenausbildung des Bachelorstudiengangs Erziehungswissenschaft an der Goethe-Universität Frankfurt entwickelt und im Wintersemester 2018/2019 umgesetzt. Das Ziel bestand darin, durch die inhaltliche und strukturelle Verknüpfung verschiedener methodenbezogener Seminare neben der Vermittlung methodenbezogenen Wissens in den einzelnen Lehrveranstaltungen auch die Unterschiedlichkeit und spezifischen Eigenschaften der einzelnen methodischen Zugänge im Rahmen eines integrierten Forschungsprozesses für die Teilnehmenden erfahrbar zu machen. Darüber hinaus wurden hierbei seminarübergreifende Reflexions- und Austauschmöglichkeiten generiert.

Im Anschluss an Kaufmann, Satilmis & Mieg (2019) wurde LuBiS im Stil des Forschenden Lernens umgesetzt. Demzufolge wurde ein Setting nach zielgruppen- und teilnehmendenorientierten Kriterien gestaltet, das einen hinreichend komplexen und damit fordernden Lernkontext bildete, selbstgesteuertes Lernen und lebensweltorientierte Forschung und zugleich den seminarübergreifenden Austausch zwischen Bachelorstudierenden förderte. Den Forschungsgegenstand von LuBiS und damit die gemeinsame Klammer der Seminare bildete die Frage nach den Lern- und Betreuungspräferenzen Studierender. Dabei standen sowohl die subjektiven Einschätzungen der Studierenden als auch deren kollektive Orientierungen im Mittelpunkt des Lehrforschungsprojekts. Zur mehrdimensionalen Bearbeitung der Thematik wurden in den jeweiligen Kursen unterschiedliche methodische Zugänge genutzt und seminarübergreifend im Sinn eines MMR-Ansatzes integriert. Durch den Rückgriff auf die verschiedenen Verfahren der empirischen Sozialforschung und deren Kombination war es durch die kursspezifische Fokussierung möglich, die vielfältigen Lern- und Betreuungspräferenzen der Studierenden multiperspektivisch zu erfassen. Um das Forschungsinteresse einzugrenzen, wurden folgende Forschungsfragen definiert:

- Welche Präferenzen hinsichtlich des eigenen Lernens haben Studierende in erziehungswissenschaftlichen Studiengängen an der Goethe-Universität Frankfurt?
- Welche Präferenzen hinsichtlich der Betreuung durch Dozierende haben Studierende in erziehungswissenschaftlichen Studiengängen an der Goethe-Universität Frankfurt?
- Welche Einflussgrößen sind im Hinblick auf die Lern- und Betreuungspräferenzen von Bedeutung?

Vor dem Hintergrund der bspw. in der Erwachsenen-/Weiterbildung sowie der Sozialen Arbeit/Sozialarbeit verbreiteten Lebensweltorientierung (Siebert, 2012; Thiersch, 2014) wurde mit den Lern- und Betreuungspräferenzen ein Forschungsgegenstand gewählt, der – so unsere Annahme – an die unmittelbaren Erfahrungs- und Interessenshorizonte der Studierenden anschlussfähig war.

Die Daten wurden während der Vorlesungszeit des Wintersemesters 2018/2019 erhoben. Die Einschränkung auf die Erforschung erziehungswissenschaftlicher Studiengänge erfolgte aufgrund pragmatischer Gründe, da durch die eigene Lehre im Studiengang der Feldzugang gesichert war. Insgesamt wurden 127 Studierende aus fünf verschiedenen Veranstaltungen im Bachelorstudiengang Erziehungswissenschaften in den Forschungsprozess eingebunden, die sich wie folgt auf die fünf Lehrveranstaltungen der beiden im Curriculum verankerten Forschungsmethodenmodule aufteilten:

1. Regressionsanalyse: Theoretische Grundlagen und praktische Umsetzung (25 Studierende)
2. Das Gruppendiskussionsverfahren: Kollektives Wissen und geteilte Erfahrungen (46 Studierende)
3. Fragebogen I: Konzeption, Konstruktion, Befragung (17 Studierende)
4. Fragebogen II: Eingabe, Auswertung, Analyse (17 Studierende)
5. Mixed (Methods) Research (22 Studierende)

Die einzelnen Seminare wurden so konzipiert, dass sie thematisch an den genannten Forschungsfragen ausgerichtet waren und zugleich als eigenständige Veranstaltungen durchgeführt werden konnten. Für die Studierenden bedeutete das, dass sowohl ein einzelnes Seminar belegt werden konnte als auch eine Kombination mehrerer Seminare zum gleichen Oberthema möglich war. Im Rahmen einer gemeinsamen, seminarübergreifenden Kick-Off-Veranstaltung zu Beginn des Wintersemesters wurde der seminarübergreifende Austausch zwischen den Studierenden angestoßen. Darüber hinaus wurde eine Verknüpfung der Lehrveranstaltungen dadurch hergestellt, dass die Ergebnisse und erarbeiteten Materialien aus den einzelnen Seminaren als Grundlage in den anderen Veranstaltungen genutzt werden konnten. So wurden zum Beispiel die Ergebnisse aus den qualitativen Erhebungen für die Konstruktion des Fragebogens bereitgestellt.

Das Ziel des Seminarkonzeptes bestand darin, die Kompetenzentwicklung der Studierenden hinsichtlich der forschungsbezogenen Multiperspektivität zu fördern. Durch die Bearbeitung der Forschungsfragen und das Durchlaufen des komplexen Forschungsprozesses von der Vorbereitung der Datenerhebung bis zur Ergebnispräsentation war es das Ziel, die Studierenden in die Lage zu versetzen, ihre forschungs- und methodenbezogenen Kompetenzen zu erweitern. Gleichzeitig bot sich durch den Einsatz des MMR-Ansatzes das praktische Erleben der Verknüpfung unterschiedlicher Perspektiven in einen gesamtheitlichen Forschungsprozess.

## 4 Ermöglichung forschungsbezogener Multiperspektivität

Forschungsbezogene Multiperspektivität erfahrbar zu machen, bildete das Hauptziel der LuBiS Seminare. Als Ergebnisse des Projekts zeigten sich diverse Phänomene, die instruktive Ansatzpunkte zur Ermöglichung forschungsbezogener Multiperspektivität als Kernelement einer methodenbezogenen Forschungskompetenz darstellen. Diese sind im Austausch zwischen Studierenden und Lehrenden generiert worden und lassen sich im Wesentlichen auf drei Aspekte reduzieren:

1. *Offenheit gegenüber seminarübergreifenden Formaten*: Die Studierenden, die am Lehrforschungsprojekt teilnahmen, zeigten von Beginn an eine grundsätzliche Offenheit gegenüber diesem spezifischen Format und den damit verbundenen Studienanforderungen. Dieses Phänomen kann umso stärker positiv eingeschätzt werden, da diese nach eigener Einschätzung im Vorfeld keinerlei Erfahrungen mit seminarübergreifenden Lernkontexten sammeln konnten.
2. *Erforschung selbstgewählter und lebensweltnaher Forschungsgegenstände*: Wie auch bereits in anderen Studien belegt, führte auch die Möglichkeit, eigene Forschungsfokusse auszuwählen, zu einer erhöhten Motivation der Studierenden. Dies konnte sowohl während der Bearbeitung der jeweiligen Forschungsprojekte von den Dozierenden als auch bei der Diskussion und Reflexion der Ergebnisse mit den Studierenden beobachtet werden. Die gewählten Themen waren unmittelbar an die eigenen Erfahrungen mit universitären Lern- und Betreuungssituationen anschlussfähig und stießen nach Aussagen der Studierenden inhaltliche wie methodische Reflexionsprozesse an.
3. *Relationierung mehrerer methodischer Zugänge zu einem Forschungsgegenstand*: Gerade die Verknüpfung qualitativer und quantitativer Zugänge erhöhte bei Personen, die in den entsprechenden Seminaren am Lehrforschungsprojekt beteiligt waren, die Chance zu einem verbesserten Kompetenzerwerb im Methodenbereich. Hier zeigte es sich als instruktiv, den Forschungsgegenstand der Lern- und Betreuungspräferenzen in einem vergleichsweise kurzen Zeitraum multimethodisch zu analysieren.

Damit solch ein Seminarkonzept umgesetzt werden konnte, waren eine intensive Vorbereitung und Abstimmung der Seminare notwendig, ein regelmäßiger Austausch über den aktuellen Seminarstand sowie die Offenheit zur (auch kurzfristigen) Anpassung der eigenen Seminarstrukturen und -inhalte im Sinn des Gesamtprojekts. Zentrale Herausforderungen bestanden in der Koordination der Lehrenden hinsichtlich der verknüpften Inhalte über den Verlauf des gesamten Semesters zur optimalen Umsetzung der Teilnehmendenorientierung in allen Kursen sowie die hohen Anforderungen an das Zeitmanagement der Studierenden bei gleichzeitiger Belegung mehrerer LuBiS Seminare.

Im Rahmen von LuBiS konnten demzufolge zentrale Herausforderungen identifiziert werden, die für ähnlich gelagerte Lehrveranstaltungen zu reflektieren sind: Zur Umsetzung eines Lernkontexts, in dem »tiefes, selbstständiges Lernen und das Gestalten komplexer, authentischer, mehrperspektivischer Lernsituationen in multiplen sozialen Kontexten« (Kaufman, Satilmis & Mieg, 2019, S. 2) im Vordergrund steht, bedarf es einer Passung von studentischer Motivation, lehrendenbezogener Vorbereitung und Koordination sowie angemessener struktureller Rahmenbedingungen. Dementsprechend ist die Realisierung des Seminarkonzeptes sowohl wesentlich von der Akzeptanz der Studierenden abhängig als auch durch die begrenzten Ressourcen aller Beteiligten limitiert. Nicht zuletzt könnte die Verzahnung der Methodenmodule gestärkt werden, wenn spezifische Zeitfenster für seminarübergreifende Lehrveranstaltungen zur Verfügung stünden.

Auf Basis der Erfahrungen aus LuBiS wird darüber hinaus deutlich, dass die Gewährleistung dieses Passungsverhältnisses über den Zeitverlauf von der Vorbereitung des Lehrforschungsprojekts bis hin zu seiner Evaluation eine wesentliche Anforderung darstellt, um dem Anspruch Forschenden Lernens gerecht zu werden. Insbesondere mit Blick auf die in den Erziehungswissenschaften existente paradigmatische Differenz von qualitativen und quantitativen Forschungsprozessen zeigt sich das Potential dieses bzw. ähnlich angelegter Lehrforschungsprojekte. So kann die Orientierung an dieser Differenz zugunsten einer pragmatischen Orientierung durchaus abgeschwächt werden, solange es eine gemeinsame inhaltliche Klammer gibt, die sowohl qualitative als auch quantitative Zugänge zum jeweiligen Forschungsgegenstand erlaubt. Gelingt es den Lehrenden dabei, ein lebensweltnahes Thema im Idealfall gemeinsam mit engagierten Studierenden zu entwickeln und dies im Sinn des Forschenden Lernens mit möglichst großen Freiheitsgraden bearbeiten zu lassen, besteht durchaus die Möglichkeit, forschungsbezogene Multiperspektivität im erziehungswissenschaftlichen Studium zu verankern.

# Literatur

Baur, N., Kuckartz, U. & Kelle, U. (2017). Mixed Methods – Stand der Debatte und aktuelle Problemlagen. *Mixed Methods. Sonderausgabe der Kölner Zeitschrift für Soziologie und Sozialpsychologie 69* (Supplement Issue 2), 1–37.
Blasius, J. (2019). Skalierungsverfahren. In N. Baur & J. Blasius (Hrsg.). *Handbuch Methoden der empirischen Sozialforschung* (S. 1437–1449). Wiesbaden: Springer VS.
Bohnsack, R., Przyborski, A. & Schäffer, B. (Hrsg.) (2010). *Das Gruppendiskussionsverfahren in der Forschungspraxis*. Opladen: Budrich.
Breuer, F., Muckel, P. & Dieris, B. (2017): *Reflexive Grounded Theory*. Wiesbaden: Springer.
Burzan, N. (2010): Zur Debatte um die Verknüpfung qualitativer und quantitativer Sozialforschung. In A. Honer, M. Meuser & M. Pfadenhauer (Hrsg.). *Fragile Sozialität. Inszenierung, Sinnwelten, Existenzbastler* (S. 93–102). Wiesbaden: VS.
Creswell, J. W. & Plano Clark, V. L. (2017). *Designing and conducting mixed methods research*. Los Angeles: Sage.
Denzin, N. (1970). *The research act. A theoretical introduction to sociological methods*. New York: McGraw Hill.

Döring, N. & Bortz, J. (2016). *Forschungsmethoden und Evaluation in den Sozial- und Humanwissenschaften*. Berlin: Springer.

Erzberger, C. (1998). *Zahlen und Wörter. Die Verbindung quantitativer und qualitativer Daten und Methoden im Forschungsprozeß*. Weinheim: Deutscher Studien Verlag.

Goethe-Universität Frankfurt am Main (2013). Erste universitätsweite Studierendenbefragung an der Goethe-Universität. Erster Ergebnisbericht. https://www.uni-frankfurt.de/46821406/Gesamtbericht-FINAL.pdf. [30.09.2020].

Göhring, R. & Götz, C. (2017). *Studierendenstatistik Sommersemester 2017*. Frankfurt am Main: Studien-Service-Center.

Grunert, C., Ludwig, K. & Hüfner, K. (2020). Studiengänge und Standorte im Hauptfach. In H. J. Abs, H. Kuper & R. Martini (Hrsg.). *Datenreport Erziehungswissenschaft 2020. Erstellt im Auftrag der Deutschen Gesellschaft für Erziehungswissenschaft (DGfE)*. Opladen: Budrich.

Jahoda, M., Lazarsfeld, P. & Zeisel, H. (1975). *Die Arbeitslosen von Marienthal. Ein soziographischer Versuch über die Wirkung langandauernder Arbeitslosigkeit*. Frankfurt am Main: Suhrkamp.

Johnson, R. B. &. Christensen, L. B. (2014). *Educational research. Quantitative, qualitative, and mixed approaches*. Los Angeles: Sage.

Johnson, R. B., Onwuegbuzie, A. J. & Turner, L. A. (2007). Toward a definition of mixed methods research. *Journal of Mixed Methods Research* 1(1), 112–133.

Kaufmann, M. E., Satilmis, A. & Mieg, H. A. (2019). Einleitung: Forschendes Lernen in den Geisteswissenschaften. In M. E. Kaufmann, A. Satilmis & H. A. Mieg (Hrsg.). *Forschendes Lernen in den Geisteswissenschaften* (S. 1–18). Wiesbaden: Springer.

Kromrey, H., Roose, J. & Strübing, J. (2016). *Empirische Sozialforschung. Modelle und Methoden der standardisierten Datenerhebung und Datenauswertung*. Stuttgart: UTB.

Kuckartz, U. (2014). *Mixed Methods. Methodologie, Forschungsdesigns und Analyseverfahren*. Wiesbaden: Springer VS.

Morse, J. (1991). Approaches to qualitative-quantitative methodological triangulation. *Nursing Research* 40 (2), *120–123*.

Schooneboom, J. & Johnson, B. R. (2017). How to construct a mixed methods research design. *Mixed Methods. Sonderausgabe der Kölner Zeitschrift für Soziologie und Sozialpsychologie* 69 (Supplement Issue 2), 107–131.

Siebert, H. (2012). *Didaktisches Handeln in der Erwachsenenbildung. Didaktik aus konstruktivistischer Sicht*. Augsburg: Ziel.

Tashakkori, A. M. & Teddlie, C. B. (1998). *Mixed methodology: Combining qualitative and quantitative approaches*. Thousand Oaks: Sage.

Thiel, F. & Böttcher, F. (2014). Modellierung fächerübergreifender Forschungskompetenzen – Das RMKR-W-Modell als Grundlage der Planung und Evaluation von Formaten forschungsorientierter Lehre. In B. Berendt, A. Fleischmann, J. Wildt, N. Schaper & B. Szczyrba (Hrsg.). *Neues Handbuch Hochschullehre* (I 2.10, S. 109–124). Berlin: Raabe.

Thiersch, H. (2014). *Lebensweltorientierte soziale Arbeit. Aufgaben der Praxis im sozialen Wandel*. Weinheim: Beltz.

Vogl, S. (2019). Gruppendiskussion. In N. Baur & J. Blasius (Hrsg.). *Handbuch Methoden der empirischen Sozialforschung* (S. 695–700). Wiesbaden: Springer VS.

Weischer, C. & Diaz-Bone, R. (2015). Realdefinition. In R. Diaz-Bone & C. Weischer (Hrsg.). *Methoden-Lexikon für die Sozialwissenschaften* (S. 341). Wiesbaden: Springer VS.

# Wenn Zahlen zählen – Statistisches Denken im erziehungswissenschaftlichen Kontext lehren und lernen

*Claudia Meindl*

## Die Bedeutung wissenschaftlicher Methoden und Statistik

»A certain elementary training in statistical method is becoming as necessary for anyone living in this world of today as reading and writing«, prognostizierte H. G. Wells schon im Jahr 1938. Statistische Grundkenntnisse gelten zurecht als zentraler Bildungsbestandteil auch für Menschen des 21. Jahrhunderts (Utts, 2003). Und kritisches Denken als Leitziel der Hochschullehre beinhaltet nach Kruse (2010, S. 81) immer auch ein »methodisch bewusstes Denken«, es »impliziert das Vermögen, sich auf neue, noch nicht erschlossene Inhalte einzustellen und sie einer rationalen Bearbeitung zugänglich zu machen. (...) Je nach Disziplin ist dabei eine kontrollierte Datenerhebung und genaue Dateninterpretation, ein reflektierter Umgang mit Quellen, die Entwicklung begründeter Handlungskonzepte oder analytischer Schärfe in der Auseinandersetzung mit einem Problem das, was kritische Denkerinnen und Denker lernen müssen« (ebd., S. 79 f.).

Soweit der nachvollziehbare Anspruch, auf den sich viele Beteiligte im Bildungsbereich sicherlich verständigen können. Und die universitäre Lebenswirklichkeit? Wie lässt sich dieser Anspruch hier einlösen? Wenn es um das Thema Statistik geht, haben es beide Seiten nicht leicht, Studierende und Lehrende. Bereits 1983 thematisierte Rolf Schulmeister in der bekannten Hamburger Studie »die Angst des Studenten vor der Statistik« (1983, S. 1). Und auch die Analyse von Rolf Webel (1983, S. 6) scheint an Aktualität nichts eingebüßt zu haben. Auf die Frage, woher ihrer Ansicht nach der Unmut über statistische Lehrveranstaltungen und die fehlenden Lernerfolge kämen, gaben die Studierenden an:

- »die, wenn vorhanden, nicht durchschaubare Relevanz der Statistik für die spätere Berufspraxis
- der nicht erkennbare Bezug der Statistik zu den inhaltlichen Bereichen des Studiums
- der fehlende Bezugsrahmen für die Anwendbarkeit statistischer Verfahren
- die Fülle des Unterrichtsstoffes
- der abstrakte und formale Charakter der Unterrichtsinhalte
- die vorlesungsähnliche Vermittlung der Statistik
- das durch Prüfungsangst motivierte Lernen« (Webel, 1983, S. 6).

Auch die Klagen der Lehrenden lassen sich ohne weiteres in die heutige Zeit übertragen. Sie gaben als Ursachen an:

- »die auf eine nicht-forschende Berufstätigkeit ausgerichtete Studienmotivation der Mehrzahl der Studenten
- die Wissenschaftsfeindlichkeit der Studenten
- die fehlenden logischen und mathematischen Kenntnisse der Studenten
- die Fülle des zu vermittelnden Unterrichtsstoffes
- die unzureichenden Unterrichtsbedingungen
- die nur extrinsisch durch Prüfungsdruck motivierten Lernanstrengungen der Studenten« (Webel, 1983, S. 6).

Wie sieht es aber 37 Jahre später aus? Mit welchen Einstellungen, Erwartungen und Befürchtungen besuchen Studierende der Erziehungswissenschaften eine Statistiklehrveranstaltung? Und welche Schlüsse lassen sich daraus ziehen? Wie kann und sollte also Methodik gelehrt werden? Neben der jedes Semester durchgeführten universitätsweiten Lehrveranstaltungsevaluation erhebe ich seit 2014 in allen meinen Statistik-Lehrveranstaltungen (Bachelor- und Masterstudiengang) dazu Daten. Das Setting: Jede Lehrveranstaltung beginnt und endet mit einem Impulsfragebogen. Die darin gestellte Aufgabe für die Studierenden: Ohne lange nachzudenken, Aussagen zu ergänzen. Die Antworten[1] zeigen: Methodik (insbesondere Statistik) zu lernen, ist für viele Studierende erst einmal eine große Herausforderung, die aber mithilfe unterschiedlicher Maßnahmen bewältigt werden kann. Einige dieser Maßnahmen sollen im Folgenden dargestellt werden. Um diesen Prozess nachvollziehen zu können, ist es aber zunächst notwendig, einen (biographischen) Schritt zurückzugehen und sich mit den Vorerfahrungen aus dem schulischen Mathematikunterricht zu beschäftigen (1). Sie bestimmen mit, mit welchen Erwartungen Studierende ein Statistikseminar besuchen (2). Neben dem Umgang mit der bedingten Wahrscheinlichkeit als zentrale Maßnahme (3), wird außerdem die Bedeutung von virtuellen Lehrräumen und Übungsblättern (4), weiblichen Rollenmodellen (5) und Selbstwirksamkeitskonzepten (6) aufgezeigt. Das letzte Wort haben dann wieder die Studierenden (7). Ihre Antworten zeigen abschließend, dass durch diese Maßnahmen ein Perspektivwechsel initiiert werden kann: Zu Beginn eine eher ablehnende Haltung gegenüber Statistik; am Ende die Einsicht, dass methodische Kompetenzen evidenzbasierte Entscheidungen im privaten und öffentlichen Leben ermöglichen und damit auch eine informierte Teilhabe an der Gesellschaft.

---

1 Diese Antworten sind im Text immer kursiv gesetzt. Wegen der besseren Lesbarkeit wurden sie teilweise sprachlich bearbeitet (Rechtschreibung, Zeichensetzung, Grammatik), aber dadurch nicht inhaltlich verändert. Einige Antworten wurden außerdem nach inhaltlichen Kriterien gruppiert. Ein Trennungsstrich (|) kennzeichnet in solchen Fällen, dass es sich dabei um Aussagen von verschiedenen Personen handelt.

# Die Rolle von schulischen (Vor-)Erfahrungen aus dem Mathematikunterricht

Mit welchen Vorerfahrungen kommen Studierende an die Universität? Anhand der Impulsfrage: *In der Schule war Mathe für mich ...?* lässt sich dieser Frage nachgehen. Dabei zeigt sich, dass es in jeder Lehrveranstaltung durchaus auch einige ›Matheliebhaber‹ gibt.

- *Toll. Hat mir tatsächlich Spaß gemacht.*
- *Relativ einfach und hat Spaß gemacht.*
- *Mein Leistungsfach. Meine Stärke*
- *Besonders in der Oberstufe (Klasse 12 und 13) interessant, und ich hatte viel Freude am Lösen der Aufgaben.*
- *Ein faszinierendes Fach*
- *Ein Schulfach, das mir »Spaß« bereitet hat. Natürlich hatte ich auch meine Schwierigkeiten mit dem Fach, aber es war ein »gutes« Fach.*
- *Angenehm. Schöne Abwechslung zu den sprachlichen Fächern. / Ein guter Ausgleich zu dem vielen Geschreibe in Deutsch.*
- *Anstrengend, aber interessant. Etwas, wofür man seinen Kopf richtig anstrengen muss, und das war gut.*
- *Mein Lieblingsfach. Ich liebe es, knifflige Aufgaben zu lösen.*

Diese Aussagen treffen allerdings nur auf eine Minderheit der Studierenden zu. Die Mehrheit scheint leider mit negativen Erfahrungen an die Hochschule zu kommen. Dieses Verhältnis (positive vs. negative Vorerfahrungen) hat sich in den letzten Jahren auch nicht verändert, obwohl im Hochschulbereich die Mathematikdidaktik (und damit die Ausbildung von zukünftigen schulischen Lehrkräften) aufgewertet wurde. Sehr deutlich wird auch, dass der Mathematikunterricht oft als angstbesetzt erlebt wurde:

- *Eine sehr große Herausforderung*
- *Ein riesiges Hindernis auf dem Weg zum Abitur*
- *Spannend, aber meist frustrierend*
- *Nervig und schwierig*
- *Hieroglyphen*
- *Die Ursache/der Anlass für manche Albträume*
- *Eine Katastrophe!*
- *Nur mit negativen Erfahrungen verbunden*
- *Das schlimmste Fach. Das schwierigste Fach.*
- *Die Hölle, obwohl ich im Leistungskurs war.*
- *Scheiße. Ich kann mir Zahlen schlecht vorstellen und bin im Unterricht oft nicht mitgekommen.*
- *Ab der Abi-Zeit qualvoll*
- *Traumatisch. Ein »Angstfach«. Prüfungsangst PUR!*

Auffällig ist auch, dass der schulischen Lehrkraft bereits eine besondere Rolle zugewiesen wird, was den Lernerfolg angeht:

- *Bei einigen Lehrern angenehm und gut machbar, bei anderen schrecklich*
- *Interessant, aber von den »falschen« Lehrern unterrichtet*
- *Der Erfolg war trotz Anstrengung abhängig von der Kompetenz des Lehrers.*
- *Mit Angst verbunden (Lehrer haben Schüler auch des Öfteren vorgeführt).*
- *Dank einer guten Lehrerin ganz okay*

## Die Rolle von Erwartungen

Fragt man am Anfang der Lehrveranstaltung weiter nach den Vorstellungen (*Mit Statistik verbinde ich ...?*), dominiert auch hier ein bestimmtes Bild, welches oft emotional geprägt ist.

- *Oberfränkische Drill-Instruktoren*
- *Bauchschmerzen*
- *Furcht. Viel Furcht*
- *Eine Quälerei*
- *Prüfungsangst. Angst, schlechte Noten, kein richtiges Verständnis über das Thema*
- *Schwierige Rechnungen. Angst vorm Durchfallen*
- *Wirr-Warr im Kopf*
- *Nervenzusammenbrüche, Wahrsagerei*
- *Ein notwendiges Übel*

Neben der emotionalen Dimension zeigt sich auf der inhaltlichen Ebene, dass die Erwartungen und Vorstellungen über statistische Methoden in den Erziehungswissenschaften häufig noch sehr stark von der Schulmathematik her geprägt sind, bspw.:

- *Würfel und Überraschungseier*
- *Kuchendiagramme und Totschlagargumente*
- *Bunte Kugeln und Wahrscheinlichkeit*
- *Grafiken und Zahlen*
- *Viel mit Stochastik*

In einigen Antworten finden sich Bezüge, die über die schulischen Erfahrungen hinausgehen und auf das Vorkommen von Statistik im Alltag verweisen. Teilweise wird hierbei auch schon auf die Möglichkeit hingewiesen, Daten zu fälschen und mit ihnen damit auch manipulieren zu können:

- *Statistisches Bundesamt*

- *Praxisrelevante Mathematik*
- *Dass man sie in vielen Bereichen vorfindet*
- *Fälschung*
- *Einen Satz, den man überall hört: »Traue nur einer Statistik, die du selbst gefälscht hast!«*

Ganz selten finden sich am Anfang bereits solche Antworten, die schon einen Bezug zur Forschung erkennen lassen:

- *Daten, Zahlen und Fakten*
- *Dass Ergebnisse von Studien in Zahlen anschaulich gemacht werden*
- *Dass man dadurch verschiedene Sachen auswerten und mit anderen Ergebnissen vergleichen kann*
- *Zusammenhänge zu verstehen*

## Die Bedeutung für die eigene Lebenswelt – wenn Zahlen wirklich zählen

Statistik ist also leider zunächst etwas, das für viele Studierende angstbesetzt ist (Baharun & Porter, 2009; Schulmeister, 1983) und zudem keinen Bezug zur angestrebten beruflichen Praxis oder gar zur eigenen Lebenswelt hat. Pointiert hat dies eine Studentin im Impulsfragebogen zusammengefasst: *Mit Statistik verbinde ich Datenerfassung und Analyse, nicht Erziehungswissenschaft.* Wie kann hier der notwendige Perspektivwechsel hin zu einem methodischen Grundverständnis gelingen? Ein zentraler Schlüssel in mehrfacher Hinsicht: Die Beschäftigung mit der bedingten Wahrscheinlichkeit. Sie verknüpft zwei Ereignisse (bspw. A und B) miteinander, ist also die Wahrscheinlichkeit für das Eintreten eines Ereignisses A unter der Bedingung, dass Ereignis B bereits eingetreten ist. Mit solchen bedingten Wahrscheinlichkeiten korrekt argumentieren zu können, gilt zu Recht als ein wichtiger Bestandteil von Statistical Literacy (Biehler & Engel, 2015). In der Literatur lassen sich allerdings etliche Beispiele zum statistischen Urteilen finden, die zeigen, dass viele Menschen erhebliche Schwierigkeiten haben, solche Wahrscheinlichkeiten richtig wahrzunehmen und miteinander in Beziehung zu setzen. So haben Studien von Gigerenzer (2004; 2014) ergeben, dass ganz unterschiedliche Berufsgruppen im medizinischen und juristischen Bereich an solchen Aufgabenstellungen scheitern. In den Sozialwissenschaften sieht es nicht besser aus. So berichten bspw. Humpert, Hauser & Nagl (2006) von gravierenden Fehlinterpretationen von Pädagogik-Studierenden im Umgang mit einer Studie. Und dass fehlende Kenntnisse nicht nur ein Problem von Studierenden sind, konnten Krauss & Wassner (2002) zeigen. In ihrer Untersuchung scheiterten auch 89,7 % der Wissenschaftler und immerhin auch 80 % der Statistiklehrenden an der gestellten Aufgabe zum Thema Signifikanz. Es scheint deshalb nicht ausreichend zu sein, nur Verfahren oder Werkzeuge zum Lösen von Aufgaben zu lehren. Zu zeigen, wie man mit solchen Wahrscheinlichkeiten auch konkrete Probleme lösen kann, hilft dabei, korrekte Intuitionen zu entwickeln und mit Zufall und Kausalität richtig umzugehen (Biehler & Engel, 2015; Kapadia & Borovcnik, 2017).

In meinen Methodik-Lehrveranstaltungen[2] besteht für die Einstiegs-Sitzung zur bedingten Wahrscheinlichkeit Anwesenheitspflicht (ausschließlich für diese Sitzung). Begründet wird dies im Vorfeld mit der Wichtigkeit dieses Themas. »Guter Unterricht beginnt mit Geschichten, die motivieren und einen Bezug zum Leben (...) herstellen«, eine Ansicht von Gigerenzer (2014, S. 315), die auch von Studierenden geteilt wird: *Ich finde an Statistik wichtig, dass sie praxisnah gelehrt wird.* Der Ausgangspunkt ist deshalb ein real auftretendes Problem. Als Rahmung wird dazu die Debatte über den Umgang mit den neuen Möglichkeiten und Risiken der Pränatal-Diagnostik gewählt. Wichtig ist dabei der Hinweis, dass hier keine politische Debatte geführt werden soll. Entscheidend ist der Erwerb einer individuellen Kompetenz im Umgang mit solchen Daten in ihrem jeweiligen Kontext. Für die Studierenden wird sichtbar: Es handelt sich hierbei nicht um irgendeinen beliebigen Stoff, sondern um ein Problem aus der Lebenswelt, was viele erkennbar motiviert, sich überhaupt auf das Thema Wahrscheinlichkeit einzulassen. Der zweite Schritt konfrontiert die Studierenden mit ihren eigenen Intuitionen über Wahrscheinlichkeiten. Hier ist das Ziel zu vermitteln, dass selbst bei einer ablehnenden Haltung gegenüber Statistik immer auch Annahmen über Ursachen und Wirkungen von Ereignissen und ihre Wahrscheinlichkeiten vorhanden sind. Dazu soll die folgende Aufgabe zunächst in Einzelarbeit bearbeitet werden:

> Für eine genetische Erkrankung, die zu einer schweren geistigen Störung führt, liegt ein Test zur Früherkennung vor. Liegt ein Gendefekt vor, liefert der Test mit einer Wahrscheinlichkeit von 0,92 ein positives Testergebnis. (...) Liegt keine Anomalie vor, liefert der Test mit einer Wahrscheinlichkeit von 0,9 ein negatives Ergebnis. (...) Angenommen, dieser Gendefekt tritt bei 1 von 800 Kindern auf. Eine Schwangere lässt sich testen. Das Testergebnis ist positiv. Wie groß ist die Wahrscheinlichkeit, dass das Kind tatsächlich an diesem Gendefekt leidet? Wie ist Ihre Einschätzung? Bitte notieren sie Ihren Wert (nach Meindl, 2011).

Auch die Lesenden können sich einmal daran versuchen, wenn sie das Bayes-Theorem noch nicht (oder nicht mehr) kennen. Sind alle Verständnisfragen geklärt, werden auf freiwilliger Basis die Rückmeldungen der Studierenden gesammelt. Hier zeigt sich immer wieder, dass bei den meisten die Schätzwerte zwischen 70–90% liegen. Nur sehr wenige geben eine Wahrscheinlichkeit unter 10 % oder sogar unter 5 % an. Danach folgt die Auflösung, die oft zu starken Reaktionen im Plenum führt: Das Testergebnis ist positiv, die Wahrscheinlichkeit aber, dass das Kind an diesem Gendefekt leidet, liegt lediglich bei 1,13 %. Es würde hier zu weit führen, die Berechnung und das zugrundeliegende Bayes-

---

2 Vor allem im Grundlagenmodul Methodik im Bachelorstudiengang Erziehungswissenschaft, teilweise auch noch im Masterstudiengang.

Theorem aufzuzeigen (bei Bedarf ist das nachzulesen bei Meindl, 2011, S. 117 ff.). Beim Nachvollziehen helfen in der Lehrveranstaltung bestimmte Darstellungsformate (Vierfeldertafeln und Baumdiagramme), aber auch die Arbeit mit natürlichen Häufigkeiten (Wassner, Martignon & Sedlmeier, 2002; Gigerenzer & Martignon, 2015). In einem letzten Schritt wird gemeinsam erarbeitet, wie solche Fehlschlüsse zustande kommen können, mit dem Ziel, den zunächst aufgetretenen Widerspruch zwischen eigener Intuition und Mathematik aufzuheben. Fragt man am Ende des Semesters die Studierenden, worüber sie besonders überrascht waren, antworten sie häufig:

- *Das Thema der Wahrscheinlichkeit in Bezug auf die Stunde, in welcher wir über Fehldiagnosen gesprochen haben.*
- *Der Part mit den ärztlichen Prognosen. Ich finde das lebenswichtig. Wie die Statistik Leben retten kann.*
- *Dass es sich auch aufs Leben bezieht.*
- *Ein sehr interessantes Fach, logisch komplex, im Leben anwendbar.*
- *Wie »praktisch« Statistik sein kann, für mein Leben Relevanz haben kann.*
- *Wichtig für die Forschung; vielseitig; wichtig auch für den Alltag*
- *Praxisbezug Statistik. Dass Parallelen zum realen Leben gezogen wurden.*
- *Den Gebrauch im Alltag. Darüber, wie sehr es einem im Alltag helfen kann.*
- *Jetzt ist Statistik für mich viel verständlicher und auch etwas, das einem auch außerhalb der Uni bzw. des Seminars nützlich werden kann.*
- *Dass das Thema verständlicher und realitätsnäher ist, als ich dachte. Die vielen Beispiele und Bezüge aus dem echten Leben, das hat es super interessant gemacht.*

Es geht mir allerdings nicht nur um Statistical Literacy, obwohl solche Kompetenzen in Zeiten von ›alternative facts‹ von unschätzbarem Wert sind (Nikiforidou, Lekka & Pange, 2010). Von Bedeutung ist hier auch, Studierenden zu vermitteln, wie der Satz von Bayes und die im Seminar behandelten Signifikanztests konzeptuell miteinander verknüpft sind. Es zahlt sich letztendlich aus, der Vermittlung von solchen grundlegenden Konzepten viel Raum zu geben. Daten eigenständig zu verstehen, zu interpretieren und zu bewerten, lässt sich aber auch durch die Lektüre von Studien üben. Der Wiedererkennungseffekt hilft dann dabei, Gelerntes zu verankern. Da viele zunächst mit der Lektüre überfordert sind, wird zuerst das eingesetzte statistische Verfahren isoliert erarbeitet, das dann durch eine Studie in einen erziehungswissenschaftlichen Kontext gesetzt wird. Auf diese Weise können auch einige Prinzipien zur Beurteilung von wissenschaftlichen Texten vermittelt werden. Zuerst wird also bspw. der t-Test für abhängige und unabhängige Gruppen erarbeitet und auf einen kleinen Datensatz angewendet, also gerechnet. Dann wird das Design einer dazu passenden Studie vorgestellt. In diesem Fall bspw. eine Untersuchung über die Unterschiede von Kindern und Jugendlichen in voll- und teilstationären Jugendhilfemaßnahmen (Schmidt et al., 2006). Die Studierenden lernen, den Aufbau der Studie zu erkennen und die entsprechenden Kennzahlen, Tabellen und Abbildungen zu interpretieren. Abschließend wird nach Alternativen gefragt (wie hätte man also die Daten vielleicht auch erheben und berechnen können?) und ggf. vielleicht auch auf Probleme hingewiesen (Stichprobenziehung, Darstellung und Interpretation der Daten etc.). Dass man mit Daten auch manipulieren kann, ist dabei einigen schon vorab bewusst. Viele reagieren aber verblüfft, wenn sie bspw. von der publication bias[3] erfahren, also einer unausgewogenen Berichterstattung in der Wissenschaft, und sie haben auch erst einmal großes Vertrauen in akademische Autoritäten.

## Die Rolle von E-Learning-Angeboten und online-Übungsaufgaben (medox)

Aber nicht nur Präsenzveranstaltungen, auch E-Learning-Angebote können beim Statistik-Lernen und der Ausbildung einer reflexiven Haltung helfen (Borba et al., 2016). Die ›klassische‹ Präsenzlehre ermöglicht den für das Lernen so wichtigen sozialen Austausch und den direkten Kontakt mit der Lehrperson, das zeigt exemplarisch auch die Antwort einer Studentin auf die Frage, was rückblickend als besonders wichtig für den eigenen Lernerfolg gesehen wird: *Dass ich mit Kommilitonen zusammen lernen kann und mich über Statistik austauschen kann.* E-Learning-Elemente erweitern aber diesen physischen Lehr-Lernraum durch einen virtuellen (Horz & Schulze-Vorberg, 2017). Sie erlauben es, individuelle und zeitlich flexible Lernsituationen zu gestalten (mobiles Lernen) und erreichen damit auch die Studierenden, die mit den traditionellen Lehrangeboten zur Statistik aus ganz unterschiedlichen Gründen Schwierigkeiten haben (Schulmeister et. al, 2005). Studien deuten allerdings daraufhin, dass digitale Tools nicht von allen Studierenden gleichermaßen gut angenommen werden. Die studentische Akzeptanz wird dabei auch von subjektiven Normen der jeweiligen Fachkultur beeinflusst. So zeigten sich in einer Studie von Gegenfurtner, Fisch & Reitmaier-Krebs (2017) Studierende der Kindheitspädagogik distanzierter und kritischer gegenüber E-Learning-Elementen als die ebenfalls befragten Mathematik-Studierenden. Für die Entwicklung von *medox*[4], einer Lehr-Lernplattform für empirische Methoden und Statistik, wurde auch deshalb bewusst ein bottom-up-Ansatz gewählt (Meindl, 2015), der die Studierenden in die Entwicklung und Ausgestaltung der Plattform von Beginn an in vielen Aspekten (Inhalt, Design, etc.) mit einbezogen

---

3 Studien mit signifikanten (›positiven‹) Ergebnissen haben danach eine höhere Wahrscheinlichkeit, zur Publikation eingereicht und dann auch publiziert zu werden. Einen ähnlichen Effekt kann ich auch aus meinen referatsbasierten Seminaren berichten. Hier werden von Studierenden oft nur die signifikanten, also die vermeintlich wichtigen Ergebnisse von Studien referiert.

4 medox ist eine modular aufgebaute und interdisziplinär ausgerichtete Lehr- und Lernplattform für empirische Forschungsmethoden und Statistik, die sich aus den Modulen Datenbanken, Übungsaufgaben, Wissensspeicher, Wissenschaftliches Arbeiten und Werkzeuge, eLectures und Projektarbeiten zusammensetzt. Sie ist für Angehörige der Goethe-Universität erreichbar unter: https://medox.uni-frankfurt.de

hat. Von allen medox-Modulen spielt das Modul »Übungen« für den Statistik-Erwerb die größte Rolle. Es enthält nicht nur von mir entwickelte Aufgaben. Alle Studierenden müssen als Nachweis der aktiven Teilnahme Übungsaufgaben entwickeln. Diese werden dann von mir korrigiert, ggf. aus didaktischen Gründen inhaltlich angepasst und in medox eingepflegt. Das Thema bzw. das statistische Verfahren bestimmt der Zufall, die Themen werden also verlost. Durch das Bearbeiten der Übungsblätter wird zum einen das gefürchtete ›Klausur-Bulimie-Lernen‹ verhindert. Auch das Erreichen der wichtigen Nahziele wird für jeden individuell sichtbar. Zum anderen wird durch die Auflage, erziehungswissenschaftliche Fragestellungen zu entwickeln, die mit dem statistischen Verfahren ausgewertet werden können, eine Rückkopplung hergestellt. Die Studierenden reflektieren darüber, welche Themenbereiche und Fragestellungen sie im Studium bereits kennengelernt haben. Welche große Bedeutung den Übungsblättern zukommt, zeigen die vielen gleichlautenden Antworten auf den Impuls: *Für meinen eigenen Lernerfolg war besonders wichtig …*, hier exemplarisch:

- *Die Entwicklung einer eigenen Aufgabe, da dadurch die Praxisrelevanz deutlich wurde.*
- *Vermutlich die Übungsblätter, da sie tatsächlich dazu zwingen, das Erlernte auch zu üben.*

Die Entwicklung einer eigenen Aufgabe und die Speicherung auf medox durchbricht die »Konsumhaltung«, die Kruse (2010, S. 85) kritisiert, bindet Studierende nachhaltig ein und wird von Vielen auch als sinnstiftend wahrgenommen.

## Die Bedeutung der Dozentin als Rollenmodell

Nicht vernachlässigt werden sollte allerdings auch ein Gender-Aspekt. Bereits Schüler und Schülerinnen haben bestimmte Vorstellungen darüber, welche Merkmale jeweils typisch sein sollen für Wissenschaftlerinnen und Wissenschaftler (Christidou, 2011). Sie nehmen wahr, dass in der Öffentlichkeit Wissenschaftlerinnen unterrepräsentiert sind und entwickeln auf dieser Basis Einstellungen, die die späteren Studien- und Karriereentscheidungen beeinflussen können. Wer in der Wissenschaft arbeitet, ist männlich und ein zumeist älterer Bartträger (Hagenkötter et al., 2020). Sogar am Ende des Studiums, bei der Wahl des Promotionsthemas, lässt sich in einigen Sozialwissenschaften ein zeitlich stabiler Trend zu einer geschlechtsstereotypen Spezialisierung erkennen. Studenten interessieren sich danach eher für Forschungsmethoden und Statistik (Bittermann, Greiner & Fischer, 2020). Nach Marx & Roman (2002) spielen Lehrpersonen eine entscheidende Rolle, zum einen bei der Identifikation im mathematischen Bereich, zum anderen aber auch für den Lernerfolg, gerade von Studentinnen. Sie plädieren deshalb dafür, durch weibliche Rollenmodelle das auftretende »gender gap« bei mathematischen Tests abzumildern (Marx & Roman, 2002, S. 1191). Das gilt in vergleichbarer Weise auch für das Peer Learning. Es braucht also nicht nur mehr Dozentinnen in diesem Bereich. Auch Studentinnen sollten zukünftig verstärkt dazu ermuntert werden, als Statistik-Tutorinnen zu arbeiten, zumal sich daraus keine Nachteile für Studenten ergeben. Sie scheinen gleichermaßen von solchen Rollenmodellen zu profitieren.

## Die Rolle der Selbstwirksamkeit

Gehen wir abschließend zur Eingangsbeobachtung zurück, also zu den Erfahrungen aus der Schulzeit. Eine Studentin hat auf die Impulsfrage: *Besonders schwer gefallen ist mir…* angegeben: *Meine frühere Angst und Ablehnung der Mathematik gegenüber aus der Schule abzulegen.* Eine andere hat sich zu Beginn vorgenommen: *Mein persönliches Ziel für den Kurs ist, meine Einstellung zu Stochastik bzw. zu Statistik ins Positive zu wenden.* Warum sind diese vielen negativen Erfahrungen ein so großes Hindernis? Warum gilt nicht einfach: ›Neues Spiel, neues Glück‹, um in der Stochastik zu bleiben? Nach Bandura (1977; 1997) sind nicht nur Intelligenz, Wissen oder Können entscheidend für Erfolg. Auch die Überzeugung, aus eigener Kraft etwas erreichen zu können, spielt eine Rolle. Er konzeptualisierte zwei zentrale Erwartungen, die verschiedene Motivationsprozesse beeinflussen können: Zum einen die Selbstwirksamkeitserwartung (SE), also die Annahme, dass man in der Lage ist, erfolgreich ein Ergebnis durch das eigene Verhalten erzielen zu können. Zum anderen die Konsequenzerwartung, also die Einschätzung, dass ein Verhalten auch zu gewissen Ergebnissen führen wird. Traut sich bspw. eine Studentin zu, in der Vorlesung eine schwierige Frage der Dozentin richtig zu beantworten (SE), wird die Konsequenz erwartet, dafür Anerkennung zu erhalten (durch die Lehrende und die Peers). Der mehrdimensionalen Selbstwirksamkeit schreibt Bandura dabei eine besondere Rolle für Verhaltensänderungen zu. Sie bestimmt vor allem, wie ich handele, wie sehr ich mich anstrenge und ob ich nicht gleich wieder aufgebe. Dabei kommt es auf den Grad der Herausforderung (leichte Aufgabe oder anspruchsvolle Klausur) und die Stärke meiner Erwartung an. Wichtig scheint auch zu sein, ob es sich um eher allgemeine Erwartungen oder um spezifischere Annahmen, also bspw. um akademische Selbstwirksamkeitserwartungen handelt, die sich oft auf Leistungssituationen beziehen (Bong & Skaalvik, 2003). Woher kommen solche Erwartungen? Bereits Bandura (1997) vermutete mehrere Informationsquellen. Danach spielt es eine Rolle, welche Ursachen (Attributionsmuster) man einem Ereignis wie bspw. einer schlechten Note zuschreibt (also etwa: ich kann einfach kein Mathe, ich habe mich nicht genug angestrengt, ich war zu müde vom vielen Jobben, die Dozentin kann nicht erklären, oder die Klausur ist viel zu schwer gewesen). Besonders stark wirken hier Erfolgs- bzw. Misserfolgserlebnisse. Kann der Erfolg bei einer eher schwierigen Herausforderung auf die eigene Leistung zurückgeführt werden, steigt die

Selbstwirksamkeitserwartung deutlich an (Usher & Pajares, 2009; van Dinther, Dochy & Segers, 2011). Eine andere Quelle für solche Effekte ist das Modelllernen, also das Lernen über soziale Vergleiche, und die Unterstützung durch Modelle wie etwa Tutoren und Tutorinnen. Hilfreich sind schließlich auch Feedbacks als Beispiel für verbale Einflüsse (Hattie & Timperley, 2007). In meinen Lehrveranstaltungen werden deshalb zu Beginn und konsequent in jeder Sitzung die bis jetzt erreichten Etappenziele visualisiert. Anschließend wird das nächste Nahziel formuliert und welche Schritte zur Zielerreichung notwendig sind. Ebenso sind Übungsphasen ein integraler Bestandteil, in denen Aufgaben zum kurz zuvor präsentierten Stoff in immer wieder wechselnden Zweiergruppen gelöst werden müssen (Tandemlernen). Die bereits erwähnten Übungsblätter werden ausnahmslos korrigiert, und alle Studierenden erhalten mehrfach ein Feedback über ihr Leistungsniveau. Den positiven Einfluss auf die Selbstwirksamkeitserwartungen zeigen die Antworten am Ende auf die Frage: *Am meisten überrascht war ich über...*

- *Mein Wissen. Am Anfang hatte ich echt Angst, dass ich gar nichts verstehe, aber das Gegenteil wurde bewiesen.*
- *Darüber, dass ich relativ schnell relativ viel verstanden habe.*
- *Von meiner eigenen Leistung. Ich hatte nicht gedacht, dass ich das Pensum so gut halten kann.*
- *Wie ich vieles alleine rechnen kann.*
- *Besseres Verständnis! In der Schule habe ich dieses Thema gar nicht verstanden, deswegen die Angst hier auch nichts zu verstehen.*
- *Dass ich mathematische Dinge hier verstehe (Mathe-Abi 1 Punkt).*
- *Wie einfach die Formeln sind, wenn man sie einmal gut und verständlich erklärt bekommt.*

## Resümee und Ausblick

Besonders aufschlussreich sind aber die Antworten am Ende des Semesters auf die gestellte Impulsfrage: *Mit Statistik verbinde ich jetzt ...?* Was hat sich verändert? Durch das Erreichen der jeweiligen Nahziele und die Stärkung der Selbstwirksamkeitserwartung wird das Statistik-Lernen oft nicht mehr als angstbesetzt erlebt und stattdessen als sinnvoller Bestandteil des Studiums wahrgenommen, auch wenn der eine oder die andere nach wie vor noch überrascht ist über *die vielen Formeln. Bzw. das hohe Gewicht, welches Statistik in meinem Studiengang einnimmt:*

- *Viel Aufwand, der sich aber lohnt.*
- *Spaß. Den Spaß, den man teilweise beim Lösen der Aufgaben hatte, womit ich wirklich nicht gerechnet hatte. Darüber, dass Statistik so Spaß machen kann!!*

- *Weniger »Angst« als vorher! Keine Angst mehr wie im Mathe-Unterricht, es ist viel verständlicher geworden.*
- *Forschung, keine Panik*
- *Eine ganze Welt Möglichkeiten, die nicht mehr so unbekannt ist und nicht mehr so schwer oder unmöglich aussieht.*
- *Wichtig für die Forschung. Forschung, Forschung, Forschung*
- *Jetzt ist Statistik für mich immer noch nicht mein Lieblingsfach, aber interessanter für mein Studium geworden.*
- *Eine Möglichkeit, eine Bachelor-Arbeit zu gestalten.*
- *Ich habe jetzt verstanden, dass es sehr wichtig für die Bachelorarbeit ist.*
- *Ein nützliches Handwerkszeug für das wissenschaftliche Arbeiten.*
- *Jetzt ist Statistik für mich ein wichtiger Bestandteil der Erziehungswissenschaft und meines zukünftigen Berufswunsches. Auf jeden Fall kein Alptraum mehr.*
- *Einen sehr umfangreichen Teil unseres Studiums, der sehr wichtig für unsere spätere pädagogische Tätigkeit sein kann.*

Durch neue Erfahrungen, wie bspw. die Reflexion über die eigenen Fehlschlüsse, ändern sich auch die Einstellungen. Die Diskussionen über Verzerrungen zeigen, wie wichtig es ist, eine skeptische Denkhaltung auch gegenüber publizierten Ergebnissen und wissenschaftlichen Autoritäten zu entwickeln. Gigerenzer (2004) würde hier wahrscheinlich vom Einmaleins der Skepsis sprechen:

- *Außerdem fand ich es überraschend, was man mit den Daten alles machen kann.*
- *Nicht nur Themen, Tests etc., sondern auch Diskussionsfragen*
- *Nützliches und Relevantes, um Studien kritisch zu betrachten*
- *Besser zu verstehen, und ich freue mich auch darüber, endlich richtig Studien lesen zu können.*
- *Dinge zu hinterfragen. Ich werde mir künftig mehr Gedanken darüber machen, nicht alles glauben und mehr prüfen. Dass man nicht alles glauben sollte, was einem gesagt wird.*
- *»Banale« Zahlen, die aber nachher in einer veröffentlichten Studie viel aussagen oder eben nicht aussagen können. Und über die Möglichkeiten zu »tricksen«.*
- *Fehler in der Wissenschaft. Dass so viele Studien Falsches darstellen und man sie hinterfragen muss, weil Viele gar nicht genau wissen, wie Forschung geht.*

Letztendlich geht es also auch darum zu zeigen, wie kritisches und wissenschaftliches Denken zusammenhängen. Das schließt nach Kruse (2010) eine dogmatische Vermittlung von Forschungsmethodik aus, was für beide Paradigmen (›quantitativ‹ und ›qualitativ‹) gelten muss. Auch wenn der Weg für Studierende heraus aus der »Reisebüromentalität« (Kruse, 2010, S. 85) mühsam ist, um stattdessen eine wissenschaftliche Haltung herauszubilden (Cursio, 2019) – es kann gelingen. Am Ende gilt eben auch für das Methodik-Lernen, was ein Student einmal nach Abschluss einer Lehrveranstaltung auf dem Impulsfragebogen so formuliert hat: *Manches sieht viel schwieriger aus, als es am Ende doch ist.*

# Literatur

Baharun, N. & Porter, A. (2009). *Teaching statistics using a blended learning approach: Integrating technology-based resources.* Centre for statistical and survey methodology, University of Wollongong, Working paper 24–09, 1–9.

Bandura, A. (1977). Self-efficacy toward a unifying theory of behavioral change. *Psychological review, 84* (2), 191–215.

Bandura A. (1997). *Self-efficacy: The exercise of control.* New York: Freeman.

Biehler, R. & Engel, J. (2015). Stochastik: Leitidee Daten und Zufall. In R. Bruder, L. Hefendehl-Hebeker, B. Schmidt-Thieme (Hrsg.). *Handbuch der Mathematikdidaktik* (S. 221–251). Berlin: Springer.

Bittermann, A., Greiner, N. & Fischer, A. (2020). Unterscheiden sich die Forschungsinteressen von Frauen und Männern in der Psychologie? Eine Analyse von PSYINDEX-Einträgen über einen Zeitraum von 50 Jahren. *Psychologische Rundschau, 71* (2), 103–110.

Blum, W. (2002). *Mein Freund, der Baum, zählt gut.* Frankfurter Allgemeine Sonntagszeitung, 22, 2.6.2002, S. 70.

Bong, M. & Skaalvik, E. M. (2003). Academic self-concept and self-efficacy: How different are they really? *Eductional psychological review, 15* (1), 1–40.

Borba, M.C., Askar, P., Engelbrecht, J., Gadanidis, G., Llinares, S. & Aguilar, M.S. (2016). Blended learning, e-learning and mobile learning in mathematics education. *ZDM Mathematics Education, 48,* 589–610.

Christidou, V. (2011). Interest, Attitudes and images related to science: Combining students‹ voices with the voices of scool science, teachers, and popular science. *International Journal of Environmental & Science Education, 6* (2), 141–159.

Cursio, M. (2019). Bildung durch Wissenschaftstheorie – Ein Plädoyer für Methodenreflexion in der Lehre. In D. Jahn, A. Kenner, D. Kergel & B. Heidkamp-Kergel (Hrsg.). *Kritische Hochschullehre: Impulse für eine innovative Lehr- und Lernkultur* (S. 47–80). Wiesbaden: Springer Fachmedien.

Gegenfurtner, A., Fisch, K. & Reitmaier-Krebs, M. (2017). Disziplinäre Fachkultur als Einflussgröße auf die studentische Akzeptanz von E-Learning-Angeboten an Hochschulen, *JfH: Digitalisierung der Hochschulen: Forschung,* DZHW, Hannover, 6–7.

Gigerenzer, G. (2004). *Das Einmaleins der Skepsis. Über den richtigen Umgang mit Zahlen und Risiken.* Berlin: BvT.

Gigerenzer, G. (2014). *Risiko. Wie man die richtigen Entscheidungen trifft.* München: Btb

Gigerenzer, G. & Martignon, L. (2015). Risikokompetenz in der Schule lernen. *Lernen und Lernstörungen, 4* (2), 91–98.

Hagenkötter, R., Rolka, K., Nachtigall, V. & Rummel, N. (2020). Typisch WissenschaftlerIn?! – Erfassung von Schülervorstellungen über WissenschaftlerInnen. In H.-S. Siller, W. Weigel & J. F. Wörler. (Hrsg.). *Beiträge zum Mathematik-Unterricht.* (S. 1460). Münster: WTM-Verlag.

Hattie, J. & Timperley, H. (2007). The power of feedback. *Review of Educational Research, 77* (1), 81–112.

Horz, H. & Schulze-Vorberg, L. (2017). Digitalisierung in der Hochschullehre. *Analysen & Argumente, 283,* 1–12.

Humpert, W., Hauser, B. & Nagl, W. (2006). Was (zukünftige) Lehrpersonen über wissenschaftliche Methoden und Statistik wissen sollen und wollen. *Beiträge zur Lehrerinnen- und Lehrerausbildung, 24* (2), 231–244.

Kapadia, R. & Borovcnik, M. (2017). Unsicherheit verstehen lernen: Unterricht in Wahrscheinlichkeit auf der Sekundarstufe. *Mathematik im Unterricht, 8,* 87–102.

Krauss, S. & Wassner, C. (2002). *How significance tests should be presented to avoid the typical misinterpretations.* Proceedings of the Sixth International Conference on Teaching Statistics. Cape Town, South Africa, 1–4.

Kruse, O. (2010). Kritisches Denken als Leitziel der Lehre. Auswege aus der Verschulungsmisere. *die hochschule, 1,* 77–85.

Marx, D. M. & Roman, J. S. (2002). Female role models: Protecting women's math test performance. *Personality and Social Psychology Bulletin, 28* (9), 1183–1193.

Meindl, C. (2011). *Methodik für Linguisten. Eine Einführung in Statistik und Versuchsplanung.* Tübingen: narr.

Meindl, C. (2015). medox: Supporting students' learning empirical research methods and statistics in a blended learning scenario. EDULEARN 15 Proceedings, Barcelona, 4548–4551.

Nikiforidou, Z., Lekka, A. & Pange, J. (2010). Statistical literacy at university level: The current trends. *Procedia Social and Behavioral Science, 9*, 795–799.

Schmid, M., Nützel, J., Fegert, J.M. & Goldbeck, L. (2006). Wie unterscheiden sich Kinder aus Tagesgruppen vom Kindern aus der stationären Jugendhilfe? *Praxis der Kinderpsychologie und Kinderpsychiatrie, 55* (7), 544–588.

Schulmeister, R. (Hrsg.) (1983). *Angst vor Statistik. Empirische Untersuchungen zum Problem des Statistik-Lehrens und -Lernens.* Hamburg: AHD.

Schulmeister, R., Vollmers, B., Gücker, R. & Nuyken, K. (2017). Konzeption und Durchführung der Evaluation einer virtuellen Lernumgebung: Das Projekt Methodenlehre-Baukasten. Zweitveröffentlichung aus: B. Bachmeier, P. Diepold & C. de Witt (Hrsg.). *Jahrbuch Medienpädagogik 5* (S. 37–52). Wiesbaden: VS.

Usher, E.L. & Pajares, F. (2009). Sources of self-efficacy in mathematics: A validation study. *Contemporary Educational Psychology, 31* (1), 89–101.

Utts, J. (2003). What educated citizens should know about statistics and probability. *The American Statistician, 57* (2), 74–79.

van Dinther, M., Dochy, F. & Segers, M. (2011). Factors affecting students‹ self efficacy in higher education. *Educational research review, 6* (2), 95–108.

Wassner, C., Martignon, L. & Sedlmeier, P. (2002). Die Bedeutung der Darbietungsform für das alltagsorientierte Lehren von Stochastik. In M. Prenzel & J. Doll (Hrsg.). *Bildungsqualität in der Schule: Schulische und außerschulische Bedingungen mathematischer, naturwissenschaftlicher und überfachlicher Kompetenzen* (S. 35–50). Weinheim: Beltz.

Webel, R. (1983). Die institutionellen Bedingungen für die Methodenreform am Fachbereich Psychologie der Universität Hamburg. In R. Schulmeister (Hrsg.). *Angst vor Statistik. Empirische Untersuchungen zum Problem des Statistik-Lehrens und -Lernens* (S. 5–15). Hamburg: AHD.

Wells, H.G. (1938). *World Brain.* London: Methuen & Co. http://gutenberg.net.au/ebooks 13/1303731h.html#ch5 [11.05.2021]

# Test- und Fragebogenkonstruktion als forschendes Lernen? Möglichkeiten und Herausforderungen der Umsetzung

*Astrid Jurecka*

## 1 Lernen durch Forschung?

Nach Zimbardo (1992, S. 227) lässt sich »Lernen (…) an den Verbesserungen der Leistungen ablesen«. In der Hochschule begegnen Studierende kontinuierlich neuen fachbezogenen Lerninhalten, die sie sich für die Erbringung von Lernleistung zwecks eines erfolgreichen Studienabschlusses aneignen müssen. Eine verständliche und nachvollziehbare Vermittlung der Lerninhalte seitens der Lehrenden ist dabei essenziell (zum Überblick vgl. z. B. Metz-Göckel et al., 2012). Dabei wird die Einbettung von Lehrveranstaltungen in aktuelle Forschungen ebenso als hoch relevant angesehen, wie Lernen durch Forschung. So bezeichnet etwa Jastrzebski (2012, S. 5) die »aus der Forschung geschöpfte Lehre« als »das Fundament qualitativ guter Hochschullehre«. Auch die Goethe-Universität Frankfurt betont als wichtiges Charakteristikum guter Lehre in ihren Grundsätzen zu Lehre und Studium die hohe Relevanz des Einbezugs von Wissenschaft in die Lehre und – damit zusammenhängend – des methodisch-didaktischen Konzepts des forschenden Lernens (Goethe-Universität, 2014). Ziel ist es dabei, Wissen sowie Wissenserwerb als Forschung zu betrachten. Studierende sollen so dazu befähigt werden, das Entstehen von Wissen kritisch zu hinterfragen und somit selbst von Anfang an zu Forschenden zu werden (ebd.). Der Erwerb von Wissen über Forschungsmethoden sowie deren Einsatz im Rahmen des wissenschaftlichen Forschungsprozesses bilden dafür eine wichtige Grundlage. Im Folgenden wird das Seminar »Test- und Fragebogenkonstruktion« als ein Beispiel für forschendes Lernen beschrieben. Das Seminar ist der quantitativen Methodenlehre im Bachelorstudiengang Erziehungswissenschaft an der Goethe-Universität zugeordnet. Im Rahmen einer Pilot-Lehrforschungsstudie wird das Seminar längsschnittlich auf seine Wirksamkeit in Bezug auf Wissenszuwachs, Effekte auf wissenschaftsbezogenes Wissen, Überzeugungen sowie Selbstwirksamkeit untersucht. Dieser Beitrag ist dabei sowohl für Lehrende als auch am forschenden Lernen interessierte Studierende geeignet.

## 2 Test- und Fragebogenkonstruktion-Vorstellung eines Seminarkonzepts

Im Curriculum des Bachelorstudiengangs ist das hier fokussierte Seminar »Grundlagen der Test- und Fragebogenkonstruktion« dem Modul Vertiefung empirischer Forschungsmethoden zugeordnet. Curricular festgelegte Lernziele umfassen hier für die quantitativen Methoden – neben einer Vertiefung des Wissens über statistische Erhebungs- und Analyseverfahren – die Fähigkeit, eigene kleine Forschungsprojekte durchzuführen, einschlägige Methoden adäquat einzusetzen sowie Ergebnisse emprischer Studien kritisch zu reflektieren (GU, Prüfungsordnung EW-BA, 2015, S. 44 f.).

Ziel ist es, im Rahmen des dargestellten Seminars die Forderung der Goethe-Universität nach der Implementation von forschendem Lernen (zur Übersicht vgl. z. B. Huber, 2014) umzusetzen. Nach Wild (2009) ist forschendes Lernen das Lernen im Format der Forschung, d.h. der Forschungszyklus stellt den Handlungsrahmen dar, in dem das Lernen stattfindet (vgl. Hof in diesem Band). Konzeptionell bearbeiten die Studierenden von Beginn des Seminars an und über das Semester hinweg in Kleingruppen von 2–4 Personen eine eigene Forschungsfrage und überprüfen damit zusammenhängende Hypothesen. Dieses Forschungsthema kann entweder basierend auf den Interessen der Gruppenmitglieder formuliert werden, oder es kann ein von der Seminarleitung vorgeschlagener Themenbereich gewählt werden, wie beispielsweise die Erforschung von Studienzufriedenheit. Zur Beantwortung der Forschungsfrage soll dann ein kurzer Fragebogen konstruiert werden. Dieser umfasst die Formulierung von Items zur Konstruktion einer psychometrischen Skala sowie von biografischen Hintergrundfragen. Im Anschluss erheben die Studierenden mit Hilfe dieses Fragebogens (im Paper-Pencil- oder im Online-Format) Daten. Üblicherweise sollen dabei pro Gruppenmitglied mindestens 15 Personen befragt werden. Diese Daten werden dann mit Hilfe eines statistischen Analyseprogramms (z. B. SPSS) ausgewertet und interpretiert, indem die Ergebnisse zur Beantwortung der eingangs aufgestellten Forschungsfrage herangezogen werden. Dadurch, dass in dem dargestellten Seminar den Studierenden die Möglichkeit gegeben wird, die erlernten quantitativen Methoden im Rahmen kleinerer Forschungs- und Erhebungsszenarien praxisnah anzuwenden, erfüllt das Seminar die Forderung nach einer Einbettung von Lehrveranstaltungen in Forschungsszenarien. Dementsprechend liegt der Schwerpunkt neben der selbstständigen Erhebung und Analyse quantitativer empirischer Daten sowie der Konstruktion von wissenschaftlichen Fragebogenskalen auch auf dem wissenschaftlichen Forschungsprozess per se. Letzteres betrifft auch den Aufbau des Seminars an sich, welcher dem quantitativen Forschungsprozess entspricht. Aufeinanderfolgende Seminarsitzungen befassen sich dabei thematisch üblicherweise mit einem einzelnen Schritt bzw. Teilschritt des Prozesses. Auf die Umsetzung wird im folgenden Abschnitt detaillierter eingegangen.

## 2.1 Seminaraufbau und Lerninhalte

Der Aufbau des Seminars folgt dem Ablauf quantitativer empirischer Studien und dem Forschungsprozess in empirischer, deduktiv-hypothesentestend ausgerichteter Forschung (vgl. Einsiedler, 2013). Konkrete Lerninhalte des Seminars beziehen sich daher zu Beginn auf die Frage nach dem Forschungsprozess an sich sowie – damit zusammenhängend – nach dem typischen Aufbau empirischer Studien im deduktiv-hypothesentestenden Forschungsparadigma. In weiteren Sitzungen werden ferner die Formulierung von Forschungsfragen und Hypothesen sowie Grundsätze der Fragebogen- und Itemkonstruktion thematisiert. Dies beinhaltet etwa die Frage nach der Unterscheidung von wissenschaftlichen Skalen und nicht-wissenschaftlich konstruierten Fragebögen (Kriterien der Testgüte), oder die Darstellung verschiedener Itemformate und deren jeweiliger Eignung zur Erfassung unterschiedlicher Konstrukte. Weitere Seminarsitzungen beschäftigen sich mit der Frage nach der Durchführung einer quantitativen Erhebung und der Stichprobenziehung bzw. -rekrutierung. So werden etwa unterschiedliche Möglichkeiten der Datengewinnung sowie diesbezügliche Limitationen im Rahmen der eigenen geplanten Forschungsarbeit ausgearbeitet und diskutiert. Nach der Erhebung der Daten durch die Studierenden beschäftigen sich die darauffolgenden Sitzungen mit der Einführung in die Statistik-Software sowie der Erstellung von Datenmatrizen, der Definition von Variablen, der Dateneingabe sowie der Bereinigung von Datensätzen. Etwa im letzten Seminardrittel werden dann deskriptive und inferenzstatistische Auswertungsmethoden (z. B. deskriptive Statistiken, T-Tests, einfache Varianzanalysen, Korrelationen sowie Auswertungen bezüglich der Testgütekriterien) mit Hilfe des Analyseprogramms behandelt. Die eingangs von den Studierenden aufgestellten Hypothesen werden anhand ihrer empirischen Daten überprüft und zur Beantwortung der Forschungsfrage herangezogen. Die letzte Seminarsitzung dient der abschließenden Vorstellung der Studien anhand von – ebenfalls in Gruppenarbeit erstellten – wissenschaftlichen Postern, in dessen Rahmen die Diskussion der Ergebnisse stattfindet und damit das Forschungsprojekt abschließt.

## 2.2 Seminargestaltung

In dem beschriebenen Seminar kommen unterschiedliche Methoden der Seminargestaltung zum Einsatz. Deren Anwendung erfolgt üblicherweise abwechselnd, häufig im Sinne der Sandwich-Technik (z. B. Kadmon et al., 2008), welches ein übergeordnetes didaktisches Prinzip darstellt. In dessen Rahmen alternieren unterschiedliche individuelle und kollektive Lernphasen (ebd., S. 629). Konkret bedeutet dies, dass die einzelnen Seminarsitzungen in einzelne Phasen unterteilt werden, beginnend mit einem inhaltlichen Input durch die Seminarleitung, sowie einer darauffolgenden längeren Gruppenarbeitszeit zur individueller Erarbeitung und/oder Vertiefung der Lerninhalte. Dies erfolgt teilweise erneut in Abwechslung mit kurzem frontalen Input. Die Sitzung endet dann im Plenum zur Aufgabenvergabe, Klärung von Fragen, Zusammenfassung der Inhalte sowie der

Verabschiedung. Weitere Sitzungen enthalten außerdem Elemente von Peer-Feedback, in denen sich zwei Gruppen gegenseitig Feedback zu ihren Fragebögen und Skalen geben, bevor diese dann zur Datenerhebung eingesetzt werden. Außerdem sind individuelle Arbeitsphasen sowie zwischen den Sitzungen selbständig durchzuführende Arbeitsaufträge – wie etwa die Erhebung der Daten – Teil des Seminars.

## 2.3 Lernziele und Herausforderungen

Hauptziel des Seminars ist zunächst die Vermittlung der beschriebenen Inhalte. Weitere Ziele sind jedoch, den Studierenden Sicherheit bezüglich ihrer Fähigkeit zur Anwendung von Forschungsmethoden zu vermitteln sowie das Interesse der Studierenden für die empirische Bildungs- und Unterrichtsforschung zu wecken.

Gerade im Bereich der quantitativen Methoden stellt dies jedoch häufig eine Herausforderung dar, da es sich nur eingeschränkt um die Darstellung konkreter, erziehungswissenschaftlicher Themen handelt, sondern um die Vermittlung von grundlegenden Methoden und Kompetenzen im Bereich der Statistik. Quantitative Methoden eignen sich dazu, Merkmale oder Handlungen von Personen standardisiert sowie möglichst objektiv, zuverlässig und vergleichbar zu erfassen, um so empirische Regelmäßigkeiten zu erkennen und beispielsweise Entwicklungs- und Bildungsprozesse zu beschreiben und/oder zu erklären. Dies beinhaltet die Erhebung und Auswertung von großen Datenmengen mit Hilfe mathematischer Modelle und Analysemethoden. Der Bezug zu den Themen und Interessen der Studierenden lässt sich folglich nicht direkt herstellen.

Eine zweite Herausforderung verbirgt sich darin, dass zumindest ein Teil der Studierenden leistungsangstbasierte und damit tendenziell negative Einstellungen gegenüber mathematischen Inhalten mitbringt. Diesbezüglich weisen empirische Studien etwa darauf hin, dass viele Studierende unter Mathematik- (z. B. Porsch et al., 2015) oder Statistikangst (z. B. Baloğlu, 2004) leiden, welche unter anderem einen negativen Effekt auf die mathematikbezogene Selbstwirksamkeit aufweist (Bearneza, 2020). Des Weiteren hat sich in empirischen Studien gezeigt, dass auch Einstellungen und Überzeugungen zu den Naturwissenschaften sowie die fachbezogene Selbstwirksamkeit – also die Überzeugung, eine Aufgabe erfolgreich meistern zu können – eine Rolle für den Lernzuwachs spielen (Moss, 2012).

Vor diesem Hintergrund besteht eines der Seminarziele darin, Studierenden zunächst – möglichst bereits zu Beginn des Seminars – eine eventuell vorhandene mathematikbezogene Leistungsangst zu nehmen und durch schrittweises Vorgehen (beispielsweise bei der Darstellung und Erklärung von Formeln) auch die methodenbezogene Selbstwirksamkeit der Studierenden zu erhöhen. Auch wird versucht, theoretische Inhalte mit der Darstellung von Anwendungen sowie praxisorientierten Übungen zu verzahnen. Beispielsweise kann eine Analysemethode, wie etwa die Korrelation, bezüglich ihrer Eignung zur Überprüfung bestimmter Forschungshypothesen sowie bezüglich ihrer Berechnung zunächst auf theoretischer und mathematischer Ebene betrachtet werden. Danach werden Beispiele für deren Anwendung in bereits existierenden Studien dargestellt, und anschließend können Korrelationsanalysen unter Verwendung eigener Daten selbst angewandt werden. Ziel ist das Erlangen eines prinzipiellen Verständnisses der Studierenden von Methoden als Forschungswerkzeug, angepasst auf die jeweilige Forschungsthematik. Ferner soll die Nützlichkeit quantitativer Methoden im Rahmen des gesamten Forschungsprozesses thematisiert sowie die Notwendigkeit der Auseinandersetzung mit mathematischen Inhalten als notwendige Grundlage für die Bearbeitung eigener, interessensbasierter Forschungsfragen diskutiert werden (vgl. hierzu auch Meindl in diesem Band).

## 3 Lehrforschungsstudie zur Untersuchung von Effekten der Seminarteilnahme auf Wissenszuwachs, Wissen über Wissenschaft und wissenschaftsbezogene Selbstwirksamkeit

In dem vorgestellten Methodenseminar werden – wie bereits ausgeführt – verschiedene Lernziele verfolgt. Es gibt zwei inhaltliche Hauptschwerpunkte, nämlich zum einen das Wissen über deskriptive und inferenzstatistische Datenerhebung und -analyse, zum anderen Wissen und Überzeugungen bezüglich des Wissens über die Wissenschaft sowie den quantitativen wissenschaftlichen Forschungsprozess an sich. Des Weiteren soll die fachbezogene Selbstwirksamkeit der Studierenden erhöht werden, nicht zuletzt mit dem Ziel, eventuell vorhandene leistungsbezogene Ängste zu verringern. Um Effekte des Seminars diesbezüglich zu erforschen, wurde ein Lehrforschungsprojekt als Längsschnittstudie (Prä-Post-Design) über ein Semester hin konzipiert. Da keine passende Kontrollgruppe zur Verfügung stand, kann diese Studie zunächst nur als Pilotierungsstudie für weitere Vorhaben betrachtet werden. Im Folgenden werden nun zunächst die Forschungsfragen sowie die dazugehörigen Hypothesen hergeleitet und formuliert.

### 3.1 Theoretischer Hintergrund und Herleitung von Forschungsfragen und Forschungshypothesen

Die erste Forschungsfrage der Studie bezieht sich auf den Wissenszuwachs hinsichtlich der konkreten methodischen Lerninhalte des Seminars:

*Forschungsfrage 1:* Inwieweit führt die Seminarteilnahme zu einem Wissenszuwachs bezogen auf die Analyse quantitativer empirischer Daten und den Forschungsprozess?

*Hypothese 1:* Da die Vermittlung dieses Wissens Ziel des Seminars ist und ein großer Teil der Lehre diesbezüglich explizit konzipiert wurde, ist ein Wissenszuwachs im methodischen Wissen seitens der Studierenden zu erwarten.

Empirische Studien weisen darauf hin, dass gerade in naturwissenschaftlich und technisch geprägten Fächern die wissenschaftsbezogenen epistemologischen Überzeugungen eine Rolle für das Engagement im Unterricht sowie das Entwickeln tiefergehenden Interesses in dem entsprechenden Fach spielen (vgl. Moss, 2012). *Als epistemologische Überzeugungen* werden dabei Annahmen einer Person über die *Natur von Wissen* und den *Prozess des Wissenserwerbs* bezeichnet (Hofer & Pintrich, 1997). Aufgrund der methodisch-mathematischen sowie forschungsprozessbezogenen Inhalte des Seminars liegt dabei bezüglich des Lehrforschungsprojekts der Schwerpunkt auf epistemologischen Überzeugungen und Wissen bezüglich der »Nature of Science« (NoS), welche etwa von Liang et al. (2006) wie folgt definiert wurde: »(…) the nature of science (NOS) and scientific inquiry refers to the epistemology of science, the values and beliefs inherent to scientific knowledge and its development (Lederman, 1992, 2004)« (S. 3). Und: »The NOS describes what science is, how it works, what scientists are like, and, among other things, what role society plays in influencing science (McComas, Clough & Almaroza, 1998; Clough, 2007)« (Moss, 2012, S. 4).

Bezüglich der unterrichts- und berufsbezogenen Relevanz des Konstrukts zeigen empirische Studien beispielsweise, dass Schüler*innen naturwissenschaftliche Fächer schneller abwählen und ein geringeres Engagement aufweisen, wenn sie das Gefühl haben, es handele sich inhaltlich hauptsächlich um das rein passive Wiederholen von faktischem Wissen (Tobias, 1990); auch führt eine geringe Wahrnehmung bzw. Einschätzung der sozialen Bedeutung von Wissenschaft und der Nützlichkeit einer wissenschaftsbezogenen Berufswahl (Matthews, 1994; Eccles, 2005) zu geringerem Interesse und Engagement. Moss (2012) sieht die Ursache dieser Überzeugungen in einem Missverständnis hinsichtlich der Natur der Wissenschaft: »At the root of these issues lies a misunderstanding of the nature of science (NOS)« (S. 4). Bezüglich NoS wird dabei unterschieden in naives und informiertes Wissen bzw. Überzeugungen (in Bezug auf NoS ist beides nicht immer eindeutig voneinander differenzierbar) sowie verschiedene Zwischenvorstellungen (z. B. Liang et al., 2006). Ein weiteres Ziel von stark forschungs- und wissenschaftsorientierten Seminaren wie dem hier fokussierten sollte daher die Vermittlung eines tiefergehenden Verständnisses und ggf. eine Änderung der wissenschaftsbezogenen Überzeugungen sein, nicht zuletzt um als Konsequenz das Interesse an quantitativen Methoden sowie deren Wahrnehmung als nützliches Werkzeug für den wissenschaftlichen Prozess zu fördern.

Hinsichtlich des Lehrforschungsprojektes ergibt sich daraus die konkrete Frage, inwieweit dies im Rahmen des beschriebenen Seminars gelingt, zumal der Forschungsprozess an sich zwar besprochen und seitens der Studierenden aktiv durchlaufen wird, die Vermittlung und Diskussion von wissenschaftsbezogenen Überzeugungen und Wissen jedoch nicht explizit stattfindet.

*Forschungsfrage 2:* Inwieweit führt die Seminarteilnahme zu einer Veränderung von Wissen und Überzeugungen hinsichtlich des wissenschaftlichen Forschungsprozesses?

*Hypothese 2:* Aufgrund der intensiven Beschäftigung mit dem wissenschaftlichen Forschungsprozess wird hier eine Veränderung der Überzeugungen hin zu einem höheren epistemologischen Niveau (z. B. Kuhn, Cheney & Weinstock,

2000; Eagly & Chaiken, 1993) bzw. einem höheren Niveau hinsichtlich des Wissens über Naturwissenschaften (von naiv zu informiert; z. B. Liang et al. 2008; Carey, 1989; Bybee, 1997) über das Seminar hinweg erwartet.

In der Forschung (vgl. dazu z. B. Moss, 2012) wird ferner teilweise ein Zusammenhang zwischen wissenschaftsbezogenen epistemologischen Überzeugungen und wissenschaftsbezogener Selbstwirksamkeit vermutet. Das dritte im Rahmen des Lehrforschungsprojekts betrachtete Konstrukt ist daher die wissenschaftsbezogene Selbstwirksamkeit. Selbstwirksamkeit wird dabei definiert als »(...) the belief in one's ability to succeed at a given task« (Bandura, 1977).

*Forschungsfrage 3:* Inwieweit zeigen sich Effekte des Seminarbesuchs auf die wissenschaftsbezogene Selbstwirksamkeit?

*Hypothese 3:* Aufgrund inkonsistenter empirischer Befunde wird diese Frage explorativ untersucht.

Empirische Ergebnisse bezüglich eines Effektes der Durchführung wissenschaftlicher praktischer Projekte und theoretischer »Science Courses« auf die wissenschaftsbezogene Selbstwirksamkeit sind dabei inkonsistent: teils zeigte sich eine leichte Verbesserung der wissenschaftsbezogenen Selbstwirksamkeit nach der Durchführung wissenschaftlicher Projekte (Moss, 2012); teils zeigte sich jedoch auch eine leichte Verringerung der Selbstwirksamkeitserwartungen nach dem Besuch von »*Introductory Science Courses*« (z. B. French & Russell, 2001; Adams et al., 2007; Barbera et al., 2008).

## 3.2 Testinstrumente

Die verwendeten Skalen wurden teilweise – basierend auf den Seminarinhalten – selbst konstruiert (Skala Methodenwissen) bzw. übersetzt und angepasst (Überzeugungen NoS; Selbstwirksamkeit). Im Folgenden werden die Instrumente näher beschrieben:

### 3.2.1 Wissen über deskriptive und inferenzstatistische Datenanalyse

Das zu messende Wissen betrifft, basierend auf der aktuellen Prüfungsordnung, konkret Wissen in Bezug auf die Analyse quantitativer Daten und Interpretation von deskriptiven und inferenzstatistischen Ergebnissen. Die für das Lehrforschungsprojekt konstruierte Skala enthält daher Fragen zu den Bereichen deskriptive Statistik (Häufigkeiten, Maße zentraler Tendenz, Streuungsmaße), Inferenzstatistik (z. B. Gruppenunterschiede, Zusammenhänge), Testgütekriterien (z. B. Reliabilität), Datenanalyse mit SPSS sowie zum Forschungsprozess (Schritte des Forschungsprozesses). Darauf basierend erfolgte die Konstruktion des Wissenstests, dieser enthielt insgesamt 9 Fragen, mit insgesamt 18 Items, davon 11 mit einem offenen (Kurzantworten) und 7 mit einem geschlossenen Antwortformat. Beispielitems sind etwa:

- »Bitte nennen Sie drei Maße der zentralen Tendenz.«

- »Bitte kreisen Sie ein: Was ist zutreffend bei Skalen mit einer hohen Reliabilität? A: Die Items korrelieren hoch untereinander, B: Die Items können auch niedrig miteinander korrelieren da dies nichts mit der Reliabilität zu tun hat.
- Mit welchem Maß kann man Stärke und Richtung eines linearen Zusammenhangs feststellen?

### 3.2.2 Erfassung von Überzeugungen/Wissen bezüglich des wissenschaftlichen Forschungsprozesses: Epistemologische Überzeugungen bzgl. »Nature of Science«

Zur Erfassung dieses Bereiches erfolgte die Übersetzung des SUSSI-Fragebogens *(Student Understanding of Science and Scientific Inquiry; Liang et al., 2008)* aus dem Englischen. Diese Version war bereits im Rahmen anderer Forschungsprojekte überprüft und eingesetzt worden (»Science-P«; z. B. Jurecka, Hardy & Koerber, 2017).

Die Konstruktion des Instruments basiert dabei auf theoretischen Grundannahmen bzgl. »Nature of Science«, und repräsentiert naives bzw. informiertes Wissen bzgl. NoS. Behandelt werden insgesamt 6 Themengebiete (Beobachtungen und Schlussfolgerungen; Veränderung wissenschaftlicher Theorien; Wissenschaftliche Gesetze und Theorien; Soziale und kulturelle Einflüsse auf die Wissenschaft; Vorstellungskraft und Kreativität in wissenschaftlichen Untersuchungen; Methodologie in wissenschaftlichen Untersuchungen) anhand von insgesamt 24 Items (4 pro Themengebiet) auf einer 5-stufigen Likert-Skala (1 = stimme stark zu – 5 = stimme überhaupt nicht zu). Beispielitems für das Themengebiet »Methodologie in der Wissenschaft« werden in Tabelle 1 dargestellt.

**Tab. 1:** Beispielitems zum Themengebiet »Methodologie in der Wissenschaft« aus dem SUSSI-Fragebogen (Liang et al., 2008).

| | | | | | | |
|---|---|---|---|---|---|---|
| A. | Wissenschaftler nutzen unterschiedliche Methoden, um wissenschaftliche Untersuchungen durchzuführen. | 1 | 2 | 3 | 4 | 5 |
| B. | Wissenschaftler folgen derselben wissenschaftlichen Methode Schritt für Schritt. | 1 | 2 | 3 | 4 | 5 |
| C. | Wenn Wissenschaftler die wissenschaftliche Methodik korrekt anwenden, werden ihre Ergebnisse wahr und akkurat sein. | 1 | 2 | 3 | 4 | 5 |
| D. | Experimente sind nicht die einzige Methode, mit der wissenschaftliches Wissen produziert wird. | 1 | 2 | 3 | 4 | 5 |

### 3.2.3 Wissenschaftsbezogene Selbstwirksamkeit

Zur Erfassung der wissenschaftsbezogenen Selbstwirksamkeit erfolgte die Übersetzung einer Skala zur Erfassung der wissenschaftsbezogenen Selbstwirksamkeit (»Science Self-Efficacy«) nach Moss (2012) aus dem Englischen (Abb. 1). Diese besteht aus insgesamt 10 Items, auf einer 5-stufigen Likert-Skala (1 = stimme stark zu – 5 = stimme überhaupt nicht zu). Die Abstufung der Skala wurde gegenüber dem Original von einem 10-stufigen zu einer 5-stufigen Format geändert. Abbildung 1 stellt die Items der Skala dar.

**Tab. 2:** Beispielitems aus der Skala zur Erfassung der wissenschaftsbezogenen Selbstwirksamkeit (nach Moss, 2012)

| | | | | | | |
|---|---|---|---|---|---|---|
| A. | Ich habe Vertrauen in meine Fähigkeit, wissenschaftlich arbeiten zu können | 1 | 2 | 3 | 4 | 5 |
| B. | Einige Aufgaben, die Wissenschaftler bei ihrer Arbeit durchführen müssen, kann ich nicht besonders gut | 1 | 2 | 3 | 4 | 5 |
| C. | Wenn meine wissenschaftliche Arbeit schlecht ist, liegt das an meinen geringen Fähigkeiten in diesem Bereich | 1 | 2 | 3 | 4 | 5 |
| D. | Ich habe alle Fähigkeiten, die man benötigt, um wissenschaftlich erfolgreich arbeiten zu können | 1 | 2 | 3 | 4 | 5 |

## 3.3 Design, Durchführung, Stichprobe

Die Datenerhebung erfolgte im Rahmen des Bachelor-Grundlagen-Seminars »Grundlagen der Test- und Fragebogenkonstruktion« an der Goethe-Universität Frankfurt. Es fanden insgesamt 11 Präsenzsitzungen statt, für 3 weitere Sitzungen wurden den Arbeitsgruppen Arbeitsaufträge erteilt. Es wurden dabei im Rahmen eines Messwiederholungsdesigns (Tabelle 3) Daten jeweils in der ersten Sitzung (MZP 1) sowie in der 13. Sitzung (MZP II) erhoben, die Durchführung dauerte jeweils etwa 25 Minuten.

**Tab. 3:** Studiendesign

| MZP 1 (Prätest) | MZP 2 (Posttest) |
|---|---|
| Wissen zu Forschungsprozessen und Datenanalyse | Wissen zu Forschungsprozessen und Datenanalyse |
| Wissen und epistemologische Überzeugungen zu »Nature of Science« | Wissen und epistemologische Überzeugungen zu »Nature of Science« |
| Selbstwirksamkeit | Selbstwirksamkeit |
| Hintergrundfragebogen (KV) | |

Insgesamt wurden N=33 Studierende (m=5; w=27); m(Alter)=25,14 (sd=6,28) befragt, davon weisen jedoch lediglich n=21 einen vollständigen Datensatz (d. h. für beide MZP) auf. Für die drei Skalen als abhängige Variablen wurden jeweils Skalenwerte gebildet (methodisches Wissen: Summenwert; NoS & Selbstwirksamkeit: Mittelwert). Tabelle 4 stellt die Reliabilitäten der drei Skalen zu beiden

Messzeitpunkten sowie die jeweiligen Retest-Reliabilitäten dar. Diese sind insgesamt (mit Ausnahme der Retest-Reliabilität bezüglich der Selbstwirksamkeits-Skala) als ausreichend bis sehr gut zu interpretieren.

**Tab. 4:** Reliabilität der Skalen

|  | α (MZP I) | α (MZP II) | Retest-Reliabilität |
|---|---|---|---|
| Wissenstest | .63 | .74 | .92 |
| Nature of Science | .80 | .79 | .72 |
| Selbstwirksamkeit | .70 | .75 | .55 |

## 3.4 Ergebnisse

Zunächst werden in Tabelle 5 die deskriptiven Ergebnisse dargestellt. Hierbei zeigt sich, dass – wie erwartet – der Wissenstest deutlich höhere mittlere Werte zum zweiten Messzeitpunkt aufweist als zum ersten. Entgegen der Erwartungen verändern sich die Überzeugungen zur NoS jedoch nicht, hier erweisen sich die Mittelwerte zu beiden Zeitpunkten als etwa gleich hoch, wobei ein höherer Wert hier für eine eher informierte Überzeugung steht, ein niedriger hingegen für eine eher naive. Auch bezüglich der Selbstwirksamkeit zeigt sich keine Veränderung von MZP I zu MZP II.

**Tab. 5:** Deskriptive Statistiken

|  | MZP I | | | MZP II | | |
|---|---|---|---|---|---|---|
|  | M | SD | Min-Max | M | SD | Min-Max |
| Wissenstest | 15,31 | 6,88 | 4-25 | 20,75 | 6,39 | 9-29,5 |
| Nature of Science | 3,74 | 0,43 | 3-4,63 | 3,69 | 0,47 | 2,96-4,5 |
| Selbstwirksamkeit | 2,99 | 0,51 | 2-4,1 | 2,99 | 0,52 | 2-4,1 |

Um die deskriptiven Ergebnisse auch inferenzstatistisch abzusichern, erfolgte die Überprüfung der Forschungshypothesen anhand von Varianzanalysen mit Messwiederholung, mit den Messzeitpunkten als Innersubjektfaktor (Tabelle 6). Aufgrund der kleinen Stichprobe von nur N=21 wurden die Variablen, d.h. die Gesamttestscores zu beiden Messzeitpunkten (MZP I/II), zunächst auf Normalverteilung überprüft (Shapiro-Wilks-Test; p = .25–.87). Es zeigten sich hier keine Abweichungen von der Normalverteilungsannahme, daher wurde die Varianzanalyse durchgeführt, auch wenn wegen der kleinen Stichprobe die Ergebnisse lediglich als eine erste Tendenz zu interpretieren sind. Auch wurden zunächst, nicht zuletzt aufgrund der kleinen Stichprobe, keine weiteren Kontrollvariablen einbezogen.

**Tab. 6:** Varianzanalysen mit Messwiederholung (Innersubjektfaktor: MZP I/II)

|  | MZP I – MZP II | | | |
|---|---|---|---|---|
|  | df | F | p | $\eta^2$ |
| Wissenstest | 1 | 69,80 | 0,001 | 0,80 |
| Nature of Science | 1 | 1,53 | 0,23 | 0,08 |
| Selbstwirksamkeit | 1 | 0,002 | 0,75 | 0,00 |

Es zeigt sich, dass die deskriptiven Ergebnisse inferenzstatistisch bestätigt werden, lediglich bezüglich des Wissenstests zeigt sich ein signifikanter Zuwachs von Messzeitpunkt 1 zu Messzeitpunkt 2.

## 3.5 Beantwortung der Forschungsfragen & Diskussion

Insgesamt zeigt sich, dass hypothesenkonform bezüglich des quantitativen Methodenwissens ein signifikanter Wissenszuwachs erfolgte. Diese Ergebnisse deuten darauf hin, dass das Seminar geeignet war, lernzielrelevantes Wissen zu vermitteln. Bezüglich der beiden anderen Skalen zeigt sich hingegen, dass hier keine Veränderung über das Seminar hinweg stattgefunden hat. Dafür existieren verschiedene Erklärungen. So zeigt sich etwa, dass die Werte bezüglich der Überzeugungen und Wissen zu »Nature of Science« zu MZP I bereits recht hoch sind (Im Mittel 3,74 von 5), was für ein bereits zu diesem Zeitpunkt recht informiertes Wissen bzw. Überzeugungen spricht. Auch bezüglich der Selbstwirksamkeit liegt der mittlere Wert bereits zu MZP I bei 3. Dies könnte beides durch die Teilnahme an den methodischen Grundlagenveranstaltungen bedingt sein, welche eine Voraussetzung für den Besuch des beschriebenen Seminars darstellt. Denkbar wäre jedoch auch, dass die anhand der Skalen erfassten Überzeugungen durch die Lerninhalte des Seminars nicht explizit genug hinterfragt und thematisiert werden, um zu einer Umstrukturierung von Wissen und Reorganisation von Überzeugungen zu führen. Dies ist mit Blick auf andere empirische Studien plausibel. So zeigt sich etwa, dass sich bessere Ergebnisse bei einer expliziten Reflektion von »Nature of Science« ergeben (vgl. z. B. Moss, 2012; Lederman, 1992; Abd-El-Khalick & Lederman, 2000; Khishfe & Abd-El-Khalick, 2002; Schwartz et al., 2004). Möglicherweise ist dies ein Hinweis darauf, dass im Rahmen des hier fokussierten Seminars informiertes Wissenschaftsverständnis anhand von geplanten Reflektionen der einzelnen Themengebiete expliziter gefördert werden sollte.

Bezüglich der Selbstwirksamkeit ist ferner denkbar, dass zu deren Steigerung der Fokus noch vermehrt auf dem praktischen wissenschaftlichen Arbeiten liegen sollte, um den Studierenden diesbezüglich weitere Handlungsstrategien für die Durchführung des Forschungsprozesses an die Hand zu geben und damit die Selbstwirksamkeit zu erhöhen. Dies könnte in zukünftigen Seminaren angewandt und entsprechend mit den vorliegenden Daten verglichen werden. Angesichts der kleinen Stichprobe ist für die Zukunft eine Replikation der Studie geplant. Dazu wird das Seminar nochmals mit der gleichen Struktur und gleichen Inhalten durchgeführt. Ferner wurde im Rahmen dieses Lehrforschungsprojekts keine Kontrollgruppe eingesetzt, weshalb die Ergebnisse in ihrer Aussagekraft eingeschränkt sind und diese als Pilotstudie zu betrachten ist. Denkbar wäre diesbezüglich etwa ein Vergleich mit Methodenseminaren, welche einen Fokus auf andere Schwerpunkte legen. Auch ein Vergleich mit methodischen Grundlagenveranstaltungen wäre von Interesse, insbesondere bezüglich der Selbstwirksamkeit und NoS. Des Weiteren sollen im Rahmen künftiger Forschung Kontrollvariablen wie Alter, Semesterzahl und Fachmotivation einbezogen werden; dies erfordert jedoch eine größere Stichprobe. Ferner ist geplant, in kommenden Semestern einen Vergleich mit der rein online durchgeführten Variante des Seminars zu realisieren. Insgesamt zeigt sich, dass eine Umsetzung des Forschenden Lernens im Rahmen eines Methodenseminars sich als sinnvoll, jedoch auch insgesamt herausfordernd darstellt, insbesondere mit dem Ziel der Veränderung von Wissen und Überzeugungen bezüglich der »Nature of Science«. Dennoch erweist sich das forschende Lernen auch in der aktuellen Forschung (z. B. Altrichter et al., 2004) als wichtige Methode, um den Praxisbezug im Rahmen von Professionalisierungsmaßnahmen zu verstärken und sollte daher auch in universitärer Methodenlehre breite Anwendung finden.

## Literatur

Abd-El-Khalick, F. & Lederman, N.G. (2000). Improving Science Teachers' Conceptions of Nature of Science: A Critical Review of the Literature. *International Journal of Science Education* 22, 665–701.

Adams, W. K., Perkins, K. K., Podolefsky, N. S., Dubson, M., Finkelstein, N. D. & Wieman, C. E. (2006). New instrument for measuring student beliefs about physics and learning physics: The Colorado Learning Attitudes about Science Survey. *Physical Review Special Topics-Physics Education Research*, 2, 010101.

Altrichter, H., Neuhauser, G., Salzgeber, G. & Wittwer, H. (2004). Forschendes Lernen in einem Lehrgang zum kooperativen Lernen. In S. Rahm & M. Schratz (Hrsg.). *LehrerInnenforschung. Theorie braucht Praxis. Braucht Praxis Theorie?* Insbruck u. a.: StudienVerlag.

Baloğlu, M. (2004). Statistics Anxiety and Mathematics Anxiety: Some Interesting Differences. *Educational Research Quarterly*, X, 38–48.

Bandura, A. (1977). *Social Learning Theory*. New Jersey: Prentice Hall.

Barbera, J., Adams, W. K., Wieman, C. E. & Perkins, K. K. (2008). Modifying and Validating the Colorado Learning Attitudes about Science Survey for Use in Chemistry. *Journal of Chemical Education*, 85, 1435–1439.

Bearneza, F.J.D. (2020). The self-efficacy and anxiety in learning mathematics of college students. *Journal of Progressive Education*, 10 (1), 101–110.

Bybee, R. W. (1997). *Achieving scientific literacy: From purposes to practices*. Portsmouth, NH: Heinemann.

Carey, S. (1989). ›An experiment is when you try it and see if it works‹: a study of grade 7 students‹ understanding of the construction of scientific knowledge. *International Journal of Science Education*, 11, 514–529.

Eagly, A.H. & Chaiken, S. (1993). *The psychology of attitudes*. Fort Worth, TX: Harcourt Brace Jovanovich.

Eccles, J. (2005). *Why Women Shy Away From Careers in Science and Math.* U of M News Service. https://news.umich.edu/why-women-shy-away-from-careers-in-science-and-math/

Einsiedler, W., Fölling-Albers, M., Kelle, H. & Lohrmann, K. (2013). *Standards und Forschungsstrategien in der empirischen Grundschulforschung. Eine Handreichung.* Münster u. a.: Waxmann.

French, D.P. & Russell, C.P. (2001). A statistical examination of student achievement and attitude in a large enrollment inquiry-based, introductory, biology course. http://integrativebiology.okstate.edu/zoo_lrc/biol1114/guest/narst-2001.pdf

Goethe-Universität (2015). *Ordnung des Fachbereichs Erziehungswissenschaften der Johann Wolfgang Goethe-Universität Frankfurt am Main für den Bachelorstudiengang Erziehungswissenschaft mit dem Abschluss »Bachelor of Arts (B.A.)«vom 26. Mai 2015.* https://www.uni-frankfurt.de/58428293/Prüfungsordnung_2015_BA.pdf

Goethe-Universität (2014). *Grundsätze zu Lehre und Studium an der Goethe-Universität. Universitäre Lehre und forschendes Lernen.* http://www.uni-frankfurt.de/51044043/Grundsaetze-Lehre-Studium.pdf

Hofer, B. & Pintrich, P. (1997). The development of epistemological theories: Beliefs about knowledge and knowing and their relation to learning. *Review of Educational Research*, 67, 88–140.

Huber, L. (2014). Forschungsbasiertes, Forschungsorientiertes, Forschendes Lernen: Alles dasselbe? Ein Plädoyer für eine Verständigung über Begriffe und Unterscheidungen im Feld forschungsnahen Lehrens und Lernens. *Das Hochschulwesen*, 62 1 (2), 32–39.

Jastrzebski, A. (2012). Anforderungen an hochschuldidaktische Kompetenzen. In K. Barre & C. Hahn (Hrsg.). *Kompetenz. Fragen an eine (berufs-)pädagogische Kategorie* (S. 51–70). Hamburg: Univ.-Bibliothek der Helmut-Schmidt-Universität.

Kadmon, M., Strittmatter-Haubold, V., Greifenender, R., Ehlail, F. & Lammerding-Köppel, M. (2008). Das Sandwich-Prinzip: Einführung in Lerner zentrierte Lehr-Lernmethoden in der Medizin. *Zeitschrift für Evidenz, Fortbildung und Qualität im Gesundheitswesen*, 102, 628–63.

Lederman, N.G. (1992). Students' and Teachers' conceptions of the Nature of Science: A Review of the Research. *Journal of Research in Science Teaching*, 29 (4), 331–359.

Liang, L.L., Chen, S., Kaya, O.N., Adams, A.D., Macklin, M. & Ebenezer, J. (2006). *Student understanding of Science and Scientific Inquiry (SUSSI): Revision and Further Validation of an Assessment Instrument.* http://citeseerx.ist.psu.edu/viewdoc/download?doi=10.1.1.113.8030&rep=rep1&type=pdf

Liang, L.L, Chen, S., Chen, X., Kaya, O.N., Adams, A.D., Macklin, M. & Ebenezer, J. (2008). Assessing preservice elementary teachers' views on the nature of scientific knowledge: A dual-response Instrument. *Asia-Pacific Forum on Science Learning and Teaching*, 9 (1), 1–20.

Jurecka, A., Hardy, I. & Koerber, S. (2017). Messung pädagogischen Inhaltswissens und epistemologischer Überzeugungen von Grundschullehrkräften im Bereich »Wissen über Naturwissenschaften«. Vortrag auf der 5. Tagung der Gesellschaft für empirische Bildungsforschung, Heidelberg, 13.–15. März.

Khishfe, R. & Abd-El-Khalick, F. (2002). Influence of Explicit and Reflective Versus Implicit Inquiry-Oriented Instruction on Sixth Graders' Views of Nature of Science. *Journal of Research in Science Teaching*, 39, 551–578.

Kuhn, D., Cheney, R. & Weinstock, M. (2000). The development of epistemological understanding. *Cognitive Development*, 15 (3), 309–328.

Martschinke, S. & Kammermeyer, G. (2006). Selbstkonzept, Lernfreude und Leistungsangst und ihr Zusammenspiel im Anfangsunterricht. In A. Schründer-Lenzen (Hrsg.). *Risikofaktoren kindlicher Entwicklung. Migration, Leistungsangst und Schulübergang* (S. 125–139). Wiesbaden: VS Verlag.

Matthews, M.R. (1994). *History, philosophy, and science teaching: A useful alliance.* New York: Routledge.

Metz-Göckel, S., Kamphans, M. & Scholkmann, A. (2012). Hochschuldidaktische Forschung zur Lehrqualität und Lernwirksamkeit. Ein Rückblick, Überblick und Ausblick. *Zeitschrift für Erziehungswissenschaft*, 15, 213–232.

Moss, E. L. (2012). Assessing understanding of the nature of science and science self-efficacy in undergraduates involved in research in an introductory geology course. *Graduate Theses and Dissertations.* Paper 12825. https://lib.dr.iastate.edu/etd/12825

Porsch, R., Strietholt, R., Macharski, T. & Bromme, R. (2015). Mathematikangst im Kontext: ein Inventar zur situationsbezogenen Messung von Mathematikangst bei angehenden Lehrkräften. *Journal für Mathematikdidaktik,* (36), 1–22.

Schwartz, R.S., Lederman, N.G. & Crawford, B.A. (2004). Developing Views of Nature of Science in an Authentic Context: An Explicit Approach to Bridging the Gap Between Nature of Science and Scientific Inquiry. *Science Education,* 88, 610–645.

Tobias, S. (1990). *They're Not Dumb, They're Different: Stalking the Second Tier.* Tucson, AZ: Research Corporation.

Wildt, J. (2009). Forschendes Lernen: Lernen im »Format« der Forschung. *Journal Hochschuldidaktik,* 20 (2), 4–7.

Zimbardo, P.G. (1992). *Psychologie.* Berlin: Springer.

# V  Profilbildung und Professionalisierung

# Das Portfolio im Studium: Formen der Gestaltung und Möglichkeiten des Einsatzes

*Nadine Weber & Caroline Burgwald*

## Das Portfolio im Studium – Einleitung

Die Arbeit mit (digitalen) Portfolios und Lerntagebüchern erlebt aktuell neuen Aufschwung im schulischen und universitären Kontext. Ihr wird zunehmend das Potential einer »neuen Lernkultur« (Koch-Priewe, 2013, S. 52) zugeschrieben, verbunden mit der »Hoffnung auf ein verändertes Lernen, Lehren und Prüfen (auch) mit der Einführung der Alternative E-Portfolio« (Mayrberger, 2013, S. 61). Spätestens mit der Qualitätsoffensive Lehrerbildung des BMBF erkennen daher viele Hochschulen das Potential von (digitalen) Portfolios als Reflexionsmedium und Lehr-Lerninstrument, das individuelle Lernprozesse ermöglicht und gleichzeitig eine selbstreflexive Auseinandersetzung mit eigenem Handeln, Fachwissen, aber auch Einstellungen erlaubt (Weber, 2021).

Dahinter verbirgt sich u. a. die Hoffnung, dass es besser gelingt, Bezüge zwischen Wissensbereichen herzustellen, die sich bisweilen als Fragmente im Studium präsentieren (Gröschner & Kunze, 2018) und so zu trägem, nicht abrufbarem Wissen führen können (Wahl, 2013). Dies gilt nicht nur für die erste Phase der Lehrkräftebildung, die sich gegen den Vorwurf der Zersplitterung der Ausbildung, Praxisferne oder Beliebigkeit (u. a. Czerwenka & Nölle, 2014; Terhart, 2011) erwehren muss, sondern auch für das Studium der Erziehungswissenschaften und dem damit verbundenen Professionalisierungsanspruch, der einen reflexiven Umgang mit den Antinomien professionellen pädagogischen Handelns (Helsper, 2016) erfordert. Durch die Arbeit mit Portfolios können sich Studierende selbstbestimmt und eigenverantwortlich mit ihren Lernprozessen auseinandersetzen und über Feedbackelemente auch den Austausch mit Peers und Dozierenden suchen.

In diesem Beitrag geben wir einen Einblick in die Arbeit mit ePortfolios und legen dabei den Fokus auf die Gestaltung von Reflexionsanlässen sowie der Bestimmung von Reflexionsqualität im ePortfolio. Nach einer kurzen Einführung in die Thematik fokussiert der Beitrag die studentische Sichtweise auf Portfolios, gefolgt von Anregungen zur Einbindung der ePortfolioarbeit in die Hochschullehre.

## Was ist ein digitales Portfolio?

1991 legten Paulson, Paulson und Meyer ihre häufig angeführte Definition vor, nach der ein Portfolio im Bildungskontext eine gezielte und systematische Sammlung von ausgewählten und persönlichen Dokumenten darstellt, welche die individuelle Lernbiografie hinsichtlich der Bemühungen, Fortschritte und Leistungen von Lernenden sowie die Vielfalt der eigenen Talente auf der Grundlage von Selbstreflexion darlegt.

Diese Definition trifft ebenso auf das ePortfolio zu, wobei es jedoch um digitale Anteile erweitert wird: Es stellt eine digitale, flexible, ausgewählte und individuell professionsrelevante Sammlung von Artefakten dar. Dabei dokumentiert und verdeutlicht es die vertiefte Auseinandersetzung (Reflexion, persönliche Anstrengungen und Fortschritte sowie Kompetenzentwicklungen und Leistungen) mit Lerngegenständen. Lernende können gezielt Öffentlichkeit herstellen, um Feedback zu bekommen und im Austausch zu bleiben (Weber, 2021), was individuelle und kooperative Lernaktivitäten unterstützt (Kerres & de Witt, 2003).

Das digitale Portfolio enthält Sammlungen[1], welche mit sogenannten Artefakten, etwa einfachen Dokumenten sowie digitalen Formaten wie z.B. Bild- und Tonaufnahmen, Notizen und Texte, Zertifikate und Leistungsnachweise, bestückt werden (Weber, 2021). Ausgewählte Artefakte können in einem ePortfolio einer bestimmten Öffentlichkeit zugänglich gemacht werden und ermöglichen somit verschiedene Diskurse reflexiver Praxis (u.a. Bräuer, 2014). Die Zugriffs- und Datenkontrolle liegt dabei immer bei dem*der Erstellenden, einzelne Bestandteile können aber z.B. zum Peer- oder Dozierenden-Feedback freigegeben bzw. geteilt werden.

Mit der prozessbezogenen Portfolioarbeit wird das Ziel verfolgt, Lernende an der Auswahl von Inhalten, der Darstellung, Planung, Rekonstruktion, Reflexion und Beurteilung der Qualität der eigenen Arbeit durch eine gemeinsame Festlegung von Beurteilungskriterien zu beteiligen. Folglich werden Studierende dazu befähigt, Eigenverantwortung für das eigene Lernen zu übernehmen und ihren Lernprozess selbständig und selbstbestimmt zu organisieren (u.a. Häcker, 2006).

## Reflexion und Feedback in der ePortfolioarbeit

Ein wichtiger Bestandteil, der häufig von Studierenden bei der Portfolioarbeit erwartet wird, sind systematische und theoriegeleitete Reflexionen, die u.a. zu praxisrelevanten Erfahrungen, handlungsleitenden Einstellungen und weiteren Aspekten der Professionalisierung verfasst werden können. Überzeugungen und

---

1 Sammlungen entsprechen digitalen Ordnern zu einem oder mehreren Themenbereichen aus einer oder mehreren Lehrveranstaltung/en.

damit implizites Wissen können so durch wissenschaftliche Theorien und explizites Wissen angereichert werden. Durch Analysen und Rückbezüge zu diesen Theorien werden schließlich Handlungsalternativen abgeleitet (Adl-Amini et al., 2019).

Daraus folgend, kann unter Reflexion eine zielgerichtete Form des Nachdenkens verstanden werden, die gedanklich oder schriftlich abläuft (Korthagen, 2002; Kroath, 2004). Reflexion wird dabei als spiralförmiger, fortlaufender Prozess begriffen und besteht konkret im Strukturieren, Umstrukturieren und Rekonstruieren des jeweiligen Reflexionsgegenstands. Der Reflexionsprozess wird häufig als wiederkehrender Zyklus bzw. Kreislauf (Korthagen, 2002; Denner & Gesenhues, 2013) oder fortlaufende Spirale (Hänssig, 2006, 2010) dargestellt. Zur Qualität von Reflexionen liegen zudem verschiedene Stufen- und Ebenenmodelle vor, die sich als Orientierung zum Verfassen eines Reflexionstextes eignen (z. B. Bräuer, 2014; Eysel & Schallies, 2004).

Neben der Reflexion stellt das (formative) Feedback, welches Studierende von Dozierenden, Peers und/oder Tutor*innen erhalten können, einen wichtigen Bestandteil der Portfolioarbeit dar. Feedback im ePortfolio wird dabei als Rückmeldung verstanden, die sich auf eigenen Lernprodukte bezieht (Reflexionstexte, erstellte Artefakte usw.) und Hinweise auf die Richtigkeit und »strategische Hilfen« zum Prozess enthält (Lipowsky, 2015, S. 82). Eine Orientierung für lernförderliches Feedback bieten dabei insbesondere die von Hattie und Timperley (2007) aufgestellten Qualitätskriterien, die z. B. den Lernprozess oder die Selbstregulation der Lernenden betreffen (ebd.).

Im ePortfolio ermöglicht es die Kommentarfunktion, zeitlich und örtlich flexibel miteinander in einen digitalen Kommunikationsprozess zu treten und Peers durch ein Feedback bei der fortlaufenden Überarbeitung des eigenen Portfolios zu unterstützen. Gleiches gilt für das Empfangen von lernförderlichen Rückmeldungen durch Dozierende und/oder Tutor*innen. Hervorzuheben ist dabei, dass die Eigentumsrechte immer bei den Erstellenden liegen und sie selbst entscheiden, welche Art von Produkten (Textdokumente, Bilder, Videos, usw.) freigegeben bzw. einer Öffentlichkeit zur Verfügung gestellt werden. Portfolioarbeit kann somit den Austausch zwischen Peers, Tutor*innen und Dozierenden fördern sowie den Erwerb von Kooperations-, Kommunikations- und Sozialkompetenzen unterstützen (Hänssig, 2006, 2010).

## Portfolio im erziehungswissenschaftlichen Studium

Für zukünftige Erziehungswissenschaftler*innen eignet sich ein Portfolio besonders zur Darstellung erworbener Fähigkeiten und Leistungen. Dies trifft insbesondere auf die Darstellung eines reflexiven Umgangs mit den Antinomien professionellen Handelns zu: Das professionelle Handeln unterliegt einem hohen Handlungs- und Entscheidungsdruck und bedarf zugleich einer wissenschaftlich basierten Wissensgrundlage, die aber selbst vom Handlungsdruck befreit ist (Helsper, 2016). Die Entwicklung von Kompetenzen zur theoretisch-reflexiven Auseinandersetzung mit solchen Paradoxien erscheint daher als grundlegend für die individuelle Professionalisierung und kann durch die Arbeit mit einem Portfolio forciert werden. In dem digitalen Portfolio können individuell bedeutsame Artefakte gesammelt werden, wie beispielsweise eigene Arbeiten aus Lehrveranstaltungen, Praktikumsberichte, Zertifikate, Gutachten zu Hausarbeiten usw. Diese können selbst strukturiert und vernetzt werden, um zu einer individuellen Darstellung des Lernprozesses zu gelangen. Dies kann u. a. auch hilfreich bei der Bewerbung um einen Masterstudienplatz sein: Nicht selten wird ein Essay oder Motivationsschreiben gefordert, aus dem die Schwerpunkte des Bachelorstudiums hervorgehen.

Zu Bewerbungszwecken kann neben dem (privaten) *Entwicklungs-* auch ein (öffentliches) *Präsentationsportfolio* im Studium eingesetzt werden. Verschiedene Studieninhalte können erst einmal im Entwicklungsportfolio miteinander vernetzt werden, beispielsweise Artefakte (Reflexionstexte, Berichte, Zusammenfassungen, Fotos, Videos usw.) aus unterschiedlichen Fachdisziplinen (Erziehungswissenschaften, Soziologie, Psychologie usw.) und für die zukünftige Praxis veranschaulicht werden. Dies kann anschließend durch ein Präsentationsportfolio ergänzt werden, um für potenzielle Arbeitgeber*innen die Ausführungen im Lebenslauf mit direkten Bezügen aus Studium, Nebentätigkeit, Praktikum usw. zu füllen.

Eine weitere Funktion des Präsentationsportfolios im Studium ist die Möglichkeit der Bewertung. Dafür sollten transparent Kriterien zur Bewertung von Arbeiten aus dem Portfolio zwischen Lehrenden und Studierenden erarbeitet werden, so dass auch eine Selbstbeurteilung durch Studierende erfolgen kann. Bewertet werden können professionsorientiert und auf die jeweilige Lehrveranstaltung bezogen z. B. die wissenschaftliche Auseinandersetzung mit Theorien und entsprechende Ausarbeitungen, die Reflexion von Materialien und berufsfeldbezogene (Video-)Analysen.

Die vielfältigen Einsatzweisen des Portfolios helfen dabei, persönliche Lernprozesse bewusst werden zu lassen. Auf diese Weise wird ein Übergang von implizitem (intuitiven) zu explizitem (Theorie-)Wissen ermöglicht.

# Rahmenbedingungen für Portfolioarbeit in der Hochschullehre

Für einen erfolgreichen Einsatz von Portfolios an der Hochschule weisen empirische Studien darauf hin, dass einige Rahmenbedingungen gegeben sein sollten: Zum einen braucht Portfolioarbeit eine ausführliche Einführung und Begleitung der Studierenden, zum anderen werden aber auch ausreichend Zeit zur Bearbeitung und Rückmeldung durch Lehrende, Tutor*innen und Peers benötigt (Weber, Skorsetz & Kucharz, 2019; Skorsetz, Weber & Kucharz, 2020). Denn durch fehlende Anleitung und Begleitung kann das ePortfolio zu einem digitalen Speicherort verkommen, ohne pädagogisch wirksam zu werden (Kidwai et al., 2010). Außerdem zeigte sich bei einer empirisch begleiteten ePortfolioarbeit im Seminarkontext, dass Studierende zu Beginn verunsichert über die Selbstbestimmung beim Lernen waren und die Gestaltungsfreiheit im Portfolio überfordern kann. Deswegen bedarf es gewisser Strukturierungen, um Sicherheit zu bieten (Weber, 2021). Klar definierte und transparente Bildungsziele wie bspw. Selbstbestimmungs-, Mitbestimmungs-, Solidaritätsfähigkeit und Kompetenzentwicklung bieten hierzu eine gute Grundlage (Häcker, 2006; Häcker & Seemann, 2013).

Wie schon im vorherigen Abschnitt erläutert, gibt es in der Hochschullehre verschiedene Einsatzszenarien von ePortfolio, die von einem Instrument zur evaluativen Leistungsfeststellung (*Bewertungsportfolio*) bis hin zu einer komplexen didaktischen Methode (*Entwicklungsportfolio*) reichen. Dabei kann zwischen einer *Produkt- und Prozessorientierung* unterschieden werden. Ein produktorientiertes Portfolio kann beispielsweise im Rahmen der aktiven Teilnahme in Lehrveranstaltungen erstellt und am Ende zur Prüfung oder Präsentation vorgelegt werden. Zur summativen Bewertung des Portfolios können auch einzelne Teile als Leistungsnachweis herangezogen werden. Demgegenüber begleitet ein prozessorientiertes Portfolio den Lernprozess für einen längeren Zeitraum, z. B. über das gesamte Studium oder mehrere Module hinweg. Portfolioarbeit kann somit als »Chance für eine Reform der Leistungsbewertung« (Winter, 2006, S. 165) begriffen werden, denn sie ermöglicht die Darstellung von Lernprozessen und somit formative Bewertungen ohne Noten. Zusätzlich sind weiterführende Einsatzszenarien für das ePortfolio denkbar, z. B. als Grundlage für mündliche Prüfungen (Weber, Skorsetz & Kucharz, 2019).

Dabei ist es möglich, sich als Dozierende an den Modellen zur Integration von Portfolioarbeit in den Schulunterricht (*Parallel-, Zentripetal-, Zentrifugal-* und *Einheits-Modell*) zu orientieren und mit einigen Modifikationen auf die Hochschullehre zu übertragen (Weber, 2021):

Besonders eine Kombination aus *Zentripetal-* und *Zentrifugal-Modell*[2] erscheint attraktiv für die Hochschule, da in diesen Konzepten eine gegenseitige Beeinflussung von Lehre und Arbeit am Portfolio stattfindet. Hinter beiden Modellen steht die Idee, dass die Portfolioarbeit parallel zur Lehrveranstaltung bearbeitet wird. Im *Zentripetalmodell* können Ergebnisse der studentischen Portfolioarbeit zu bestimmten Zeitpunkten in der Lehrveranstaltung aufgegriffen werden. Hierzu werden bestimmte Artefakte eingebracht und diskutiert (z. B. in Feedbackschleifen, *Work-in-Progress-Sitzungen*, Werkstattgesprächen). Auf diese Weise werden Kommunikations- und Austauschmöglichkeiten geschaffen, die zu einem besseren Verständnis für die Portfolio-Methode führen können. Beim *Zentrifugal-*

---

2 *Parallel-* und *Einheitsmodell* werden nicht weiter thematisiert, da im ersteren die Portfolioarbeit unabhängig vom Unterricht stattfindet und im Einheitsmodell der Unterricht aus der Portfolioarbeit selbst besteht. Beide Modelle sind Extreme und können entweder zu einer Unter- oder zu einer Überbetonung des Portfolios führen, wobei sich letzteres auf die Fachlichkeit auswirken kann.

*modell* wird in den Lehrveranstaltungen exemplarisch mit Texten, Methoden Videos usw. gearbeitet. Für die Portfolioarbeit sollen die Studierenden einen Transfer der neuen Erkenntnisse, Methoden usw. leisten und bei der Erstellung von Artefakten für das Portfolio nutzen.

Des Weiteren sollte für Studierende ein Anreiz bestehen, regelmäßig an ihrem Portfolio zu arbeiten. Dies kann einerseits über die Einbindung des Portfolios als Leistungs- oder Teilnahmenachweis erfolgen, andererseits über Feedback- bzw. Bearbeitungsschleifen sowie durch *Work-in-Progress-Präsentationen*.

Die Phasen bzw. einzelnen Arbeitsschritte bei der digitalen Portfolioarbeit unterscheiden sich vom Umgang mit analogen Portfolios. So gilt es, neben der formalen Kontextdefinition von Inhalten und Lernzielen auch technische Kontexte wie Funktionen und Möglichkeiten der digitalen Umsetzung zu berücksichtigen, was Medienkompetenz auf Seiten der Lernenden voraussetzt. Daraus ergeben sich für die Arbeit mit ePortfolios nach Weber (2021) die folgenden Phasen: Kontextdefinition, Medienkompetenz aneignen, Inhalte sammeln, Artefakte auswählen, Reflektieren, Präsentieren bzw. Feedbackschleife, Überarbeiten und Bewerten.

## Beispiele für Einbindung in Lehre und Studium

Der eingeführten Systematik folgend (*Produkt-* und *Prozessportfolio* mit bewerteten und unbewerteten Anteilen), können verschiedene Szenarien für die Hochschullehre und das erziehungswissenschaftliche Studium abgeleitet werden. Grundlage zur Integration der Portfolioarbeit in Lehrveranstaltungen stellt ihre Einbettung in die Studien- und Prüfungsordnung dar. An dieser Stelle möchten wir ausführen, welche Möglichkeiten es für bewertete Modulprüfungen und unbewertete Teilnahmenachweise geben kann:

- **Schriftliche Leistung:** Der Portfolioumfang kann äquivalent zu bestehenden Prüfungsformen festgelegt werden. Es bietet sich die Angabe von Zeichen an, da gerade bei ePortfolios mit gestalteten Hypertexten nicht in Din A4 Seiten gerechnet werden kann. Zu beachten ist außerdem der Anteil an eigenen Texten und gesammelten Artefakten (fremde Texte). Hier sollten klare Anforderungen zum Verhältnis formuliert werden. Es können hierzu auch strukturierende Aufgabenstellungen verfasst werden, z. B. Begründungen für die gezielte Auswahl der Artefakte einzufordern, welche die dem Portfolio inne liegende (theoretische) Systematisierung aufzeigen oder Artefakte mit (fachlichen und theoriebezogenen) Kommentaren zu verknüpfen.

Ähnlich wie bei Hausarbeiten kann für ein Bewertungsportfolio ein thematischer Rahmen formuliert werden. Professionelle Wissenselemente können z. B. durch die Arbeit mit Videos aus dem Berufsalltag eines*r Erziehungswissenschaftler*in mehrperspektivisch und fallorientiert weiterentwickelt werden. Es wird dann zum einen mit Artefakten bestückt, die in der Lehrveranstaltung im Rahmen eines begleiteten Überarbeitungsprozesses entstanden sind, und zum anderen mit Reflexionen über den Prozess und Transferaufgaben. Die bereits beschriebenen Phasen der ePortfolioarbeit sollten dabei transparent werden.

- **Mündliche Leistung:** Zum einen kann das digitale Portfolio Grundlage einer mündlichen Prüfung sein. Hierzu wird das ePortfolio vorher mit den Dozierenden geteilt und dient als Gliederung und Verständigungsrahmen für die Prüfung. In der mündlichen Prüfung können dann sowohl die fachlichen Inhalte des Portfolios besprochen werden als auch reflexive Kommentare, beispielsweise über die Auswahl von Artefakten oder die Einordnung in den theoretischen Gesamtzusammenhang. Zum anderen kann das ePortfolio Studierenden helfen, ein Prüfungsthema zu finden und aufzubereiten, da es einen Rückblick auf den Lernweg (inkl. besuchter Lehrveranstaltungen, Praxisanteile, Zusatzqualifikationen usw.) ermöglicht.
- **Verbindung von mehreren Modulen (z. B. mit Praktikum):** Die Portfolioarbeit kann, z. B. als Unterstützung einer spezifischen Profilbildung im Masterstudium, den roten Faden über mehrere Module hinweg bilden, um Zusammenhänge transparent zu machen. In Anlehnung an ein studienbegleitendes Entwicklungsportfolio erscheint es zudem interessant, wenn Studierende nach bestimmten Ausbildungsabschnitten (z. B. gegen Ende des Bachelorstudiums) eine Reflexion über ihr bisheriges Studium vornehmen können. Praxiserfahrungen bieten den Studierenden überdies die Möglichkeit, sich ihren zukünftigen Arbeitskontext zu erschließen und einen Bezug zu bisherigen Erfahrungen und zukünftigen Anforderungen der Erziehungstätigkeiten herzustellen. Es kann u. a. dazu beitragen, den nächsten Ausbildungsabschnitt im Sinne der Professionalisierung zu planen und sich Ziele zu setzen. Auch schon zu Beginn des Studiums können in einem Portfolio Beweggründe für die Studienwahl reflektiert und Erwartungen formuliert werden.

# Fazit

Aus den vorherigen Ausführungen und vor dem Hintergrund der zunehmenden Digitalisierung wird deutlich, dass ePortfolios im Kontext der Hochschullehre ein innovatives Instrument darstellen, um erstens Studierenden Raum und Zeit zur reflexiven Auseinandersetzung mit theoretischem Fachwissen und/oder mit der eigenen Person anzubieten; um zweitens auf diese Weise ihre Selbstständigkeit, Selbstregulation und Eigenverantwortung zu fördern; drittens, um individuelle Lehr-Lernprozesse veranstaltungsübergreifend darstellbar werden zu lassen; sowie viertens, um formative und summative Bewertungen jenseits klassischer Modulprüfungen zuzulassen. Kurzum kann die Arbeit mit digitalen Portfolios der Professionalisierung (angehender Erziehungswissenschaftler*innen) dienen.

# Literatur

Adl-Amini, K., Hehn-Oldiges, M., Weber, N., Meschede, N., Dignath-van Ewijk, C., Burgwald, C., Corvacho del Toro, I. & Hardy, I. (2019). Professionalisierung von zukünftigen Lehrkräften im Kontext von Heterogenität unter Verwendung digitaler Lerneinheiten. *Herausforderung Lehrer*innenbildung – Zeitschrift zur Konzeption, Gestaltung und Diskussion (HLZ)*. https://www.herausforderung-lehrerinnenbildung.de/index.php/hlz/article/view/2469/3271 [24.05.2022].

Bräuer, G. (2014). *Das Portfolio als Reflexionsmedium für Lehrende und Studierende*. Opladen [u. a.]: Budrich.

Czerwenka, K. & Nölle, K. (2014). Forschung zur ersten Phase der Lehrerbildung. In E. Terhart, H. Bennewitz & M. Rothland (Hrsg.). *Handbuch der Forschung zum Lehrerberuf* (S. 468–488). Münster: Waxmann.

Denner, L. & Gesenhues, D. (2013). Professionalisierungsprozesse im Lehramtsstudium – eine explorative Studie zur Analyse, Interpretation und Handlungsoption. In R. Bolle (Hrsg.). *Professionalisierung im Lehramtsstudium: Schulpraktische Kompetenzentwicklung und theoriegeleitete Reflexion* (S. 59–119). Leipzig: Univ.-Verlag.

Eysel, C. & Schallies, M. (2004). Interdisziplinäres Lehren und Lernen – eine Interventionsstudie. In A. Pitton (Hrsg.). *Chemie- und physikdidaktische Forschung und naturwissenschaftliche Bildung*. Jahrestagung der GDCP in Berlin 2003; 30. Jahrestagung (S. 302–304). Münster: Lit-Verlag.

Gröschner, A. & Kunze, I. (2018). Vorwort. In M. Meier, K. Ziepprecht & J. Mayer (Hrsg.). *Lehrerausbildung in vernetzten Lernumgebungen* (S. 5–6). Münster: Waxmann.

Hattie, J. & Timperley, H. (2007). The Power of Feedback. *Review of Educational Research*, Volume 77 (Issue 1), 81–112.

Helsper, W. (2016). Antinomien und Paradoxien im professionellen Handeln. In M. Dick, W. Marotzki & H. Mieg (Hrsg.). *Handbuch Professionsentwicklung* (S. 50–62). Bad Heilbrunn: Julius Klinkhardt.

Hornung-Prähauser, V., Geser, G., Hilzensauer, W. & Schaffert, S. (2007). *Didaktische, organisatorische und technologische Grundalgen von E-Portfolios und Analyse internationaler Beispiele und Erfahrungen mit E-Portfolio-Implementierungen an Hochschulen*. Salzburg: Salzburg Research Forschungsgesellschaft.

Häcker, T. (2006). Vielfalt der Portfoliobegriffe. Annäherungen an ein schwer fassbares Konzept. In I. Brunner (Hrsg.). *Das Handbuch Portfolioarbeit. Konzepte – Anregungen – Erfahrungen aus Schule und Lehrerbildung* (S. 33–39). Seelze-Velber: Kallmeyer.

Häcker, Th. & Seemann, J. (2013). Von analogen Portfolios für die Entwicklung von digitalen E-Portfolios lernen. In D. Miller, B. Volk (Hrsg.). *E-Portfolio an der Schnittstelle von Studium und Beruf* (S. 73–90). Münster: Waxmann.

Hänssig, A. (2010). Portfolio-Arbeit in den Schulpraktischen Studien. Ein Praxisbeispiel. In K. Liebsch (Hrsg.). *Reflexion und Intervention. Zur Theorie und Praxis Schulpraktischer Studien* (S. 141–180). Hohengehren: Baltmannsweiler/Schneider Verlag.

Hänssig, A. & Petras, A. (2006). Arbeit mit Portfolio in Schulpraktischen Studien- Planung, Umsetzung und Ergebnisse. In M. Imhof (Hrsg.). *Portfolio und Reflexives Schreiben in der Lehrerausbildung* (S. 29–56). Tönning [u. a.]: Der Andere Verlag.

Kerres, M. & de Witt, C. (2004). Pragmatismus als theoretische Grundlage zur Konzeption von eLearning. In H. O. Mayer & D. Treichel (Hrsg.). *Handlungsorientiertes Lernen und eLearning* (S. 77–100). München: De Gruyter Oldenbourg.

Kidwai, K., Johnson, G., Hsieh, P.-H. & Hu, R. (2010). Promoting Reflective Thinking through E-Portfolios. In N. Buzzetto-More (Hrsg.). *E-portfolio paradigm. Informing, educating, assessing, and managing with e-portforlios.* Santa Clara: Informing Science Press (S. 247–266). Santa Rosa/California: Informing Science Press.

Koch-Priewe, B. (2013). Das Portfolio in der LehrerInnebildung – Verbreitung, Zielsetzung, Empirie, theoretische Fundierung. In B. Koch-Priewe, T. Leonhard, A. Pineker & J. C. Störtländer (Hrsg.). *Portfolio in der LehrerInnenbildung. Konzepte und empirische Befunde* (S. 41–73). Bad Heilbrunn: Klinkhardt.

Korthagen, F. (2002). *Schulwirklichkeit und Lehrerbildung, Reflexion der Lehrertätigkeit.* Hamburg: EB-Verlag.

Kroath, F. (2004). Zur Entwicklung von Reflexionskompetenz in der LehrerInnenausbildung. Bausteine für die Praxisarbeit. In S. Rahm & M. Schratz (Hrsg.). *LehrerInnenforschung. Theorie braucht Praxis. Braucht Praxis Theorie?* (S. 179–193). Innsbruck: Studienverlag.

Lipowsky, F. (2015). Unterricht. In E. Wild & J. Möller (Hrsg.). *Pädagogische Psychologie* (S. 69–105). Heidelberg: Springer.

Mayrberger, K. (2013). E-Portfolios in der Hochschule – zwischen Ideal und Realität. In D. Miller & B. Volk (Hrsg.). *E-Portfolio an der Schnittstelle von Studium und Beruf* (S. 60–72). Münster: Waxmann.

Paulson, F. L., Paulson, P. & Meyer, C. A. (1991). What Makes a Portfolio a Portfolio? *Educational Leadership,* 5 (48), 60–63.

Skorsetz, N., Weber, N. & Kucharz, D. (2020). ePortfolio zur Medienbildung im Grundschullehramtsstudium – ein Best-Practice Beispiel aus dem Sachunterricht. In K. Kaspar, M. Becker-Mrotzek, S. Hofhues, J. König & D. Schmeinck (Hrsg.). *Tagungsband »Bildung, Schule und Digitalisierung«* (S. 236–241). Münster: Waxmann.

Terhart, E. (2011). Lehrerberuf und Professionalität. Gewandeltes Begriffsverständnis – neue Herausforderungen. In W. Helsper & R. Tippelt (Hrsg.). *Pädagogische Professionalität* (S. 202–224). Weinheim u. a.: Beltz.

Wahl, D. (2013). *Lernumgebungen erfolgreich gestalten. Vom trägen Wissen zum kompetenten Handeln: mit Methodensammlung.* Bad Heilbrunn: Verlag Julius Klinkhardt.

Weber, N., Skorsetz, N. & Kucharz, D. (2019). Medienbildung in der 1. Phase der Lehrkräftebildung durch den Einsatz von ePortfolios im Studiengang Sachunterricht. *Online-Magazin Ludwigsburger Beiträge zur Medienpädagogik,* Ausgabe 20/2019, 1–17.

Weber, N. (2021). *Reflexionskompetenz im ePortfolio.* Bad Heilbrunn: Klinkhardt.

Winter, F. (2006). Wir sprechen über Qualitäten. Das Portfolio als Chance für eine Reform der Leistungsmessung. In I. Brunner, T. Häcker & F. Winter (Hrsg.). *Handbuch Portfolioarbeit* (S. 165–170). Seelze.

# Das Praktikum als Reflexionsinstanz im Studium

*Birte Egloff*

## 1 Spannungsfeld Berufsfeldorientierung

Nicht erst seit der Bologna-Reform[1] und der damit verbundenen Einführung von Bachelor- und Masterstudiengängen spielen Berufsfeldbezug und Praxisorientierung im Rahmen erziehungswissenschaftlicher Studiengänge eine wichtige Rolle. Bereits der bis zur Umstellung auf BA- und MA-Formate existierende Diplomstudiengang Erziehungswissenschaft hatte den Anspruch, wissenschafts- und forschungsbasiert für die gesamte Breite pädagogischer Handlungs- und Arbeitsfelder zu qualifizieren. Diese Idee des »wissenschaftlich ausgebildeten Praktikers« (Lüders, 1997) wurde für die Bachelor- und Master-Studiengänge konzeptionell aufgegriffen und in Prüfungs- und Studienordnungen integriert. Dabei hält das Konzept der »Employability« (Beschäftigungsfähigkeit) Einzug in die (hochschulpolitische) Diskussion, auch wenn es als explizites Ziel der Reform »auf einer eher nachgeordneten (...) Ebene« (Wolter & Banscherus, 2012, S. 26) angesiedelt ist. Gefasst werden darunter bestimmte fachliche, überfachliche wie persönliche Kompetenzen, die dazu beitragen sollen, auf berufliche Anforderungen flexibel reagieren und insgesamt im Berufsleben bestehen zu können. Kritiker*innen sehen hierin verschiedene Gefahren, so etwa ein Verlust der Idee der Universität als Ort zweckfreier Bildung, ein zu stark an wirtschaftlichen Bedarfen orientiertes Studiensystem oder ein zu sehr auf individuelle Fertigkeiten setzende Vorstellung der Verknüpfung von Arbeitsmarkt und Studium (vgl. Teichler, 2008).

Im Studium und im Rahmen von Lehrveranstaltungen lassen sich Praxisbezüge und Berufsfeldbezug auf vielfältige Art und Weise realisieren, z. B. durch fallspezifische Analysen, Rollen- oder Planspiele zu beruflich relevanten Situationen, durch Gastvorträge von Berufspraktiker*innen, durch Hospitationen und Exkursionen, durch Praxis- und Kooperationsprojekte, Ansätze des forschenden Lernens (vgl. Hof in diesem Band), des Service-Learnings (vgl. Seifert in diesem

---

1 Die Schaffung eines europäischen Hochschulraumes wurde von den EU-Bildungsminister*innen im Jahr 1999 in Bologna beschlossen und wird deshalb als »Bologna-Prozess« bezeichnet. Ziel dieser transnationalen Hochschulreform war u. a. eine vereinfachte wechselseitige Anerkennung von Studienabschlüssen durch die europaweite Umstellung auf Bachelor- und Masterstudiengänge (vgl. Hochschulrektorenkonferenz, 2008). Insbesondere in Deutschland wurde und wird die Reform kritisch diskutiert (vgl. Blättler & Imfhof, 2019).

Band) oder durch Job- und Berufsmessen, auf denen Studierende in direkten Austausch und Kontakt zu möglichen Arbeitgebern kommen können.

Als herausragendes Element innerhalb des Studiums gilt jedoch das *Praktikum*, bei dem sich Studierende über einen längeren Zeitraum in pädagogischen Einrichtungen aufhalten und am Arbeitsalltag teilnehmen, mit dem Ziel pädagogisches Handeln *in situ* kennenzulernen. Ein geläufiges Bild, um die zentrale Bedeutung des Praktikums zu veranschaulichen, ist das der *Brücke*: Das Praktikum als »Brücke zwischen Theorie und Praxis« (Hascher, 2007, S. 161), als »Brücke zwischen Wissenschaft und Beruf« (Schulze-Krüdener & Homfeldt, 2001) oder als »Brücke zwischen Hochschule und Arbeitsmarkt« (Schubarth et al., 2012) – so lauten exemplarisch einige Titel von Publikationen, die sich dem Praktikum widmen.[2] Das Symbol der Brücke ist dabei durchaus komplex, insofern es gleichermaßen auf das Verbindende wie das Trennende verweist (vgl. hierzu Simmel, 2001). Und so erstaunt es auch nicht, dass das Praktikum im Spannungsfeld sehr unterschiedlicher Erwartungen steht: Während Studierende sich zumeist erhoffen, im Praktikum das im Studium erworbene Wissen ›anwenden‹ und sich nun der eigentlichen pädagogischen Arbeit widmen zu können, wünschen sich die Berufspraktiker*innen feldspezifische Kompetenzen von den Studierenden und betrachten diese eher als »angehende Fachkräfte« (vgl. Roth, Kriener & Burkard, 2021, S. 30), für die Hochschule steht hingegen vor allem die (erziehungs-)wissenschaftliche Reflexion im Mittelpunkt. Entsprechend findet sich in Prüfungs- oder Praktikumsordnungen u. a. die Anforderung, in den Praktika gemachten Erfahrungen und Erkenntnisse an die theoretisch-wissenschaftlichen Inhalte des Studiums rückzubinden. Doch was bedeutet das eigentlich genau und wie lässt sich dies für Studierende gut umsetzen? Was kann ein Praktikum im Studium leisten – und was nicht?

Der folgende Beitrag geht diesen Fragen nach. Er ist aus Perspektive meiner langjährigen Tätigkeit sowohl in der Praktikumsberatung für Bachelor- und Masterstudierende (und zuvor für Diplomstudierende) am Fachbereich Erziehungswissenschaften der Goethe-Universität als auch in der Lehre im Bereich der Praxis- und Praktikumsreflexion geschrieben und bezieht darüber hinaus Forschungsergebnisse und wissenschaftliche Auseinandersetzungen mit ein.[3] Ziel des Beitrags ist es, Studierenden eine Idee davon zu vermitteln, wie die Verknüpfung von Studium und Praktikum im Modus der Reflexion gelingen kann.[4] Der

---

2  Auch die Begriffe »Tür« oder »Türöffner« (z. B. zum »Traumberuf« oder zur »Arbeitswelt«, sind häufiger zu lesen. So beispielsweise auf dieser Seite: https://www.praktikumsplaner.de/das-praktikum-der-tueroeffner-zur-arbeitswelt/4/ (15.08.2021).

3  Das Praktikum war lange Zeit kaum ein Thema für die (Hochschul-)forschung und -entwicklung (vgl. Egloff, 2002, S. 34 ff.), erst in den vergangenen Jahren finden sich vermehrt Studien, die sich explizit damit befassen (vgl. z. B. Wieser, 2020; Männle, 2013). Im Rahmen des andauernden Bologna-Prozesses und der damit einhergehenden Weiterentwicklung von Studiengängen unter Qualitätsgesichtspunkten rückt das Praktikum inzwischen stärker in den Fokus (vgl. z. B. Schubarth et al., 2012; Schubarth, Speck & Seidel, 2011; Hochschulrektorenkonferenz, 2016).

4  Meine Ausführungen gelten auch für Praktika im Rahmen der Lehrerbildung (schulpraktische Studien), auch wenn diese etwas anders organisiert und seitens der Hochschule begleitet werden. Denn auch dort geht es darum, Erfahrungen aus Schulpraxis und

Beitrag versteht sich nicht als Ratgeber oder Anleitung im engeren Sinne (vgl. hierzu Job, Blüthmann & Fittschen, 2020), sondern als Angebot, sich mit dem Studienelement Praktikum eingehender zu beschäftigen, um seine Potentiale für eine reflektierende Profilbildung im Studium und eine »individuelle Professionalisierung« (vgl. Männle, 2018) zu erkennen.

Ich gehe dabei so vor, dass ich zunächst das erziehungswissenschaftliche Praktikum in seiner Konzeption als Studienelement näher betrachte (Kapitel 2) und den Fragen nachgehe: Wie ist es gedacht? Welchen didaktischen Vorstellungen folgt es? Wie ist es in das Studium eingebunden? In einem zweiten Schritt nehme ich die studentische Perspektive auf das Praktikum in den Blick und frage danach, wie eine zunehmend heterogener werdende Studierendenschaft mit dem Praktikum umgeht (Kapitel 3). Nachdem damit vor allem die Grundstruktur und studentische Aneignungspraktiken thematisiert worden sind, geht es im nächsten Kapitel (Kapitel 4) darum, Wege zum Praktikum aufzuzeigen, bevor ich einen Vorschlag zur inhaltlichen Gestaltung von Praktika skizziere, mit dem die reflexive Rückbindung an das Studium gelingen kann (Kapitel 5). Der Beitrag endet mit einem abschließenden kurzen Fazit (Kapitel 6), in dem die zu Beginn formulierten Fragen aufgegriffen werden.

## 2   Das erziehungswissenschaftliche Praktikum

Das Praktikum in erziehungswissenschaftlichen Studiengängen[5] – verpflichtend oder freiwillig – stellt in seiner idealtypischen Form[6] innerhalb universitärer Lehr-/Lernformate etwas Besonderes dar. »Es ist« – so schreiben Weil und Tremp (2010, E.5.3) – »eine Studienform, die im zeitlichen und konzeptionellen Bezug zum Studium steht, dessen Lernzielen und dessen Qualitätsansprüchen folgt. Es orientiert sich aber an dem organisatorischen und räumlichen Rahmen des Praktikumsortes (z. B. Betrieb, Organisation, etc.)«.

In der Regel findet das Praktikum also außerhalb der universitären Räumlichkeiten statt – es sei denn, die Hochschule selbst ist Praktikumsanbieter –, meist

---

-alltag mit den Studieninhalten reflexiv zu verknüpfen und sich mit Berufsfeld und -rolle sowie dem eigenen Professionalisierungsprozess auseinanderzusetzen (vgl. z. B. Fromm & Strobel-Eisele, 2020).

5   Ich grenze es vom Praktikum in naturwissenschaftlichen Studiengängen ab, mit dem meist ein praktischer Kurs oder eine Übung im universitären Labor gemeint ist, in dem zuvor in Vorlesungen erworbener Stoff praktisch angewandt oder ausprobiert wird. Das Fachgutachten der Hochschulrektorenkonferenz (2016, S. 3) weist zudem daraufhin, dass der Begriff Praktikum »ein weites Feld von Qualifizierungstätigkeiten« beinhaltet, »sodass unterschiedliche Arten von Praktika unterschieden werden können.« Um welche Form des Praktikums es in diesem Beitrag gehen soll, wird im weiteren Verlauf des Kapitels erläutert.

6   »Idealtypisch« beinhaltet keine Wertung, sondern meint das Praktikum als (didaktisches) Modell mit bestimmten Merkmalen (vgl. Flechsig, 1996).

über einen mehrwöchigen oder -monatigen Zeitraum, in Feldern der pädagogischen Praxis oder der erziehungswissenschaftlichen Forschung, die auch der späteren Berufstätigkeit entsprechen. Die Suche nach einer geeigneten Praktikumsstelle liegt üblicherweise eigenverantwortlich in den Händen der Studierenden, wobei sie von der Hochschule beratend unterstützt werden, beispielsweise durch an den Hochschulen angesiedelte Praktikumsbüros oder Beratungsstellen. Der Umstand, dass Studierende selbst ihr Praktikum suchen, ist vor allem der Breite der pädagogischen Arbeitsfelder geschuldet. Studierenden ist damit die Möglichkeit eröffnet, nach individuellen Interessen, Studienschwerpunkten und Berufswünschen ein für sich passendes Praktikum zu wählen; sie sind zugleich aber auch mit der Notwendigkeit konfrontiert, sich genau mit dieser Fülle an Optionen auseinanderzusetzen und bestimmte Entscheidungen zu treffen. Die inhaltliche Ausgestaltung des Praktikums ist von den Studierenden in Aushandlung mit den Praxisstellen eigenständig zu leisten – weder Hochschule noch Lehrende sind darin in der Regel systematisch[7] involviert, abgesehen von gewissen geringfügigen Vorgaben durch Prüfungsordnungen, beispielsweise die fachliche Einschlägigkeit des Praktikums betreffend. So muss das Praktikum in einem pädagogischen Feld stattfinden oder zumindest pädagogische Aufgaben und Tätigkeiten umfassen. Was genau das »Pädagogische« einer Tätigkeit ist, ist bereits Teil der geforderten reflexiven Auseinandersetzung mit dem Feld und dem professionellen Tun. Gerade in »impliziten Bildungseinrichtungen« (Kade, Nittel & Seitter, 2007, S. 143) – gemeint sind damit Einrichtungen, die in erster Linie keinen pädagogischen Auftrag erfüllen, in denen aber dennoch u. a. auch pädagogisch gehandelt wird (z. B. Wirtschaftsunternehmen, Museen, Theater, therapeutische Einrichtungen) – ist dies eine zentrale Frage, die Studierende ggfs. auch als eine »Forschungsfrage« für das Praktikum formulieren können – zumindest dann, wenn die Hochschule ein Praktikum in diesem Feld zulässt.

Das Praktikum lässt sich als eine »vorübergehende Versetzung in die Berufswirklichkeit« (Böhm & Seichter, 2017, S. 380) kennzeichnen und deuten. Es ist kein »Als-ob«, wie dies etwa in Rollenspielen oder Simulationen im Rahmen eines Seminars der Fall ist, sondern findet unter realen Bedingungen statt. Arbeitsabläufe, Routinen, Handlungsprobleme und Konflikte, aber auch Regeln und Normen werden dabei in ihrer ganzen Komplexität sichtbar und für Studierende direkt erfahrbar. Sie selbst haben dabei den Status von Lernenden inne, die frei von Handlungsdruck und Verantwortung vor allem eine beobachtende Rolle einnehmen und darüber das alltägliche Geschehen möglichst unter Anleitung und vor dem Hintergrund ihres theoretischen Wissens reflektieren, was nicht ausschließt, dass sie selbst pädagogisch tätig werden können und dürfen und dabei entsprechende Erfahrungen sammeln.

---

7 Das hängt natürlich von der Art des Praktikums ab. So sprechen etwa Krieger et al. (2021) in ihrem Buch durchgängig von »*begleiteten* Praxisphasen« im Studium der Sozialen Arbeit (Hervorhebung: B.E.). In meinem Beitrag geht es vornehmlich um (Pflicht) Praktika in erziehungswissenschaftlichen Studiengängen an Universitäten, die stärker der studentischen Verantwortung überlassen sind, was die Vor- und Nachbereitung sowie die Gestaltung angeht.

Fasst man das Praktikum als ein eigenes, spezifisches Lernsetting innerhalb des Studiums (neben anderen Formaten wie Seminar, Vorlesung oder Übung), so lassen sich darin folgende didaktischen Prinzipen erkennen:

- *Lernen durch Beobachtung:* Dabei geht es um das gezielte und aufmerksame Wahrnehmen des Alltags in pädagogischen Einrichtungen in allen seinen Facetten und des in ihnen stattfindenden professionellen Handelns. Als eine eigene Form des Erkenntnisgewinns hilft das Beobachten dabei, den Blick auf Strukturen, Rahmenbedingungen und Interaktionen zu schärfen, Details zu identifizieren, Sehgewohnheiten zu irritieren, scheinbar Bekanntes in Frage zu stellen und neue (Erklärungs-)zusammenhänge zu suchen und herzustellen (zur Entwicklung des Beobachtens als (wissenschaftlicher) Methode vgl. Reh, 2012).
- *Lernen unter realen Bedingungen, aber frei von Handlungsdruck:* Studierende im Praktikum sind Teil des pädagogischen Teams einer Einrichtung, gelten aber rechtlich gesehen nicht als Arbeitnehmer*innen (auch wenn sie bestimmte Rechte von Arbeitnehmer*innen haben).[8] Sie werden mit allen Routinen und Herausforderungen konfrontiert, um eigene Einschätzungen, Handlungsvorschläge und konkrete Mitarbeit gebeten – auch wenn die Erbringung von Arbeitsleistungen nicht im Vordergrund stehen darf, sondern das Praktikum immer ein Ausbildungsverhältnis darstellt. Ihr Handeln erfolgt jedoch unter Vorbehalt: zwar müssen sie sich an allgemeine Regeln, berufsethische Prinzipien (z. B. Schweigepflicht) und rechtliche Rahmenbedingungen halten, sind aber durch die sie anleitenden professionellen Pädagog*innen abgesichert, können sich im Hinblick auf ihr Tun rückversichern und eine »reflexive Distanz« (Roth, Kriener & Burkard, 2021, S. 30.) halten. Sie dürfen auch Fehler machen, die wiederum Anlass für Reflexion sein können.
- *Lernen durch Anleitung und Begleitung:* Praktika folgen dem Prinzip der ›Meisterlehre‹: Unter fachkundiger Anleitung und Begleitung eines erfahrenen ›Meisters‹ oder einer erfahrenen ›Meisterin‹ seines/ihres Faches werden die Berufsnoviz*innen in das pädagogische Alltagshandeln eingeführt und in ihrem Reflexionsprozess und Erkenntnisfortschritt begleitet und unterstützt, etwa durch regelmäßige Gespräche, gezielte Erklärungen sowie Übertragung von Aufgaben und kleineren Projekten, die anschließend gemeinsam evaluiert, reflektiert und bewertet werden. Unter dem Begriff »cognitive apprenticeship« (»kognitive Lehre«) findet sich die Meisterlehre in konstruktivistischen Lerntheorien (vgl. Collins & Kapur, 2014). Es werden vier Phasen unterschieden, die sich auch für den Ablauf von Praktika identifizieren lassen und den langsamen Prozess des Vertrautwerdens im und mit dem Feld beschreiben: Modeling (Vorführen/Zeigen/Erklären), Scaffolding (unterstützte Eigentätigkeit), Fading (nachlassende Unterstützung bei gleichzeitiger Kompetenzsteigerung) und Coaching (betreutes Beobachten).

---

8 Informationen rund um die rechtlichen Rahmenbedingungen von Praktika finden sich beispielsweise auf folgender Seite: https://jugend.dgb.de/dgb_jugend/dein-praktikum (23.10.2021).

- »*Lernen en passant*« (Reischmann, 1995): Die Teilnahme am und das Eintauchen in den pädagogischen Alltag im Praktikum eröffnen zahlreiche Lernmöglichkeiten, die nicht geplant und intendiert sind, sondern »zufällig« und »im Vorbeigehen« erfolgen Dies wird auch als »inzidentelles« oder informelles Lernen bezeichnet (vgl. Rohs, 2020). Die Kunst ist es, sich dieser impliziten Lernprozesse bewusst zu werden, um auch sie zum Gegenstand von Reflexion zu machen.

Mit dem pädagogischen Praktikum als dem geschilderten Lehr-/Lernarrangement sind aus Perspektive der Hochschule folgende Zielsetzungen verbunden:

- *Überblick über die Vielfalt pädagogischer Berufsfelder:* Studierende erhalten Gelegenheit, pädagogische Felder und deren spezifische Handlungsprobleme und somit Möglichkeiten und Grenzen beruflicher Praxis kennenzulernen. Sie werden der Fülle und Unterschiedlichkeit der Arbeitsfelder gewahr und können sich hinsichtlich ihrer eigenen Präferenzen und ihrer späteren Berufswahl orientieren.
- *Vergewisserung und Weiterentwicklung eigener Berufsvorstellungen:* Damit einher geht die Möglichkeit, sich die eigenen Berufsvorstellungen und -wünsche bewusst zu machen. Denn auch wenn man davon ausgehen kann, dass die Studienwahl Ergebnis eines mehr oder weniger intensiven Auseinandersetzungsprozesses ist, so zeigen Studien (insbesondere im Zusammenhang mit dem Thema Studienabbruch), dass Erwartungen und Realitäten oft auseinanderfallen (vgl. z. B. Neugebauer, Heublein & Daniel, 2019). Über das Absolvieren von Praktika lässt sich also überprüfen, ob Pädagogik und Erziehungswissenschaften die passende Wahl sind und für welchen Bereich man sich eine pädagogische Tätigkeit vorstellen kann – oder nicht. Praktika bieten in dem Zusammenhang auch die Möglichkeit, bislang Unbekanntes zu entdecken (z. B. neue Themen, Fragen oder interessante Berufsfelder) und im Studium (und darüber hinaus) weiter zu verfolgen.
- *Ins-Verhältnis-Setzen unterschiedlicher Wissensformen durch Reflexion:* Praktika dienen der Reflexion des Verhältnisses von erziehungswissenschaftlichem Wissen, das im Studium erworben wird, und professionellem Wissen bzw. beruflichem Können, das im Praktikum greifbar wird (zu dieser Unterscheidung vgl. ausführlich Vogel 2019, S. 34 ff.). Es geht also nicht um eine reine ›Anwendung‹ von theoretischem Wissen auf praktische Handlungsprobleme; das sei – so schreibt Vogel (ebd., S. 53) – »der Wunsch nach etwas strukturell Unmöglichem«. Studierende stehen vielmehr vor der Herausforderung, »sich […] auf unterschiedliche Logiken, Wissensbestände, Perspektiven und damit verbundene Widersprüche und Spannungsverhältnisse einzulassen, damit die Entwicklung einer ›reflektierten Praxis‹ für sie möglich wird.« (Roth, 2021, S. 38).
- *Generierung von Themen und Unterstützung bei der Berufseinmündung:* Nicht zuletzt haben Praktika einen wegweisenden Nutzen: In ihnen lassen sich Themen für das Studium, z. B. für Semester- oder Abschlussarbeiten finden und entwickeln. Ausgelöst durch Beobachtungen und eigene Erfahrungen geraten Dinge in den Fokus des Interesses und werden mittels wissenschaftlicher Ana-

lyse einer näheren Betrachtung unterzogen. Praktika erleichtern zudem den Einstieg in den Beruf, wie Absolvent*innenstudien zeigen (vgl. z. B. Kerst & Wolter, 2020; von Felden & Schiener, 2010) und wie ich selbst aus Erfahrungen meiner eigenen Beratungspraxis weiß: Häufig werden Studierende nach einem Praktikum in der Einrichtung, in der sie sich »bewährt« haben, weiterbeschäftigt, so dass sie einen fließenden Übergang vom Studium in den Beruf haben. In diesem Sinne sind Praktika in der Tat »Türöffner«.

Dass das Praktikum seine Gestalt nicht nur und ausschließlich dadurch erlangt, dass es in der soeben geschilderten Art und Weise institutionell und konzeptionell gedacht und entsprechend in Prüfungsordnungen abgebildet ist, sondern auch durch die spezifischen und individuellen Konstituierungsleistungen der Studierenden selbst hervorgebracht wird – darauf möchte ich im folgenden Kapitel eingehen.[9]

## 3 Studentische Perspektiven auf das Praktikum

Im Zuge gesellschaftlicher Modernisierungsprozesse der vergangenen Jahrzehnte, die u. a. mit einer Ausdifferenzierung von Lebensentwürfen einhergehen, hat sich auch die Studierendenschaft gewandelt: »Das klassische Modell des Studenten (jung, ungebunden, männlich, finanziell abgesichert und Vollzeit-Student) beschreibt inzwischen nur noch die Realität einer kleinen Gruppe von Studierenden.« (Friebertshäuser & Egloff, 2010, S. 683). Vielmehr setzt sich die Studierendenschaft heute aus sehr unterschiedlichen Teilgruppen zusammen, die sich in sehr spezifischen Lebenssituationen befinden. Regelmäßige Erhebungen zur sozialen und wirtschaftlichen Lage der Studierendenschaft (vgl. Middendorff et al., 2017) machen beispielsweise darauf aufmerksam, dass Studierende die ihnen zur Verfügung stehende Zeit nicht ausschließlich für das Studium aufbringen (können), sondern sie zu einem nicht unerheblichen Teil auch zur Sicherung des Lebensunterhaltes nutzen (müssen) oder für Carearbeit benötigen (z. B. Betreuung eigener Kinder oder Pflege von Kindern oder anderen Angehörigen). In der Folge haben sich auch »heterogene Formen des Umgangs mit dem Studium (…) herausgebildet.« (Friebertshäuser & Egloff, 2010, S. 684), die zwar auf das weiterhin vorherrschende Modell des Vollzeitstudiums treffen, welches jedoch im Zuge der Weiterentwicklung und regelmäßigen Evaluierung (Reakkreditierung) von Studiengängen durchlässiger und an vielen Stellen flexibler wird: so wird das Studieren in Teilzeit ermöglicht; es werden außerhalb der Hochschule erbrachte Leistungen oder in anderen Kontexten erworbene Schlüsselqualifikatio-

---

9 Konstitutiv für Praktika (aber bislang noch kaum thematisiert) sind auch die Praxisstellen selbst, auf deren Perspektiven, Vorstellungen und Rahmenbedingungen sich die anderen Beteiligten der »Trias« (Roth, Kriener & Burkard, 2021, S. 25) beziehen müssen.

nen anerkennt, und das digitale Lehren und Lernen schafft ebenfalls neue Spielräume für unterschiedliche Praktiken des Studierens jenseits tradierter Modelle bzw. enger Vorgaben. Im Zuge der Diskussionen um Qualität von Studiengängen spielen diese Entwicklungen eine immer wichtigere Rolle.[10]

Diese Flexibilisierungstendenzen lassen sich auch gut am Praktikum aufzeigen. So ist das oben skizzierte Ideal-Modell des Praktikums – jedenfalls was die formalen Rahmenbedingungen angeht – sicher nur für einen Teil der Studierenden in dieser Form durchführbar. Und so haben sich längst alternative Modelle etabliert und legitimiert.[11] Das Praktikum erfährt somit eine Ausdifferenzierung und Formenvielfalt.

- Studierende kombinieren ihre Praktikumspflicht mit der Notwendigkeit, Geld zu verdienen, indem sie mit ihrem Studierendenstatus in pädagogischen Feldern arbeiten, beispielsweise auf Honorarbasis. Der andauernde Fachkräftemangel auch in pädagogischen Bereichen kommt Studierenden hier zu Gute: viele Einrichtungen bieten studentische Jobs an, oft auch über das Studium hinaus.
- Praktika werden nicht im Block und Vollzeit, sondern studienbegleitend und stundenweise durchgeführt und lassen sich somit besser mit den sonstigen Anforderungen des Alltags kombinieren.
- Häufig engagieren sich Studierende ehrenamtlich (oft bereits seit längerer Zeit), beispielsweise bei der Freiwilligen Feuerwehr, dem Technischen Hilfswerk, der Kirchengemeinde, den Pfadfindern oder anderen Jugendverbänden. Sofern dies pädagogische Elemente aufweist, kann das Engagement als Praktikum anerkannt werden. Dies ist deshalb möglich, da alle genannten Einrichtungen in der Regel über explizite Jugend- und Nachwuchsabteilungen, Weiterbildungsstrukturen sowie über entsprechende pädagogische Konzepte verfügen. Auch vor dem Studium erbrachte Freiwilligendienste in pädagogischen Feldern (z. B. ein Freiwilliges Soziales Jahr) zählen hierzu.
- Mit ihrem Bachelor-Abschluss arbeiten Studierende als pädagogische Fachkräfte. Im Rahmen des Master-Praktikums kann dies ebenfalls anerkannt werden, Studierende nutzen dabei die Möglichkeit, in ihrer eigenen Einrichtung andere Abteilungen oder Arbeitsbereiche kennenzulernen, beispielsweise Leitungsaufgaben.

---

10 Hierzu sei das – inzwischen abgeschlossene – Projekt »nexus – Übergänge gestalten, Studienerfolg verbessern« genannt, das im Auftrag der Hochschulrektorenkonferenz über einen Zeitraum von sechs Jahren (2014–2020) diese Entwicklung aufgegriffen, analysiert, diskutiert und Ergebnisse publiziert hat. Unter folgendem Link https://www.hrk-nexus.de/ finden sich zahlreiche Informationen und Publikationen (23.10.2021).
11 Die einzelnen Ausführungsbestimmungen von Prüfungsordnungen bezogen auf das Praktikum können natürlich von Hochschule zu Hochschule variieren. Daher ist es notwendig, sich frühzeitig und umfassend über die jeweiligen Bedingungen und damit auch Auslegungsspielräumen an »seiner« Universität zu informieren.

In einer Studie,[12] die ich zur Frage durchgeführt habe, welche Bedeutung das Praktikum aus Sicht von Studierenden hat (vgl. Egloff, 2002; 2004), wurden weitere Dimensionen der Praktikumsgestaltung sichtbar. So ließ sich rekonstruieren, dass die Praktikumswahl (a) Bezüge zur eigenen Biographie (das Praktikums als Ort der Identitätsentwicklung und Persönlichkeitsbildung), (b) zur Lebenswelt (das Praktikum als Möglichkeit, Geld zu verdienen, care-Aufgaben zu erfüllen, Hobbies zu bedienen, Erfahrungen aller Art zu sammeln), (c) zum Studium (das Praktikum als Reflexionsfolie für Studieninhalte) und (d) zum (künftigen oder bereits ausgeübten) Beruf (das Praktikum als Ort des Kompetenzerwerbs und der beruflichen Fort- und Weiterbildung) aufweist. Unter den beschriebenen Bedingungen der Öffnung und Flexibilisierung ist es für Studierende sehr gut möglich, Praktika angepasst an ihre jeweilige Lebenssituation im Rahmen des Studiums durchzuführen, wobei die pragmatischen, kreativen und manchmal auch unkonventionellen Ausgestaltungen von Praktika seitens der Studierenden Einfluss auf die Prozesse der Flexibilisierung von Hochschulen haben.

## 4 Wege zum Praktikum

Für Studierende ist also die Erfüllung ihrer Praktikumspflicht grundsätzlich als Möglichkeitsraum zu interpretieren, der Freiheiten und Chancen bietet, aber auch als Zumutung und Überforderung wahrgenommen werden kann. Und so stellen sich ihnen eine Reihe konkreter Fragen, auf die ich im Folgenden eingehen möchte.

Im Rahmen pädagogischer BA/MA-Studiengänge, die nicht auf ein Lehramt vorbereiten, stehen die außerschulischen Felder im Blick. Gemeint sind damit sozial-, sonder- und erwachsenenpädagogische Bildungseinrichtungen, in denen Kinder, Jugendliche und Erwachsene aus unterschiedlichen Gründen heraus in ihren Lernbemühungen und Bildungsprozessen von professionellen Pädagog*innen beraten, begleitet und unterstützt werden. Dazu gehören beispielsweise Frühförderstellen, Familienbildungszentren, Sozialdienste, Kindertagesstätten, Jugendzentren und Jugendverbände, Beratung und Dienstleistungen im Rahmen von Schulsozialarbeit, Drogen- und Schuldnerberatungen, Wohnungslosenhilfen, Migrationsberatungsdienste, Kinder-, Jugend- und Frauenhäuser, Volkshochschulen, Bildungsakademien, Berufsbildungswerke, Ausbildungsstätten, betreute Wohngruppen, Rehabilitationseinrichtungen, außeruniversitäre Forschungseinrichtun-

---

12 Zwar liegt die Studie bereits etwas länger zurück und bezog sich auf den Diplomstudiengang Erziehungswissenschaft. Allerdings halte ich die Erkenntnisse für übertragbar auf erziehungswissenschaftliche BA/MA-Studiengänge, insofern das Praktikum als Studienelement nach wie vor so enthalten ist. Praktikumsberichte aus dem BA- und MA-Studiengang bestätigen mich in dieser Ansicht. In der Studie habe ich offene Interviews mit Studierenden geführt und diese einer Deutungsmusteranalyse unterzogen.

gen, Kultureinrichtungen, Personal- und Weiterbildungsabteilungen in Unternehmen – um nur einige zu nennen (vgl. hierzu auch Nohl, 2019).

Angesichts dieser Fülle sind Studierende vor allem im Bachelorstudiengang oft verunsichert, und es stellt sich ihnen die Frage, wie sie von den Feldern wissen können und welche konkrete Bildungseinrichtung sie für ein Praktikum auswählen sollen. Folgende Schritte können bei einer Klärung helfen:[13]

- Auseinandersetzung mit den Inhalten des Studiums, z. B. in Form eines Brainstormings oder im Austausch mit Kommiliton*innen: Gibt es bestimmte Themen, Fragen und Schwerpunkte, die im Fokus des Interesses stehen und bereits Gegenstand eines Referates oder eine Hausarbeit waren? Gibt es gänzlich neue, bis dahin unbekannte Themen? Favorisiert man ein bestimmtes Lebensalter (z. B. Kindheit, Jugend, Erwachsenenalter)? Oder bestimmte Adressatengruppen (z. B. Senior*innen, Führungskräfte, Geflüchtete)? Welche pädagogischen Kernaktivitäten (vgl. Giesecke, 2015) findet man interessant: die Vermittlung von Wissen, das Organisieren und Arrangieren von Lern-, Bildungs- und Beratungsprozessen oder das Beraten von Individuen und Organisationen? Möchte man im direkten pädagogischen Austausch mit Kindern, Jugendlichen und Erwachsenen arbeiten oder eher auf einer konzeptionell-planenden Ebene? Oder wollen bestimmte Aspekte im Kontext von Lernen, Bildung, Erziehung selbst erforscht werden? Das Instrument des Forschungstagebuches kann hierbei unterstützen (vgl. Richter & Friebertshäuser in diesem Band).
- In einem nächsten Schritt wäre zu überlegen, in welchen konkreten Bildungs- und Forschungseinrichtungen sich die zuvor genannten Themen, Kernaktivitäten usw. wiederfinden. Eine Recherche im Internet gibt Aufschluss darüber, ebenso eine gezielte Suche bei großen Bildungsträgern und pädagogischen Einrichtungen, wie etwa Caritas, Diakonie, Kommunen, kirchliche und gewerkschaftliche Bildungsakademien, Verbände, Industrie- und Handelskammern, Unternehmen, Museen und Bibliotheken, Forschungsinstituten und Universitäten usw. Wie sind sie organisiert und welche konkreten pädagogischen Bereiche und Angebote haben solche Einrichtungen? Wer sind mögliche Ansprechpartner*innen und gibt es vielleicht sogar Stellen- oder Praktikumsangebote auf den Homepages?
- Neben den eigenen Recherchen sind vor allem Gespräche mit der Studienfachberatung oder den Praktikumsbüros hilfreich bei der Klärung eigener Schwerpunkte und Interessen. Hochschulen unterhalten sogenannte Career Services, die ebenfalls auf der Suche nach Praktika unterstützen, auch mit

---

13 Sehr ausführlich und hilfreich ist dazu der Beitrag von Wesseln-Borgelt & Zwartscholten (2021) zum Thema »Praxisstellen suchen und finden«, der zwar vornehmlich die Soziale Arbeit im Blick hat, sich aber auf andere pädagogische Felder übertragen lässt. Die beiden Autorinnen stellen darin u. a. eine Checkliste zur Selbstreflexion vor, die sich auf Erkenntnisse aus meiner oben erwähnten Interviewstudie zur studentischen Sicht auf das Praktikum bezieht und diese praktisch wendet.

Blick auf den (späteren) Übergang vom Studium in den Beruf (vgl. Jörns, 2002).
- Was sagen Pädagog*innen selbst zu ihren Arbeitsfeldern und Tätigkeiten? Inzwischen liegen zahlreiche Publikationen vor, die teilweise sehr konkrete Einblicke in den jeweiligen Berufsalltag bieten und die möglichen Wege dorthin nachzeichnen (vgl. z. B. Wirth & Wartenpfuhl, 2021; Hefel & Hiebinger, 2021; Nittel & Völzke, 2002).
- Besuche (pädagogischer) Job- und Berufsmessen, auf denen sich Bildungseinrichtungen vorstellen, für Gespräche und Fragen bereitstehen und oft konkrete Angebote für Praktika und Stellen anbieten. Solche Foren helfen dabei, sich in der Unübersichtlichkeit zurechtzufinden und Klärungen vorzunehmen.[14]
- Biographische Selbstreflexion über den bisherigen Lebensweg und der Blick in die Zukunft: was bringe ich schon mit? Woran möchte ich anknüpfen? Wie lassen sich bestimmte Interessensgebiete auch verbinden? Welche Erwartungen und welche Zukunftsvorstellungen habe ich? (vgl. Wesseln-Borgelt & Zwartscholten, 2021, S. 101 ff.; Richter in diesem Band)

Hat man diese Fragen für sich geklärt und einen interessanten Bereich oder eine Praktikumsmöglichkeit identifiziert, so folgt in der Regel die Bewerbung, die telefonisch oder klassisch schriftlich erfolgt und je nach Feld und Einrichtung unterschiedlich stark formalisiert ist und unterschiedlich lange dauert. Manchmal genügt ein kurzes Telefonat, manchmal muss man ein aufwendiges Bewerbungsverfahren durchlaufen. Wichtig für Gespräche mit der künftigen Praktikumsstelle ist vor allem, dass Studierende begründen können, warum sie ihr Praktikum dort absolvieren möchten, was es also mit dem Studium, den Berufswünschen und vielleicht auch mit einem selbst zu tun hat; was man gerne im Praktikum lernen und in welche Bereiche man sich einen Einblick wünscht. Das setzt zum einen voraus, sich vorab bereits intensiv mit der Praktikumsstelle und seinem Praktikum befasst zu haben, was über das Internet, Broschüren und Berichte, ebenso durch Besuche und Hospitationen recht gut möglich ist. Was genau macht die Einrichtung? Welche Angebote und Bereiche hat sie? Wer sind die Adressat*innen? Gibt es ein Leitbild oder ein öffentlich zugängliches Bildungskonzept? Wer arbeitet dort mit? Zum anderen, dass man sich im Vorfeld Gedanken darüber macht, was Lernziele und Erkenntnisprozesse in dem Praktikum sein können. Dies betrifft die Gestaltung des Praktikums sowie die Frage, wie Praktikum und Studium inhaltlich-reflexiv sinnvoll miteinander verbunden werden können (vgl. Burkard & Kriener, 2021).

---

14 So findet beispielsweise am Fachbereich Erziehungswissenschaften der Goethe-Universität jährlich die Jobmesse »Der pädagogischen Praxis auf der Spur« statt. Unter folgendem Link gibt es nähere Informationen dazu, u. a. einen kurzen Videoclip mit lebendigen Eindrücken der Jobmesse 2016: https://www.uni-frankfurt.de/98484699/Job_Messe_P%C3%A4dagogik (17.10.2021).

## 5  Der ethnographische Blick im Praktikum

Nimmt man das Praktikum in der oben skizzierten Form als besonderes Lehr-/Lernformat mit hohen Anforderungen an die Reflexivität und spezifischen Erkenntnisinteressen ernst, so stellt sich die Frage, was dies für die inhaltliche Ausgestaltung und Aneignung bedeutet, wenn es diesen Anspruch erfüllen soll – unabhängig davon, in welcher Form das Praktikum nun von Studierenden erbracht wird oder welche andere Bedeutung sie diesem noch zuschreiben.

Studierende lässt diese Aufgabe auch deshalb manchmal etwas ratlos zurück, weil erstens die Kooperation zwischen Praxisfeldern und Hochschulen meist nur lose gekoppelt ist, es also bezogen auf die Ausgestaltung des Praktikums nur wenige oder keine Absprachen bzw. Vorgaben gibt.[15] Die Hochschule überlässt dies der Verantwortung von Studierenden und Praxisstellen, die darüber eine Vereinbarung treffen sollen – im Idealfall auch schriftlich, z.B. in Form eines Praktikumsvertrages. Und weil zweitens die hochschulinterne Begleitung der Praktika durch flankierende Lehrveranstaltungen keine individuelle Betreuung einzelner Studierender in ihren Praktika ermöglicht, sondern auf einer übergeordneten Ebene allgemeine Reflexionsangebote bereitstellt, die Studierende wiederum eigenständig auf ihre Praktika beziehen können und sollen.

Wie also kann es angesichts dieser Rahmenbedingungen gelingen, Studierenden die Spezifik des Praktikums zu verdeutlichen und ihnen ein Instrumentarium an die Hand zu geben, das dabei hilft, das Praktikum gewinnbringend zu gestalten und – wie gefordert – reflexiv an das Studium rückzubinden?

Aus einer erziehungswissenschaftlichen Perspektive lautet eine mögliche Antwort darauf: sich mit einer *ethnographischen Haltung* auf das Praktikum einzulassen und sich seiner Einrichtung so nähern, als sei man ein*e Feldforscher*in, der*die sich in einer ihm*ihr unbekannten Welt befindet und erst verstehen lernen will, womit er*sie es zu tun hat und wie das, was er*sie sieht, eigentlich funktioniert. Es geht darum, einen (selbst-)beobachtenden Blick auf das Praktikum einzunehmen, auf diese Weise eine reflexive und reflektierende Distanz zu schaffen, die ausreichend Raum lässt für Irritationen, Fragen und sich daran anschließende Analyse- und Verstehensprozesse – gleichermaßen bezogen auf das gesamte Geschehen in der Bildungseinrichtung, die als Praktikumsstelle dient, wie auf sich selbst, seine eigene Rolle, seine Erkenntnisse und seine Professionalisierung.

Der Vorschlag, im Praktikum Feldforschung zu betreiben und das Praktikum als ethnographisches Projekt zu begreifen, stammt von Barbara Friebertshäuser (2001) und ist im Zusammenhang mit dem Praktikum auch in anderen Quellen zu finden (z.B. Aghamiri, 2021). Wie ist dieser Vorschlag gemeint? Ausgangspunkt der Überlegungen ist eine angenommene Nähe von professionellem Handeln und Forschen (vgl. auch Friebertshäuser, 2002; Hof & Egloff, 2021). »Das

---

15 Das hängt natürlich von der Art der Hochschule, des Praktikums und seiner curricularen Einbettung ab, sodass sich auch hier zahlreiche Varianten finden. Ich habe für den Beitrag Praktika im Blick, die nur wenigen Vorgaben folgen müssen.

Verstehen des anderen und seiner Lebenswelt bildet die Basis jeder pädagogischen Intervention« (Friebertshäuser, 2001, S. 181). Orientierung an der Lebenswelt beinhaltet u. a. das Erfassen der objektiven Lebensbedingungen und -lagen, aber auch die subjektiven Deutungen und Selbstauffassungen der pädagogisch Adressierten sowie die Selbstreflexion der professionellen Pädagog*innen über ihre eigene Lebenswelt, ihre Positionen und Überzeugungen. Dies sei Teil der pädagogischen Professionalität.

> »Aufgrund dieser Anforderung zur Multiperspektivität, den anderen zu verstehen, sich selbst zu verstehen und im Dialog zu einem wechselseitigen Verstehen zu gelangen, kann angenommen werden, daß (sic!) die methodischen Instrumente ethnographischer Feldforschung und einer rekonstruktiven Sozialforschung dazu geeignet sind, diese Form des pädagogischen Verstehens zu qualifizieren« (ebd., S. 181).

Teilnehmende Beobachtung (auch mittels Videographie), erzählgenerierende, offene Interviews, Fragebogenerhebungen, Gruppendiskussionen, das Sammeln von Dokumenten und Alltagsmaterialien, das Erstellen von Fotos (beispielsweise zur Dokumentation der Räumlichkeiten) können dabei helfen, das Gesehene und Erlebte in einer »dichten Beschreibung« (Geertz, 1983) zu erfassen. Ziel dabei ist es, den eigenen Blick zu verfremden, zu schärfen, sich irritieren zu lassen und auch scheinbar Bekanntes in Frage zu stellen. Anschließend werden mit Hilfe erziehungs- und sozialwissenschaftlicher Theorien die so verdichteten und festgehaltenen Beobachtungen (fallbezogen) analysiert, untersucht, um sie letztlich zu verstehen und somit eine Verbindung zwischen Theorie und Praxis im Modus der Reflexion gebildet zu haben. Das spezifische Format Praktikum ist für Friebertshäuser als Feldforschungssetting geradezu prädestiniert:

> »Die Praktikantinnen und Praktikanten leben – wie Ethnologen – für einen gewissen Zeitraum in einem sozialen Feld. Sie erhalten dort eine soziale Rolle, die ihnen gewisse Freiheiten ermöglicht, denn sie sollen theoretisch dort als Lernende agieren und nicht vollständig in den Arbeitsprozeß (sic!) eingespannt werden« (ebd., S. 191).

Wichtige Voraussetzung, um sein Praktikum in dieser Art und Weise anzugehen, sind entsprechende (Grund-)Kenntnisse in qualitativen Forschungsmethoden, die jedoch in der Regel in den Studiengängen als eigenständige Module integriert und somit Teil des Curriculums sind, sowie beratende Unterstützung für das konkrete Praktikum durch Lehrende, in Praktikumsreflexionsveranstaltungen oder Praktikumsberatungsstellen, die beispielsweise bei der Konkretisierung einer Fragestellung helfen. Von zentraler Bedeutung für die Dokumentation und Reflexion ist das Feldforschungstagebuch (vgl. ebd., S. 194 ff.; siehe auch Richter & Friebertshäuser in diesem Band), das in diesem Fall ein Praktikumstagebuch ist. Hier notieren Studierende alles, was ihnen im Vorfeld des Praktikums, währenddessen und nach Ende des Praktikums an Fragen, Gedanken, Eindrücken, Emotionen, Erlebnissen und im forschenden Sinne an Befremdlichen begegnet ist. Kerngedanke ist, dass das Schreiben eines solchen Tagebuchs dabei hilft, Gedanken und Eindrücke, die flüchtig sind, festzuhalten, auf diese Weise zu sortieren, zu strukturieren und so zum Denken und zur reflektierenden Auseinandersetzung einzuladen. Das Praktikumstagebuch ist zunächst ein persönliches Dokument, kann jedoch mit seinen Themen, Gedanken und Fragestellungen Grundlage sein für das spätere Verfassen eines Praktikumsberichtes oder anderer Forschungs- und Hausarbeiten bis hin zur Bachelor- oder Master-Arbeit (siehe Egloff & Richter in diesem Band).

# 6 Das Praktikum als Reflexions- und Möglichkeitsraum – abschließende Bemerkungen

»Das Praktikum hat einen tiefen Reflexionsprozess bei mir in Gang gesetzt über die Art und Weise, wie ich mit wissenschaftlichen Inhalten in einen Austausch treten möchte.«

Dieses Fazit einer Studentin in einem Praktikumsbericht, in dem sie ausgehend von konkreten Beobachtungen in ihrer Praxisstelle eine theoriebezogene Analyse des »Falls« vorgenommen hat, verweist auf das von Studierenden oft unterschätzte Potenzial des Praktikums und zugleich auf die von ihnen zu erbringende Transferleistung – auch im Zuge der anschließenden Verschriftlichung als Praktikumsbericht und damit verbunden der Rückkoppelung an das Studieren als schreibende und lesende Tätigkeit.[16] Es macht deutlich, was dieses als Teil des erziehungswissenschaftlichen Studiums grundsätzlich erfüllen kann und inwiefern es jenseits von Erwartungen an den Erwerb bestimmter, für das je spezifische Feld relevanter Handlungskompetenzen und konkreter Praktiken die Herausbildung einer eigenen professionellen Haltung befördert. Das Praktikum kann dabei als Initialzündung einer Entwicklung betrachtet werden, die »personenbezogene Prozesse der Persönlichkeits- und professionellen Identitätsentwicklung« und »professionsbezogene Entwicklungsprozesse, bspw. die Aneignung spezifischer Wissensbestände und eines kollektiv geteilten Selbstverständnisses« in ihrem wechselseitigen Bezug zueinander voranbringt (Männle, 2018, S. 199). Es handelt sich dabei auch um einen Prozess, der weit über das Praktikum und das Studium hinausgehen kann und sich als lebenslange (zumindest im beruflichen Leben) Auseinandersetzung mit seinem pädagogischen Tun darstellt und somit konstitutiv für die eigene professionelle Identität ist (vgl. Egloff, 2011).

Das Praktikum als ethnographisches Projekt zu betrachten und entsprechend zu gestalten, ist ein konkreter, für jede Form des Praktikums durchführbarer und aus erziehungswissenschaftlicher Sicht sinnvoller Vorschlag, wie mit der zentralen Anforderung der Reflexivität (vgl. Burkard, 2021) umgegangen werden

---

16 Der Praktikumsbericht ist ein Erfahrungsbericht, der die wissenschaftliche Auseinandersetzung und Reflexion der Beobachtungen in pädagogischen/erziehungswissenschaftlichen Praxisfeldern dokumentiert und strukturiert. Auch wenn der Bericht eine Studienleistung ist, dient er doch auch der Einübung eines reflektierenden Blicks auf berufliches Handeln und stellt somit ein wichtiges Instrument im Kontext der individuellen Professionalisierung dar (vgl. hierzu auch Aghamiri, 2021).

kann. Zugleich bleibt das Praktikum ein offenes Studienelement, das auch den Wunsch nach Orientierung über Berufs- und Handlungsfelder, Einblicke in Routinen und Handlungspraktiken sowie in begrenztem Maße das Einüben bestimmtet pädagogischer Fertigkeiten erfüllt. Insofern stellt das Praktikum einen ›Möglichkeitsraum‹ dar, der die zwar durchaus in einem Spannungsfeld stehenden, jedoch nicht unvereinbaren Erwartungen seitens Hochschulen, Studierenden und Handlungsfeldern zulassen und integrieren kann. Perspektivisch gilt es, das Praktikum in dieser Hinsicht weiterzuentwickeln und den diesbezüglich in Gang gesetzten Prozess im Kontext von Qualitätssicherung weiterzuführen.

# Literatur

Aghamiri, K. (2021). Doing Social Work – Ethnografische Praxisprotokolle als Mittel der Reflexion beruflichen Handelns. In M. Kriener, A. Roth, S. Burkard & H. Gabler (Hrsg.). *Praxisphasen im Studium Soziale Arbeit* (S. 178–190). Weinheim und Basel: Beltz Juventa.

Blättler, A. & Imhof, F.-D. (2019). Bologna Emeritus? Wo steht der wichtigste europäische Bildungsprozess nach zwanzig Jahren? In L. Brockerhoff & A. Keller (Hrsg.), *Lust oder Frust? Qualität von Lehre und Studium auf dem Prüfstand* (S. 159–171). Bielefeld: wbv.

Böhm, W. & Seichter, S. (2017). *Wörterbuch der Pädagogik*. Art. Praktikum (S. 380–381). Paderborn: Brill | Schöningh.

Burkard, S. (2021). Reflexivität als eine zentrale Kompetenz. In M. Kriener, A. Roth, S. Burkard & H. Gabler (Hrsg.). *Praxisphasen im Studium Soziale Arbeit* (S. 53–68). Weinheim und Basel: Beltz Juventa.

Burkard, S. & Kriener, M. (2021). Gut geplant, ist halb gewonnen: Praxisphasen planen und strukturieren. In M. Kriener, A. Roth, S. Burkard & H. Gabler (Hrsg.), *Praxisphasen im Studium Soziale Arbeit* (S. 126–140). Weinheim und Basel: Beltz Juventa.

Collins, A. & Kapur, M. (2014). Cognitive Apprenticeship. In R. Sawyer (Ed.). *The Cambridge Handbook of the Learning Sciences* (Cambridge Handbooks in Psychology, pp. 109–127). Cambridge: Cambridge University Press. doi:10.1017/CBO9781139519526.008

Egloff, B. (2002). *Praktikum und Studium. Diplom-Pädagogik und Humanmedizin zwischen Studium, Beruf, Biographie und Lebenswelt*. Opladen: Leske und Budrich.

Egloff, B. (2004). Möglichkeitsraum Praktikum. Zur studentischen Aneignung einer Phase im Pädagogik- und Medizinstudium. *Zeitschrift für Erziehungswissenschaft*, 7 (2), 263–276.

Egloff, B. (2011). Praxisreflexion. In J. Kade, W. Helsper, C. Lüders, B. Egloff, F.-O. Radtke & W. Thole (Hrsg.). *Pädagogisches Wissen. Erziehungswissenschaft in Grundbegriffen* (S. 211–219). Stuttgart: Kohlhammer.

Flechsig, K.-H. (1996). *Kleines Handbuch Didaktischer Modelle*. Eichenzell: Neuland.

Friebertshäuser, B. (2001). Feldforschung im Praktikum. Ein Konzept für das studienbegleitende Praktikum in der Erziehungswissenschaft? In J. Schulze-Krüdener & H.G. Homfeldt (Hrsg.). *Praktikum – eine Brücke schlagen zwischen Wissenschaft und Beruf* (S. 181–204). Neuwied: Luchterhand.

Friebertshäuser, B. (2002). ErziehungswissenschaftlerInnen – die neuen Generalisten? In H.-U. Otto, T. Rauschenbach & P. Vogel (Hrsg.). *Erziehungswissenschaft: Professionalität und Kompetenz* (S. 141–161). Opladen: Leske und Budrich.

Friebertshäuser, B. & Egloff, B. (2010). Jugend und Studium. In H.-H. Krüger & C. Grunert, C. (Hrsg.). *Handbuch Kindheits- und Jugendforschung* (S. 683–707). Wiesbaden: VS.

Fromm, M. & Strobel-Eisele, G. (2020) (Hrsg.). *Praxisbetreuung im Lehramtsstudium*. Münster: Waxmann.

Geertz, C. (1983). *Dichte Beschreibung. Beiträge zum Verstehen kultureller Systeme.* Frankfurt: Suhrkamp.

Giesecke, H. (2015). *Pädagogik als Beruf. Grundformen pädagogischen Handelns.* Weinheim: Beltz Juventa.

Hascher, T. (2007). Lernort Praktikum. In A. Gastager, T. Hascher & H. Schwetz (Hrsg.). *Pädagogisches Handeln: Balancing zwischen Theorie und Praxis. Beiträge zur Wirksamkeitsforschung in pädagogisch-psychologischem Kontext* (S. 161–174). Landau: Verlag Empirische Pädagogik.

Hefel, J. M. & Hiebinger, I. (Hrsg.) (2021). *Einblicke in die Praxis der Sozialen Arbeit. Erfahrungsberichte aus der Fallarbeit von Sozialarbeiter\*innen in Österreich.* Weinheim und Basel: Beltz Juventa.

Hochschulrektorenkonferenz (HRK) (2008) (Hrsg.). *Bologna-Reader III. FAQs – Häufig gestellte Fragen zum Bologna-Prozess an deutschen Hochschulen.* Bonn: Bologna-Zentrum. https://www.hrk.de/fileadmin/redaktion/hrk/02-Dokumente/02-10-Publikationsdatenbank/Beitr-2008-08_BolognaReader_III_FAQs.pdf

Hochschulrektorenkonferenz (HRK) Projekt nexus (2016) (Hrsg.). *Qualitätsstandards für Praktika. Bestandsaufnahmen und Empfehlungen.* Fachgutachten, ausgearbeitet von W. Schubarth, K. Speck, J. Ulrich (unter Mitarbeit L. Cording). Bonn.

Hof, C. & Egloff, B. (2021). *Handeln und Forschen in der Erwachsenen- und Weiterbildung.* Bielefeld: wbv.

Job, U., Blüthmann, N. & Fittschen, C. (2020). *Praktikum – Chancen nutzen. Ein Ratgeber für Studierende der Geisteswissenschaften.* Tübingen: Narr Francke Attempto Verlag.

Jörns, S. (2002). *Berufsvorbereitung durch Career Services im Rahmen der universitären Ausbildung. Rekonstruktion und Analyse der Institutionalisierung eines neuen Dienstleistungsangebotes an deutschen Universitäten.* Universität Göttingen. http://hdl.handle.net/11858/00-1735-0000-0006-AF13-3

Kade, J., Nittel, D. & Seitter, W. (2007). *Einführung in die Erwachsenen-/Weiterbildung.* Stuttgart: Kohlhammer.

Kerst, C. & Wolter, A. (2020). Studienabschlüsse, Übergänge und beruflicher Verbleib der Absolventinnen und Absolventen. In H.J. Abs, H. Kuper & R. Martini (Hrsg.) (2020). *Datenreport Erziehungswissenschaft 2020* (S. 79–113). Opladen/Toronto: Barbara Budrich.

Kriener, M., Roth, A., Burkard, S. & Gabler, H. (Hrsg.). *Praxisphasen im Studium Soziale Arbeit.* Weinheim und Basel: Beltz Juventa.

Lüders, C. (1997). Der wissenschaftlich ausgebildete Praktiker. Diplom-PädagogInnen im Qualitätstest. *Der Pädagogische Blick 5* (1), 4–11.

Männle, I. (2013). *Professioneller durch Praktika. Individuelle Professionalisierung in erziehungswissenschaftlichen Studiengängen.* Marburg: Tectum.

Männle, I. (2018). Individuelle Professionalisierung durch Praktika. In T.C. Feld & S. Lauber-Pohle (Hrsg.). *Organisation und Profession. Felder erwachsenenpädagogischer Forschung* (S. 197–215). Wiesbaden: Springer VS.

Middendorff, E., Apolinarski, B., Becker, K., Bornkessel, P., Brandt, T., Heißenberg, S. & Poskowsky, J. (2017). *Die wirtschaftliche und soziale Lage der Studierenden in Deutschland 2016. 21. Sozialerhebung des Deutschen Studentenwerks – durchgeführt vom Deutschen Zentrum für Hochschul- und Wissenschaftsforschung.* Berlin: Bundesministerium für Bildung und Forschung (BMBF).

Neugebauer, M., Heublein, U. & Daniel, A. (2019). Studienabbruch in Deutschland. Ausmaß, Ursachen, Folgen, Präventionsmöglichkeiten *Zeitschrift für Erziehungswissenschaft.* 22 (5), 1025–1046.

Nittel, D. & Völzke, R. (Hrsg.) (2002). *Jongleure der Wissensgesellschaft. Das Berufsfeld der Erwachsenenbildung.* Neuwied u. a.: Luchterhand.

Nohl, A. (2019). *AdressatInnen und Handlungsfelder der Pädagogik.* Opladen und Toronto: Barbara Budrich.

Reh, S. (2012). Beobachten und aufmerksames Wahrnehmen. In H. de Boer & S. Reh (2012) (Hrsg.). *Beobachtung in der Schule. Beobachten lernen* (S. 3–25). Ein Lehrbuch. Wiesbaden: Springer VS.

Reischmann, J. (1995). Lernen »en passant« – die vergessene Dimension. *Grundlagen der Weiterbildung*. 6 (4). 200–204.

Rohs, M. (2020) (Hrsg.). *Handbuch Informelles Lernen*. Wiesbaden: Springer VS.

Roth, A. (2021). Lernarrangements im Spannungsfeld von Hochschule und beruflicher Praxis. In M. Kriener, A. Roth, S. Burkard & H. Gabler (Hrsg.). *Praxisphasen im Studium Soziale Arbeit* (S. 36–52). Weinheim und Basel: Beltz Juventa.

Roth, A., Kriener, M. & Burkard, S. (2021). Zur Relevanz begleiteter Praxisphasen für die Entwicklung von Professionalität im Studium Soziale Arbeit. In M. Kriener, A. Roth, S. Burkard & H. Gabler (Hrsg.). *Praxisphasen im Studium Soziale Arbeit* (S. 20–35). Weinheim und Basel: Beltz Juventa.

Schubarth, W., Speck, K., Seidel, A., Gottmann, C., Kamm, C. & Krohn, M. (2012) (Hrsg.). *Studium nach Bologna: Praxisbezüge stärken?! Praktika als Brücke zwischen Hochschule und Arbeitswelt*. Wiesbaden: Springer VS.

Schubarth, W., Speck, K. & Seidel, A. (2011) (Hrsg.). *Nach Bologna: Praktika im Studium – Pflicht oder Kür? Empirische Analysen und Empfehlungen für die Hochschulpraxis*. Potsdam: Universitätsverlag.

Schulze-Krüdener, J. & Homfeldt, H. G. (2001) (Hrsg.). *Praktikum – eine Brücke schlagen zwischen Wissenschaft und Beruf*. Neuwied u. a.: Luchterhand.

Simmel, G. (2001). *Brücke und Tür* [1909]. In: GSG 12. 1909–1918. Bd. 1. Suhrkamp: Frankfurt am Main.

Teichler, U. (2008). Der Jargon der Nützlichkeit. Zur Employability-Diskussion im Bologna-Prozess. *Das Hochschulwesen*, 56 (3). 68–79.

v. Felden, H. & Schiener, J. (2010) (Hrsg.). *Transitionen – Übergänge vom Studium in den Beruf. Zur Verbindung von qualitativer und quantitativer Forschung*. Wiesbaden: VS-Verlag.

Vogel, P. (2019). *Grundbegriffe der Erziehungs- und Bildungswissenschaft*. Opladen: Barbara Budrich.

Weil, M. & Tremp, P. (2010). Praktikum im Studium als Berufswirklichkeit auf Zeit. Zur Planung und Gestaltung obligatorischer Praktika im Studium. In B. Berendt, H.-P. Voss & J. Wildt (Hrsg.). *Neues Handbuch Hochschullehre*. Berlin, E 5.3.

Wesseln-Borgelt, G. & Zwartscholten, A. (2021). Praxisstellen suchen und finden. In M. Kriener, A. Roth, S. Burkard & H. Gabler (Hrsg.). *Praxisphasen im Studium Soziale Arbeit* (S. 94–107). Weinheim und Basel: Beltz Juventa.

Wieser, V. (2020). *Das Praktikum im Pädagogikstudium. Veränderungen von Studieninteresse, Selbstwertgefühl und berufsrelevanten Dimensionen des Selbstkonzeptes.* https://edoc.ub.uni-muenchen.de/26973/

Wirth, J. V. & Warthenpfuhl, W. (Hrsg.) (2021). *In Trouble. Ein Tag im Leben von Sozialarbeiter*innen in 44 Praxisfeldern*. Weinheim und Basel: Beltz Juventa.

Wolter, A. & Banscherus, U. (2012). Praxisbezug und Beschäftigungsfähigkeit im Bologna-Prozess. »A never ending story?« In W. Schubarth, K. Speck, A. Seidel, C. Gottmann, C. Kamm & M. Krohn (2012) (Hrsg.). *Studium nach Bologna. Praxisbezüge stärken?! Praktika als Brücke zwischen Hochschule und Arbeitsmarkt* (S. 21–36). Wiesbaden: Springer VS.

# John Deweys Blick auf Wissenschaftliches Denken und Handeln. Konsequenzen für die Hochschullehre am Beispiel von Service-Learning

*Anne Seifert*

## 1  Einleitung

Die Frage, wie erziehungswissenschaftliches Denken und Handeln in der universitären Lehre thematisiert, angeregt und gelebt werden kann, legt eine Auseinandersetzung mit handlungs- und erkenntnistheoretischen Annahmen nahe. Welche Art von Denk- und Erkenntnisprozessen werden angestrebt? Welche Vorannahmen darüber, wie sich Denk- und Erkenntnisprozesse vollziehen, fließen in die Gestaltung der Lehre ein? Und wie wird das Verhältnis von Denken und Handeln gefasst? Im vorliegenden Beitrag werden diese Fragen mit Bezug auf John Dewey aus einer pragmatistischen Perspektive heraus diskutiert. Es wird dann anhand eines Fallbeispiels aufgezeigt, wie sich Deweys handlungs- und erkenntnistheoretischen Positionen in der Lehre niederschlagen können und welche Konsequenzen sich daraus für den Anspruch, erziehungswissenschaftliches Denken und Handeln anzuregen, ableiten lassen.

Als Fallbeispiel dient ein Lehrkonzept, das in der Tradition des Service-Learning verortet ist. Service-Learning als hochschuldidaktisches Lehr- Lernformat verbindet erfahrungsbasiertes Lernen mit zivilgesellschaftlicher Verantwortungsübernahme. Service-Learning hat sich als ein Oberbegriff für Lehr- Lernformen etabliert, in denen Studierende sich gesellschaftlich engagieren (Service) und diese Erfahrung mit Bezug auf ihre jeweiligen Studienschwerpunkte reflektieren (Learning).[1] Die Übernahme gesellschaftlicher Verantwortung wird darüber zum Bestandteil universitärer Lehre, die praktischen Erfahrungen werden zum Ausgangspunkt für die Auseinandersetzung mit wissenschaftlichen Wissensbeständen (vgl. Seifert, 2020; Gerholz, 2019). Das Lehrkonzept, das im vorliegenden Beitrag als Fallbeispiel dient, wurde über 10 Semester am Fachbereich Erziehungswissenschaften der Goethe-Universität erprobt, umgesetzt, beforscht und kritisch reflektiert.

Im Folgenden werden zunächst zentrale Aspekte der Handlungs- und Erkenntnistheorie John Deweys eingeführt. Im Anschluss daran wird das Fallbei-

---

1  Inzwischen gibt es international zahlreiche Hochschulnetzwerke, deren Mitglieder zum Thema Service-Learning forschen und lehren. In Deutschland haben sich im Netzwerk Bildung durch Verantwortung 45 Hochschulen (Stand Januar 2020) zusammengeschlossen (www.bildung-durch-verantwortung.de [3.3.21]). International siehe z. B. International Association for Research on Service-Learning and Community Service (www.researchslce.org [3.3.21]).

spiel vorgestellt. Dies gibt einerseits einen Einblick in die Gestaltung eines Service-Learning Lehrkonzeptes. Gleichzeitig werden Möglichkeiten, aber auch Herausforderungen und Spannungsfelder deutlich, die sich aus der gewählten erkenntnis- und handlungstheoretischen Orientierung bei der Umsetzung der Lehre ergeben haben. Es wird exemplarisch aufgezeigt, wie die prozessbegleitende Reflexion der Lehre zu Veränderungen erziehungswissenschaftlicher Perspektiven und pädagogischer Praxen geführt hat. Hochschullehre wird in diesem Sinne selbst als pädagogische Praxis aufgefasst, die die Frage nach erziehungswissenschaftlichem Denken und Handeln verhandeln muss.

## 2 John Dewey und »How We Think«: Eine wissenschaftliche Art zu denken?

Im Folgenden werden zentrale erkenntnistheoretische Grundannahmen aus den bildungstheoretischen und bildungsphilosophischen Schriften Deweys vorgestellt (Dewey, 1910/2002; 1916/2000; 1927/1988; 1938/1998). Für den Fokus des vorliegenden Beitrags werden dabei insbesondere das Verhältnis von Denken und Erfahrung, die Frage nach dem Anstoß von Denkprozessen, die Bedeutung und Gefahr von persönlicher Involviertheit sowie die Parallelisierung einer wissenschaftlichen Vorgehensweise mit dem Prozess kritisch reflexiven Erkennens- und Handelns in den Blick genommen.

### Probleme als Auslöser für Denkprozesse

Mit Dewey liegt der Ausgangspunkt eines jeden Erkenntnisprozesses in einer Schwierigkeit, die bestehende Denkgewohnheiten herausfordert. »Es ist höchst langweilig, die Nase in das Vertraute, Alltägliche, Automatische zu stecken, nur um es bewusst zu machen«, so Dewey in *How We Think* (1910/2002, 156). Dewey geht davon aus, dass das Nahe und Vertraute das Denken nicht anregen kann. Tiefgehende Denk- und Erkenntnisprozesse entstehen ihm zufolge als Resultat von Irritationen. Erst wenn es zu Brüchen im Denken oder Handeln kommt, entstehen Fragen, die bearbeitet werden müssen, um den subjektiv wahrgenommenen Zustand der Unruhe wieder zu befrieden. Dewey spricht in solchen Fällen von *Problemen* als Auslöser für Denkprozesse. Die Bedeutung des Wortes Problem dehnt er dabei auf alles aus, »das Unsicherheit erzeugt, erstaunt und zum Denken anspornt«, auch wenn es von außen betrachtet »alltäglich und unbedeutend (…) sein mag« (ebd., S. 13). Entscheidend ist für Dewey somit nicht die Unsicherheit selbst, sondern die mit der Unsicherheit verbundene subjektive Wahrnehmung des Problems. Echte Verunsicherung ist für ihn immer persönlich. Sie führt zurück auf subjektive und häufig implizite Denkmuster, die bisher nicht hinterfragt wurden, nun aber angesichts einer problematischen Erfahrung herausgefordert werden. In Deweys Worten: »Das Problem bestimmt einen Punkt, anhand dessen über das Vertraute, das Unbewusste nachgedacht werden kann« (Dewey, 1910/2002, S. 155).

## Parteilichkeit und Unparteilichkeit

Mit Dewey ist persönliche Betroffenheit (Parteilichkeit) Voraussetzung für einen Denkprozess, der zu neuer Erkenntnis führt. Persönliche Betroffenheit entsteht insbesondere dann, wenn Unklarheiten und Verunsicherungen auftreten. Genauso entscheidend wie Parteilichkeit ist für ihn jedoch die Möglichkeit, mit Distanz auf die eigene Erfahrung bzw. Fragestellung zu blicken (Unparteilichkeit). Nur durch Distanzierung wird es möglich, das Problem aus weiteren Perspektiven zu betrachten. Dewey spricht mit Blick auf das Verhältnis von Parteilichkeit und Unparteilichkeit von einem Scheinwiderspruch:

> »Aus dieser Abhängigkeit des Denkens von dem Gefühl des Beteiligtseins an den Folgen eines Vorganges erwächst einer der wichtigsten Scheinwidersprüche in Bezug auf das Denken: Während es aus der *Parteilichkeit* geboren ist, kann es seine Aufgabe nur erfüllen, wenn es sich bis zu einer gewissen *Unparteilichkeit* loslöst und durchringt« (Dewey, 1916/2000, S. 197, Hervorhebung im Original).

## Die Natur von Problemen erkennen

Eine erste Form der Distanzierung liegt bei Dewey darin, eine persönliche Irritation bzw. offene Fragestellung genauer zu ergründen und nach der »Natur der Schwierigkeit« zu fragen:

> »Wenn wir etwas völlig Neuem begegnen oder durch etwas in großes Erstaunen versetzt werden, so manifestiert sich die Schwierigkeit jedoch meist zuerst als Schock, als emotionale Störung, als ein mehr oder weniger unbestimmtes Gefühl von etwas Unerwartetem, Sonderbarem, Seltsamem, Störendem. In einem solchen Fall müssen Beobachtungen einsetzen, die bewusst darauf gerichtet sind, die Natur der Schwierigkeit aufzudecken und den besonderen Charakter des Problems klar herauszustellen« (Dewey, 1910/2002, S. 58).

Dewey spricht diesem Schritt im Denkprozess große Bedeutung zu: »Es ist das Vorhandensein oder nicht-Vorhandensein dieser Stufe, das weitgehend den Unterschied zwischen der echten Reflexion (oder dem *kritisch* überlegenden Denken) und dem unkritischen Denken bildet« (ebd., S. 58. Hervorh. im Original).[2] Es geht ihm also darum, zu fragen: Welchen Charakter hat die Schwierigkeit, die mich beschäftigt? Worum geht es mir genau? Was genau hat mich irritiert? Und weiter: Welche Annahmen hatte ich und welche meiner bisherigen Überzeugungen werden nun in Zweifel gezogen? Mit solchen Fragen beginnt bei Dewey die reflexive Erfahrung, die in einem Erkenntnisprozess münden kann. Ein solcher ist jedoch nicht zwingend: »The belief that all genuine education comes about

---

[2] Wie die noch folgenden Ausführungen zeigen, umfasst Deweys Kritikbegrifft sowohl eine erkenntniskritische als auch eine gesellschaftskritische Dimension.

through experience does not mean that all experiences are genuinely or equally educative« (Dewey, 1938/1998, S. 13). Entscheidend für die *Qualität einer Erfahrung* ist für Dewey der mit der Erfahrung verbundene *Denkprozess*. Bereits hier deutet sich die, in Deweys Erkenntnistheorie charakteristische, Wechselwirkung von Erfahrung und Reflexion, von Denken und Handeln an.

## Die Bedeutung eigener Vorannahmen

Eine *reflektierte* Erfahrung, die zu einem Erkenntnisprozess führt, ist für Dewey immer erkenntniskritisch. Sie beinhaltet die Auseinandersetzung mit für wahr gehaltenem Wissen:

> »Wenn wir etwas für wahr halten, so kann das unsere Ansichten über andere Dinge und unser Verhalten so weitgehend beeinflussen, dass wir gezwungen sind, nach den Ursachen und Gründen unserer Ansicht zu forschen und die logischen Konsequenzen zu entwickeln. Das ist Reflexion im besten und bedeutsamsten Sinne des Wortes« (Dewey, 1910/2002, S. 10).

Eine grundsätzliche Offenheit, eigene Vorannahmen und Glaubenssätze zu prüfen und ggf. in Frage zu stellen, ist für Dewey Voraussetzung für reflektiertes Denken. Auch wenn dieser Zustand der Unsicherheit schwierig zu ertragen ist und das Bedürfnis besteht, eine schnelle Lösung oder Antwort zu finden, beharrt Dewey darauf, dass ein »Akt des Suchens und Forschens« folgen muss:

> »Der leichteste Weg ist der, jedweden glaubwürdigen Einfall anzunehmen, um so dem geistigen Unbehagen ein Ende zu bereiten (...). Reflektierendes Denken bedeutet die Bereitwilligkeit, einen Zustand der Unsicherheit zu ertragen und die Bildung eines Urteils aufzuschieben, um weiter zu forschen« (ebd., S. 16).

## Beziehungen zwischen eigenen und fremden Perspektiven herstellen

Zum Akt des »Suchens und Forschens« gehört mit Dewey, zusätzliche Perspektiven in den Denkprozess mit einzubeziehen, die das Potenzial haben, die bisherige Sicht auf die Dinge zu erweitern oder zu verändern. An dieser Stelle können auch wissenschaftliche Erkenntnisse eine wichtige Rolle spielen. Dewey spricht mit Blick auf wissenschaftliches Wissen vom »emanzipatorischen Effekt des Abstrakten« und meint damit, dass neben der Ergründung eigener Vorannahmen weitere Perspektiven nötig sind, um zu einer umfassenden Sicht auf ein Problem zu kommen (Dewey, 1949/1994, S. 321). Zentral ist dann, dass die als problematisch wahrgenommene Erfahrung, die eigenen Vorannahmen zur »Natur des Problems« und die zusätzlichen (z. B. wissenschaftlichen) Perspektiven nicht unverbunden nebeneinanderstehen, sondern dass sie aufeinander bezogen werden. In Deweys Worten geht es um die Herstellung »bestimmter wechselseitiger Beziehungen zwischen Denkinhalten, die vorher ungeordnet und unzusammenhängend waren. Dieses Erkennen kommt durch das Entdecken und Einschalten von neuen Tatsachen und Eigenschaften zustande« (Dewey, 1910/2002, S. 63). Für die

Phase der Distanzierung und des Abwägens verschiedener Sichtweisen ist einen Wechsel von induktivem und deduktivem Vorgehen charakteristisch: »Die (...) systematische geistige Tätigkeit zeigt (...) eine doppelte Bewegung, die Bewegung *zu* den Ideen oder Hypothesen und die Bewegung *zurück* zu den Tatsachen« (ebd., S. 63).

## Denken und Handeln

Das (vorläufige) Ende eines Erkenntnisprozesses hat für Dewey hypothetischen Charakter. Im Anschluss an den Prozess des Suchens und Forschens folgt die bewusste Entscheidung für eine Erklärung bzw. (vorläufige) Lösung eines Problems. Problemlösung im Sinne Deweys ist dabei nicht in technisch-instrumentellem Sinne zu verstehen. Er betrachtet »Problemlösung« vielmehr als einen sorgfältig durchdachten Umgang mit einer Schwierigkeit, dem ein Prozess des besseren Verstehens eigener und fremder Weltsichten vorausgeht und der somit das Denken *und* Handeln verändern kann. In Deweys Worten:

> »Erkenntnis ist nicht nur das, was uns zum Bewusstsein kommt, sondern besteht in allen denjenigen Dispositionen, die wir bewusst benutzen, um das zu verstehen, was um uns her vorgeht. Erkennen als Vorgang bedeutet, dass wir uns im Hinblick auf die Beseitigung einer Schwierigkeit einige von unseren Dispositionen zum Bewusstsein bringen, indem wir den Zusammenhang zwischen uns und der Welt, in der wir leben, erfassen« (Dewey, 1916/2000, S. 441).

Die so gewonnene Erkenntnis ist, wie oben bereits angedeutet, zunächst immer vorläufig und muss mit Blick auf das untersuchte Problem handelnd erprobt werden. Reflektiertes Denken und Handeln sind bei Dewey Teil eines gemeinsamen Prozesses. Die im Handeln erprobte Erkenntnis kann in diesem Prozess bestätigt, erweitert oder auch wieder verworfen werden.

## Wissenschaftlich denken und handeln

Anhand der obigen Schritte wird bereits deutlich, was Dewey mit einem »forschenden Vorgehen« meint. Sein *normatives* Ziel ist, den Umgang mit offenen Fragen und auch alltäglichen Problemen an einer wissenschaftlichen Vorgehensweise zu orientieren, und diese Art zu denken in Bildungs- und Erziehungsprozessen zu schulen (Dewey, 1910/2002, S. 116 ff.).[3] Reflektiertes Denken umfasst für ihn bestimmte Phasen, die prinzipiell für die Bewältigung von Schwierigkei-

---

3 Deweys didaktische Wendung seiner Erkenntnis- und Bildungstheorie blieb auch in den eigenen Reihen nicht ohne Kritik. Charles Sanders Peirce beispielsweise kritisierte die von Dewey angestrebte Übertragung eines wissenschaftlich forschenden Vorgehens auf Problemstellung außerhalb der Wissenschaft. Dewey habe aus dem experimentellen Verfahren der Naturwissenschaft eine allgemeine Lerntheorie gemacht (vgl. hierzu Oelkers, 2016, S. 261 f.). Fenwick weist in diesem Zusammenhang darauf hin, dass die auf Dewey zurückführbare Art der kritischen Reflexion nur *eine* mögliche Form des reflexiven Umgangs mit professionellen oder persönlichen Herausforderungen ist (Fenwick, 2000; vgl. hierzu auch Seifert & Gerholz, (i.E.)).

ten im privaten oder professionellen Alltag ebenso gelten wie für die forschende Bearbeitung wissenschaftlicher Fragestellungen. Dazu gehört die Definition eines Problems/einer Fragestellung, die Verortung eigener Annahmen über die Natur des Problems, die Beleuchtung des Problems aus verschiedenen Perspektiven heraus und die Ableitung eines Vorgehens zur experimentellen Überprüfung der (vorläufigen) Schlüsse. Im Vergleich zur Lösung alltäglicher Probleme ist »die wissenschaftliche Haltung (...) die gleiche, sie nimmt die gleichen Handlungen vor, nur verfährt sie vorsichtiger, genauer, gründlicher. Das führt zu einer größeren Spezialisierung, zu einem genaueren Abgrenzen der verschiedenen Probleme und zu einem entsprechenden Trennen und Klassifizieren des Erfahrungsmateriales, welches zu den verschiedenen Wissensgebieten gehört« (Dewey, 1910/2002, S. 65). Das Zitat macht deutlich, dass Dewey Wissenschaft und Praxis nicht in jeglicher Hinsicht parallelisiert. Der wesentliche Unterschied zwischen »Wissenschaft und Gemeinsinn« (Dewey & Bentley, 1949/1994) liegt ihm zufolge in dem jeweiligen Ziel des Erkenntnisprozesses. Während Wissenschaft das System des Wissens und des Gewussten ausbauen will, wird Wissen in Alltags- oder Berufskontexten auf praktisches Handeln bezogen (ebd., S. 320 ff.). Die Bedeutung bzw. der Erklärungsgehalt, den wissenschaftliches Wissen für die Bearbeitung eines konkreten (praktischen) Problems hat, muss dabei, so Dewey, auf »eigene Rechnung« von demjenigen entschieden werden, der mit der jeweiligen Schwierigkeit umgehen muss (ebd., S. 324). Wird der Erklärungsgehalt wissenschaftlichen Wissens für die Lösung eines Problems von der Wissenschaft vorgegeben, sieht er die Gefahr des Dogmatismus (ebd.).

Es bleibt also festzuhalten, dass Dewey zwischen dem *Prozess* (wissenschaftliche Haltung im Umgang mit Problemen) und dem *Produkt* (wissenschaftliches Wissen bzw. praktische Entscheidungen) unterscheidet. Mit Blick auf den *Prozess* leitet er eine erkenntniskritisch-wissenschaftliche Herangehensweise auch für praktische Problemfälle her und favorisiert diese. Mit Blick auf das *Produkt* warnt er vor einer unreflektierten Übernahme von Kenntnissen jedweder Art und betont die Notwendigkeit, mit Blick auf praktische Probleme situativ angemessene Urteile zu fällen:

> »Es gibt keine festen Regeln, die bestimmen, ob ein Ansatz richtig ist und verfolgt werden soll. Hier muss das richtige oder falsche Urteil des Einzelnen die Führung übernehmen. Keine Idee, kein Prinzip ist mit einer Aufschrift versehen, die besagt: ›Verwende mich in dieser Lage!‹ (...) Der Denkende hat zu entscheiden, zu wählen« (Dewey, 1910/2002, S. 80).

## Zusammengefasst: Phasen kritischer Reflexion nach Dewey

Die bis hierin beschriebenen Bestandteile eines »kritisch überlegenden Denkprozesses« werden von Dewey selbst in fünf »logisch verschiedene Stufen« unterteilt (ebd., S. 56). In der Sekundärliteratur finden sich diese Stufen häufig wie folgt in Kurzform dargestellt und grafisch symbolisiert durch so genannte Reflexionszirkel (vgl. Maddux & Donnett, 2015): Am Anfang eines jeden Erkenntnisprozesses steht ein Problem (1). Das Problem wird näher bestimmt, ohne vorschnell nach

einer Lösung zu suchen (2). In einem spekulativen Prozess werden erste Ideen entwickelt, mögliche Erklärungen für die aufgeworfene Frage angedacht, Hypothesen aufgestellt (3). Verschiedene Deutungsperspektiven werden miteinander in Beziehung gesetzt (4). Es werden vorläufige Schlüsse gezogen, die experimentell, das heißt durch Handlung und Erfahrung, erprobt werden (5).
Ohne die erkenntnistheoretischen Annahmen Deweys zu berücksichtigen, die hinter den einzelnen Schritten liegen, besteht jedoch die Gefahr, dass die »Schritte eines Denkprozesses« in Anlehnung an Dewey einen stark reduktionistischen Charakter erhalten und im Sinne eines standardisierbaren Problemlöseprozesses umgedeutet werden.[4]

## Zum Zusammenhang von Erziehung, Demokratie und kritischer Reflexion bei Dewey

In erziehungswissenschaftlichen Diskursen findet sich häufig die Aufforderung, »kritisch reflexiv« zu denken und zu handeln oder sich in Lehrveranstaltungen »kritisch reflexiv« mit Themenfeldern auseinander zu setzen. Dem können unterschiedliche Kritikverständnisse zu Grunde liegen. Bei Dewey bedeutet kritische Reflexion zweierlei: Zum einen die erkenntniskritische Auseinandersetzung mit eigenen und fremden Wissensbeständen. Kritisch bedeutet für ihn hier, für wahr gehaltenes Wissen auf den Prüfstand zu stellen und unterschiedliche, auch widersprüchliche Perspektiven gegeneinander abzuwägen. Zum anderen gehört für Dewey zum kritischen Denken auch die Auseinandersetzung mit den *Folgen* des eigenen Denkens und Handelns für die Gestaltung von demokratischer Gemeinschaft. Dewey sieht in der Demokratie den besten Weg, um Interessenskonflikte und soziale Probleme zu lösen und das möglichst freie Zusammenleben von Individuen und Gruppen gemeinschaftlich zu organisieren. Er bezeichnet Demokratie vor diesem Hintergrund als eine »Form des Zusammenlebens, der gemeinsam und miteinander geteilten Erfahrung« (Dewey, 1916/2000 S. 121 ff.).[5] Demokrati-

---

4 Auch wenn für Dewey die Konsequenz aus einer »Haltung des Suchens und Forschens« in einem disziplinierten und systematischen Denk-Akt liegt, für den bestimmte Bestandteile charakteristisch sind, betont er, dass für »den erforderlichen Umfang eines jeden Schrittes (…) keine festen Regeln aufgestellt werden (können)« (Dewey, 1910/2002, S. 60). Vielmehr müsse jeder Fall »individuell behandelt werden, nach seinem besonderen Charakter, auf Grund seiner Bedeutung und des Zusammenhanges, in dem er in Erscheinung tritt« (ebd.).

5 Kritik an Deweys Konzeption der Demokratie als Lebensform wird v. a. bezüglich der Parallelisierung von Demokratie und Erziehung geübt. Mit Dewey sind »alle Formen menschlicher Verbundenheit« potenzielle Orte demokratischer Teilhabe und Gestaltung (Dewey, 1927/1988, S. 325). Erfahrung im sozialen Nahraum könne jedoch nicht mit Handeln im politischen Raum gleichgesetzt werden, so beispielsweise eine Kritik aus der Politikdidaktik (Massing, 2011). Zudem bestehe die Gefahr, dass durch das Primat auf Erfahrung und Problemlösung in der Community strukturelle Missstände aus dem Blick geraten oder auf die zwischenmenschliche Ebene transferiert werden. Ein dritter Kritikpunkt betrifft die normative Ausrichtung der Konzeption von Demokratie als Lebensform. Bildungsinstitutionen müssen Wissen auf möglichst neutrale Art und Weise vermitteln und den Lernenden dann freistellen, wie sie dieses Wissen in praktischen

sche Qualität erhält das Zusammenleben mit Dewey dann, wenn innerhalb einer sozialen Gruppe vielfältige Interessen geteilt werden, wenn das Wohlbefinden eines Einzelnen mit dem der Anderen zusammenhängt und wenn freie Beziehungen zu anderen Gruppen bestehen (ebd., S. 115).

> »Eine große Zahl menschlicher Beziehungen sind dennoch von der Art des Zusammenwirkens der Maschinenteile. Die einzelnen benützen einander, um gewünschte Ergebnisse zu erzielen, ohne Rücksicht auf die gefühlsmäßigen und intellektuellen Dispositionen und auf die Zustimmung der Beteiligten (…). Solange die Beziehungen zwischen Eltern und Kind, Lehrer und Schüler, Arbeitgeber und Arbeitnehmer, Herrschern und Beherrschten auf dieser Stufe bleiben, bilden die Beteiligten keine im eigentlichen Sinne soziale Gruppe, so eng sich auch ihre aufeinander bezogenen Tätigkeiten berühren mögen« (ebd., S. 20).

Kritisches Denken bedeutet für Dewey vor diesem Hintergrund, die Frage der Qualität menschlichen Zusammenlebens mit zu bedenken und »sich darüber klarzuwerden, was es eigentlich bedeutet, wenn man […] eine bestimmte Meinung oder Überzeugung zu der seinigen macht« (ebd., S. 238).

## 3 Hochschullehre pragmatistisch denken: Das Beispiel eines Service-Learning Lehrkonzeptes

Im Folgenden wird am Beispiel eines Lehrprojektes aufgezeigt, wie sich Deweys Vorstellungen von kritisch-reflexivem wissenschaftlichem Denken und Handeln in der Gestaltung von Hochschullehre niederschlagen können. Dabei geht es auch darum, anhand des Fallbeispiels aufzuzeigen, welche Fragen und Herausforderungen sich daraus ergeben haben. Mit Blick auf das Ziel, erziehungswissenschaftliches Denken und Handeln im oben explizierten Sinne zu fördern, werden Spannungsfelder für pädagogisches Handeln in der Hochschullehre herausgearbeitet.

### 3.1 Das Lehrkonzept im Überblick

Das hier diskutierte Lehrkonzept wurde in den Jahren 2015–2020 am Fachbereich Erziehungswissenschaften, Institut für Allgemeine Erziehungswissenschaft der Goethe Universität, entwickelt und umgesetzt.[6] Die Entwicklung und Erprobung lässt sich grob in drei Phasen einteilen:

---

Nutzen umwandeln bzw. welche Werte sie verfolgen möchten, so die kritische Position (vgl. Bohnsack, 2005; Nonnenmacher, 2011).

6 Als Teilprojekt der Initiative »Bildungsrecht für Geflüchtete JETZT« (2015–2020) wurde die Entwicklung und Erprobung des Lehrkonzeptes inkl. Kooperationsprojekte von der

*Phase 1 Initiierung: Forschendes Lernen zur Erhebung von Bedarfslagen/Entwicklung von Engagement-Projekten:* Studierende führten als Teil eines Seminars zum Thema »BildungsTeilhabe im Kontext von Flucht und Migration« im Wintersemester 2015/2016 Interviews mit geflüchteten Kindern und Jugendlichen sowie mit Verantwortlichen in pädagogischen Einrichtungen durch. Ziel der Interviews war es, Daten zum Thema »Ankommen in Deutschland – aktuelle Herausforderungen in (Bildungs-)einrichtungen« zu erheben und auszuwerten. Auf dieser Basis wurden in Kooperation mit den Einrichtungen Projektideen für studentisches Engagement entwickelt und erprobt. Im universitären Seminar wurden das forschende Lernen sowie die inhaltliche Reflexion der Erfahrungen vorbereitet und begleitet.

*Phase 2 Implementation: Wissenschaftsbezogene Reflexion von Praxis-Erfahrungen/Engagement-Projekte als Teil universitärer Lehre:* Die Projektideen wurden in den folgenden Semestern durch Studierende und Kooperationspartner*innen praktisch erprobt und weiterentwickelt. Die praktischen Erfahrungen der Studierenden wurden zur Grundlage für erfahrungs- und theoriebasierte Reflexionen in der universitären Lehre. Der inhaltliche Fokus lag auf Erkenntnissen der Migrationsforschung. Organisatorisch-strukturelle Herausforderung in dieser Phase war die Integration des Lehrangebotes (inkl. außeruniversitärem Engagement) in die vorgegebenen Studien- bzw. Modulstrukturen. Auf der inhaltlich/didaktischen Ebene wurde deutlich, dass das Ziel, erfahrungsbasierte Probleme und Irritationen zum Ausgangspunkt von Erkenntnisprozessen zu machen, zahlreiche Fragen aufwirft.

*Phase 3 Angebahnte Institutionalisierung: Kritisch-reflexiver Umgang mit Irritationen/Verankerung des Lehrkonzepts in universitären Strukturen:* Als Konsequenz aus einer Zwischenevaluation erhielt das Seminar einen neuen inhaltlichen Schwerpunkt: Einführende Grundlage waren nun Diskurse um pädagogische Professionalität. Dies ermöglichte u. a., der thematischen Breite der Fragestellungen, die von den Studierenden in das Seminar eingebracht wurden, besser gerecht zu werden. Pädagogische Professionalität in der Migrationsgesellschaft wurde zu einem Unterthema. Zudem wurde die Beratung von Studierendengruppen durch die Seminarleitung intensiviert. Das Lehrangebot wurde in die Modulstruktur der Lehrer*innen-Bildung an der Goethe-Universität integriert und an die Arbeitsstelle für Diversität und Unterrichtsentwicklung am Fachbereich Erziehungswissenschaften angebunden. Einige Projekte und Kooperationen verstetigten sich, andere wurden verworfen.

Exemplarisch seien an dieser Stelle zwei Engagement-Projekte genannt, die von Studierenden in Kooperation mit außeruniversitären Partnerinstitutionen erprobt und weiterentwickelt wurden:

Im Projekt *»Theater Verbindet«* initiierten Studierende in Kooperation mit einer Lehrerin eine Theater AG, an der Schüler*innen der Intensiv- und der Regelklassen[7] der Kooperationsschulen teilnehmen konnten. Ziel war es, über gemein-

---

Freudenberg Stiftung gefördert. Neben der Autorin waren Dr. Sophia Richter, Dr. Patricia Stosic, Sophie Adler, Nora Iranee und Annika Schelling an der Konzeption und Umsetzung beteiligt.

7   Intensivklassen sind im Bundesland Hessen ein verpflichtendes Angebot zur Deutschförderung für alle »schulpflichtigen Neuankömmlinge« (www.kultusministerium-hessen.de/foerderangebote [Stand 3.3.21]).

sames Theaterspiel eine soziale Gemeinschaft herzustellen, in der die Schüler*innen sich kennen lernen und voneinander lernen konnten. Dies sollte den Übergang von der Intensiv- in die Regelklasse begleiten.

Im Projekt »*Inklusive Beschulung von Seiteneinsteiger\*innen*« bereiteten Studierende ein bestehendes und seit Jahren erprobtes inklusives Konzept zur Beschulung von Kindern nicht deutscher Herkunftssprache für andere interessierte Schulen auf. Eine andere Gruppe ließ dieses Wissen in die Arbeit einer Konzeptgruppe zur inklusiven Beschulung an einer weiteren Kooperationsschule einfließen.

## 3.2 Deweys Einfluss auf die Konzeption der Lehre

Deweys erkenntnis- und bildungstheoretische Herleitungen fanden in der Lehrkonzeption auf vielfache Weise Niederschlag. Als Entscheidungsgrundlage für die Teilnahme am Seminar wurde mit den Studierenden die Idee gesellschaftlicher Verantwortungsübernahme als Teil von Studium und Lehre diskutiert. Zudem wurden die demokratietheoretischen Annahmen (Demokratie als Staats-, Regierungs- und Lebensform) mit den dazugehörigen Implikationen vorgestellt. Ebenso stand die bildungstheoretische Annahme, persönliche Erfahrungen bzw. Irritationen als Ausgangspunkt von Lern- und Bildungsprozessen zu begreifen, von Anfang an im Zentrum der Lehre. Dies schlug sich unmittelbar in der Konzeption der Lehrveranstaltung nieder: Für einen Teil der Sitzungen blieb der inhaltliche Fokus zunächst bewusst offen, da er sich an den Fragen und Herausforderungen der Studierenden orientieren sollte. Weitgehend offen war in der Konzeptions- und Erprobungsphase zudem die Frage, wie studentische Reflexionsprozesse durch die Seminarleitung so begleitet werden können, dass ein kritisches Denken im Sinne Deweys angestoßen werden kann. Hier wurden im Prozess vom Seminarleitungsteam zahlreiche Ideen entwickelt, reflektiert, verworfen oder überarbeitet. Einige davon werden weiter unten, im Zuge der Diskussion von Spannungsfeldern, aufgezeigt.

### Herausforderung: Wissenschaftlich denken und handeln

Es zeigte sich, dass der Anspruch, Handlungsideen auf Grundlage eines forschenden Vorgehens zu entwickeln *und* die dabei gemachten Erfahrungen zusätzlich wissenschaftsbezogen zu reflektieren, zu hochgegriffen war. Die damit verbundene Arbeitsbelastung war für die Studierenden im Rahmen des vorgesehenen Workloads nicht zu bewerkstelligen. Dennoch war die Motivation der Studierenden groß, über eigenes forschendes Vorgehen einen Beitrag zu einer gesellschaftlich relevanten Frage und zu realen Herausforderungen in der Praxis zu leisten. Dies führte zu regen Diskussionen in den Seminarsitzungen und auch zu einem Interesse an erziehungswissenschaftlichen Perspektiven auf eigene Irritationen sowie Fragestellungen der Praxis. Nach einer Zwischenevaluation wurden die Ansprüche des ursprünglichen Lehrkonzeptes vor diesem Hintergrund angepasst: Für die Planung der Projekte wurde organisatorischen und anderen praktischen

Fragestellungen zeitweise ein großer Raum gegeben – auf Kosten wissenschaftsbezogener Reflexionen, die punktueller stattfanden, als dies ursprünglich geplant war. Die vertiefte, systematische Auseinandersetzung mit einer persönlich relevanten Irritation bzw. Fragestellung im Sinne Deweys wurde vorwiegend in die vorlesungsfreie Zeit gelegt und konnte als Modulprüfung eingereicht werden.[8] Eine handelnde Erprobung der reflexiv gewonnenen Einsichten, wie sie bei Dewey idealtypisch vorgesehen ist, konnte somit in vielen Fällen nicht mehr im Rahmen des Lehrprojektes stattfinden.

Diese Erfahrung erinnert an kritische Stimmen zu erfahrungsbasiertem, problemorientiertem Lernen: Es lenke vom handlungsentlasteten Studium von Sachverhalten ab, sei zeitaufwendig, zu praxis- und zu wenig wissenschaftsorientiert (vgl. Rocheleau, 2004, Sliwka, 2004). Bei der Weiterentwicklung des Lehrkonzeptes war diese Kritik eine der zentralen Thematiken.

## Das Lehrkonzept erfahrungsbasiert weiterentwickeln: Konsolidierung der Praxisprojekte und Relationierung von Wissenschaft und Praxis

Nach einer ersten Zwischenevaluation war es das Ziel der Seminarleitung, die Zeit der Projektplanung und -organisation zugunsten systematischer, wissenschaftsbezogener Auseinandersetzung mit eigenen Irritationen zu reduzieren. Die Anzahl der Praxispartner wurde reduziert, die Kooperationen mit den verbleibenden Partnern dafür intensiviert.[9] Der nun gefestigtere Rahmen führte dazu, dass weniger organisatorische Fragen aufkamen und mehr Zeit für die wissenschaftsbezogene Reflexion subjektiv relevanter Fragestellungen zur Verfügung stand. Der folgende Abschnitt gibt einen Einblick darüber, welche Art von Problemen bzw. Fragen die Studierenden in das Seminar eingebracht und zum Ausgangspunkt von Reflexionsprozessen gemacht haben.

Exemplarische Fragestellungen von Studierenden –
geclustert nach Themenfeldern[10]

- *Partizipation – Nicht-Partizipation:* »Unser Projekt soll Teilhabe ermöglichen. Warum bringen die Kinder sich nicht ein? Ist Nicht-Partizipation legitim, auch wenn dies nicht unseren Wünschen entspricht?«

---

8 Weiter unten wird die Bewertung von Reflexionsleistungen unter dem Gesichtspunkt einer Reflexionsdarstellungskompetenz (Häcker, 2019) als Spannungsfeld diskutiert.
9 So wurden die Projekte an einer Schule beispielsweise als festes Angebot im ganztägigen Lernen integriert und eine Koordinationslehrerin als Ansprechpartner*in für die Studierenden mit Deputatsstunden ausgestattet.
10 Eine thematische Systematisierung von Irritationen, die Studierende in das Seminar eingebracht haben, wurde im Zuge der projektinternen Zwischenevaluation 2018 durchgeführt. Die obige Darstellung beruht, wenn auch stark verkürzt, auf dieser Auswertung.

- *Kategorisierungen/Zuschreibungen:* »Wir reden immer von Intensiv- und Regelklassenschüler\*innen. Besteht die Gefahr, dass sich dadurch Unterschiede verfestigen, die wir eigentlich überbrücken wollen?«
- *Rollen und Beziehungen:* »Ein Mädchen verhält sich anderen Kindern gegenüber aggressiv. Die Lehrerin reagiert darauf immer wieder völlig anders, als wir es erwartet haben. Warum? Was bewegt sie?«
- *Sprache:* »Was tue ich, wenn Schüler\*innen sich in ihrer Herkunftssprache unterhalten? Sollte ich sie bitten, auf Deutsch zu sprechen? Einmal habe ich das gemacht und mich sehr unwohl damit gefühlt.«
- *Organisationaler Kontext:* »Welche Gründe könnte es geben, dass unseren Ideen von der Einrichtungsleitung mit Zweifeln begegnet wird?«
- *Theorie-Praxis:* »Wie kann ich die Fragen, die ich habe, mit den gelesenen Texten zusammenbringen? Das passt für mich nicht. Kann der Blick auf wissenschaftliche Erkenntnisse auch lähmen?«

Es zeigte sich im Projektverlauf, dass die Aufgabe, praktische Erfahrungen im Sinne Deweys mit wissenschaftlichem Wissen zu relationieren, für viele Studierende eine Herausforderung darstellte. Die Fragestellung, worin *genau* die Herausforderungen der Studierenden in diesem Prozess lagen und ob bzw. wie sie in ihren Reflexionsprozessen besser unterstützt werden könnten, war eine Fragestellung, die die Seminarleitung über die Projektlaufzeit stetig begleitete. Sie spiegelt sich in folgenden drei Themen wider, die für die didaktische Weiterentwicklung des Lehrkonzeptes Relevanz bekamen:

1. Der Umgang mit ›Nicht-Wissen‹ an der Universität als Ort der Wissenschaft und des Wissens-Erwerbs.
2. Die Frustration über die ›Unbrauchbarkeit‹ wissenschaftlicher Texte für die ›Lösung‹ praktischer Probleme und damit verbunden das Verhältnis von persönlicher Betroffenheit und Distanznahme.
3. Das Verhältnis von thematischer Offenheit und struktureller Rahmung.

Im Folgenden werden diese Punkte aufgegriffen und als Spannungsfelder thematisiert. Die Lehrerfahrung in dem beschriebenen hochschuldidaktischen Setting wird damit selbst als pädagogische Praxis aufgefasst und als solche zum Gegenstand einer reflexiven Auseinandersetzung gemacht.

## 4 Zwischen Anspruch und Wirklichkeit: Hochschullehre als pädagogisches Handeln in Spannungsfeldern

Mit Dewey findet die Einführung in wissenschaftliches Denken am besten anhand von realen Problemen und unter bewusstem Einbezug der persönlichen Involviertheit statt. Er sieht auch die dafür nötige »Denkschulung« bereits in der Schule und Hochschule verortet. Doch was passiert, wenn Nicht-Wissen (z. B. in Form von Irritationen) an einer Institution des Wissens-Erwerbs in das Zentrum eines Lehrkonzeptes gestellt wird? Und wie äußert sich das Verhältnis von Nähe (persönliche Betroffenheit) und Distanz (Abstraktion der eigenen Erfahrungen)? Im Folgenden geht es darum, diese Fragen als Spannungsfelder im Kontext der Hochschullehre zu thematisieren und Formen des Umgangs mit ihnen aufzuzeigen.

### 4.1 Der Umgang mit Nicht-Wissen in einer Institution des Wissens-Erwerbs

Der didaktische Ansatz des Lehrkonzeptes sah, ausgehend von Deweys erkenntnis- und bildungstheoretischen Positionen, »Nicht-Wissen« als Ausgangspunkt für den Anstoß von Erkenntnisprozessen vor. Dies wurde von den Studierenden einerseits angenommen: Sie brachten persönliche Irritationen als Momente des Nicht-Wissens in das Seminar und die Reflexionen ein. Andererseits zeigte sich implizit oder explizit immer wieder der Anspruch vieler Studierender, das eigene pädagogische Handeln als erfolgreich darzustellen bzw. sich im Hochschulkontext auf eine bestimmte Art als »wissend« zu präsentieren. Die folgenden Aussagen aus der Abschlussreflexion einer Studentin verhandeln implizit das Spannungsfeld zwischen »Demonstration von Erfolg und Wissen« und »Auseinandersetzung mit Frustration und Nicht-Wissen«.

**Ausschnitt aus einer Abschlussreflexion**

> »(Das Projekt A) fand im Freizeitbereich statt und erfolgte am Nachmittag. Zum Zeitpunkt der Entstehung dieser Arbeit ist die Projektumsetzung bereits abgeschlossen, wobei hier vorab kurz festgestellt werden kann, dass erfreulicherweise ein Innovationsprozess stattgefunden hat (…).
>
> Innerhalb meiner Arbeit möchte ich mich spezieller mit der Frustration und Irritation innerhalb des Projekts ›A‹ auseinandersetzen und die Erfahrung, die Auslöser für die Krise war, genauer reflektieren (…)« (R 1, 2).

Einerseits wird in der Reflexion der Studentin angekündigt, dass persönliche Misserfolgserlebnisse zum Gegenstand der Reflexion gemacht werden sollen. Gerahmt wird diese Andeutung allerdings mit dem vorweggenommenen Hinweis, dass die pädagogische Praxis trotz Frustrationen und Irritationen insgesamt als erfolgreich bewertet wird. Hier geht es um eine Thematik, die Häcker mit den Begriffen »Abarbeitungs- und Darstellungsmodus« umschreibt (2019, S. 94). Insbesondere wenn Reflexionen von Studierenden als Modulabschlussprüfung in eine Bewertungssituation einfließen, ist damit zu rechnen, dass geschrieben wird, was der Dozent bzw. die Dozentin vermutlich hören möchte.

In der Weiterentwicklung des Lehrkonzeptes wurde versucht, diese per se nicht auflösbaren Problematik über eine inhaltliche Schwerpunktverschiebung aufzugreifen: Das Thema *pädagogische Professionalität* wurde ins Zentrum der Lehre gestellt. Der Umgang mit unvorhersehbaren Situationen (›Nicht-Wissen-Können‹) wurde so als ein genuiner Bestandteil pädagogischer Professionalität eingeführt und diskutiert (vgl. Neuweg, 2011). Ziel der Schwerpunktverschiebung war, die Reflexion über Situationen des ›Nicht-Wissens‹ und die Thematisierung von Misserfolgserlebnissen als im Seminar ausdrücklich erwünschtem Bestandteil nicht nur von Erkenntnis-, sondern auch von Professionalisierungsprozessen einzuführen, und den Umgang mit entsprechenden Situationen im Sinne reflexiver Professionalität wissenschaftsbezogen zu begleiten (vgl. Wimmer, 2016, S. 425).

Über diese Schwerpunktverschiebung wurde eine weitere Herausforderung deutlich: Während es vielen Studierenden zunächst recht leichtfiel, als problematisch empfundene Situationen zu benennen, stellte es sich als herausforderungsvoll heraus, im Sinne Deweys zum »Charakter des Problems« vorzudringen.

## Das Nicht-Wissen einkreisen: Was ist die subjektiv bedeutsame »Natur des Problems«?

Was genau hat mich warum irritiert? Was waren meine Vorannahmen hierzu? Worüber möchte ich weiter nachdenken? Mit Dewey besteht in diesen Fragen ein zentraler Schritt in jedem Denkprozess. Eine Auswertung der Abschlussreflexionen von Studierenden zeigte, dass eine solche Fokussierung der persönlich relevanten Fragestellung eine Schwierigkeit darstellte. Um diesen Schritt besser begleiten zu können, wurde der Seminar*ablauf* umstrukturiert: An zwei Zeitpunkten im Semester fanden fortan einstündige Gruppensprechstunden statt. In den Sprechstunden ging es schwerpunktmäßig darum, Irritationen, die im Projektverlauf entstanden waren, zu besprechen und die dahinterliegenden Fragen gemeinsam einzukreisen. Das methodische Vorgehen hierfür war an der kollegialen Fallberatung orientiert. Im Anschluss an die Sprechstunden übernahm die Seminarleitung (im Unterschied zur kollegialen Beratung) die Aufgabe, die von den Studierenden umkreisten Fragestellungen als Reflexionsangebot und Spiegelung noch einmal zusammen zu stellen. Ergänzt wurde die Zusammenstellung um Hinweise auf mögliche wissenschaftliche Deutungsperspektiven. In den Seminarsitzungen wurde diskutiert und z. T. erprobt, wie Momente des Nicht-Wissens (irritierende Erfahrung) und vorhandene Wissensbestände (u. a. wissenschaftliche Perspektiven) miteinander in Beziehung gesetzt und daraus Schlüsse gezogen werden können. Dies führte auf hochschuldidaktischer Ebene zu einer weiteren Herausforderung: Es galt, das Wechselspiel von persönlicher Betroffenheit und reflexiver Distanznahme zu begleiten (vgl. hierzu auch Wildt, 2003).

## 4.2 Das Verhältnis von Immergenz und Emergenz, Betroffenheit und Distanznahme

Dewey spricht mit Blick auf dieses Spannungsfeld von einem »Scheinwiderspruch«. Er betont die Notwendigkeit von persönlicher Betroffenheit *und* handlungsentlasteter Distanznahme als genuine Bestandteile von Erkenntnisprozessen. Aus Sicht vieler Studierender riefen die in der Praxis erfahrenen Probleme jedoch nicht nach einer reflexiven Urteilsbildung im Sinne Deweys, sondern nach möglichst eindeutigen und schnellen Lösungen. Der Handlungsdruck der Praxis fand darüber Einzug in das universitäre Seminar – ein Ort, an dem es traditionell um eine handlungsentlastete Auseinandersetzung mit Wissensbeständen geht. In der Lehrkonzeption wurde dieses Spannungsfeld auf zwei Ebenen thematisiert: Mit den Studierenden wurde die Idee reflexiver Professionalität sensu Dewe (2009) diskutiert und erprobt. Auf hochschuldidaktisch/theoretischer Ebene wurde die Positionierung des Lehrkonzepts zum Kritikpunkt »Vereinnahmung durch Erfahrung« überdacht und ein Forschungsprojekt mit dem Fokus auf Reflexionsqualität entwickelt.

### Reflexive Professionalität: Relationierung statt Transfer?

Über die Diskussion professionstheoretischer Perspektiven wurden mit den Studierenden Positionen zum Verhältnis von Wissenschaft und Praxis thematisiert. Der Anspruch einer unmittelbaren Handlungsanleitung durch wissenschaftliche Erkenntnisse wurde in diesem Zuge kritisch diskutiert (vgl. Dewe & Radtke, 1993; Neuweg 2011; Seifert, 2020). Um deutlich zu machen, wie eine Relationierung von Wissenschaft und Praxis konkret aussehen kann, setzten sich die Studierenden mit Beispielen aus vergangenen Semestern auseinander, in denen wissenschaftliches Wissen im Sinne von Deutungswissen für den Umgang mit persönlichen Irritationen genutzt wurde. Dies sollte helfen, die Funktion von wissenschaftlichen Erkenntnissen als Deutungsperspektive zu verstehen und selber erproben zu können.

### Exemplarisch: Betroffenheit und Distanzierung als Schritte im reflektierten Denken

Studierende, die in ihrem Projekt Freizeitangebote für Jugendliche mit und ohne Fluchterfahrung anboten, waren irritiert durch ein Schild am Eingang eines Museums. Darauf stand: »Eintritt für Flüchtlinge kostenfrei« *(Irritation als Ausgangspunkt für den Reflexionsprozess)*. Anhand der Reflexionsphasen nach Dewey reflektierten die Studierenden: Warum hat uns dieses Schild irritiert? Warum wollten wir in dieser Situation den »Fluchtstatus« der beteiligten Jugendlichen nicht erfragen? Welche Rolle spielt es für unser Projekt, ob jemand geflüchtet ist oder nicht? In welchen Fällen halten wir es für angemessen, die Kategorie »Flüchtling« zu verwenden, in welchen nicht? *(Reflexion über eigene Vorannahmen)*. Auf dieser Basis setzten sich die Studierenden mit wissenschaftlichen Perspektiven auseinander. Darunter waren Texte zur Problematik bzw. Notwendigkeit von Kategorisierungen in pädagogischen Handlungskontexten *(zusätzliche, auch rivalisierende Sichtweisen auf das Problem)* und leiteten Konsequenzen daraus ab. Die Entscheidung fiel darauf, den Fokus auf die Kategorie »geflüchtet« für die Fortsetzung der Freizeitangebote zu vernachlässigen und dabei gleichzeitig sensibel für potenzielle Diskriminierungsmechanismen zu bleiben, die Geflüchtete betreffen können *(Rückschlüsse für das eigene Denken und Handeln)*.

Über solche und andere Beispiele sollte deutlich werden, inwiefern empirische oder theoretische Erkenntnisse helfen können, konkrete Herausforderungen der Praxis aus einem zusätzlichen Blickwinkel zu betrachten. Auch ging es um die Frage, wie wissenschaftliches Wissen, jenseits einer Transferlogik, handlungsrelevant werden kann.

**Herausforderung: Auswahl von Deutungswissen**

Dewey spricht mit Blick auf wissenschaftliches Wissen von einem »emanzipatorischen Effekt des Abstrakten«. Im Projektverlauf zeigte sich jedoch, dass die Voraussetzungen für einen solch »emanzipatorischen Effekt« recht hoch sind. Eine zentrale Herausforderung stellte für die Studierenden, neben der Präzisierung der eigenen Irritation/Fragestellung, die Auswahl »deutungsgeeigneter« wissenschaftlicher Literatur dar. Dieser Aspekt wurde zu Beginn des Lehrprojektes unterschätzt. Zu Projektbeginn bestand, in Anlehnung an Dewey, die Annahme, dass die Entscheidung für relevante wissenschaftliche Perspektiven aufgrund der Subjektivität der Fragestellungen sinnvollerweise auf Seiten der Studierenden liegen müssen. Als Unterstützung hierfür wurde online ein umfassender Literaturpool zu potenziell relevanten Themenfeldern erstellt. Zudem bekamen die Studierenden eine kommentierte Literaturliste ausgehändigt, die die Vorauswahl erleichtern sollte. Die Seminarevaluationen zeigten, dass die Auswahl wissenschaftlicher Reflexionsperspektiven, v. a. im laufenden Semester, trotz Literaturpool als sehr zeitaufwendig und zum Teil frustrierend erlebt wurde. Häufig kam es vor, dass Texte durchgearbeitet wurden, deren Inhalte sich letztlich aus Sicht der Studierenden doch nicht als Reflexionswissen für die eigene Fragestellung eigneten. Diese (negative/irritierende) Erfahrung der Studierenden hätte von der Seminarleitung aufgegriffen werden können. Im Sinne einer erkenntniskritischen Auseinandersetzung mit wissenschaftlichen Perspektiven hätten Reflexionsimpulse, z. B. zur Verortung von wissenschaftlichen Paradigmen, folgen können. Stattdessen wurde die Auswahl potenzieller Deutungsperspektiven durch die Seminarleitung enger als zuvor begleitet. Ein Teil der Relationierungsleistung wurde also von den Studierenden auf die Seminarleitung verschoben. Dadurch ist ein neuer Zielkonflikt entstanden bzw. kam als solcher zu Tage: Der Anspruch an die Ausbildung eines kritisch-reflexiven Wissenschaftsverständnisses konnte über das Lehrkonzept nicht auf allen Ebenen gleich stark bedient werden.

## 4.3  Das Verhältnis von Vorgaben und Offenheit

Abschließend sei noch auf ein Spannungsfeld verwiesen, das bei Helsper (2015) als Antinomie von Interaktion und Organisation systematisiert wird. Auf der Ebene der Interaktion liegt im hier diskutierten Lehrkonzept die begleitete Reflexion subjektiv relevanter Erfahrungen. Auf der Ebene der Organisation liegen die vorgegebenen Rahmenbedingungen der Hochschullehre, darunter Modulinhalte, Prüfungsmodalitäten, Semesterzeiten und vorgegebene Workloads. In einem Lehrkonzept, das im Sinne Deweys Irritationen zum Ausgangspunkt für einen »Akt des Suchens und Forschens« machen möchte, stellt sich in besonderer Weise die Frage nach dem Verhältnis von Offenheit und Rahmung, von Vorgaben und Flexibilität. Irritationen können zwar gerahmt, nicht aber didaktisch geplant oder im Vorfeld festgelegt werden. Eine handelnde Erprobung gewonnener Erkenntnisse wäre im Sinne Deweys wünschenswert, konnte aber aufgrund vorgegebener Modulstrukturen nicht realisiert werden.

Das Verhältnis von Offenheit und struktureller Rahmung betrifft, auf anderer Ebene, auch die Umsetzung der Engagement-Projekte. Eine kleinschrittige Vorgabe für das studentische Engagement war, im Sinne des diskutierten Professionalitätsverständnisses, weder möglich noch gewünscht. Dies konnte jedoch dazu führen, dass sich die Engagement-Projekte (und ggf. auch die in Reflexionen geäußerten Erkenntnisprozesse) in eine Richtung entwickelten, die von der Seminarleitung nicht favorisiert wurde. Die Unmöglichkeit, subjektive Erkenntnisprozesse und Handlungsweisen direktiv zu steuern, trifft auf alle pädagogischen Situationen zu (Technologiedefizit). Ebenso betrifft das Spannungsfeld zwischen Offenheit und struktureller Rahmung (Freiheit und Zwang) in unterschiedlicher Form jede Art von pädagogischer Praxis, auch in der Hochschullehre. In Lehrkonzepten, in denen im Sinne Deweys das Wechselspiel von Wissen und Handeln begleitet werden soll, scheint eine Auseinandersetzung mit dieser Thematik unumgänglich.

## 5  Fazit

In diesem Beitrag wurde die Frage nach der Förderung erziehungswissenschaftlichen Denkens und Handelns am Beispiel eines Lehrkonzeptes diskutiert, das sich an der Erkenntnis- und Bildungstheorie John Deweys orientiert und sich in die Tradition des Service-Learning eingliedert. Der kritisch-reflexive Blick auf diese Lehrpraxis macht deutlich, dass nicht alle Facetten erziehungswissenschaftlichen Denkens und Handelns mit einem Lehrkonzept abgedeckt werden können. Dies spricht, so das Resümee des vorliegenden Beitrags, für eine Vielfalt an didaktischen Konzepten in der universitären Lehre: Unterschiedliche Lehrformate ermöglichen unterschiedliche Perspektiven auf die »Wirklichkeit« erziehungswissenschaftlichen Denkens und Handelns. Über ein didaktisch vielfältiges Lehrangebot kann es Studierenden ermöglicht werden, die vielschichtigen Facetten von erziehungswissenschaftlichem Denken und Handeln kennenzulernen und auch widersprüchliche Positionen miteinander in Beziehung zu setzen. Im Sinne Deweys können sie sich dann ein eigenes kritisches Urteil zu der Frage bilden, was erziehungswissenschaftliches Denken und Handeln im Kern ausmacht und wie dies im Verhältnis zu eigenen Forschungs- und Handlungspraktiken steht.

## Literatur

Dewe, B. (2009). Reflexive Professionalität: Maßgabe für Wissenstransfer und Theorie-Praxis-Relationierung im Studium der Sozialarbeit. In A. Riegler, S. Hojnik & K. Posch (Hrsg.). *Soziale Arbeit zwischen Profession und Wissenschaft: Vermittlungsmöglichkeiten in der Fachhochschulausbildung* (S. 47–63). Wiesbaden: VS Verlag.

Dewe, B. & Radtke, F. O. (1993). Was wissen Pädagogen über ihr Können? Professionstheoretische Überlegungen zum Theorie-Praxis-Problem in der Pädagogik. In J. Oelkers & H.-E. Tenorth (Hrsg.). *Pädagogisches Wissen* (S. 154–161). Weinheim: Beltz.

Dewey, J. (1910/2002). *Wie wir denken*. Mit einem Nachwort neu herausgegeben von Rebekka Horlacher und Jürgen Oelkers. Zürich: Pestalozzianum.

Dewey, J. (1916/2000). Demokratie und Erziehung. Eine Einleitung in die philosophische Pädagogik (hrsg. von Oelkers, J. . Weinheim: Beltz.

Dewey, J. (1927/1988). *The Later Works, 1925–1953 (Vol. 2). Essays, Reviews, Miscellany, and The Public and Its Problems.* Carbondale/Edwardsville: Southern Illinois University Press.

Dewey, J. (1938/1998). *Experience and education: The 60th anniversary edition.* West Lafayette, Ind: Kappa Delta Pi.

Dewey, J. & Bentley, A. F. (1949). Knowing and the known. Boston: The Beacon Press, S. 270–286. Abgedruckt und übersetzt in Schreier, H. (1994). John Dewey. Erziehung durch und für Erfahrung. 2. Auflage (S. 310–327). Stuttgart: Klett-Cotta.

Fenwick, T. J. (2000). Expanding conceptions of experiential learning: A review of five contemporary perspectives on cognition. *Adult Education Quarterly*, 50 (4),243–272.

Gerholz, K.-H. (2019). Zur Verbindung von Service Learning und ziviler Verantwortungsfähigkeit. Ergebnisse einer prozessanalytischen Studie in der Lehrer_innenbildung. *HDS. Journal*, 2018,1+2, 12–18.

Häcker, T. (2019). Reflexive Professionalisierung. Anmerkungen zu dem ambitionierten Anspruch, die Reflexionskompetenz angehender Lehrkräfte umfassend zu fördern. In M. Degeling, N. Franken S. Freund, S. Greiten D. Neuhaus & J. Schellenbach-Zell (Hrsg.). *Herausforderung Kohärenz: Praxisphasen in der universitären Lehrerbildung. Bildungswissenschaftliche und fachdidaktische Perspektiven* (S. 81–96). Bad Heilbrunn: Verlag Julius Klinkhardt.

Helsper, W. (2015). Antinomien des Lehrerhandelns in modernisierten pädagogischen Kulturen. Paradoxe Verwendungsweisen von Autonomie und Selbstverantwortlichkeit. In A. Combe & W. Helsper (Hrsg.). *Pädagogische Professionalität. Untersuchungen zum Typus pädagogischen Handelns* (S. 521–569). Frankfurt am Main: Suhrkamp.

Maddux, H. C. & Donnet, D. (2015). John Dewey's Pragmatism. Implications for Reflection in Service-Learning. *Michigan Journal of Community Service Learning* 21 (2), 64–73. Online verfügbar unter http://files.eric.ed.gov/fulltext/EJ1116448.pdf. [2.3.2021]

Massing, P. (2011). Demokratie-Lernen oder Politik-Lernen? In P. Massing *Politikdidaktik als Wissenschaft. Studienbuch* (S. 69–99). Schwalbach: Wochenschau Verlag.

Neuweg, G. H. (2011). Distanz und Einlassung. Skeptische Anmerkungen zum Ideal einer »Theorie-Praxis-Integration« in der Lehrerbildung. *Erziehungswissenschaft*, 23 (43), 33–45.

Nonnenmacher, F. (2011). Handlungsorientierung und politische Aktion in der schulischen politischen Bildung. Ursprünge, Grenzen und Herausforderungen. In B. Widmaier. & F. Nonnenmacher (Hrsg.). *Partizipation als Bildungsziel. Politische Aktion in der politischen Bildung* (S. 83–100). Schwalbach/Ts.: Wochenschau Verlag.

Oelkers, J. (2016). Lernen und Problemlösen: Deweys Psychologie im bildungshistorischen Kontext. *Espacio, Tiempo y Educación*, 3 (2), 25–280.

Rochelau, J. (2004). Theoretical Roots of Service-Learning: Progressive Education and the Development of Citizenship. In B. W. Speck & S. L. Hoppe (Hrsg.). *Service-learning: History, theory, and issues* (S. 3–23). Westport, Conn: Praeger.

Seifert, A. (2020). Zum Verhältnis von Theorie und Praxis. Deutungsangebote und Reflexionsimpulse für den Diskurs um Service Learning. In M. Hofer, J. Derkau (Hrsg.). *Campus und Gesellschaft. Service Learning an deutschen Hochschulen. Positionen und Perspektiven* (S. 53–68). Weinheim/Basel: Beltz Verlag.

Seifert, A. & Gerholz, K.-H. (im Erscheinen). Perspektiven auf Reflexion in zivilgesellschaftlichen Lernprozessen: Zur Förderung (kritisch-) reflexiven Denkens im Kontext der Hochschullehre. In W. Beutel M. Gloe, G. Himmelmann, D. Lange, S. Reinhardt & A. Seifert (Hrsg.). *Handbuch Demokratiepädagogik*. Schwalbach: Wochenschau Verlag.

Sliwka, A. (2004). *Transplanting liberal education: The foundation and development of liberal arts colleges in Western India.* Frankfurt am Main: Lang.

Wildt, J. (2003). Reflexives Lernen in der Lehrerbildung – ein Mehrebenenmodell in hochschuldidaktischer Perspektive. In A. Obolenski & H. Meyer (Hrsg.). *Forschendes Lernen – Theorie und Praxis einer professionellen LehrerInnenausbildung* (S. 71–84). Bad Heilbrunn/Obb.: Klinkhardt.

Wimmer, M. (2016). Zerfall des Allgemeinen – Wiederkehr des Singulären. Pädagogische Professionalität und der Wert des Wissens. In A. Combe & W. Helsper (Hrsg.). *Pädagogische Professionalität. Untersuchungen zum Typus pädagogischen Handelns* (S. 404–447). Frankfurt a. M.: Suhrkamp.

# Kinderschutz im internationalen Dialog. Erziehungswissenschaftliche Perspektiven auf eine besondere Herausforderung professionellen Handelns

*Tatjana Dietz & Sabine Andresen*

> »In all actions concerning children, whether undertaken by public or private social welfare institutions, courts of law, administrative authorities or legislative bodies, the best interests of the child shall be a primary consideration« United Nations Convention of the Rights of the Child, Art. 3 (1)

## 1 Kinderschutz im internationalen Dialog: Zur Einführung in ein innovatives Seminarkonzept

Die Gewährleistung des Kinder- und Jugendschutzes ist auch für erfahrene Fachkräfte eine Herausforderung. Die Einschätzung einer Kindeswohlgefährdung und die daran anschließenden Fragen des fachlichen Handelns sowie die Konsequenzen für Kinder und Familien gehen vielfach mit Unsicherheiten einher. Die Thematik des Kinderschutzes[1] ist für Studierende einerseits sehr attraktiv, andererseits äußern auch sie Verunsicherung und artikulieren Fragen, die nicht immer einfach zu beantworten sind. Es stellt sich die Frage, wie diese in Lehrveranstaltungen angemessen aufgegriffen werden können. Im vorliegenden Beitrag wird ein internationales Seminarkonzept vorgestellt, in dem Studierende dreier Länder (Israel, Südkorea, Deutschland) die Möglichkeit erhalten, den Forschungsstand und die Strategien im Kinderschutz vor Ort kennenzulernen. Kinderschutz bereits im Studium aufzugreifen ist auch deshalb relevant, weil viele Studierende bereits während des Studiums mit Kindern und Jugendlichen arbeiten und es für erziehungswissenschaftliche Fachkräfte wahrscheinlich ist, im Laufe des beruflichen Werdegangs mit einem Fall oder Verdacht auf Kindeswohlgefährdung konfrontiert zu werden. Bei einem Verdachtsfall kann es schwierig sein, vertrauensvolle Beziehungen aufrechtzuerhalten, die Familie in den Prozess einzubeziehen, ohne das Wohl des Kindes zu gefährden, und mit der Fehlbarkeit von Klient:innen umzugehen. Werden innerhalb des Studiums bereits Räume eröffnet, in denen Handlungsweisen, Konsequenzen, Risiko- und Schutzfaktoren

---

1 Kindheiten stehen im Zentrum des Seminars. Daher wird im weiteren Verlauf primär von Kinderschutz gesprochen. Die Lebensphase Jugend und der Jugendschutz möchten damit nicht ausgeblendet werden.

sowie persönliche Grenzen gemeinsam reflektiert werden, können Unsicherheiten und damit auch Belastungen abgebaut werden. Das hier vorgestellte internationale Seminarkonzept ist eine Möglichkeit, bereits im Studium zukünftigen Erziehungswissenschaftler:innen eine Vorbereitung auf die komplexe Praxis im Kinderschutz zu ermöglichen. Das Seminarkonzept verbindet folgende Zielsetzungen: (1) In einer möglichst frühen Phase des Professionalisierungsprozesses, nämlich bereits im Studium, Herausforderungen und Unsicherheiten im Kinderschutz zu erkennen und zu besprechen. (2) Die Chance, eine länderübergreifende Vernetzung von Fachkräften zu initiieren und den fachlichen ebenso wie den persönlichen Blick zu weiten. Ferner basiert das Seminar auf dem Anspruch, über die Aufklärung der Themen Kindeswohlgefährdung, Gewalt gegen Kinder und Jugendliche und die gesellschaftlichen und fachlichen Antworten darauf sowie Hilfs- und Unterstützungsangebote für Betroffene hinaus auch einen Beitrag zur politischen Bildung zu leisten (3).

Der Schutz von Kindern und Jugendlichen vor Gewalt und Vernachlässigung sowie die Sicherstellung ihrer Rechte, etwa auf Information und Beteiligung, ist der systematische Ausgangspunkt des hier vorgestellten internationalen Austauschseminars und Kern des vorliegenden Beitrags. Neben der Vorstellung des Seminarkonzepts wird das pädagogische Handeln im Kinderschutz in Grundzügen erläutert. Eingeflochten in die Darstellung der Lernziele werden Rückmeldungen von ehemaligen Seminarteilnehmenden zu den gemachten Lernerfahrungen. Anschließend werden wir einige der in den vergangenen Jahren gesammelten praktischen Erfahrungen in der Umsetzung des Seminars darlegen. Enthalten ist dabei auch ein exemplarischer Seminarablauf, um andere Lehrende zu inspirieren, wie internationale Formate zu einem auch emotional belastenden Thema umgesetzt werden können. Abgeschlossen wird mit einem Fazit, welches sowohl die Perspektive der Studierenden als auch der Lehrenden beinhaltet.

## 2 Das internationale Seminar: Entstehungsgeschichte und Ausgangspunkt

Das internationale Austauschseminar ist in Kooperation zwischen der *Goethe-Universität Frankfurt* (Prof'in. Sabine Andresen), der *Hebrew University Jerusalem* (Prof. Asher Ben-Arieh) und der *National University Seoul* (Prof. Bong Joo Lee) entstanden. Im Zentrum des Seminars steht die Wissens- und Erfahrungserweiterung von Studierenden zum Wissens-, Forschungs- und Handlungsfeld »Kindeswohlgefährdung« unter den Gesichtspunkten Prävention, Intervention und Aufarbeitung. Das Seminar bietet Studierenden die Möglichkeit, die Aufarbeitungs-, Interventions- und Präventionsstrategien der teilnehmenden Länder kennenzulernen, sich fachlich über Verbindendes und Unterschiede auszutauschen, erste eigene Berufserfahrungen zu vergleichen und gemeinsame Erfahrungen zu sammeln. Um dies zu ermöglichen, bereisen die teilnehmenden Studierenden rotierend für jeweils eine Woche, meist im Frühjahr, zwei der drei teilnehmenden Länder. Die Gruppe setzt sich jeweils aus ca. 10 Studierenden pro Universität aus verschiedenen Studiengängen im sozialen Bereich zusammen. Die Seminarsprache ist Englisch.

Gewaltfrei aufzuwachsen ist ein Recht von Kindern, das seit 1989 in der UN-Kinderrechtskonvention festgehalten ist und im Jahr 2000 im Bürgerlichen Gesetzbuch in Deutschland verankert wurde. Hieran schließt das internationale Seminarkonzept mit der Orientierung an individuellen Rechten von Kindern und deren sozialer Position in den drei Gesellschaftssystemen an. Die UN-Kinderrechtskonvention formuliert einen universellen Rechtsanspruch und unterscheidet die »drei Ps«: Protection, Provision & Participation.[2] Letzteres drückt sich etwa in Artikel 3 Abs. 1 aus, in dem das Recht formuliert ist, Kinder bei allen Maßnahmen, die das Kind selbst betreffen, zu beteiligen. Damit geht einher, dass das Wohl des Kindes (best interest of the child) zur Leitperspektive aller Handlungen erklärt wird.[3] Die konkrete Umsetzung dieses Anspruchs ist in den beteiligten Ländern unterschiedlich. Markant ist, dass anders als in Israel und Südkorea in Deutschland keine Anzeigepflicht im Verdachtsfall einer Kindeswohlgefährdung besteht.[4] An diesem Beispiel lässt sich der Mehrwert des internationalen Austauschs exemplarisch darstellen. Wird ein offener Dialog über unterschiedliche Herangehensweisen in einem Verdachtsfall eröffnet, werden Studierende dazu angeregt zu hinterfragen, welche Vor- und Nachteile für die Adressat:innen bestehen, welche Verfahrensweisen zum Schutz von Kindern notwendig sind und wie diese sicher und sensibel von Fachkräften umgesetzt werden können.

---

2 Gerarts (2020) gibt in ihrem Buch eine Einführung in Kinderrechte und Beteiligung.
3 Kinderrechtsbasierter Kinderschutz, welcher die Perspektiven, Interessen und insbesondere die Beteiligung von Kindern in den Mittelpunkt stellt, erfährt immer mehr Aufmerksamkeit (z. B. Bühler-Niederberger, Albert & Eisentraut, 2014; Witte, López López & Baldwin, 2021; Gerarts, 2020; Kosher & Ben-Arieh, 2020; World Childhood Foundation, 2021). Diese Bestrebungen verdeutlichen eine Perspektive auf Kindheiten als Lebensphase, die mit einer besonderen Verletzbarkeit einhergehen kann (Finkelhor, 2008) und gleichzeitig nicht auf diese beschränkt bleiben sollte, sondern Kinder als die Expert:innen ihrer eigenen Lebenswelt anerkennt.
4 Informationen zum Kinderschutzsystem in Südkorea gibt es im Text von Bong (2019). Gottfried & Ben-Arieh (2019) behandeln die Kinderschutzmaßnahmen in Israel. Eine Einführung in die Entstehung und Anwendungsbereiche des deutschen Systems auf Englisch findet sich in Witte et al. (2019).

## 3 Pädagogisches Handeln im Kinderschutz: Rechtliche Rahmung in Deutschland

In Deutschland obliegt den Eltern das Recht auf Erziehung, das Wächteramt des Staates tritt bei Versagen elterlichen Handelns in Kraft.[5] Dies ist in Artikel 6 des Grundgesetzes festgehalten. Bei einer Kindeswohlgefährdung wird in verschiedenen Regelungen das staatliche Eingreifen in das Elternrecht benannt (§ 1666 BGB). Die zentrale Orientierung bietet § 8a Schutzauftrag bei Kindeswohlgefährdung im Sozialgesetzbuch (SGB VIII). Dieser enthält Vorgaben über die Verfahrensschritte und Maßstäbe zur Beteiligung von Familien und des Kindes. Dabei steht der nachhaltige Schutz des betroffenen Kindes im Vordergrund ebenso wie die Verpflichtung zur Gefährdungseinschätzung im Team, so z. B. die gemeinsame Einschätzung von Fachkräften im Jugendamt (§ 8a Abs.1 SGB VIII) oder das Hinzuziehen einer »Insoweit erfahrenen Fachkraft« (IseF) in den Diensten und Einrichtungen der Leistungserbringer (§ 8a Abs. 4 SGB VIII). Geleitet wird die Gefährdungseinschätzung von der Perspektive, ob eine Schädigung des Wohls des Kindes bereits eingetreten oder mit hoher Wahrscheinlichkeit zu erwarten ist (Bundesgerichtshof, 2019). Das Konzept des Kindeswohls und der Schutz vor Kindeswohlgefährdung sind als unbestimmte Rechtsbegriffe im Einzelfall zu betrachten und deren Einschätzung erfordert eine hohe fachliche Kompetenz (Andresen, 2017).[6] Um dies beurteilen zu können, benötigen Fachkräfte einerseits theoretisches Hintergrundwissen über die Folgen von Gewalt und Vernachlässigung im Kindesalter, Täter:innenstrategien sowie zu Risiko- und Schutzfaktoren. Andererseits sind aber auch praktische Kompetenzen nötig, wie ein adäquater persönlicher Umgang mit dem aufkommenden Handlungsdruck, in der Gesprächsführung mit den betroffenen Familien und beteiligten Fachkräften sowie Kenntnisse über Ressourcen, die helfen können, mit der Situation umzugehen und bei Schwierigkeiten Beratung in Anspruch zu nehmen.

---

5  Vertiefende Hinweise dazu bei Maywald (2016).
6  Eine wichtige Erweiterung in Deutschland wurde über das 2012 in Kraft getretene Bundeskinderschutzgesetz angestoßen. Das Kernstück ist das im ersten Artikel enthaltene Gesetz zur Kooperation und Information im Kinderschutz (KKG). Es bietet die Grundlage für eine verbesserte Zusammenarbeit unterschiedlicher Beteiligter im Kinderschutz und erweitert den Kinderschutz um eine präventive Perspektive. Keller und Dahmen (2020) geben in ihrem Sammelband unter anderem diesen Veränderungen einen Raum und diskutieren aktuelle Spannungsfelder des präventiven und intervenierenden Kinderschutzes in Deutschland.

## 4 Erziehungswissenschaftliches Denken und Arbeiten im internationalen Dialog: Lernziele des Seminars

> »Im erziehungswissenschaftlichen Denken und Handeln ist es wichtig, offen für anderen Lebensweisen zu sein und diese kennenzulernen, damit daraus lebensraumorientierte Diskurse und Angebote entstehen können. Das internationale Seminar gab uns die Möglichkeit, genau diese Einblicke zu gewinnen und darüber hinaus in einem internationalen Rahmen zu diskutieren. Wenn ich an die Erfahrung zurückdenke, bin ich dankbar über die vielen neuen (inter)nationalen Freunde und Kontakte und die intensive Zeit, die ich mit all diesen Menschen haben durfte.« Maja Gräschus

In dieser kurzen Beschreibung zeigt sich erziehungswissenschaftliches Denken und Arbeiten als eine Haltung, die von Offenheit, Austausch und Reflexion geleitet ist. Der internationale Rahmen des Seminars ermöglicht vielfältige Momente, erziehungswissenschaftliche Kompetenzen und Fähigkeiten weiterzubilden. Folgende Lernziele stehen im Zentrum des internationalen Seminarkonzeptes:

## Übertragung von wissenschaftlichen Erkenntnissen auf das pädagogische Handeln

Das Seminar versucht, über eine Zweiteilung des Tagesablaufs eine Balance zwischen Theorie und Praxis zu erreichen. Auch um Momente zu schaffen, wissenschaftliche Erkenntnisse auf die pädagogische Praxis zu übertragen. Morgens erhalten die Studierenden Einblicke in länderspezifische Grundlagen und aktuelle Forschungsbemühungen der jeweiligen Universität bzw. des Landes. Für die Vorträge werden auch Wissenschaftler:innen und Praktiker:innen an die Universität eingeladen. Am Nachmittag besucht der Kurs in sogenannten »field visits« die Institutionen selbst. Idealerweise schließen die am Morgen vermittelten Inhalte und die besuchten Einrichtungen thematisch aneinander an. Diese Verbindung aus Theorie und dem Einblick in die konkrete praktische Umsetzung erwies sich als überaus erkenntnisreich für die Studierenden. Eine Teilnehmerin hebt diese Lernerfahrung rückblickend hervor:

> »Diese Hospitationen empfinde ich noch heute als sehr prägend und gewinnbringend, da wir unmittelbar Einblicke in die Arbeit direkt vor Ort erleben durften. Dabei kam es zum ständigen Austausch und Perspektivwechsel zwischen Kommiliton:innen, Lehrenden und Fachkräften aus Israel, Südkorea und Deutschland. Das war spannend und inspirierend zugleich, da wir sowohl Gemeinsamkeiten als auch Unterschiede in unseren pädagogischen/erziehungswissenschaftlichen Strukturen feststellen konnten. Der Besuch der Länder und die damit verbundene direkte Verzahnung von Theorie und Praxis haben mich in meinem Lernprozess besonders unterstützt und mir dabei geholfen, Kinderschutzarbeit auf internationaler Ebene zu erkunden.« Sina Nolandt

Vor Ort werden die Einrichtung und das Konzept meist in kurzen Präsentationen vorgestellt und Gespräche mit den dort arbeitenden Fachkräften geführt. Der Austausch wird von den Dozierenden über Kommentare und Impulsfragen aktiv angeleitet, um den Möglichkeitsraum der Reflexion innerhalb der internationalen Gruppe zu nutzen. Die Gastgebenden achten bei der Planung darauf, die Besuche vor Ort mit allen Beteiligten gut vorzubereiten. Hierbei ist es wichtig, auf den Schutz der dort lebenden oder spielenden Kinder zu achten. Die Gruppe wird daher in einem separaten Raum empfangen und, sobald keine Kinder vor Ort sind, durch die Einrichtung geführt.

## Erziehungswissenschaftliches Denken und Fragen im internationalen Kontext schulen

Intendiert ist, bereits im Studium einen Erfahrungsraum zu eröffnen, um Wissen im Kinderschutz in einem internationalen Kontext zu sammeln sowie auch Unsicherheiten und Herausforderungen zu diskutieren. Um eine gute Basis für diesen Austausch zu schaffen, findet bereits vor der Studienreise ein Kennenlernen über eine Videokonferenz statt. Persönlich trifft die Gruppe am Abend vor dem eigentlichen Kursbeginn bei einem »welcome dinner« aufeinander. Damit ist die Hoffnung verbunden, dass die Studierenden die Gruppe möglichst schnell als einen geschützten Raum wahrnehmen, in denen Unsicherheiten und Fragen frei geäußert werden können und um sich im Fragen und Arbeiten im internationalen Kontext zu üben. Im Kursverlauf werden Zeiträume eingeplant, in denen die gemeinsamen Erfahrungen besprochen, reflektiert und auf die Gegebenheiten der Länder übertragen werden – je nach Thematik in den internationalen Runden oder in den Kleingruppen der drei Universitäten. Daran schließt ein weiteres Lernziel des Seminars an.

## Persönliche Perspektiverweiterung und internationale Dialoge ermöglichen

Die Studienreise sowie der internationale Austausch können Studierende auch in ihren intrapersonellen Fähigkeiten herausfordern. Wie vielfältig die Eindrücke des Seminars sein können, beschreibt eine ehemalige Teilnehmende:

> »Im März 2019 bin ich mit einer Studierendengruppe nach Israel geflogen, aus der ich vor Beginn des Seminars niemanden kannte. Zurück kam ich mit einer Vielzahl an Eindrücken, einem Bauch voller gutem Essen und einer immensen Perspektivenerweiterung. Inhaltlich fand ich den internationalen Vergleich zwischen den unterschiedlichen Kinderschutzsystemen in Israel, Südkorea und Deutschland sehr bereichernd, da man über den Horizont der gesellschaftlichen und sozialpolitischen Bedingungen des eigenen Landes hinausblicken konnte und viele Denkanstöße gewonnen hat.« Amelie Rapp

Das Kennenlernen, Hinterfragen und Diskutieren neuer, auch fremder Sichtweisen, kann die Reflexion eigener Grenzen ermöglichen und einen Perspektivwechsel befähigen. Idealerweise entstehen innerhalb des Seminars vielfältige Gesprächsanlässe zwischen den Studierenden, Praktiker:innen und Wissenschaftler:innen. Als Möglichkeiten des Austauschs sollten die Pausen, gemeinsames Essen oder Gespräche auf dem Weg zur nächsten Einrichtung nicht unterschätzt werden. Diese informellen Kontexte ermöglichen dazu ein besonderes Zusammentreffen mit Lehrpersonen. Die gemeinsame Reise sowie die kleine Gruppe kann Hemmungen abbauen und einen Dialog auch über unterschiedliche Statusgruppen hinweg eröffnen. Erleben Studierende einen geschützten Rahmen, wird Vertrauen aufgebaut, sich im internationalen Kontext auch auf Englisch zu äußern. Der offene und zugewandte Austausch in heterogenen Gruppen ist als Erfahrung relevant, die helfen kann, in der späteren pädagogischen Praxis Gespräche auf Augenhöhe zu führen. In Deutschland wird die Netzwerkarbeit im Kinderschutz, gerade auch über die Etablierung der Frühen Hilfen und dem zugrundeliegenden Bundeskinderschutzkonzept, zunehmend deutlich. Auch in Israel und Südkorea wird das vernetzte, multiprofessionelle Arbeiten als zentrale Aufgabe im Kinderschutz verstanden. Sich frühzeitig mit den unterschiedlichen Akteur:innen und Handlungsstrategien auseinanderzusetzen, fördert ein Bewusstsein für die Bedeutung einer sensiblen Zusammenarbeit in multidisziplinären Teams.

## Kulturhistorische und bildungspolitische Fähigkeiten anregen

Das Seminar soll einen greifbaren Ansatzpunkt für Studierende bieten, sich in erziehungswissenschaftlichem Denken, Fragen und Beschreiben in internationalen Zusammenhängen zu schulen. Das Anstoßen des internationalen Dialogs kann dazu verhelfen, die eigenen nationalen Politiken und historisch geronnenen Herangehensweisen, sogenannte Pfadabhängigkeiten, aus einem anderen Blickwinkel zu betrachten bzw. diese zu erweitern oder kritisch zu hinterfragen. Übertragen auf den Kinderschutz können unterschiedlich gewachsene Verständnisse in der Zusammenarbeit an der Schnittstelle zwischen dem Sozial- und Gesundheitswesen relevant werden. Bilden Fachkräfte unterschiedlicher Systeme ein schützendes Netzwerk für Kinder, sind Strukturen für Kooperation und Kommunikation wichtig, allerdings auch Wissen über etablierte Verfahrensweisen und Auffassungen der anderen Professionen.

Vor diesem Hintergrund spielen im Seminar auch der Austausch über die Geschichte der beteiligten Länder und Ansätze von Erinnerungspolitik und -kultur eine Rolle. Zu den festen Programmpunkten gehört in Israel der Besuch der Internationalen Holocaust Gedenkstätte Yad Vashem. Hier hat sich auch gezeigt, dass die Beteiligung der Studierenden aus Südkorea neue Blickwinkel auf das Verhältnis von Israel und Deutschland ermöglicht und Gespräche über Schuld und Verantwortung intensiv geführt werden können. Die Auseinandersetzung mit der Shoa und den Grausamkeiten des Nationalsozialismus berührt belastende Emotionen, die in der verschränkten Geschichte zwischen Israel und Deutschland eine starke Intensität für die Teilnehmenden, teilweise mit Blick auf deren individuelle Familiengeschichte, erhalten können. Das Sprechen über das verübte Leid, Trauma und die Folgen für Generationen erfordert viel Feingefühl sowie Mut und benötigt einen haltenden Rahmen. Finden Möglichkeiten des Sprechens über erlebtes Leid statt, kann Aufarbeitung angestoßen werden (Andresen, 2019; Unabhängige Kommission, 2019a, 2019b). Dies ist auch in der Erziehungswissenschaft relevant, um sensible Formen des Sprechens über Unrecht und Gewalt auszuloten, Aufarbeitung anzustoßen und Tabuisierungen entgegenzuwirken.

In Südkorea werden das Seoul National Museum besucht sowie bei Interesse das Dokumentationszentrum an der Grenze zu Nordkorea. Hier ist für die Studierenden mit ihren je eigenen Erfahrungen das Thema der Mauer im eigenen Land als Teil von Geschichte und Gegenwart sehr präsent.

In Frankfurt findet regelmäßig ein Besuch in Neu-Isenburg statt, und zwar in der Gedenkstätte für Bertha Pappenheim,[7] einer jüdischen Sozialarbeiterin, die zu Beginn des zwanzigsten Jahrhunderts dort eine Einrichtung für ledige jüdische Frauen mit ihren Kindern gegründet und viel über Frauenhandel in Osteuropa publiziert hat.[8]

## 5   Organisation des Seminars und Empfehlungen

> »Der intensive Austausch mit Studierenden aus verschiedenen Ländern hat mir in Bezug auf mein pädagogisches Handeln neue Sichtweisen eröffnet. Ich bin dankbar für die Reise nach Israel, bei der ich das Land, neue Menschen und das israelische Kinderschutzsystem kennenlernen durfte, aber auch für das Seminar in Frankfurt, bei dem ich mir neues Wissen aneignen konnte.« Janina Napoli

Die gemeinsame Erfahrung der Auslandsreise, die Bearbeitung der emotional belastenden Thematik ist für Studierende wie Lehrende eine intensive Zeit, auch in der Vor- und Nachbereitung. Nachfolgend werden gesammelte Einsichten in der konkreten Umsetzung gebündelt. Gerade im thematischen Kontext des Seminars und über die Studienreise ist eine gute Fürsorge für die teilnehmenden Studierenden wichtig.

### Kurskoordination

Als wichtig erwiesen hat sich in der Vorbereitungs- und Durchführungsphase des Kurses, für jedes Land eine zentrale Ansprechperson als Kurskoordination des »Drei-Länder-Seminars« zu benennen. Diese Person, meist selbst noch studierend, ist die zentrale Ansprechperson für Studierende bei Fragen vor dem Seminar und während der Reise im jeweiligen Land. Meist organisiert sich die Gruppe schnell über private Chatgruppen oder E-Mailverteiler.

---

7   Website der Seminar- und Gedenkstätte: https://neu-isenburg.de/kultur-und-freizeit/museen/seminar-und-gedenkstaette-bertha-pappenheim/
8   Z. B. Pappenheim (1992). Einen Einblick in ihr pädagogisches Wirken bietet z. B. der Beitrag von Spies (2004).

## Kennenlernen und Reisevorbereitungen

Da es für Studierende häufig die erste Studienreise ist, kann es vor oder während der Reise zu einigen Fragen kommen. Um sich bereits vor der Reise kennenzulernen, erstellt jede:r Teilnehmende eine kurze Selbstbeschreibung und es findet eine gemeinsame Videokonferenz statt, um Fragen zur Anreise und dem Aufenthalt zu klären. Vor der Ankunft erhalten die Studierenden gebündelt alle wichtigen Informationen, wie eine Wegbeschreibung zur Unterkunft, Notfallkontakte und wichtige Hinweise zum bereisten Land. Die Studierenden der Goethe-Universität treffen sich ebenso zuvor, um sich kennenzulernen, für die Anreise zu vernetzen und um theoretische und praktische Vorbereitungen zu besprechen.

## Unterbringungen, Verpflegung und Reisekosten

Organisiert werden Unterbringung sowie Verpflegung jeweils vom gastgebenden Land. Untergebracht ist die internationale Gruppe in einem Hotel bzw. in Jerusalem und Seoul im Gästehaus der Universität. Die drei Länder wenden dabei unterschiedliche Modelle der Finanzierung an. Einheitlich gestaltet ist für Studierende die kostenfreie Unterbringung. Es muss meist von den Studierenden ein Unkostenbeitrag zur Verpflegung im eigenen Land aufgebracht werden, im Gastland ist die Verpflegung während der Seminarzeit kostenfrei. Unabhängig davon ist die An- und Abreise, die meist von den Studierenden selbst finanziert und organisiert wird. Einige Studierende entscheiden sich bei einer Reise auch für einen längeren Aufenthalt vor Ort.

## Exemplarischer Seminarablauf

Es hat sich bewährt, das Seminar mit einem »welcome dinner« zu beginnen. Montag bis Donnerstag findet der eigentlich Kurs mit theoretischen Inputs und Hospitationen statt. Die Vorträge werden von Mitarbeitenden der jeweiligen Universität sowie von eingeladenen Wissenschaftler:innen und Praktiker:innen gehalten. Abgeschlossen wird das Seminar mit einem »farewell dinner« am Donnerstagabend. Exemplarisch stellen wir den Seminarplan aus einer Woche an der Hebrew-University in Jerusalem vor.

| Sunday – welcome dinner  *Monday* | |
|---|---|
| 08:30–10:30 | Opening session: **Children in Israel** |
| 11:00–12:15  12:15–12:45 | Visit to Day-Care-Center in two groups |
| 13:00–14:30 | Visit to a Social-Services-Department |
| 15:00–18:00 | Visit to the old city |

| | |
|---|---|
| 18:30 | Dinner |

**Tuesday**

| | |
|---|---|
| 08:30–09:30 | Lecture – **Services for Children at risk in Israel** |
| 09:30–09:45 | Short break |
| 09:45–10:45 | Lecture – **Child maltreatment in a multi-cultural perspective** |
| 10:45–11:00 | Short break |
| 11:00–13:00 | Lecture – **Child welfare systems in South Korea** |
| 13:00–13:30 | Lunch |
| 14:00–15:30 | Visit to ultra-orthodox Parent-Child-Center |
| 16:00 | Free afternoon & evening in Jerusalem |

**Wednesday**

| | |
|---|---|
| 9:00 | Pick up and walk to the »Haruv Children's Campus« |
| 9:15–10:00 | Lecture – The »Haruv Children's Campus« |
| 10:00–10:45 | **Tour in the »Haruv Children's Campus«** |
| 10:45–11:00 | Short break |
| 11:00–12:00 | Lecture – **Childhood Trauma** |
| 12:00–12:40 | Lunch – »Haruv Children's Campus« |
| 13:15–16:30 | Guided tour – Yad Vashem |
| 16:30–17:30 | Group discussion and ventilation |
| 18:00 | Dinner |

**Thursday**
**Day trip to the north of Israel**

| | |
|---|---|
| 8:00–10:30 | Pick up from hotel and walk to buses |
| 10:30–12:15 | Arrival to Service |
| 12:15–12:30 | Short break |
| 12:30–13:15 | Lecture |
| 13:30–14:30 | Lunch |
| 15:00–16:30 | Visit to Family Center |
| 16:30–18:30 | Back to Jerusalem |
| 18:30 | Course summary and farewell dinner |

## 6 Fazit

Das Seminarkonzept hebt die Bedeutung eines internationalen Dialogs in Forschung und Praxis für Studierende und Lehrende hervor. Ziel des Seminarkonzeptes ist es, Studierenden Erfahrungsräume für Austausch, Reflexion und Lernprozesse in internationalen Zusammenhängen zu ermöglichen. Um Erkenntnisse im Kinderschutz zu gewinnen und Unsicherheiten abzubauen, wird viel Wert auf Austausch mit Praktiker:innen und Wissenschaftler:innen in Deutschland, Israel und Südkorea gelegt sowie die Reflexion der gemeinsam gemachten Erfahrungen. Dabei darf die Kompetenzerweiterung über die Studienreise und das Studieren im internationalen Kontext nicht unterschätzt werden. Wie sich aus den Erfahrungen der letzten Jahre zeigt, bietet das Seminar Studierenden einen geschützten Lern- und Erfahrungsraum, um Themen und Institutionen des Kinderschutzes kennenzulernen. Für Studierende stellt sich das Seminar abschließend als ein Türöffner dar, interkulturelle und sozialpolitische Zusammenhänge besser zu verstehen, internationale Kontakte zu knüpfen, Ideen für Forschungs- und Abschlussarbeiten zu erhalten sowie sich beruflich zu orientieren. Auch für Lehrende zeigt sich das Seminar als eine Plattform der Vernetzung und Perspektiverweiterung. Über die Planung des Seminars im eigenen Land werden Kontakte zu Praktiker:innen und Wissenschaftler:innen vertieft. Bei der Reise und über die Teilnahme an den theoretischen Inputs sowie Hospitationen in anderen Ländern können neue Zusammenhänge erkannt werden, wovon die eigene Lehr- und Forschungspraxis profitieren kann und damit auch die Internationalisierung des erziehungswissenschaftlichen Studiums.

## Literatur

Andresen, S. (2017). Kindeswohlgefährdung – Belastungen für betroffene Heranwachsende. In Stiftung Männergesundheit (Hrsg.). *Sexualität von Männern. Dritter Deutscher Männergesundheitsbericht* (S. 351–360). Gießen: Psychosozial Verlag.

Andresen, S. (2019). Revisiting the Child from Back Then. Reports on Sexual Abuse in Childhood and Systematic Perspectives on Vulnerability. *Childhood Vulnerability Journal*. https://doi.org/10.1007/s41255-019-00004-6

Bundesgerichtshof (2019). *Beschluss vom 6. Februar 2019 in Familiensache*. https://juris.bundesgerichtshof.de/cgi-bin/rechtsprechung/document.py?Gericht=bgh&Art=en&Datum=2019-2-6&nr=93258&pos=24&anz=26&Blank=1.pdf [16.10.2020].

Bong J. L. (2019). Child Protection System in South Korea. In L. Merkel-Holguin, J, Fluke & R. Krugman (eds.), *National Systems of Child Protection. Understanding the International Variability and Context for Developing Policy and Practice*, (S. 193–205). Cham: Springer.

Bühler-Niederberger, D., Albert, L. & Eisentraut, S. (Hrsg.) (2014). *Kinderschutz. Wie kindzentriert sind Programme, Praktiken, Perspektiven?* Weinheim, Basel: Beltz Juventa.

Finkelhor, D. (2008). *Childhood victimization: violence, crime, and abuse in the lives of young people*. Oxford, New York: Oxford University Press.

Gerarts, K. (Hrsg.) (2020). *Methodenbuch Kinderrechte. Beteiligung von Kindern und Jugendlichen an Kinderrechten für Politik & Co.* Frankfurt am Main: Debus Pädagogik.

Gottfried R. & Ben-Arieh A. (2019). The Israeli Child Protection System. In L. Merkel-Holguin, J. Fluke & R. Krugman (eds.). *National Systems of Child Protection. Understanding the International Variability and Context for Developing Policy and Practice*, (S. 139–171). Cham: Springer.

Kelle, H. & Dahmen, S. (Hrsg.) (2020). *Ambivalenzen des Kinderschutzes*. Weinheim, Basel: Beltz Juventa.

Kosher, H. & Ben-Arieh, A. (2020). Children's participation: A new role for children in the field of child maltreatment. *Child Abuse and Neglect*. https://doi.org/10.1016/j.chiabu.2020.104429

Maywald, J. (2016). Kinderrechte, Elternrechte und staatliches Wächteramt. Wann darf der Staat in die elterliche Autonomie eingreifen? *Bundesgesundheitsblatt* 2016, 59 (10), 1337–1342.

Pappenheim, B. (1992). *Sisyphus: gegen den Mädchenhandel – Galizien*. Freiburg (Breisgau): Kore.

Spies, A. (2004). Berta Pappenheims Ansatz des Fallverstehens. Ein historisches Blitzlicht. In Schrapper, C. (Hrsg.). *Sozialpädagogische Diagnostik und Fallverstehen in der Jugendhilfe: Anforderungen, Konzepte, Perspektiven* (S. 27–38). Weinheim und München: Juventa.

Unabhängige Kommission zur Aufarbeitung sexuellen Kindesmissbrauchs (2019a). *Bilanzbericht. Band 1.* https://www.aufarbeitungskommission.de/wp-content/uploads/2019/05/Bilanzbericht_2019_Band-I.pdf [04.03.2021].

Unabhängige Kommission zur Aufarbeitung sexuellen Kindesmissbrauchs (2019b). *Bilanzbericht. Band 2.* https://www.aufarbeitungskommission.de/wp-content/uploads/2019/05/Bilanzbericht_2019_Band-II.pdf [04.03.2021].

World Childhood Foundation (2021). *Das Konzept Childhood-Haus: Eine Lösung im Sinne des Kindes.* https://www.childhood-haus.de/konzept/. [22.02.2021].

Witte, S., Miehlbradt, L.S., van Santen, E. & Kindler H. (2019). Preventing Child Endangerment: Child Protection in Germany. In L. Merkel-Holguin, J. Fluke & R. Krugman (eds.). *National Systems of Child Protection. Understanding the International Variability and Context for Developing Policy and Practice* (S. 93–114). Cham: Springer.

Witte, S., López López, M. & Baldwin, H. (2021). The voice of children in child protection decision-making. A cross-country comparison of policy and practice in England, Germany, and the Netherlands. In J. D. Fluke, M. López López, R. Benbenishty, E. Knorth & D. Baumann (2021). *Decision-Making and Judgment in Child Welfare and Protection. Theory, Research and Practice.* New York: Oxford University Press.

# Sexualisierte Gewalt im Themenspektrum von Lehre. Herausforderungen und Reflexion von Lehrkonzepten

*Milena Noll, Carina Rüffer & Johanna Schogs*

## 1 Sexualisierte Gewalt als Thema in der Lehre

In Deutschland leiden zahlreiche Kinder und Jugendliche unter sexualisierten Gewalterfahrungen (vgl. Jud et al., 2016). Das Kriminologische Forschungsinstitut Niedersachsen erhob 2011 eine repräsentative Studie, aus der sich ergab, dass fast 6 % der Befragten vor ihrem 14. Lebensjahr eine sexuelle Missbrauchserfahrung erlebt haben (vgl. ebd., S. 30). Die Psychotherapeutin Heide Glaesmer und der Facharzt für Innere Medizin Winfried Häuser führten in demselben Jahr eine Studie zur Häufigkeitsschätzung von Kindes- und Jungendmisshandlungserfahrungen durch. Hierbei ergab sich eine deutlich höhere Prävalenz von 12,6 % (vgl. ebd., S. 31). Für die pädagogische Praxis stellen sich hier besondere Herausforderungen, wie betroffene Kinder früher erkannt bzw. erreicht werden können, um die Spirale der sexualisierten Gewalt zu unterbrechen und entsprechende Unterstützungs- und Bewältigungshilfen anzubieten. Viele Pädagog*innen äußern, dass sie unzureichend bis gar nicht in Bezug auf sexualisierte Gewalt ausgebildet wurden. Nur in sehr wenigen deutschen Hochschulen oder Universitäten werden Module angeboten, die Studierende auf die angemessene Intervention und den Umgang mit betroffenen Kindern, der ihnen zumeist in der Praxis bevorsteht, vorbereitet (vgl. Böllert, Terhart & Wazlawik, 2016, S. 5). Wie können also Studierende für konkrete Herausforderungen pädagogischer Praxis gewappnet werden?

In diesem Beitrag wird zunächst grundlegend in das Themenfeld der ›Sexualisierten Gewalt‹ eingeführt, um im Anschluss daran der Frage nachgehen zu können, welche Lehrformen sich wie mit dem Themenfeld der sexualisierten Gewalt auseinandersetzen und welchen Stellenwert dieser Themenschwerpunkt im (sozial-)pädagogischen Studium letztlich einnimmt. Hinzu kommt die Frage des Umgangs in der Lehre mit tabuisierten Themen. Wie können Studierende in Möglichkeiten des Sprechens über tabuisierte Themen oder des Ansprechens von tabuisierten Themen an Hochschulen eingeführt werden? Was bedeutet das für die Lehr-Lern-Kultur? Hieran anschließend folgt eine kurze Skizzierung der wenigen bereits bestehenden Lehrkonzepte in der universitären Landschaft sowie die Vorstellung eines exemplarischen Lehrkonzepts zur Thematik der sexualisierten Gewalt und Intervention für erziehungswissenschaftliche Studiengänge.

## 2 Sexualisierte Gewalt – Annährungen an ein komplexes Phänomen

Sexualisierte Viktimisierung von Kindern und Jugendlichen hat viele Erscheinungsformen und -orte. Sexualisierte Gewalt geschieht häufig in der Familie, in der Schule oder im Sportverein. Es handelt sich also um Orte und pädagogische Kontexte, in denen Kinder Schutz und Unterstützung erfahren sollten. Dem Forschungsnetzwerk »Sexualisierte Gewalt gegen Kinder und Jugendliche in pädagogischen Kontexten« zufolge war etwa ein Drittel der Kadersportler*innen aus verschiedenen Sportarten und Verbänden sexualisierter Gewalt im Sport ausgesetzt (vgl. Rulofs et al., 2017). Die Prävalenz von sexualisierter Gewalt in Familien liegt nach der Expertise des Deutschen Jugendinstitutes bei etwa 23 % der Befragten (vgl. Zimmermann et al., 2010). Auch die sogenannte Peer-Gewalt, die Gewalt und die sexuelle Gewalt an Gleichaltrigen, fällt oft aus dem vorherrschenden Wahrnehmungsbereich, obwohl diese Form der Gewalt ebenfalls häufig auftritt (vgl. Jud et al., 2016, S. 26), insbesondere im Zuge von zunehmender Bedeutung von Social Media und Internet. Ein Drittel der Befragten einer repräsentativen Studie der Universität Regensburg gab an, bereits mindestens einmal sexuelle Erfahrungen online gemacht zu haben (vgl. ebd., S. 32).

Das Erheben von repräsentativen Datensätzen ist bei dieser sensiblen Thematik schwierig, jedoch nicht unmöglich. Die Hellziffer, also die angezeigten, erfassten Straftaten sexueller Gewaltübergriffe, bilden daher – bildlich gesprochen – nur die Spitze eines Eisbergs, was die Ausmaße der Dunkelziffer unter dem Eisberg ungemein vergrößert. Die ersten empirischen Studien hierzu wurden Anfang der 1990er Jahre durchgeführt, was darauf zurückzuführen ist, dass erst ab diesem Zeitpunkt die Problematik des Vorkommens sexualisierter Gewalt gegen Kinder und Jugendliche in den Fokus des wissenschaftlichen Interesses geriet (vgl. ebd., S. 29). Die Enttabuisierung des sexuellen Kindesmissbrauchs steht dabei im Zusammenhang mit dessen medialen Skandalisierungen in der Öffentlichkeit. Neben den öffentlichen Debatten sind Gesetzesänderungen, wie das Recht auf eine gewaltfreie Erziehung und Kinderrechtskonventionen, Einflussfaktoren in Bezug auf die Enttabuisierung.

Insbesondere seit dem Einsetzen der Aufdeckungswelle von sexueller, sexualisierter, körperlicher und emotionaler Gewalt gegenüber Schutzbefohlenen in sozialpädagogischen, konfessionellen und sportlichen Institutionen im Jahre 2010 war sexualisierte Gewalt als Thema kaum mehr aus der Öffentlichkeit wegzudenken. In der erziehungswissenschaftlichen Forschung lieferten diese Ereignisse ebenfalls Anstöße zu Untersuchungen. Nach der Gründung des Runden Tisches »Sexueller Kindesmissbrauch«, an dem neben Expert*innen aus der Praxis und der Forschung auch Betroffene teilgenommen haben, sind in Form von öffentlichen Hearings die strukturellen Versorgungs- und Anerkennungsprobleme ihres erfahrenen Unrechts im Umgang mit Institutionen und mit Nichtwissenden zur Diskussion gestellt sowie Empfehlungen ausgesprochen worden. Im Mai 2016 gründete sich erstmals in der deutschen Geschichte die nationale und unabhängige Kommission zur Aufarbeitung des sexuellen Kindesmissbrauchs. Diese startete zu Beginn ihrer Arbeit einen deutschlandweiten Aufruf an alle Mitbürger*innen, von ihren eigens durchlebten Missbrauchserfahrungen unter dem Titel »Geschichten, die zählen« zu berichten (vgl. UBSKM, 2019). Dieser Anhörungsaufruf war mit dem Ziel verbunden, Ausmaß, Art und Folgen von sexueller Gewalt gegen Kinder und Jugendliche in der Bundesrepublik Deutschland und der ehemaligen DDR aufzuzeigen und hiervon ausgehend eine breite politische und gesellschaftliche Debatte anzustoßen. Seit diesem Zeitpunkt meldeten sich knapp 1700 Betroffene bei der Kommission (vgl. ebd., 2019b). Die Aufarbeitung sexualisierter Gewalt erfordert hohe Verstehens-, Kommunikations- und Analysefähigkeiten. Das Ziel jeder Aufarbeitung ist es, Erwachsene zu sensibilisieren, genau hinzuschauen und hinzuhören, damit diese den betroffenen Kindern ein Gehör verschaffen und ihnen ausreichend Möglichkeitsräume zum Sprechen zur Verfügung stellen, um passgenaue Hilfen anzubieten. Eine Öffnungsbereitschaft der Kinder wird geebnet, wenn Kinder nicht nur gegenüber Erwachsenen Vertrauen aufbauen, sondern auch gegenüber Institutionen (vgl. Noll, 2022).

Im Jahr 2020 mangelt es immer noch am Bewusstsein der Realität von sexualisierten Gewaltvorkommen innerhalb und außerhalb von Institutionen, weswegen den Professionellen bis heute oftmals ein Verantwortungsgefühl gegenüber diesem Problem fehlt (vgl. Rendtorff, 2015). Gerade wenn in Institutionen Übergriffe von Mitarbeiter*innen gegenüber ihren Schutzbefohlenen stattfinden, fehlt dafür häufig die Verantwortungsübernahme der jeweiligen Institution (vgl. Bundschuh, 2010). Studien zur Prävalenz von sexualisierter Gewalt und die jüngste Monitoringstudie von 2015 bis 2018 zum Stand institutioneller Schutzkonzepte im Handlungsfeld von Schulen, Kindertagesstätten, Heimen und anderen Einrichtungen (vgl. UBSKM, 2019) zeigen auf, dass sexualisiertes Gewaltvorkommen in Institutionen durchaus real und präsent ist, und dass geeignete Interventions- und Schutzkonzepte meist fehlen. Es ist deshalb erforderlich, Strukturen, die sexualisierte und weitere Gewaltformen gegenüber Kindern ermöglichen oder sogar zulassen, zu verändern. Eine Kultur des Hinsehens und des Helfens muss insbesondere in pädagogischen Institutionen weiter ausgebaut werden. In diesem Sinne ist die pädagogische Praxis auf ausgebildetes Personal im Umgang mit sexualisierter Gewalt angewiesen, um das Kindeswohl und den Schutz von Kindern vor Gefährdungen innerhalb und außerhalb von Institutionen umfassend zu gewährleisten. Insbesondere Erziehungswissenschaften und pädagogische Studiengänge besitzen ein großes Potential, wissenschaftliches und empirisches Fachwissen differenziert aufzubereiten und einen bedeutenden Teil zur systematischen Prävention von und zur Intervention bei sexualisierter Gewalt beizutragen (vgl. Böllert, Terhart & Wazlawik, 2016, S. 6). Bisher liegen jedoch nur vereinzelt Modulpläne und Fortbildungsleitlinien vor (vgl. ebd., S. 5).

## 3 Sexualisierte Gewalt – ein Thema im Studium? Eine Bestandsaufnahme

In den folgenden Ausführungen soll näher auf die Perspektive der Studierenden und deren Sicht auf die Relevanz der Bearbeitung des Themas sexualisierter Gewalt im Studium eingegangen werden.

### 3.1 Perspektiven von Studierenden

Eine Befragung von Studierenden des Bachelorstudiengangs Erziehungswissenschaft an der Goethe-Universität Frankfurt im Rahmen des Seminars »Praktikum. Vorbereitung und Reflexion« durch die Seminarleitung Milena Noll im WiSe 2019/20 zeigt einige interessante Befunde zur Bedeutsamkeit der Thematik von sexualisierter Gewalt im Curriculum des Studiengangs auf. Die befragten Studierenden heben die Wichtigkeit des Themas hervor. Demnach belegten vermutlich einige Teilnehmer*innen bereits Seminare zum Thema sexualisierter Gewalt. So gaben 30 % der Studierenden an, dass das Thema des sexuellen Missbrauchs bereits in der universitären Lehre verankert sei, 33,3 % verneinten dies und 23,3 % der Proband*innen machten hierzu keine Angabe. Eine intensive Auseinandersetzung mit der Thematik des Kindesmissbrauchs hat den Studierenden zufolge u. a. in einem Seminar zu früheren Erziehungsmaßnahmen bei Kindern, in einer Veranstaltung zum Thema ›Erziehung in geteilter Verantwortung‹ und in einem Seminar zur ›Reformpädagogik‹ stattgefunden. Eine interdisziplinäre Lehrveranstaltung zum ›Kinderschutz‹, ein Seminar zum ›Kinder- und Jugendschutz‹ sowie ein Seminar zum ›Kinder- und Jugendhilferecht‹ stellen ebenso einen Bestandteil der Antworten der Studierenden dar. Auch eine Veranstaltung über ›Gewalt gegen junge volljährige Frauen‹ und ein Seminar zur ›Kindeswohlgefährdung‹ wurden als zentrale Veranstaltungen genannt. ›Trauma-Seminare‹ (von der Goethe-Universität Frankfurt ebenso wie von anderen Hochschulen angeboten) wurden ebenfalls mitaufgeführt. Auch wurde die Thematik des sexuellen Missbrauchs bereits im Rahmen der Einführungsvorlesung zum ›Lebensalter Kindheit‹ aufgegriffen.

Im Hinblick darauf, wie die Studierenden mit sensiblen Themen umgehen, sind große Unterschiede erkennbar: Einerseits sehen die Studierenden eine Aufnahme von Themen wie sexueller Missbrauch, Vernachlässigung und Formen der Gewalt als unverzichtbar im Seminarplan an und plädieren für eine Enttabuisierung dieser Themenfelder. Sie besitzen ein großes Interesse an der Bearbeitung und an einem offenen Austausch über diese Thematiken, da sie dies als eine notwendige Voraussetzung für die pädagogische Praxis ansehen – häufig durch Vorerfahrungen im Rahmen von Nebentätigkeiten und Praktika. Einzelne Studierende äußern sich hierzu wie folgt: dass »man solche Themen überhaupt mal anspricht oder sich darüber austauscht« ist essenziell, da »Kinderschutz bei jeder Form von pädagogischen Beziehungen eine Rolle spielt und [es] eines professionellen Umgangs der Pädagog*innen bedarf«. Die Einnahme einer pädagogischen Haltung sei »für [eine] gute, professionelle Arbeit« bedeutsam und lässt sich den Studierenden zufolge nur durch eine vorangegangene ausführliche Auseinandersetzung mit dem Thema »Kinderschutz« erzielen.

Einige Studierende haben jedoch Schwierigkeiten, sich emotional von Fällen zu distanzieren, und fühlen sich mit dieser Problematik weitestgehend allein gelassen: »Manchmal geht es zu nah an die Substanz, vor allem wenn die Bilder, die z. B. körperliche Verletzungen veranschaulichen sollten, im Spiel sind.« In künftigen Praxissituationen bestehe für diese Pädagog*innen die Gefahr, dass sie nicht in der Lage seien, Berufliches und Privates zu trennen, was dazu führen könne, dass sie belastende Erfahrungen mit in ihr häusliches Umfeld hineintragen und so insgesamt nur schwer zur Ruhe kommen könnten. Weitere Studierende setzen sich mit den Themen des sexuellen Missbrauchs, mit der Vernachlässigung und mit Formen physischer und psychischer Gewalt auch außerhalb des Seminarkontextes auseinander. Überdies vertreten die meisten Studierenden die Auffassung, dass eine pädagogische Fachkraft in Praxissituationen immer auch eine Zweitmeinung zu ihrem Vorgehen einholen sollte. Gemeint ist hier die Mehrperspektivität von Beobachtungen oder bruchstückhaften Erzählungen von betroffenen Kindern, die mit Kolleg*innen besprochen werden, um die eigenen Deutungen zu überprüfen. Ebenfalls heben Studierende im Rahmen der Befragung hervor, dass sie sich grundsätzlich nicht genügend ausgebildet fühlen, »die richtige Sprache« im Umgang mit sexualisierter Gewalt zu verwenden. Dabei verweisen sie auf Diskurse, in denen ein sensibler Sprachgebrauch als Ausdruck professionellen Handelns betont wird – insbesondere im Umgang mit Klient*innen, die unter Gewalterfahrungen leiden. Einige Studierende kritisieren außerdem die fehlende Reflexionsmöglichkeit in der Herausbildung eines professionellen Habitus, dass dazu auch die (An)erkennung der eigenen Grenzen gehört; es ist erlaubt, auch Fälle unter bestimmten Bedingungen, wie »zu starker emotionaler Involviertheit«, an Kolleg*innen abzugeben sowie eine kollegiale Beratung oder eine Supervision in Anspruch zu nehmen. In Bezug auf die Gestaltung des Studiums in Verbindung mit der Thematisierung der Missbrauchsthematik wünschen sich die befragten Studierenden vor allem die Vermittlung von hilfreichen Methoden für ihnen bevorstehende Praxissituationen. Gerade in der Bezugnahme zur Kommunikationsfähigkeit in der Lehre sehen sie das Methodenwissen als eine Art präventives Mittel an, um als pädagogische Fachkräfte im Handlungsfeld professionell agieren zu können. Ebenso ist eine Ausweitung von Seminarangeboten, in denen eine Fokussierung auf die innere Gefühlswelt der Studierenden und damit verbunden eine Miteinbeziehung von bisherigen oder von zukünftig möglichen Praxiserfahrungen erfolgt, erwünscht.

Aus der Studierendenbefragung lassen sich einige zentrale Aspekte im Umgang mit tabuisierten Themen in der Lehre aufschlüsseln. Die Gestaltung der Lehre benötigt einen vertrauensvollen, achtsamen und wertschätzenden Seminarrahmen, der einen offenen Kommunikationsaustausch unter den Seminarteilnehmer*innen und den Dozent*innen ermöglicht und zulässt. Bei dem Sprechen über sexualisierte Gewalt können Feedbackregeln helfen, die einzelnen, teilweise unterschiedlichen Positionen konstruktiv zu äußern. Wie die befragten Studierenden betonen, ist es ihnen generell wichtig, einen sprachlichen Zugang zu der

Thematik zu finden. Dozierende nehmen hierbei im Idealfall eine unterstützende Rolle ein, sorgen für eine diskriminierungsfreie Kommunikation und schreiten notfalls ein. Wie eine offene Kommunikationskultur aufgebaut werden kann, wird bspw. anhand von Äußerungen einzelner Studierender deutlich, die ihre Position formulieren und zu einem späteren Zeitpunkt des Seminars korrigieren. Im Aufbau und in der Strukturierung der Themen entwickelt sich ein anreichernder Wissenszuwachs, der neue Verständnisperspektiven eröffnet, die es gleichzeitig auch erlauben, die alte Position zu verändern oder ggf. neu zu denken. Das Herstellen eines gemeinschaftlichen Wohlgefühls untereinander, auch unter der komplexen und schwierigen Thematik sexualisierter Gewalt, ist ein zentraler Baustein für eine Lehr-Lern-Kultur, welche in einem vertrauensvollen Arbeitsbündnis mündet. Eine Kultur des Hinsehens und des Helfens sollte im gegenseitigen Umgang unter Bezugnahme auf die Thematik der sexualisierten Gewalt in der Lehre die Basis bilden.

Wie eine Lehre unter diesem Anspruch gestaltet werden kann, wird im Folgenden anhand von Lehrkonzepten aufgezeigt und diskutiert.

## 3.2  Annährungen durch den Vergleich von Lehrkonzepten

Im Folgenden möchten wir am Beispiel zweier Lehrkonzepte aufzeigen, wie das Thema ›sexualisierte Gewalt‹ in Hochschulen verankert werden kann. Das Lehrkonzept von Angela Hack (1999), entwickelt an der Universität Mannheim, ist zwar bereits älter, birgt aber auch heute noch einige Ideen. Ergänzend hierzu stellen wir ein Lehrkonzept der Westfälischen Wilhelms-Universität Münster dar (Böllert, Terhart & Wazlawik, 2016).

Hack beobachtete die antiproportionale Entwicklung der vermehrten Beachtung von sexualisierter Gewalt im Gegensatz zu dem nicht anwachsenden Problembewusstsein gegenüber der Thematik. Obwohl immer mehr Fälle sexualisierter Gewalt an Kindern in unterschiedlichsten Kontexten aufgedeckt wurden, war keine zu erwartende Veränderung wahrzunehmen. Professionellen und Menschen mit politischer Entscheidungsgewalt fehlte es in den meisten Fällen an kompetentem und professionellem Fachwissen für eine korrekte Vorgehensweise (vgl. Hack, 1999, S. 1). Um eine Veränderung zu bewirken, müsse zunächst ein basiertes Bewusstsein über die Prävalenz von sexualisierter Gewalt geschaffen werden, um das Problem als ein gesamtgesellschaftliches anzuerkennen (vgl. ebd., S. 2). Zum anderen müssten die grundlegenden Wissensdefizite, betreffend das Vorkommen, die Dynamik, die Folgen sexualisierter Gewalt und das Täter*-innenvorgehen, geschlossen werden. Dabei gilt es beide Aspekte kontinuierlich weiterzuentwickeln (vgl. ebd., S. 1).

Um den aktuellen Stand der Wissensdefizite von zukünftig pädagogisch Professionellen und anderen Fachbereichen zu sexualisierter Gewalt an Mädchen zu erforschen, führte Hack eine empirische Fragebogenerhebung durch (vgl. ebd., S. 158). Die Stichprobe der Experimentalgruppe der Befragung stellten Studierende und somit zukünftig pädagogisch Professionelle dar, die Kontrollgruppe bildeten Studierende eines Fachbereichs, der inhaltlich keine direkten Berührungspunkte mit der Thematik der sexualisierten Gewalt hat (vgl. ebd., S. 154). Insgesamt nahmen 201 Student*innen an der Studie teil. Die Ergebnisse wiesen auf ein deutliches Wissensdefizit hin (vgl. ebd., S. 220). Aufgrund dieses dringenden Bildungsauftrags formulierte Hack das erziehungswissenschaftliche Ziel ihrer Arbeit; die Entwicklung von differenziertem Fachwissen und ein darauf aufbauendes Curriculum, sodass zukünftige professionelle Bezugspersonen einen kompetenten und sensiblen Umgang erlernen werden (vgl. ebd., S. 4–8).

Neben Hack konzeptionierte die Westfälische Wilhelms-Universität Münster von 2013 bis 2016 ein Lehrangebot für Studierende ihrer Universität. Beide Lehrkonzepte werden im Folgenden hinsichtlich der Fachbereichszugehörigkeit und dem inhaltlichen Aufbau gegenübergestellt.

Die beiden Lehrangebote wurden auf Studierende mehrerer Fachbereiche zugeschnitten. Das Modell aus Münster ist für Bachelor-Studierende der Erziehungswissenschaft und für Master-Studierende des Lehramts, der Erziehungs- und Bildungswissenschaften entwickelt worden (vgl. Böllert, Terhart & Wazlawik, 2016, S. 36). Das Lehrkonzept von Hack (1999, S. 231) ist interdisziplinärer angelegt und richtet sich an Studierende der Erziehungswissenschaft, Psychologie, Rechtswissenschaften, Sportwissenschaft, Religionswissenschaften. Die fächerübergreifende Konzeptualisierung dient der frühen Bildung eines interdisziplinären Netzwerkes (vgl. Böllert, Terhart & Wazlawik, 2016, S. 36). Interdisziplinarität ist ein wichtiger Faktor für Kooperationen, die für Studierende in ihrer beruflichen Laufbahn hilfreich sein können. Daher liegt es im Interesse der Universitäten, früh fächerübergreifende Beziehungen zu knüpfen und dadurch multiple Perspektiven auf die Thematik zu fördern und zu fordern (vgl. Hack, 1999, S. 238).

Inhaltlich sind beide Konzepte ähnlich aufgebaut. Das Konzept der Universität Münster beginnt mit der Vermittlung von Basiswissen. Zunächst wird die Thematik »Sexuelle Gewalt in Institutionen« gelehrt, die eine grundlegende Auseinandersetzung mit der Thematik »Sexuelle Gewalt in pädagogischen Kontexten« beinhaltet. Danach folgen die Thematiken »Sexuelle Sozialisation und sexuelle Bildung« und »Professionalität und Ethik« (vgl. Böllert, Terhart & Wazlawik, 2016, S. 35). Das zentrale Ziel des Lehrkonzeptes ist es, den Studierenden ein fachlich sicheres Handeln mitzugeben, indem das Bewusstsein gegenüber macht- und geschlechtersensiblen, sexualpädagogischen und professionsethischen Inhalten geweckt wird (vgl. ebd.).

Das Mannheimer Konzept beginnt ebenfalls mit der Vermittlung von Grund- und Basiswissen (vgl. Hack, 1999, S. 231). Darauf aufbauend wird eine Weiterbildung im Themenbereich des sexuellen Missbrauchs angeboten. In dieser kann eine Vertiefung, Differenzierung und Erweiterung des Wissens stattfinden (vgl. ebd., S. 234). Hierzu hat das Konzept metatheoretische Lernziele formuliert, die bedarfsorientiert und fächerspezifisch behandelt werden können (vgl. ebd., S. 238). Aufgrund dieser verschiedenen Lernziele ist das Mannheimer Konzept flexibler und bedarfsorientierter anwendbar als das Konzept aus Münster, welches durch die Verankerung der drei aufeinanderfolgenden Themen insgesamt festgelegter ist.

Das übergreifende Erkenntnisziel des Mannheimer Lehrkonzeptes ist dem von Münster formulierten Ziel sehr ähnlich. Den Studierenden sollen in universitären Lehrveranstaltungen Fähigkeiten zur Problemlösung und Handlungs- und Kommunikationskompetenzen vermittelt werden; darüber hinaus sollen Studierende die Möglichkeit bekommen, ihre Fähigkeiten stetig weiterzuentwickeln (vgl. ebd., S. 234).

Die Universität Münster entwickelte neben ihrem Lehrkonzept ein Weiterbildungsangebot für bereits ausgebildete pädagogische Fachkräfte. Die Universität Mannheim hingegen erwartet aufgrund der Auseinandersetzung von sexualisierter Gewalt im Studium einen selbstanerkannten, notwendigen Bildungsauftrag von ihren Studierenden. Diese sollten ein Pflichtbewusstsein entwickeln, sodass sie sich selbst in ihrem Berufsleben stets fort- und weiterbilden (vgl. Hack, 1999, S. 257).

Wie eine solche Weiterbildung aussehen kann, wird im Folgenden anhand des Fallbeispiels der Universitätsklinik Ulm für Kinder- und Jugendpsychiatrie, unter der Leitung von Jörg M. Fegert, vorgestellt. Die Klinik erkannte den dringenden Bedarf in der Aus-, Fort- und Weiterbildung von pädagogischen und medizinisch-therapeutischen Berufsgruppen im Umgang mit potenziellen sexuellen Missbrauchsfällen, woraufhin sie von 2011 bis 2014 den Online-Kurs »Prävention von sexuellem Kindesmissbrauch« für Fachpersonal des genannten Berufsfeldes entwickelte (vgl König et al., 2016, S. 24). Ziel des Kurses war es, inhaltliche Lücken der Professionalität von Fachpersonal zu schließen, sodass die Teilnehmer*innen mit einer erhöhten Selbstwirksamkeit den Kurs verlassen werden (vgl. ebd., S. 19–21). Die Evaluation des Kurses bestätigt das gewünschte Ziel. Teilnehmer*innen beschrieben ihre persönliche Entwicklung von einer Unsicherheit zu einer Selbstsicherheit in künftigen Berührungspunkten mit sexualisierter Gewalt (vgl. ebd., S. 23). Persönliche Erfahrungen mit sexualisierter Gewalt im Beruf zu reflektieren und sich darüber hinaus mit den dazu entstehenden Emotionen auseinanderzusetzen, wurde als positiv hervorgehoben (vgl. ebd., S. 19).

Hacks Dissertation liegt nun über zwei Jahrzehnte zurück, das Konzept aus Mannheim fünf Jahre und die Ergebnisse der Evaluation des Online-Kurses »Prävention von sexuellem Missbrauch« sieben Jahre. Trotzdem ist die gleiche, zuvor beschriebene Antiproportionalität zwischen der vermehrten Beachtung von sexualisierter Gewalt und des nicht anwachsenden Problembewusstseins gegenüber der Thematik immer noch aktuell. So sollten die grundlegenden Forderungen von Hack, sexualisierte Gewalt gesellschaftlich zu enttabuisieren und diese als ein gesamtgesellschaftliches Problem anzuerkennen, mit größerer Aufmerksamkeit, vor allem in Räumen der pädagogischen Lehre, bedacht werden. Erst durch diese Anerkennung und durch eine anschließende wissenschaftliche Reflektion können fördernde Macht- und Denkstrukturen der sexualisierten Gewalt identifiziert, bearbeitet und letztlich auch bekämpft werden.

## 4 Sexualisierte Gewalt als Lehrkonzept erziehungswissenschaftlicher Studiengänge. Exemplarisches Beispiel

An der Goethe-Universität Frankfurt wurde die Verankerung der Thematik sexualisierte Gewalt im Rahmen eines Lehrkonzeptes erprobt. Die Lehrveranstaltung wurde von Milena Noll unter dem Titel »Sexualisierte Gewalt und Intervention in sozialpädagogischen und schulischen Institutionen« im Bachelorstudiengang und Masterstudiengang Erziehungswissenschaft angeboten. Ergänzend ist der Zugang zu dieser Lehrveranstaltung u. a. auch für den interdisziplinären B.A. Nebenfachstudiengang Gender Studies des Fachbereichs Gesellschaftswissenschaften, der den interdisziplinären und geschlechtertheoretischen Austausch unter Studierenden sehr begünstigt, sowie auch für Sport- und Religionswissenschaften geöffnet.

Die Lehrveranstaltung besteht aus drei Blockveranstaltungen und bietet den Studierenden ein Konzept zur subjektiven und zur kollektiven Auseinandersetzung mit dem Themenfeld der sexualisierten Gewaltausübung gegen Kinder in sozialpädagogischen und schulischen Institutionen. Das Ziel der Lehrveranstaltung ist es, die Studierenden auf die professionelle Intervention und den Umgang mit betroffenen Kindern, der ihnen zumeist in der Praxis bevorsteht, vorzubereiten und gleichzeitig Impulse für weitere Fortbildungen zu setzen. In der Vermittlung von Grundlagen- und Basiswissen kommt in der Ausbildung den Fähigkeiten zur Problemlösung und den Handlungs- und Kommunikationskompetenzen, den interdisziplinären Bezügen zu Recht, Medizin und Psychologie (vgl. Hack 1999) und der Kooperationsfähigkeit mit Institutionen (Lehrkonzept Münster) eine große Bedeutung zu. Insbesondere die aus der Befragung der Studierenden der Goethe-Universität (WiSe 2019/20) geforderte Sprachsensibilität im Umgang mit der sexualisierten Gewaltthematik soll explizit eingelöst werden.

Zu Beginn des Seminars findet eine Auseinandersetzung mit unterschiedlichen Gewaltformen und deren Definitionen statt. Die Gewaltformen können in Abgrenzung, aber auch in deren Vermischung auftreten, da nicht nur sexualisierte, sondern auch körperliche und psychische Gewalt gleichzeitig stattfinden können. Umso wichtiger ist es, die unterschiedlichen Gewaltformen zu erkennen. Als problematisch wird von Studierenden das Ansprechen von eindeutigen Grenzverletzungen im pädagogischen Praxisalltag empfunden. Im Hinblick auf diese Problematik werden in Gruppenarbeiten Lösungsvorschläge erarbeitet und präsentiert. Methoden der Gesprächsführung, wie z.B. die Konfliktgesprächsführung oder die kollegiale Beratung, werden ebenso erprobt. Die statistischen Befunde der Betroffenheit von Kindern in Risikoinstitutionen ist zudem zentral. Die Rezeption und Aussagekraft von Hell- und Dunkelfeldstudien zum Vorkommen sexualisierter Gewalt in Institutionen veranschaulicht nicht nur die Dringlichkeit, sie gibt auch Auskunft über die Schwierigkeiten der wissenschaftlichen Erforschung des Themenfeldes, welches von Machtstrukturen durchzogen ist.

Ziel der Auseinandersetzungen ist es, die Risiko- und Schutzfaktoren auf Träger- und Leitungsebene, auf der Mitarbeiter\*innenebene und im pädagogischen Konzept zu identifizieren. Gerade in sozialpädagogischen und bildungsorientierten Einrichtungen für Kinder mit erhöhter körperlicher und fürsorglicher Bedürftigkeit besteht aufgrund des Spannungsfeldes von Nähe und Distanz die Gefahr von Grenzverletzungen und von sexuellen Übergriffen.

Die Macht eines institutionellen Missbrauchssystems und dessen Langzeitfolgen werden den Studierenden auch anhand der Zeugniserzählungen von ehemaligen Schüler\*innen der Odenwaldschule in der Film-Dokumentation »Wir sind nicht die Einzigen« verdeutlicht, die über Jahre sexuellen Gewaltübergriffen, Schweigeverpflichtungen und Grenzverletzungen ausgesetzt waren. Der gute Ruf der Einrichtung und das hohe Ansehen der Schulleitung haben verhindert, dass betroffene Kinder überhaupt gehört wurden, selbst dann, wenn sie den Versuch unternahmen, sich den nichtmissbrauchenden Mitarbeiter\*innen anzuvertrauen.

»Disclosure« wird im Sinne einer Öffnungs- und Erzählbereitschaft als ein lebenslanger und nie abgeschlossener Prozess verstanden. Die Dynamik des Disclosures zwischen Sprechen und Schweigen zu erfassen, ist ein weiterer zentraler Baustein dieses Seminars. Nicht nur die internationale und nationale Grundlagenliteratur fördert die weitere inhaltliche Auseinandersetzung mit der Dynamik des Mitteilens eines Kindes. Auch der innere Erkenntnisprozess des Kindes selbst muss den Gewaltakt als solchen erkennen, dazu die nötige Versprachlichung, also Worte dafür finden, was passiert ist, hinzu eine vertrauensvolle Person in einer vertrauensvollen Institution finden, die agierend hilft (vgl. Noll, 2022). Wie komplex das Kind diesen Prozess letztlich wahrnimmt, kann von unwissenden Erwachsenen nur ansatzweise erahnt werden. Für Kinder ist es generell schwierig, ein Gespräch über die Thematik der sexualisierten Gewalt zu beginnen. Sie offenbaren sich eher, wenn sie von anderen Personen auf ihre Betroffenheit angesprochen werden. Ein entscheidender Öffnungsimpuls ist, dass den Betroffenen beim ersten Erzählen Glauben geschenkt wird. Hierzu muss es bekannte soziale Vertrauenspersonen geben, wobei Eltern oftmals weniger als positive Ansprechpartner wahrgenommen werden. Die bekannten Vertrauenspersonen in Institutionen müssen fachkompetent vorbereitet sein, in der Offenbarungssituation nachzufragen, um den Kindern zu ermöglichen, das Erlebte zur Sprache zu bringen. Für die Betroffenen ist nicht nur die wechselseitige Dynamik des Offenlegungsprozesses vor allem in Bezug auf die interpersonelle Bereitschaft der Vertrauensperson für die Offenlegung spürbar, sondern auch die Schwierigkeit, den richtigen Moment zu finden. Jener Vertrauensvorschuss des Nachfragens ist für das betroffene Kind hilfreich, die Gewaltwiderfahrnisse offenzulegen. Neben dem Erkennen und dem Führen von dokumentierten Gesprächen mit Kindern, die ihre Gewalterfahrung offenlegen, ist eine hohe Sprach- und Gesprächssensibilität von den Fachkräften gefordert. Dies wird in der Lehrveranstaltung anhand von positiv und fehlverlaufenen Fallbeispielen analysiert, methodisch vermittelt und erprobt.

Als ein weiterer Baustein werden die Interventionsschritte innerhalb der pädagogischen Institution reflektiert und anhand von passgenauen Kinderschutzkonzepten, inklusive der Wege für das Etablieren von Beschwerderechten für Kinder und Jugendliche in Schulen und in sozialpädagogischen Einrichtungen erkenntnisleitend bearbeitet und vertieft.

Am Ende des Seminars werden Themen gesammelt, die zu kurz gekommen sind oder nicht thematisiert worden sind, um daraus Hausarbeiten oder Ideen für empirische oder theoretische Abschlussarbeiten zu entwickeln. Darüber hinaus werden Studierenden zur Vertiefung von bestimmten Thematiken Fortbildungs- und Weiterbildungsangebote, u. a. bei spezialisierten Fachberatungsinstitutionen, empfohlen.

## 5 Sexualisierte Gewalt als Lehrkonzept. Perspektiven und Ausblick

Lehrkonzepte rund um die Thematik der sexualisierten Gewalt gegen Kinder und Jugendliche sollten in Hochschulen und Universitäten systematisch und differenziert etabliert werden. Erziehungswissenschaftliches Denken und Handeln bedeutet demnach auch, sich mit Themenfeldern zu beschäftigen, die ggf. Leerstellen innerhalb einer Disziplin bilden und darüber nachzudenken, wie sich diese Leerstellen oder auch tabuisierte Themenbereiche so in der Lehre verankern lassen, dass sich die Leerstellen und/oder Tabuisierungen nicht in der Praxis fortsetzen und somit den Zielen erziehungswissenschaftlichen Handelns zuwiderlaufen (vgl. Richter 2019). Richter zeigt dies exemplarisch in ihrem Werk »Pädagogische Strafen in der Schule. Eine ethnographische Collage« (2019) anhand von Strafpraktiken im Kontext von Erziehung auf.

Die Erfahrungen aus der Lehre und aus Seminaren zeigen, dass die Studierenden in der Regel sehr bestrebt sind, sich einen professionellen Umgang mit von sexualisierter Gewalt betroffenen Kindern anzueignen. Dabei ist aber stets zu verdeutlichen, dass das neu gesammelte Fachwissen zu sexualisierter Gewalt, deren Prävention und Intervention nicht zwangsläufig zu einem monotonen und sicheren Umgang mit dem Thema führt. Denn dieses bleibt stets fragil, individuell, gegenwärtig und ist vor allem nicht als abgeschlossen zu betrachten (vgl. Wazlawik & Christmann, 2018, S. 540). Zudem ist zu berücksichtigen, dass sich die Forschung zu sexualisierter Gewalt in Deutschland insgesamt noch am Anfang befindet (vgl. Kadera, Fuchs & Tippelt, 2018, S. 676). Die empirische Befassung mit dieser Thematik, wie der systematischen Aufbereitung von Lehrkonzepten in Hochschulen und Universitäten, könnte ebenfalls von der Verankerung in das Curriculum profitieren (vgl. Böllert, Terhart & Wazlawik, 2016, S. 5). Die Förderung von Schnittmengen des Fach- und Empiriewissens, die Handlungs- und Methodenkompetenzförderung sowie die soziale und persönliche Kompetenzentwicklung stellen zentrale Elemente in einem professionalisierten Umgang mit sexualisierten gewaltbetroffenen Kindern und Jugendlichen dar.

Daher sprechen wir uns für eine curriculare Verankerung des Themenschwerpunkts Gewalt gegen Kinder, Jugendliche und junge Volljährige aus und für eine engere Verzahnung mit den spezialisierten Beratungsstellen. Es sollten die Bedürfnisse und Wünsche im Hinblick auf Wissens- und Handlungsdefizite von Studierenden erfüllt und Unsicherheiten genommen werden. In dem Lehrkonzept von Noll wird dies erreicht, indem die Wichtigkeit von Backup-Strategien erkannt wird, Hilfestellen für sexualisierte Gewalt bekannt werden und eine kurzfristige Erreichbarkeit der Dozent*innen gewährleistet wird, damit bei Betroffenheit von Studierenden für Hilfe gesorgt werden kann. Darüber hinaus sollen forschende Lehrkonzepte entstehen, die eine interdisziplinäre, auf empirischen Erkenntnissen beruhende und anwendungsorientierte Professionalisierung vorantreiben und zusätzlich Kommunikationskompetenzen bei den Studierenden weiterentwickeln. Gerade im vorangestellten Lehrkonzept sollte eine weitere Verknüpfung zur methodischen Ausbildung von Student*innen, insbesondere im Hinblick auf eine verstehende und lösungsorientierte Gesprächsführung und -haltung weiterentwickelt werden. Des Weiteren ist es erforderlich, die Entwicklung von Psychohygienestrategien zur Bewältigung von hohen Belastungsthemen weiterzudenken. Gut ausgebildete und vorbreitete zukünftige Fachkräfte leisten eine systematisch durchdachte Prävention und Intervention, damit künftig Kinder besser vor sexualisierter Gewalt geschützt und Hilfeorte und -personen sichtbarer gemacht werden, an die sich Kinder wenden können (vgl. Noll, 2022).

# Literatur

BMBF – Bundesministerium für Familie, Senioren, Frauen und Jugend (2011). *Abschlussbericht. Runder Tisch. Sexueller Kindesmissbrauch in Abhängigkeits- und Machtverhältnissen in privaten und öffentlichen Einrichtungen und im familiären Bereich.* URL: https://www.bmjv.de/SharedDocs/Downloads/DE/Fachinformationen/Abschlussbericht_RTKM.pdf?__blob=publicationFile (18.07.2020)

Böllert, K., Terhart, E. & Wazlawik, M. (2016). *Pädagogische Professionalität gegen sexuelle Gewalt: Prävention, Kooperation, Intervention.* Abschlussbericht Juniorprofessur Münster. Westfälische Wilhelms-Universität Münster.

Bundschuh, C. (2010). *Sexualisierte Gewalt gegen Kinder in Institutionen. Nationaler und internationaler Forschungsstand.* Expertise im Rahmen des Projekts »Sexuelle Gewalt gegen Mädchen und Jungen in Institutionen«. München: Deutsches Jugendinstitut (DJI).

Döring, N. & Bortz, J. (2016). *Forschungsmethoden und Evaluation in den Sozial- und Humanwissenschaften.* Berlin, Heidelberg: Springer Verlag.

Hack, A. (1999). *Vergleichende Gegenüberstellung von objektivem und subjektivem Wissen bei Studierenden über »Sexueller Mißbrauch von Mädchen«.* Universität Mannheim.

Jud, A., Rassenhofer, M., Witt, A. & Fegert, J. M. (2016). *Häufigkeitsangaben zu sexuellem Missbrauch. Arbeitsstab des Unabhängigen Beauftragten für Fragen des sexuellen Kindesmissbrauchs.* Arbeitsstab des Unabhängigen Beauftragten für Fragen des sexuellen Kindesmissbrauchs. Berlin. URL: https://beauftragtermissbrauch.de/fileadmin/Content/pdf/Pressemitteilungen/Expertise_H%C3%A4ufigkeitsangaben.pdf (09.08.2021)

Kadera, S., Fuchs, C. & Tippelt, R. (2018). Sexualisierte Gewalt: praktische Anforderungen an pädagogische Mitarbeiter/-innen und an Fortbildungen. In A. Retkowski, A. Treibel & E. Tuider (Hrsg.). *Handbuch Sexualisierte Gewalt und pädagogische Kontext* (S. 670–678). Weinheim, Basel: Beltz.

König, E., Hoffmann, U., Liebhardt, H., Michi, E., Niehues, J. & Fegert, J. M. (2016). Evaluation des Online-Kurses »Prävention von sexuellem Kindesmissbrauch«. In J. M. Fegert, U. Hoffmann, E. König, J. Niehues & H. Liebhardt (Hrsg.). *Sexueller Missbrauch von Kindern und Jugendlichen. Ein Handbuch zur Prävention und Intervention für Fachkräfte im medizinischen, psychotherapeutischen und pädagogischen Bereich* (S. 15–24). Berlin, Heidelberg: Springer Verlag.

Lamnek, S. (2010). *Qualitative Sozialforschung: Lehrbuch*. Weinheim, Basel: Beltz.

Noll, M. (2022). Disclosure professionstheoretisch – anvertrauen, misstrauen, anerkennen. In A. Klein & A. Langer. *Pädagogik und Sexualität. Analysen eines Konfliktfeldes*. Opladen: Barbara Budrich Verlag.

Rendtorff, B. (2015). *Sexualisierte Übergriffe und Schule*. URL: https://www.forschungsnetzwerk-gegen-sexualisierte-gewalt.de/de/startseite-1/projekte/qualifizierung-von-fachkraeften/sexualisierte-uebergriffe-und-schule-praevention-und-intervention (24.09.2020)

Richter, S. (2019). *Pädagogische Strafen in der Schule. Eine ethnographische Collage*. Weinheim: Beltz Juventa.

Rulofs, B., Hartmann-Tews, I., Allroggen, M. & Rau, T. (2017). *Schutz von Kindern und Jugendlichen im organisierten Sport*. URL: https://www.forschungsnetzwerk-gegen-sexualisierte-gewalt.de/de/startseite-1/projekte/institutionelle-dynamiken/safe-sport-schutz-von-kindern-und-jugendlichen-im-organisierten-sport-in-deutschland-analyse-von-ursachen-praeventions-und-interventionsmassnahmen-bei-sexualisierter-gewalt (25.09.2020)

UBSKM – Unabhängiger Beauftragter für Fragen des sexuellen Kindesmissbrauchs (2019) (Hrsg.). *Abschlussbericht des Monitorings zum Stand der Prävention sexualisierter Gewalt an Kindern und Jugendlichen in Deutschland (2015–2018)*. URL: https://www.aufarbeitungskommission.de/service-presse/service/meldungen/kommission-veroeffentlicht-bilanzbericht-der-ersten-laufzeit/ (09.08.2021)

Wazlawik, M. & Christmann, B. (2018). Professionalisierung und Prävention von sexualisierter Gewalt. In A. Retkowski, A. Treibel & E. Tuider (Hrsg.). *Handbuch Sexualisierte Gewalt und pädagogische Kontext* (S. 534–542). Weinheim, Basel: Beltz.

Zimmermann, P., Neumann, A. & Çelik, F. (2010). *Sexualisierte Gewalt gegen Kinder und Familien. Expertise im Rahmen des Projekts »Sexualisierte Gewalt gegen Mädchen und Jungen in Institutionen*. Deutsches Jugendinstitut. URL:https://www.dji.de/fileadmin/user_upload/sgmj/Expertise_Zimmermann_mit_Datum.pdf (09.08.2021)

# VI Methoden und Techniken

# Digitale Lehr-Lern-Settings beziehungsengagiert gestalten – ein Methodenkoffer zur Erprobung

*Manuela Krahnke*

## 1 Digitale Lehr-Lern-Settings anregend gestalten – eine Einleitung

Wie kann man in digitalen Lehr-Lern-Settings zu Wissensgesprächen anregen und Orte des forschenden reflexiven Austausches ermöglichen? Wie lässt sich zu einer offenen Diskussionskultur anregen? Welche Möglichkeiten des Kennenlernens und In-Beziehung-Tretens ermöglicht ein digitaler Raum?

Mit diesen Fragen sehen sich Lehrende spätestens seit Beginn der Corona-Pandemie im Frühjahr 2020 konfrontiert. Die Lehre wurde auf ein digitales Format umgestellt und Lehrende waren aufgefordert, ihre geplanten Lehrveranstaltungen in dieses Format zu übertragen. Die bewährten Methoden der Gestaltung von Lehr-Lernsettings lassen sich jedoch nicht so einfach in eine digitale Form übersetzen. Dieses Vorgehen stößt an Grenzen, so dass anstelle der Übertragung und Übersetzung eine Neugestaltung treten muss. In analogen Settings kommen neben Flipcharts, Moderationsmaterial und Pinnwänden häufig vielfältige Materialien wie zum Beispiel Motivkarten-Sets, Ressourcentiere, Holzfiguren zur Miniatur-System-Aufstellung, Partnerinterviews, World-Café, Timeline und vieles mehr zum Einsatz. All diese Materialien und Methoden sollen Lehr-Lernsettings auf spezifische Weise gestalten und anregende Prozesse initiieren. Der Frage, ob diese Prozesse in einem digitalen Format möglich sind und wenn ja, wie, wird im Folgenden nachgegangen.

Der vorliegende Beitrag richtet sich dabei sowohl an Lehrende, die digitale Seminare planen, als auch an Studierende. Er versteht sich als Suchbewegung der Erprobung unterschiedlicher Methoden der Etablierung einer Lehr-Lern-Kultur im digitalen Raum, die einen forschenden reflexiven Austausch ermöglichen soll. Zuerst gebe ich Einblicke in einzelne Methoden und reflektiere diese anhand meiner Lehrerfahrungen. Im Sinne eines ›Methodenkoffers‹ sollen die Einblicke zu Erprobungen anregen und zur Weiterentwicklung der Ansätze einladen.

Der Beitrag orientiert sich hierbei an Phasen eines analogen Seminarablaufs und gliedert sich in die Einsatzbereiche »Ankommen und Kennenlernen« sowie »Forschendes Denken und Handeln anregen«. Letzterer wird in die Bereiche »zur Selbsttätigkeit anregen«, »Irritieren und Anders-Denken anbahnen« sowie »Neues entwerfen« weiter untergliedert. Diese Einsatzbereiche werden bezüglich ihrer Bedeutung jeweils kurz erläutert und Ideen und Methoden zur Umsetzung vorgestellt, die exemplarisch und als Anregungen verstanden werden möchten.

Um die dargestellten methodischen Schritte zu konkretisieren, wird an einigen Stellen auf das Seminarbeispiel[1] mit dem Titel »Konstruktion und Dekonstruktion der Lehrkräfterolle – Lehre ich wie ich gelehrt wurde?« verwiesen, das u. a. innovative Konzepte und die Rolle der Lehrkraft im 21. Jahrhundert zum Thema hatte. Wichtig war mir dabei, Form und Inhalt des Seminars kongruent zu gestalten – und dies auch in einem digitalen Setting zu ermöglichen. Der Beitrag endet mit einer reflexiven Betrachtung dieses Unterfangens.

## 2 Ankommen und Kennenlernen

Ankommen und Kennenlernen sind wichtige Voraussetzungen, um konstruktive Kontakte zu ermöglichen und um gemeinsam arbeitsfähig zu werden. Für den Beziehungsaufbau innerhalb einer Gruppe erscheint es wichtig zu wissen, mit wem man es zu tun hat und wie die Einstellungen und Haltungen der anderen Teilnehmenden zum Thema sind. Man fragt sich, ob man sich eine Zusammenarbeit vorstellen kann und insbesondere, ob man sich in diesem Kontext trauen kann, auch ungewöhnliche Gedanken zu denken und auszusprechen. Ein probates Mittel hierfür beschreibt Winfried Palmowski (1998, S. 61): »Das Geheimnis gelingender Kooperation besteht darin, den anderen gut aussehen zu lassen!« Daher eignen sich alle Arbeitsweisen, die Ressourcen und Stärken der Teilnehmenden explizit in den Fokus rücken. Hier stellt sich die Frage der Umsetzbarkeit in einem digitalen Kontext.

Desweiteren stellt sich die Frage, wie man der Anonymität digitaler Kontexte begegnen kann. Wie können wir eine gute Arbeitsatmosphäre schaffen, wenn alle vereinzelt in ihren Zimmern an ihren Rechnern sitzen und auf denselben blicken? Bei der Arbeit am Bildschirm ist es sicher noch wichtiger, intensiv dazu beizutragen, der Fremdheit und Förmlichkeit entgegenzuwirken. In diesem Sinne erscheint es sinnvoll, den Kontext aktiv zu gestalten und nicht dem Zufall zu überlassen. Im Folgenden gebe ich hierzu einige methodische Anregungen:

### Methodische Anregungen

#### Begrüßung

Zur Begrüßung kann man eine Folie mit dem Titel und der Startzeit des Seminars sowie dem Namen des/der Seminarleiter*in anfertigen und die Studierenden darauf herzlich willkommen heißen. Zusätzlich kann ein Musikbeitrag über

---

[1] Fachbereich Erziehungswissenschaften der Goethe-Universität; Bildungswissenschaften im Rahmen der Lehramtsstudiengänge im SoSe 2020.

Spotify®² eingeblendet werden. Dies ist bspw. über die Online-Vidoekonferenzsysteme ZOOM® oder BigBlueButton® mittels der Funktion »Bildschirm teilen« möglich. Die Teilnehmenden sehen dann diese Willkommensseite, während man alle den virtuellen Seminarraum beitreten lässt. Dies bietet den Vorteil eines gemeinsamen Starts und man erspart allen das unangenehme »verkachelte« Schweigen zu Beginn.

### Überblick über die Teilnehmenden

Eine simple Möglichkeit, sich als Lehrende*r einen Überblick über die Teilnehmenden zu verschaffen, bspw. welche Studienfächer, -schwerpunkte oder Semester vertreten sind, lässt sich über ein kleines spielerisches Intro erreichen. Die Teilnehmenden knicken einen Notizzettel und hängen diesen über die Kamera. Auf Zuruf decken sich dann z. B. nur die auf, die dem Grundschullehramt angehören, die im dritten Semester studieren, den Schwerpunkt Sozialpädagogik studieren usw. Diese sieht man dann alle auf einen Blick, so dass sich auch die Studierenden über diesen Weg ein wenig kennen lernen können und ein erstes Gefühl für die Gruppe erhalten.

Falls nicht alle Studierenden bereit sind, die Videokamera freizugeben, gibt es eine alternative Möglichkeit. Alle Studierenden, die dem Grundschullehramt angehören, drücken in der Chatfunktion des Online-Portals auf ›Enter‹, danach alle Gymnasiallehrämter usw. Bei Bedarf kann man die Teilnehmenden auch bitten, ihre Semesterzahl einzugeben oder man kann nach Vorerfahrungen fragen u. v. m. Über diesen Weg zeigen sich im Chat thematische Gruppenzugehörigkeiten, die den Dozierenden zugleich als Namen-Liste bzw. als Teilnehmenden-Liste dienen können. Anmerkung: Der Name muss nicht eingegeben werden, er erscheint automatisch. Als Lehrende*r kann diese Liste z. B. bei Gruppeneinteilungen oder -zuordnungen für die Weiterarbeit genutzt werden. Zudem kann diese Methode auch inhaltlich eingesetzt werden, um z. B. Interessenschwerpunkte zu eruieren.

### Auflockerung zum Einstieg

Zur Auflockerung, und bei langen Sitzungen als ›Bewegungspause‹, kann man die Teilnehmenden bitten, z. B. ihre Hobbies vor dem Bildschirm pantomimisch darzustellen. Eine/r beginnt und alle, die dem gleichen Hobby nachgehen, steigen ein und machen mit.

---

2 Spotify® ist ein Online-Audio-Streaming-Dienst, welcher von dem schwedischen Start-up-Unternehmen Spotify Technology S.A. entwickelt wurde. Neben Musik können auch Hörbücher, Podcasts und Videos gestreamt werden.

### Persönliches Kennenlernen

Zum persönlicheren Kennenlernen können die Teilnehmenden gebeten werden, sich einen Gegenstand in ihrem Zimmer zu suchen, den dort wohl niemand vermuten würde. Über die Online-Portal-Funktion von ›Breakout-Sessions‹ erhalten die Studierenden dann in Kleingruppen die Aufgabe, sich wechselseitig zu erläutern, wie der ausgewählte Gegenstand dahin kommt und wofür er steht.

### Erfahren der Fremdwahrnehmung/alle gut aussehen lassen

Eine intensivere Begegnung ermöglicht das »wohlwollende Hypothetisieren« (von Schlippe & Schweitzer, 2016, S. 20–22), mit dem man in Präsenzveranstaltungen einsteigen kann, noch bevor etwas Anderes besprochen wurde. Dies lässt sich ebenfalls am besten über Breakout-Sessions durchführen – bspw. in Form von 3er Gruppen. In den Gruppen formulieren dann jeweils zwei der Studierenden über die dritte Person wohlwollende Hypothesen zu deren vermuteten Stärken, Fähigkeiten und Ressourcen – allgemein oder in Bezug auf das Seminarthema. Es wird zwei Mal gewechselt, bis alle zum Zuge gekommen sind. Dabei bietet es sich an, die Anleitung bereits vorab über eine Lernplattform den Studierenden zur Verfügung zu stellen und während der Sitzung über die Funktion ›Bildschirm teilen‹ zu erläutern. Diese Methode trägt nicht nur zum wechselseitigen »gut aussehen lassen« (Palmowski, 1998) bei; sie schafft auch ein konstruktives und ressourcenorientiertes Seminarklima.

### Darstellung der Selbstwahrnehmung/sich kennen lernen und im Thema ankommen

Motivkarten können zur Erkenntnis und zur Darstellung der Selbstwahrnehmung im Hinblick auf das Thema, u. a. Rolle der Lehrkraft, eingesetzt werden. Diese Methode bietet sich auch im Anschluss an das Erfahren der Fremdwahrnehmung (siehe »wohlwollendes Hypothetisieren«) an. Die Motivkarten können fotografiert und in einer Power-Point-Präsentation dargestellt werden, die ebenfalls zuvor über die Lernplattform des Seminars allen Studierenden zugänglich gemacht wird. Es bietet sich an, Motive auszuwählen, die sich auf das Seminarthema übertragen lassen – in meinem Fall auf das Thema »Konstruktion und Dekonstruktion der Lehrkräfterolle«. Die Motivkarten sollten zur leichteren Verwendung durchnummeriert werden. Bei großen Gruppen eignen sich wieder Breakout-Sessions. Wenn es möglich ist, sollte jedoch die Arbeit im Plenum vorgezogen werden, weil sich darüber die Seminarteilnehmer*innen besser kennenlernen können. In diesem Fall teilt man als Lehrende*r den Bildschirm und scrollt zu den jeweils genannten Motiven. Der Auftrag kann z. B. lauten: »Welche Eigenschaften der Rolle einer Lehrkraft, die ich auf diesem Motiv entdecke, schreibe ich mir selbst zu, welche hätte ich gerne und welches Motiv verbinde ich damit?«

## 3 Zu forschendem Denken und Handeln anregen

Kooperation und Kollaboration werden gemeinhin als wichtige Fähigkeiten betrachtet, die in jedem pädagogischen Praxisfeld benötigt werden. Wissenschaftliches Arbeiten bedeutet, eigene Überzeugungen und Haltungen infrage zu stellen, Deutungsmuster zu irritieren und einen reflexiven Umgang mit Wissen in der kollaborativen Zusammenarbeit zu entwickeln. Dafür braucht es die erforderlichen Voraussetzungen, etwa Ermutigung und Ermöglichung durch die Lehrenden sowie Mut und Vertrauen in sich selbst, um überhaupt ander(e)s denken zu dürfen. Arnold (2007) erläutert dies in seinem Konzept der Ermöglichungsdidaktik, auf welches ich mich in diesem Beitrag beziehe. Daneben ist, wie in Abschnitt 2 beschrieben, eine gute Beziehungsgestaltung von Bedeutung, welche zum Beispiel dem Bedenken, sich eine Blöße zu geben, entgegenwirkt. Folgende weitere Aspekte sind ebenfalls von Bedeutung:

### Haltung und Einstellung der Lehrperson

Besonders förderlich erscheint eine neugierige, nicht-wissende Grundhaltung der Lehrperson, die für sich selbst zulässt, ein*e Lernende*r zu sein. In diesem Zusammenhang kann man von einer Ko-Kreation auf Augenhöhe sprechen (Krahnke, 2017). Ebenso wichtig erscheint es daher, Zutrauen und Vertrauen in die Fähigkeiten der Studierenden zu haben, die sich, wenn sie dies so wahrnehmen, entsprechend aufgewertet fühlen und dadurch angespornt werden können. Als sehr bedeutsam erscheint in diesem Zusammenhang auch, dass man sich als Lehrperson den Studierenden gegenüber authentisch respektvoll und wertschätzend verhält und Gleichwürdigkeit lebt (Juul, 2014). Tatendrang, Entdeckergeist und eine hinterfragende Haltung können dann eher begrüßt anstatt als hinderlich oder gar störend erlebt werden.

### Exkurs: Neugierde und Mut

Folgende Fragen eröffnen zwar einen weiten Diskurs, aber vielleicht wäre es lohnenswert, einmal mehr zu erforschen, wieso es Studierenden häufig so schwerfällt, sich und die Welt zu hinterfragen und wissbegierig, neugierig und mutig zu sein, oder besser gesagt zu bleiben, denn Kinder sind das ja in der Regel von Geburt an. An welchen Stellen fehlen Ermutigung und Ermöglichung sowie Mut und Vertrauen, um überhaupt ander(e)s denken zu dürfen und um kooperativ und innovativ zu sein? Wo, wie und wann findet dieser Art Sozialisationsprozess statt, der die jungen Leute eher zur Passivität einlädt?

Diese Fragen beschäftigen mich insbesondere im Kontext meiner beruflichen Erfahrungen.[3] Hier habe ich oft den Eindruck, dass kindlicher Tatendrang und

---

3 Diese Aussage resultiert aus meinen beruflichen Eindrücken. Ich war in aus- und fortbildenden Rollen in allen Bildungsbereichen dieses Landes tätig, angefangen von Krippe/

Entdeckergeist als störend wahrgenommen und zu unterbinden gesucht werden. Im Anschluss an Bartz (2011) begründet sich dieser Umstand aus der bürokratischen Organisation des öffentlichen Bildungswesens.

> »Schulen haben wie alle bürokratischen Organisationen, die durch Rechtsförmigkeit, Vorschriften und Weisung geprägt sind, die Neigung, der Ordnung als Wert und Ziel den Vorrang vor Freiheit und Eigensinn zu geben. Wird aber die Ordnung als Norm gesetzt, dann wird der Eigensinn nicht als Quelle von Potenzial, Energie und Weiterentwicklung, sondern als Störung wahrgenommen« (Bartz, 2011, S. 1).

Somit haben wir es offensichtlich mit selbstreferentiellen Systemen zu tun, die eine Erklärung dafür sein können, dass sich in unseren Bildungssystemen so wenig bewegt.[4] Und dies könnte auch eine Erklärung dafür sein, dass es Studierenden häufig schwerfällt, wissenschaftlich zu arbeiten.

## Autonomie und Mitbestimmung

Wenn man einer passiv-rezeptiven Haltung entgegenwirken und Eigen-Motivation anregen möchte, sollten die Studierenden aktiv in die Auswahl von Inhalten, Methoden und Vorgehen einbezogen werden.

In Seminarbeschreibungen werden die Seminarinhalte meist konkret dargestellt. Das suggeriert in der Regel ein Festgelegt-Sein der Inhalte und Methoden. Bezüglich des »Was« und des »Wie« sollte jedoch eine motivationale Klärung erfolgen und damit eine Zieldefinition der Studierenden gestattet werden. Aus Fragen wie »Wofür bin ich hier? Was möchte ich hier erfahren, lernen, tun? Und wie könnte das am besten gelingen?« entwickelt sich dann die weitere gemeinsame, kollaborative Kursplanung.

Diese Aspekte fließen daher in die anschließenden Überlegungen und methodischen Anregungen ein.

## 3.1 Zur Selbsttätigkeit und zu eigenen Zielsetzungen ermutigen

Möglichkeiten der Beteiligung sowie vielfältige, abwechslungsreiche und kreative Methoden und Materialien unterstützen in der Regel einen forschenden reflexiven Austausch und selbstentwickelndes Lernen. Die folgenden Methoden wirken einer passiv-rezeptiven Haltung entgegen und erzeugen Eigen-Motivation.

---

Kita über sämtliche Schulformen bis hin zu Studienseminaren, der Lehrkräftefortbildung sowie der Führungskräfteentwicklung im Landesschulamt.

4 »Indem wir uns als Eltern, Lehrer*innen oder Erzieher*innen solchermaßen treu bleiben, kann auch die Gesellschaft so bleiben wie sie ist.« (Arnold, 2009)

## Methodische Anregungen

### Ziele, Erwartungen, Wünsche der Teilnehmenden erfahren und nutzen

In einem Vorbereitungstermin via Online-Video-Konferenzsystem bittet man die Teilnehmenden z. B. im Anschluss an einige Kennenlernübungen (s. Abschnitt 2.), in den Chat zu schreiben, wofür sie dieses Seminar nutzen wollen und was für sie ein gutes Ergebnis wäre. Dies bildet die Grundlage für die weitere Seminarplanung.

Folgende Anliegen und Fragen ergaben sich im Seminar »Konstruktion und Dekonstruktion der Lehrkräfterolle«. Die Studierenden stellten folgende Fragen bzw. äußerten folgende Interessen, die sie zur Teilnahme des Seminars motivierten: »Lehre ich, wie ich gelehrt wurde? Was kann man dagegen tun?«; »Reflexion des eigenen Verständnisses der Lehrer*innen-Rolle, um festgefahrene Vorstellungen aufzubrechen und neu denken zu können«; »Welche Lehrer*innentypen gibt es?«; »Welche Rolle möchte ich einnehmen?«; »Wie kann man eigene Erfahrungen reflektieren und was kann daraus mitgenommen werden?«; »Verschiedene Schulkonzepte kennenlernen« u. v. m.

### Methodenreflexion

Aus Gründen der Transparenz und der Mitwirkung macht es Sinn, die eingesetzten Methoden auf der Metaebene in Bezug auf ihr ›Wofür?‹ zu erläutern und dazu anzuregen, Wünsche, Vorschläge, Kritik auch bezüglich des methodischen Vorgehens zu äußern, damit sich die Teilnehmenden hierbei ebenfalls engagieren können. Manchmal wird davon zunächst nur vorsichtig und dann jedoch zunehmend Gebrauch gemacht. Auf diese Weise lernt man als Seminarleitung auch immer mehr dazu, wie z. B. die Nutzung weiterer digitaler Plattformen und Tools. Im genannten Seminar betraf das unter anderem die Möglichkeit, Miro® für diesen kreativen interaktiven Austausch zu nutzen:

Miro®[5] ist ein »unendliches« Online-Whiteboard. Teams können damit in Echtzeit und asynchron arbeiten, um z. B. Fragestellungen in Interaktion zu bearbeiten und Ergebnisse kreativ darzustellen. Diese Ergebnisse können auch asynchron jederzeit weiterbearbeitet und als pdf-Dateien z. B. auf der seminarbegleitenden Online-Plattform gesichert werden.

## 3.2  Irritieren und Anders-Denken anbahnen

Forschung steht für Veränderung und Hinterfragen. Paul Feyerabend (1998, S. 95) sagt als Wissenschaftstheoretiker: »Wichtige wissenschaftliche Prinzipien wurden *gegen* die Erfahrung (…) eingeführt, nicht in Übereinstimmung mit ihr.« Daraus lässt sich schließen, dass wirklich wichtige Errungenschaften dadurch in

---

5  https://miro.com - Free Online Collaborative Whiteboard Platform

die Welt kamen, dass Wissenschaftler*innen gegen die Erfahrung statt mit der Erfahrung argumentiert haben. Daher braucht es neben dem Bewusstmachen der eigenen Denkweise auch der Perturbation, der Irritation und des Neugierigmachens auf andere Denkweisen, Konzepte und Modelle sowie eines reflexiven Umgangs mit diesen, um Forschungsfragen entwickeln zu können. Wie man irritieren und es begünstigen kann, den eigenen Gedanken neue Spielräume zu eröffnen, Dinge anders zu sehen, sie neu zu bewerten und neue Zusammenhänge zu erkennen sowie eine eigene Position zu entwickeln, darauf wird im Folgenden eingegangen.

Die methodischen Anregungen erwiesen sich dabei als geeignet, eine offene Diskussionskultur zu unterstützen.

## Methodische Anregungen

### Bewusstmachen bisheriger Denkmuster

Um Erfahrungen, Haltungen, Einstellungen, Vorwissen, Vorverständnisse und Voreingenommenheiten zu reflektieren, scheint es erforderlich, sich mit diesen auseinanderzusetzen und sie ins Bewusstsein zu bringen. Folgende Fragen können besagten Prozess anregen: Wie sind die bisherigen Erfahrungen und Vorstellungen der Teilnehmenden zum Thema? Was denken sie bis dahin darüber? Was glauben sie zu wissen? Hierüber können die Studierenden ihre Vorstellungen im Austausch mit anderen klären, infrage stellen, überdenken oder neu denken und eigene Fragen dazu entwickeln.

Dies ist im Einzelfall vom jeweiligen Seminarthema abhängig, und daher von Seminar zu Seminar unterschiedlich, hier sei nur anhand meiner Lehrveranstaltung zur Lehrendenrolle ein Beispiel aufgeführt: In dem Seminar diente dieser Schritt der Auseinandersetzung mit dem *Selbstverständnis als Lehrperson*. In Miro® wurden dazu Pinnwände mit klassischen Rollenbildern als Überschriften (z. B. die Rolle der Lehrkraft als Elternersatz/Fürsorgende*r, Fachexpert*in/Inputgeber*in, Sozialarbeiter*in, Beziehungsstifter*in, Erzieher*in, Beurteilende*r, Coach) mit entsprechenden Leitfragen vorbereitet. Zu diesen begaben sich die Studierenden in Breakout-Gruppen zusammen, um darüber zu diskutieren, ihre Ergebnisse auf die Pinnwände zu schreiben, zu den anderen Wänden zu wandern und dort Anmerkungen und Ergänzungen vorzunehmen. Das heißt, der verbale Austausch erfolgte über das Video-Konferenzsystem, die visualisierende Bearbeitung erfolgte parallel in Miro®. Dieser Austausch über pädagogische Wert-Vorstellungen förderte u. a. eine kritischere, korrigierende und fragende Haltung diesen gegenüber.

### Persönliche biografische Erfahrungen reflektieren

Biografische Erfahrungen hinzuziehen, bietet einen weiteren Zugang zu den eigenen Wert-Vorstellungen in Bezug auf das jeweilige Thema und zwar sowohl auf kognitiven als auch auf emotionalen Erinnerungen beruhend. Dies fördert eine vertieftere Auseinandersetzung mit Fragen wie: Woher kommen meine Einstellungen? Wie stehe ich dazu? Wie will ich damit künftig umgehen? (vgl. Richter in diesem Band)

Als Methode eignet sich z. B. eine Variante des »Zeitstrahls« (von Schlippe & Schweitzer, 2016, S. 291 f.), um die Darstellung der eigenen (Bildungs-)biografie gestalterisch umzusetzen. Die Teilnehmenden erhalten einen Arbeitsauftrag, der eingeblendet wird und auch in OLAT abrufbar ist. Der mit diversen Materialien gestaltete Zeitstrahl ist zudem geeignet, die Bildschirmarbeit einmal zu unterbrechen. Die Ergebnisse können durch Schwenken der Kamera für die anderen Teilnehmenden sichtbar gemacht und erläutert werden.

**Konfrontation mit neuen/anderen Konzepten**

Als Einstiege eignen sich vor allem neue Konzepte, Aussagen zu Praxisbeispielen und eigenen Erfahrungen, Texte, die in Bezug auf das jeweilige Thema Neues aufwerfen und die sich zum Beispiel als diskussionswürdig erweisen. Diese Konfrontation kann und soll durchaus auch zu Widerspruch anregen.

Ziel ist es, eine größtmögliche Vielfalt an Konzepten darzustellen, sich darüber auszutauschen, diese zu bewerten und eigene Einstellungen zu hinterfragen. Zum Austausch und zur Ergebnissicherung eignet sich ebenfalls Miro®.

Der verbale Austausch findet parallel über Breakout-Sessions statt. Das heißt, beide Anwendungen bspw. Zoom® und Miro® sind gleichzeitig geöffnet. Darüber hinaus wurden alle Materialien und Arbeitsaufträge vorab auf der Lernplattform des Seminars hochgeladen, wo sie jedem jederzeit zur Verfügung stehen.

**Texte arbeitsteilig bearbeiten und vorstellen**

Zur wissenschaftstheoretischen Auseinandersetzung sind einschlägige Texte/Werke unumgänglich. Ziel ist es, die theoretischen Ansätze und die dazugehörigen Forschungsbefunde zu kennen sowie Chancen, Grenzen und Hindernisse zu reflektieren und diese kritisch zu hinterfragen bzw. eigene Fragen dazu zu entwickeln.

Wenn man Texte arbeitsteilig ausarbeiten und dann im Gruppenpuzzle gemeinsam vorstellen und diskutieren lassen möchte, findet man bei gängigen Video-Konferenzsystemen, wie Zoom® in Bezug auf große Gruppen keine komfortable Möglichkeit dazu. Dies lässt sich jedoch mit einem einfachen Trick, der die schnelle Zuordnung bei großen Gruppen in die Breakout-Sessions gestattet, ermöglichen: Die Texte werden mit Ziffern betitelt. Alle Studierenden, die Text 1 bearbeiten wollen, ändern in Zoom® ihren Namen, indem sie die Ziffer 1 davorsetzen, alle, die Text 2 bearbeiten wollen, setzen die Ziffer 2 vor ihren Namen usw.

Da Zoom® alphabetisch ordnet, können so problemlos alle 1er in eine Gruppe geschoben werden, alle 2er ebenso usw. Genauso ist es möglich, Mixgruppen zu bilden. In jeder Gruppe befindet sich dann je eine Person, die einen anderen Text bearbeitet hat, sodass am Ende alle über alle Texte informiert sind. Dazu bildet man Breakout-Sessions, in deren Gruppen man je unterschiedliche Ziffern zusammenstellt.

Austausch, Diskussion und Festhalten der Ergebnisse erfolgt ebenfalls via Zoom® und Miro®. So ist es sehr gut möglich, die Methoden »wachsende Gruppe« und »Gruppenpuzzle« zu nutzen.

### Emotional »antriggern«

Aus der Hirnforschung ist bekannt, dass unser Gehirn auf »Neues« mit besonderer Aufmerksamkeit reagiert und dass wir dann am besten lernen, wenn wir positiv emotional involviert sind (Hüther, 2011). Beides kann auch dazu beitragen, Annahmen und Konsequenzen unterschiedlicher wissenschaftlicher Positionen zu hinterfragen. Es kann begünstigen, die Dinge anders zu sehen, sie neu zu bewerten und neue Zusammenhänge zu erkennen sowie eine eigene Position zu entwickeln.

Für die emotionale Ansprache sind u. a. kleine Video-Sequenzen und Songtexte geeignet, die zum Beispiel auf eine (gesellschafts-)kritische Sicht in Bezug auf das Thema abzielen und/oder die emotional berühren.

Im Seminarbeispiel wurden teils zeitkritische, teils berührende und perturbierende Video-Sequenzen eingespielt, die sich mit dem Thema Erziehung und Bildung im 21. Jahrhundert auseinandersetzen. Dies ist durch die Funktion »Bildschirm teilen incl. Ton« sehr einfach möglich. Beispiele: Prince Ea (2019) »Ich verklage das Schulsystem« oder »2016_EDUCATION Y: Lernen im 21. Jahrhundert« oder Nils Vandeven (2017) »Ich lieb mich so wie ich bin«.

### Inputs und Impulse geben

Im Verlauf des Prozesses, bei Bedarf und auf Nachfrage können immer wieder kurze Inputs und Impulse sowie Beispiele aus der eigenen Praxis gegeben werden.

## 3.3 Gemeinsam Neues entwerfen

Der kreative Austausch mit anderen erweist sich als bedeutsam, um Recherchen und aufbereitete Inhalte nicht nur darzustellen und zu präsentieren, sondern darüber in Dialoge zu treten sowie unterschiedliche Meinungen und Überzeugungen in neue Ideen zu überführen.

Nach Hasenfratz (2020) basiert Kollaboration auf dem Austausch, der Kombination der Fähigkeiten und des Wissens der Beteiligten, um ein gemeinsames Ziel zu erreichen. Es steht einer hierarchischen Arbeitsorganisation entgegen. Ziele kollaborativen Arbeitens sind die Förderung von Ideen zwischen den verschiedenen Protagonisten, die Einbeziehung und Verantwortlichkeit aller Beteiligten und die kreative Innovation.

Nachdem eigene Überzeugungen und Haltungen reflektiert und ggf. infrage gestellt, Deutungsmuster irritiert wurden und ein reflexiver Umgang mit Wissen stattgefunden hat, können theoriegeleitet Lösungen entwickelt und dargestellt werden. Sinnvolle Aufgaben- oder Fragestellung(en) kann die Gruppe dazu z. B.

selbst entwickeln, was ich im Folgenden anhand des diesem Beitrag zugrundeliegenden Seminarbeispiels veranschauliche.

Die Studierenden machten es sich zur Aufgabe, »Prototypen für die ideale Lehrkraft im 21. Jahrhundert« zu entwickeln und nutzten dafür das Miro-Board. Ein Beispiel zeigt die Abbildung 1.

### Vorbereitung auf eine ungewisse Zukunft - Lernen und Lehren im 21. Jahrhundert

Vertrauen in SuS:
"Ich bin überzeugt DU findest/hast eine Lösung für dein Problem!"

Beziehungsgestaltung:
"Was brauchen wir voneinander?"

- Selbstreflexion
- Selbstsicht als Facilitator anstatt Input geber (Verantwortung abgeben -> hinzu selbstgesteurtem Lernen/erforschendes Lernen)
- Augenhöhe
- demokratisches Denken
- Erkennen der Funktion als nicht-primäre Bildungsinstanz
- ganzheitliche Betrachtung des Kindes

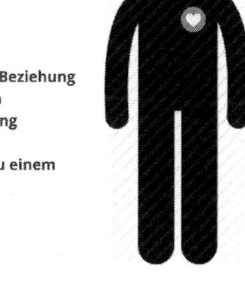

Tabea, Vanessa, Florentine, Charlotte, Philipp

- Schüler/ Lehrkraft Beziehung
- Lehren zum Lernen
- Meaningfull Teaching
- Empathie
- Tiefe Verbindung zu einem selbst

Lernbegleiter, Coach, Unterstützer Führungskraft!

- kontinuierliche Weiterbildung & stetige Anpassung
- Mini Input -> Gerüst geben

Potenzial- / Interessenförderung

Kooperation auf verschiedenen Ebenen der Sozialisationsinstanzen (Kollegen, Eltern, Sozialpädagogen, Erzieher, etc)

Digitale Kompetenzen fördern von SuS und Lehrkräften

"Gelingender Unterricht basiert immer auf gelingender Beziehungsgestaltung, nicht auf fachwissenschaftlichem Input" (W. Palmowski)

**Abb. 1:** Seminarbeispiel

### Weitere Fragen aufwerfen

Um die Studierenden zu ermuntern, weiter fragend und forschend aktiv zu sein, gab ich folgende Anregungen: »Welche Fragen stellen sich Ihnen nun, die Sie gerne weiter erforschen würden?«; »Was interessiert Sie da besonders?«; »Angenommen, jemand würde Sie damit beauftragen, zum Thema ›die Rolle der Lehrkraft im 21. Jahrhundert‹ zu forschen, welche Forschungsfragen fallen Ihnen dazu ein?« u. v. m. Diese Fragestellungen und damit verbundene Themen können auch Gegenstand mündlicher Prüfungen werden, z. B. mit der Aufforderung: »Wählen Sie ein Thema, an dem Sie ein echtes Interesse haben, auf das Sie richtig Lust haben, das Sie anregt, mehr wissen zu wollen…«

Angeregt durch die oben beschriebene Auseinandersetzung, haben die Studierenden Forschungsfragen zum Themengebiet aufgeworfen und diese zum Gegenstand der Modulprüfungen gemacht. Dort wurden interessante Querverbindungen hergestellt. Der Wunsch nach einem tieferen Ergründen wurde in den anregenden Fachgesprächen deutlich spürbar.

## 4 Reflexion

Meine anfängliche Skepsis und die mir selbst zugeschriebene Unfähigkeit im Hinblick auf die Gestaltung digitaler Lehr-Lern-Settings sind inzwischen dem Spaß am Experimentieren mit neuen Gestaltungsmöglichkeiten gewichen. Nur Mut!

Ich konnte zudem die Erfahrung machen, dass digitale Settings durchaus auch Vorteile gegenüber Präsenzveranstaltungen bieten, obwohl sie diese meiner Meinung nach nicht gänzlich ersetzen können.

Als Vorteile sind zu nennen:

- Gruppenbeginn und -ende ohne Zeitverzögerungen,
- kreativere Darstellungsmöglichkeiten von Gruppenergebnissen,
- schnelles Einblenden von Arbeitsaufträgen und Videos,
- selbstorganisiertes Weiterarbeiten in Miro®, denn der Link bleibt jederzeit zugänglich und die Ergebnisse bleiben erhalten,
- alle benötigten Dateien und Links etc. kann man auf dem Desktop »griffbereit« ablegen, um sich die Arbeit zu erleichtern,
- Transparenz und Verfügbarkeit aller Arbeitsergebnisse und Arbeitsschritte,
- erfreuliche Feedbacks der Studierenden hinsichtlich der abwechslungsreichen Gestaltung und der Gruppenarbeiten.

Ich möchte nicht unerwähnt lassen, dass dieser Beitrag einen Versuch darstellt, mit Hilfe eines alten Mediums die Nutzung eines neuen Mediums zu erklären. Beim Schreiben stellte ich fest, dass dies sehr schwierig ist, und ich stellte zwischenzeitlich den Sinn infrage. Jedes YouTube Tutorial könnte die Technik besser und leichter erklären, als ich das hier versuchte. Zudem werden die dargestellten medialen Möglichkeiten bis zum Erscheinungstermin des Buches wahrscheinlich schon wieder überholt sein.

Daher ist das Anliegen des Beitrags eher darin zu sehen, eine Gangway zwischen der Umsetzung pädagogisch-psychologischer Werte in Lehr-Lern-Prozessen und der Nutzung neuer Medien zu bilden und *beides* gut im Blick zu behalten. Ich komme zu dem Schluss, dass es auch in digitalen Lehr-Lern-Settings möglich sein kann, pädagogische Grundsätze, wie konstruktive Beziehungsgestaltung und eine offene Diskussionskultur, zum Tragen kommen zu lassen. Es ist möglich, zu einem reflexiven, kollaborativen Austausch einzuladen und die Studierenden zu forschendem Denken und Handeln anzuregen. Die Ergebnisse, Erfahrungen und Rückmeldungen der Studierenden geben Anlass zur Hoffnung. Ein großes Dankeschön an dieser Stelle an die Studierenden des Seminars, diesen Ko-Kreationsprozess aktiv mitgestaltet zu haben, denn jener begründete den Ausgangspunkt für diesen Beitrag.

# Literatur

Arnold, R. (2007). *Ich lerne, also bin ich. Eine systemisch-konstruktivistische Didaktik.* Heidelberg: Carl-Auer Verlag.
Arnold, R. (2009). *Ich erziehe, wie ich erzogen wurde.* Kongress: 6. Kindertagung: »Hypnotherapeutische und systemische Konzepte für die Arbeit mit Kindern und Jugendlichen«, Heidelberg, 29. Oktober-01. November 2009. Müllheim: Auditorium-Verlag.
Bartz, A. (2011). *Bildungsorganisationen bilden und entwickeln sich selbst.* PraxisWissen Schulleitung. AL 26 60.12. 1–8. Wolters Kluwer Deutschland
Education-Y (2016): *Lernen im 21. Jahrhundert.* https://www.youtube.com/watch?ab_chann …app=desx02026 (08.01.2021)
Feyerabend, P. (1998). *Harmonie und Widerstreit – Trentiner Vorlesungen.* Wien: Passagen Verlag.
Hasenfratz, J. (2020). *Appvizer. Artikel. Kollaboration. Tutorials & Guides für Kollaboration. Wissen Sie wirklich was kollaboratives Arbeiten bedeutet?* https://www.appvizer.de/magazin/kollaboration/kollaboratives-arbeiten#was-ist-kollaboratives-arbeiten (08.01.2021)
Hüther, G. (2017). *Wissen kann man nicht beibringen.* BR.24. BR.de. https://www.br.de/nachricht/gerald-huether-kinder-100.html (08.01.2021)
Hüther, G. (2011). *Stärkung von Selbstheilungsprozessen aus neurobiologischer Sicht.* Vortrag in München 11. Januar 2011. Müllheim: Auditorium-Verlag.
Juul, J. (2014). *4 Werte, die Kinder ein Leben lang tragen.* München: Gräfe und Unzer Verlag.
Krahnke, M. & Autorenkollektiv (2017). Lernen auf Augenhöhe. Potenziale von Schülerinnen und Schülern fördern. *Lernende Schule*, 80, 34–39. MIRO®. Free Online Collaborative Whiteboard Platform. https://miro.com
OLAT. Online Learning And Trading. Zentrale Lernplattform der Goethe-Universität. https://www.rz.uni-frankfurt.de/44129769/Anleitungen_für_die_zentrale_Lernplattform_OLAT
Palmowski, W. (1998). Schulentwicklung privat. *System Schule*, 2 (2). 58–61.
Palmowski, W. (2007). *Nichts ist ohne Kontext. Systemische Pädagogik bei »Verhaltensauffälligkeiten«.* Dortmund: Verlag modernes lernen.

Prince Ea (2019). Ich verklage das Schulsystem. https://www.youtube.com/watch?feature=youtu.be&v=kR0M9qiURRw&app=desktop (08.01.2021)

Vandeven, N. (2017). Ich lieb mich so wie ich bin. https://www.youtube.com/watch?v=f9eNdi4Bibc (08.01.2021)

von Schlippe, A. & Schweitzer, J. (2016). *Lehrbuch der systemischen Therapie und Beratung I. Das Grundlagenwissen*. Studienausgabe. Göttingen: Vandenhoeck & Ruprecht.

# Tutorien als Begleitung ins Studium und als Einführung ins wissenschaftliche Arbeiten. Erfahrungen – Möglichkeiten – Anregungen

*Vanessa Dresbach & Andreas Weiß*

## 1 Wissenschaftliches Arbeiten im Studium

Was kann wissenschaftliches Arbeiten als Seminar bieten, was möglicherweise durch Lesen von Literatur weniger oder nicht erarbeitet werden kann? Diese Frage beschäftigt uns aus unterschiedlichen Perspektiven. Insbesondere zum Ende unseres Studiums, in dem wir im Rahmen unserer Masterarbeit aufgefordert sind zu zeigen, dass wir im Zuge unseres Studiums wissenschaftliches Arbeiten gelernt haben. Daher stellen sich uns die Fragen: Wie wurden wir in das wissenschaftliche Arbeiten eingeführt? Welche Kompetenzen haben wir im Laufe des Studiums (neu) erlernt? Wie gehen wir im Zuge dessen mit Fehlern um? Zugleich beschäftigt uns die Frage aus der Perspektive unserer Tätigkeiten als Tutorin und Dozent hinsichtlich der *Vermittlung* wissenschaftlichen Arbeitens.

So blicken wir in diesem Beitrag zurück auf unser eigenes Studium und denken darüber nach, wie wir eigentlich wissenschaftliches Arbeiten gelernt haben. Wie sind wir an den Punkt gekommen, eine Masterarbeit schreiben zu können? Was waren prägende Momente? Zugleich zeigen wir unterschiedliche didaktische Methoden und Instrumente der Vermittlung wissenschaftlichen Arbeitens auf, die wir in Lehrveranstaltungen erprobt haben und fragen uns, was sich aus welchem Grund als geeignet erwiesen hat.

Wir haben uns dazu entschlossen, unsere Erfahrungen und Überlegungen in einem Gespräch gemeinsam zu reflektieren und zu diskutieren, da die Überlegungen dieser Fragestellung(en) ein multidimensionales Feld eröffnen (z. B. um Bildungsprozesse, Habitus, Sozialisation, Professionalisierung, etc.). Dieses Gespräch kann im Zuge dessen nur einen Teil dieser Dimensionen erfassen und bearbeiten. Wir haben es transkribiert und präsentieren es im ersten Teil dieses Beitrages. Im zweiten Teil fokussieren wir, auf Grundlage der inhaltlichen Ausführungen des Gespräches, zwei ausgewählte Dimensionen und reflektieren, wie diese unsere Tätigkeit als Lehrende bereichern.

Das Fachgespräch in Kombination mit den sich daran anschließenden Fokussierungen soll als Anregung dienen, um nicht nur die Einführung in das wissenschaftliche Arbeiten, sondern auch den Einstieg in das Studium neu zu denken. Hierzu sind sowohl Lehrende als auch Studierende eingeladen, neue Möglichkeiten zu entdecken und kooperativ auszuhandeln.

## 2 Wissenschaftliches Arbeiten als Seminar? Dialogische Annährungen

*Vanessa:* Wir haben uns ja heute zusammengefunden, um unsere Erfahrungen rund um das Thema wissenschaftliches Arbeitens zusammenzutragen und gemeinsam zu überlegen, was die Momente in unserem Studium waren, wo wir heute sagen würden, das hat uns besonders geholfen. Zugleich sind wir ja auch beide in der Lehre tätig und lehren zu dem Schwerpunkt des wissenschaftlichen Arbeitens. Damit haben wir unterschiedliche Perspektiven auf das Thema, und ich bin gespannt auf den Austausch mit Dir, auf Deine Erfahrungen und Sichtweisen.

*Andreas:* Dem kann ich mich nur anschließen. Wir hatten uns zuvor darauf verständigt, dass wir die Frage ins Zentrum stellen: Was kann wissenschaftliches Arbeiten als Seminar bieten beziehungsweise beinhalten, was möglicherweise durch Lesen von Literatur weniger oder nicht erarbeitet werden kann? Was meinst Du dazu?

*Vanessa*: Also, ich finde, dass man das auf unterschiedlichen Ebenen betrachten kann. Zum einen diese allgemeine Ebene im Sinne von Rahmenbedingungen, die das Studium betreffen. Zum anderen gezielt auf einer didaktischen Ebene.

*Andreas:* Also, wenn wir jetzt über eine gewisse Metakonzeption sprechen, sollten wir vielleicht auch immer die Räumlichkeiten betrachten, in denen die Lehre stattfindet. Ich weiß zum Beispiel aus meiner Dozententätigkeit beziehungsweise auch aus meiner studentischen Sicht, dass die Hochschule einfach einen anderen Raumaufbau hat. Also, es wirkt sehr klinisch, während wir an der Uni zum Beispiel manche Räume mit einer Holzvertäfelung oder ähnliches haben. Oder diese riesigen Hörsäle, die schon ein anderes Feeling vermitteln.

*Vanessa:* Ja, das ist ein sehr guter Punkt. Ich glaube gerade, wenn man über die Rahmenbedingungen spricht, dass man darüber gar nicht nachdenkt. Das ist so dieses Offensichtliche, wenn man beispielsweise als Erstsemesterstudierende*r an die Uni kommt und eigentlich noch gar keine Ahnung von dem Studienfach, von den Inhalten hat. Das ist ja das Erste, was dann sozusagen auch den Eindruck macht.

*Andreas:* Genau. Vor allem, wenn wir jetzt diese Institution auch als Sozialraum betrachten, macht das ja schon was mit einem. Vor allen Dingen, wenn wir jetzt diesen Übergang Schule – Hochschule betrachten: Aus meiner Erfahrung kann ich sagen, dass die Erstsemesterstudierenden oft noch ein Problem mit diesem sprachlichen Duktus[1] haben beziehungsweise sagen »Lehrer*in«, »der*die Lehrer*in«, »meine Mitschüler*innen« oder Ähnliches. Ich denke, dass

---

1 Es wurde im ursprünglichen Gespräch nicht gegendert, weil dies auf den sprachlichen Duktus der Studierenden zurückzuführen sein sollte. Diesen sowie den fachspezifischen Terminus (z. B. Lehrer*innen statt Dozierende oder Unterricht statt Seminar) eignen sie sich erst im Laufe des ersten Semesters an.

das dieser Raum auch mittransportiert. Weil es einfach keinen optischen Unterschied gibt zur Schule, irgendwo.

*Vanessa:* Genau, und das geht ja dann auch weiter, wenn man bedenkt: Wir haben bei uns am Fachbereich Erziehungswissenschaften diese Orientierungsveranstaltung für Erstsemester*innen, da wirke ich ja auch mit. Wir vom Servicecenter MoPS² machen eine inhaltliche Einführung, die Fachschaft geht dann eher in das Informelle, da lernt man sich dann besser kennen. Aber, das ist ja auch wie so eine Art Einschulung. So könnte man das vergleichen. Also, das ist quasi der Startschuss für das Studium.

*Andreas:* Genau, aber, da ist ja noch viel, viel mehr in der Hochschule, was jetzt noch relevant wäre. Dieses ganze Informelle, was die Fachschaft bereits versucht zu transportieren, da ist ja noch viel, viel mehr drin. Vielleicht sollte man dieses Seminar oder allgemein dieses ganze erste Semester vielmehr als einen Punkt der Initiation sehen, so wie es Parsons (1958) mit seinem Anatomie- beziehungsweise dem »Präpkurs« beschrieben hat.³ Da sagt er ja auch im Endeffekt: Im ersten Semester wurde sehr, sehr viel Theorie vermittelt und im zweiten wird dann diese Initiation genutzt, in dem dann wirklich am toten Menschen das ganze Wissen mal praktisch angeschaut wird.

*Vanessa:* Dass es dann auch mehr um diesen Kompetenzerwerb geht. Also, nicht nur um diese reine Wissensvermittlung, die wir zum Beispiel durch die Literatur haben. Und, dass man wirklich sagt, man schafft an der Uni den Raum, ich sag mal, Fehler zuzulassen und auch anders über Fehler nachzudenken als es in der Schule vielleicht der Fall war. Vor allem in speziellen Veranstaltungen wie im ersten Semester in der Einführung in das wissenschaftliche Arbeiten und dem dazugehörigen Seminar. Nicht mehr in diesem klassischen »richtig« und »falsch« zu denken, sondern sich vielmehr auf den Kompetenzerwerb zu fokussieren als auf reine Wissensvermittlung.

*Andreas:* Das würde ich jetzt gerne nochmal mit Dir ein bisschen genauer betrachten, weil ich diesen Punkt sehr wichtig finde. Ich habe zum Beispiel in meiner Lehrtätigkeit oft das Gefühl beziehungsweise bekomme durch die Studierenden mitgeteilt, dass diese mehr Wissen vermittelt bekommen wollen. Also, im Endeffekt, dass ich eine Vorlesung halten und ihnen eigentlich nur das Wissen mitgeben soll. Ich habe das jetzt auch, auf Grund von Corona, verändert. Ich bin jetzt mehr zum Diskutieren übergangen und weniger zum Vermitteln. Und da wurde mir auch schon mitgeteilt, dass die Studierenden das Gefühl haben: Wenn ich ihnen jetzt nichts mitteile, dann fehlt etwas. Wie siehst Du das?

*Vanessa:* Hm, das ging mir tatsächlich auch so. Wenn beispielsweise im Tutorium zum wissenschaftlichen Arbeiten dann auch gefragt wird »Wie schreibe ich

---

2 »Das Servicecenter MoPS ist eine Beratungsstelle des Fachbereichs Erziehungswissenschaften. [...] MoPS steht für **M**edienassistenz- und **o**rganisations-, **P**raktikums- und **S**tudienangelegenheiten« (Goethe Universität Frankfurt am Main, 2021).
3 Der von Studierenden »Präpkurs« genannte »Präparierkurs« ist Teil des vorklinischen Medizinstudiums. Studierende präparieren unter Anleitung Leichen, um sich Anatomiekenntnisse anzueignen. Die Besonderheit des Präpkurses im Medizinstudium wird in Kapitel 3 noch einmal eingehender erläutert.

eine Hausarbeit?«, dann ist eigentlich auch die Idee dahinter, dieses Wissen vermittelt zu bekommen. Wobei Wissenschaft ja auch Praxis bedeutet. Und, da weise ich dann auch drauf hin, weil manchmal kommen dann auch die Fragezeichen bei den Studierenden auf: »Ja okay, ich brauch jetzt noch mehr Theorie, um das zu verstehen. Irgendwie wird's mir nicht so klar.« Ich sage dann: »Ihr müsst das erstmal anwenden und dann werden noch weitere Fragen aufkommen. Das ist so ein *learning by doing* und es ist ein Prozess. Man kann das auch nicht alles rein durch die Theorie irgendwie vermitteln.«

*Andreas:* Da könnte man sich jetzt natürlich auch die Frage stellen, warum wir ausschließlich Hausarbeiten und nicht auch Artikel schreiben. Weil später, zumindest, wenn wir die Zeit nach dem Master betrachten, wird das kaum noch relevant sein, Hausarbeiten zu schreiben. Wenn wir zum Beispiel in die Wissenschaft gehen, schreiben wir ja mehr Artikel. Und das bekommt man auch nicht so beigebracht.

*Vanessa:* Die Rolle der Dozierenden ist ebenfalls zu bedenken: Wer sind die Dozierenden eigentlich für die Studierenden? Vielleicht den Dozierenden als so eine Art Begleitung zu sehen, besonders bei so einem Prozess wie beispielsweise einen Artikel zu schreiben, und dass man eben nicht sagt: »Wir machen das mal ein Semester und danach ist es vorbei.« Und dann schreibt man die erste Hausarbeit und sitzt da. Da habe ich ganz viele Studierende, die dann auf mich zukamen und meinten: »Ja, jetzt sitze ich vor der ersten Hausarbeit. Jetzt weiß ich gar nicht, wie ich nochmal vorgehen soll.« Das Wissen war zwar irgendwo da, aber das ist das, was ich meinte: Auf einmal sitzen sie dann vor diesem Problem und kommen dann auf mich zu. Und das ist auch immer ein Angebot, was ich mache, dass ich sage: »Auch wenn ich offiziell nicht mehr in dieser Tutorinnenrolle bin, ihr könnt mich trotzdem noch weiterhin kontaktieren.« Und ja, weil ich da auch gemerkt habe, dass viele Studierende auf mich zukamen und meinten: »Ja, mein Prof hilft mir irgendwie nicht so weiter.« Also, auch so nach dem Motto: »Man hat das ja damals gelernt im Tutorium, wie das funktioniert.« Aber da zu sagen und vielleicht auch mal zu überlegen: »Macht das Sinn, Studierende auch über einen längeren Zeitraum zu begleiten?«

*Andreas:* Ja. Das ist ein sehr spannender Ansatz zu sagen: Diese Einführung in das wissenschaftliche Arbeiten nicht nur für das Wissen »Wie schreibe ich eine Hausarbeit?« zu nutzen, sondern auch wirklich über diesen Zeitraum bis zur ersten wissenschaftlichen Hausarbeit, die man schreiben muss. Dass man da dann nochmal ins Gespräch kommt. Nicht nur mit den Tutor*innen, sondern auch vielleicht miteinander. Das kenne ich auch aus meiner studentischen Perspektive, dass da der Austausch gar nicht so wirklich stark ist. Vor allen Dingen in höheren Semestern.

*Vanessa:* Wenn wir so ein bisschen in die Didaktik übergehen, das habe ich, Du ja auch, das haben wir ja erst im Master auch so kennen gelernt, sowas wie Peer-Beratung oder Peer-Feedback. Also, das kannte ich persönlich vorher auch noch gar nicht. Das ist ja eigentlich auch dann eine gute Methode.

*Andreas:* Ich kannte es tatsächlich nur aus den Reflexionsveranstaltungen, die ich in meinem Bachelor-Studium hatte. Da wurde ja auch nochmal die Reflexion ein bisschen mehr betrachtet. Also, ich hatte ja auch im Allgemeinen ein praktischeres Studium in dem Sinne. Wenn wir nochmal die Rolle in den Blick nehmen: Da hatte Heinz-Elmar Tenorth[4] in einem Interview gesagt, dass die Rolle der Dozierenden, seiner Erfahrung nach, unterschiedlich sein muss. Je nachdem, in welchem Stadium des Studiums man sich befindet. Am Anfang ist man noch sehr nah am Vermitteln von Lehrinhalten und am Ende ist es dann eher eine Begleitung von Studierenden. Eine Begleitung hin zum Endresultat – Abschlussarbeit. Und, man merkt ja auch, dass sehr, sehr viel informell ist. Ich erinnere mich noch an ein Seminar, als es hieß: »Ja, das macht man so. Das ist so typisch. Das ist so gang und gäbe.« Und, wir beide sind ja am Ende unseres Master-Studiums, also am Ende unseres Studierenden-Seins. Da gibt es ja auch zum Beispiel, wenn man sich jetzt auf universitäre Stellen, wie die der wissenschaftlichen Mitarbeitenden bewirbt, gibt es ja vorrangig informelle Quellen, wo man solche Stellen findet. Das hat man auch nicht im Studium mitbekommen beziehungsweise zu betrachten: Wo bekomme ich an der Universität Informationen her? Die sind ja nicht fokussiert: »Da muss ich hingehen, da bekomme ich die Infos.« Sondern da gibt es ja zahlreiche Einrichtungen.

*Vanessa:* Das finde aber sehr wichtig, was Du jetzt gesagt hast. Da habe ich mich auch selbst gerade wiedergefunden. Wenn ich mich an mein eigenes Tutorium damals zu Studienbeginn zurückerinnere, dann stand ich tatsächlich auch mit der Frage da: »Wie schreibe ich eine Hausarbeit?«. Und ich habe mir dann als Tutorin vorgenommen und gesagt: »Ja, ich möchte es ein bisschen anders machen und das Thema wirklich auch von vorne aufziehen.« Also, zu schauen: Wie beschaffe ich überhaupt Literatur? Wie lese ich? Wie exzerpiere ich zum Beispiel, um Texte zu bearbeiten und zusammenzufassen? Und ja, wie ist denn auch der Prozess der Fragestellung, der Themenfindung im Allgemeinen? Und, da war damals auch dieses Informelle für mich sehr, sehr wichtig, als ich dann beispielsweise meine erste Hausarbeit geschrieben habe. Dann saß ich am Fachbereich an den Arbeitstischen und dann war da ein Student aus dem höheren Semester, der gesagt hat: »Ja, Du schreibst ja gar nicht im Blocksatz. Also, Dir ist der Blocksatz da öfter flöten gegangen.« Und, die Schriftgröße hatte auch nicht gestimmt, was zur Folge hatte, als ich dann am Ende die Schriftgröße angepasst hatte, dass ich viel zu viele Seiten hatte. Oder, dass ein Student mich darauf aufmerksam gemacht hat: »Wenn Du ein gutes Buch gefunden hast, eine gute Grundlagenliteratur, schau doch mal, auf wen die Autor*innen dann verweisen. Du musst ja nicht das Rad neu erfinden.« Also, das sind alles so Sachen, bei denen ich gedacht habe: »Hätte mir das damals mal jemand gesagt.« Und, das ist was, was ich unter anderem auch versuche, dann bei mir im Tutorium aufzugreifen.

*Andreas:* Genau, das ist ja so diese Relevanz. Ich kenne das zum Beispiel aus der Hochschule, da hat man so eine Handreichung, die ist, lass mich jetzt nicht lügen, vielleicht 15 Seiten lang. Da stehen gefühlt alle Informationen, die man braucht, um eine wissenschaftliche Arbeit zu schreiben. So! Das Problem ist, 15 Seiten, das ist erschlagend. Vor allen Dingen, wenn sie jetzt wirklich nur geschrieben sind und keine Schaubilder haben. Von daher sollte das wirklich mehr

---

4 Stifterverband für die deutsche Wissenschaft e. V. (2010).

ins Seminar fließen. Wie Du schon sagst, diese ganzen informellen Informationen auch nur aufzuschreiben bringt auch nichts, weil es niemand liest. Das kann ich aus meiner Erfahrung sagen. Ich lehre das Seminar jetzt auch, nur an der Hochschule, und im Endeffekt liest die gefühlt niemand. Die Handreichung kann nur als Unterstützung zur Lehrveranstaltung eingesetzt werden – nach dem Motto: »Schauen Sie sich das nochmal in der Handreichung an, falls Sie sich unsicher fühlen sollten« beziehungsweise »Schauen Sie es wirklich nochmal nach, weil ich jetzt nur einen kleinen Teil davon mache«. Weil, anderthalb Stunden nur Methoden zu erklären, wird für die Studierenden langweilig, wird für mich langweilig. Weil, im Endeffekt, für mich ist es nichts Neues und für sie ist es erschlagend: »Was sind Monographien? Wie gibt man online-Literatur an?«

*Vanessa:* Also, weg von der Wissensvermittlung, hin zur Kompetenzentwicklung. Und da habe ich schon für mich im Tutorium Einiges erprobt, von dem ich sagen kann, dass sich das bewährt hat. Also, beispielsweise die Freewriting-Übung. Ich weiß jetzt nicht, ob sie zu hundert Prozent auf Judith Wolfsberger (2010) zurückgeht, aber in einem Buch von ihr, »Frei geschrieben«, wird das vorgestellt. Um auch die Angst vor dem Schreiben einfach zu nehmen und um ins Schreiben zu kommen. Und da kann man unterschiedlich vorgehen: Man kann zum einen sagen, man schreibt auf, was einem wirklich gerade durch den Kopf geht. Zehn Minuten lang, ohne den Stift abzusetzen. Und wenn man auch mal nicht weiter weiß, dann schreibt man einfach »bla bla bla, ich weiß nicht weiter«. Weil manchmal beschäftigt einen ja auch der Alltag zum Beispiel. Und um sich wirklich dann im wahrsten Sinne des Wortes frei zu schreiben und frei zu sein für die eigentliche Arbeit, ist das eine sehr hilfreiche Übung. Zum anderen kann man auch sagen, dass man die Übung unter einem bestimmten Fokus macht. Wenn man zum Beispiel schon ein Thema für eine Hausarbeit hat und dann einfach anfängt zu schreiben. Und dann sagt Wolfsberger ganz schön: »So, jetzt ist sozusagen dieses Grundgerüst da, jetzt muss man, in Anführungsstrichen, nur noch Zitate einfügen und zack hast Du Deine erste Hausarbeit.« Und das finde ich sehr schön, weil sie adressiert die Leser*innen auch in diesem »Du«, als Gegenüber im Geschriebenen auf Augenhöhe und nicht aus einer Machtposition heraus von wegen: »Du kleine studierende Person musst das jetzt noch lernen.« Das ist, finde ich, zum Beispiel eine sehr schöne Übung.

*Andreas:* Ja, das stimmt. Ich finde das auch sehr spannend. Und wir kennen es ja alle: Wir müssen irgendetwas schreiben und sitzen vor einem weißen Blatt Papier und wissen nicht, wie wir anfangen sollen. Also ist es von daher eine sehr spannende und anregende Methode. Man muss dann aber natürlich die Gruppengröße beachten. Beziehungsweise, ob man das die Studierenden partizipativ machen lässt und sagt: »Machen Sie das jetzt einfach mal zur Übung für sich, ohne Kontrolle«. Oder ob man das jetzt wirklich kontrollieren sollte. Wobei ich da sagen würde: Weg von der Kontrolle im Sinne der Fehlerkultur. Weil, wenn eine dozierende Person was kontrolliert, dann erwartet man immer Fehler.

*Vanessa:* Ja, auf jeden Fall. Also, so ist es auch gedacht, dass ich dann auch sage: »Jetzt probiert das einfach mal aus.« Also, so in dem Sinne, ich kontrolliere das nicht, dass das jetzt auch jede*r tatsächlich dann macht. Also, was die Studierenden dann machen, ist ihnen überlassen. Aber sozusagen den Raum anzubieten und zu sagen: »Jetzt besteht die Möglichkeit, das auszuprobieren, das kennenzulernen.« Und vielleicht auch zu merken: »Es hilft mir« und das dann auch im weiteren Verlauf des Studiums für sich nutzen zu können.

*Andreas:* Ja, das ist echt eine spannende, didaktische Methode. Was hast Du denn noch?

*Vanessa:* Ich habe unter anderem auch noch die Methode der biographischen Reflexion. Die kann man auch unter einer bestimmen Fragestellung sehen. Ich habe es jetzt im letzten Semester eher unter dieser Fragestellung gemacht: »Was sind für Dich Fehler? Wie gehst Du mit Fehlern um? Wie ist Deine Familie mit Fehlern umgegangen?« Also auch da wieder dieser Erziehungsaspekt. »Wie hast Du Fehler kennen gelernt und wie stehst Du jetzt dazu?« Um so ein bisschen zu gucken, wie die Einstellung zu dem Thema ist und wie ich das im Tutorium dann auch aufgreifen kann. Also, das war dann auch sowas: Da eine Reflexion sehr persönlich ist, habe ich immer dazu gesagt: »Bitte nur das schreiben, was ich auch lesen darf und was auch gegebenenfalls anonym dem Kurs zur Verfügung gestellt werden kann.« Ein Beispiel aus dem Kurs war: »Mit Fehlern wurde bei mir damals ganz streng umgegangen. Ich habe mich kaum getraut, irgendwelche Fehler zu machen.« Also, seien es jetzt wirklich Fehler in der Familie, dass man irgendwas verbrochen hat, sag ich mal, als Kind. Das Glas ist heruntergefallen und man hat gesagt: »Ich war es nicht« und hat dann da eine Strafe bekommen. Aber auch in der Schule. Also, da gab es sehr unterschiedliche Perspektiven darauf. Es gab auch Studierende, die gesagt haben: »Ach, in der Schule wurde in der Klasse, im Kollektiv super damit umgegangen.« Ich finde, das ist eine sehr schöne Methode. Also, die war bisher sehr fruchtbar. Um eben zu gucken: »Wie gestalte ich mein Tutorium? Wie kann ich das einbetten? Wie ist denn so die Bandbreite jeweils in dem Kurs?« Und um das dann entsprechend einzufangen und den Raum im Tutorium zu bieten, Fehler machen zu dürfen.

*Andreas:* Ja, ich finde das auch sehr spannend mit diesen Fehlern. Da muss ich auch immer daran denken: Wenn man als Dozent*in den Studierenden eine Aufgabe stellt und die ist relativ frei, dass es da auch immer die Rückmeldung gibt: »Ich habe Angst, was falsch zu machen.« Ich denke es ist wichtig, dass man am Anfang des Studiums darüber reflektiert: »Was sind Fehler?« Weil wir gehen auch anders mit Fehlern um, wir sehen sie ja auch als Chance.

*Vanessa:* Ja, genau. Das habe ich auch mitbekommen in meinem Tutorium zum Beispiel, dass Studierende auf mich zukommen, weil eine Abgabe bevorstand. Und, dann hieß es: »Ja, bevor ich das dann jetzt hochlade oder abgebe, können Sie oder kannst Du da nochmal drüber schauen?« Da habe ich auch gedacht: Ich habe immer wieder dazu ermuntert auch, wie Du es eben gesagt hast, Fehler als eine Chance zu sehen. Und in dem Sinne, dass es auch erstmal nicht dieses klassische »richtig« und »falsch« gibt. Also, es spielt ja auch viel diese Perspektivität eine Rolle. Und klar, gibt es schon dieses »richtig« und »falsch« beim sauberen wissenschaftlichen Arbeiten. Also, wir haben beispielsweise gewisse Zitationsweisen. Aber wirklich dazu zu ermuntern, das hochladen zu können. Ohne die Angst zu haben, vorgeführt zu werden oder ich kriege es zurück und da sind lauter Fehler angestrichen und ich fühle mich dann irgendwie schlecht. Das fand ich sehr spannend zu beobachten.

*Andreas:* Da fällt mir auch noch eine Möglichkeit ein, wie man das Seminar anders gestalten kann, um diese didaktischen Punkte mit rein zu bringen. Und zwar, das blended learning oder inverted classroom. Indem man sagt: Einerseits, die Rolle als dozierende Person als Begleitung zu sehen und andererseits, diesen Umgang mit sich selbst, mit diesem Freewriting. Indem wir einfach dieses Setting umsetzen: Also, im Seminar wird nicht mehr Wissen vermittelt, sondern das findet vorher statt, wenn die Studierenden zu Hause sind. Und dann, im Seminar, findet der Austausch statt. »Was fiel schwer? Welche Fragen sind noch offen?« Und, das kann man dann wunderbar im Plenum bearbeiten. Das ist eine Möglichkeit. Da muss man allerdings aufpassen, so habe ich das erlebt, dass man die Studierenden anhält, auch wirklich damit zu arbeiten.

*Vanessa:* Ohne dann auch wieder diese Kontrolle zu haben. Also, irgendwie eine Mischung aus: Man soll sich das Wissen vorher aneignen, aber Uni beruht ja auch auf Freiwilligkeit. Und da nicht zu sagen: »Ja, ich muss das aber jetzt irgendwie kontrollieren, dass Sie sich das angeschaut haben.«

*Andreas:* Genau, das ist ja dann wieder dieser Punkt. Den wollen wir jetzt auch gar nicht öffnen mit dieser aktiven Teilnahme.

Vanessa: Nee.

*Andreas:* Allerdings, ja. Also, ich hatte ganz gute Erfahrungen gemacht, indem ich kleine Aufgaben reingebe und im Endeffekt sage: »Es ist egal, ob Sie diese Aufgaben machen oder nicht. Ob Sie am Seminar teilnehmen, oder nicht. Weil, die Prüfungsleistung bleibt gleich.« Also, theoretisch unterstützt man damit einerseits die Studierenden, die vielleicht sagen: »Ich brauche das alles nicht, ich kann mir das zu Hause wunderbar erarbeiten.« Und andererseits nimmt man auch die Studierenden mit, die sagen: »Ich bin da noch ein bisschen unsicher. Ich möchte da gerne noch ein bisschen was mitnehmen.« Oder einfach diesen Diskurs zu öffnen. Das ist natürlich am Anfang ein sehr großer Aufwand, im Semester allerdings dann nicht mehr. Und man kann auch sagen, wenn man jetzt zum Beispiel sowas wie die Einführung in das wissenschaftliche Arbeiten macht, dass man das immer wieder mit anderen Seminaren verlinkt. Wenn es da beispielsweise besprochene PowerPoint Präsentationen gibt, die schon vorhanden sind. Dann kann man immer nochmal darauf verweisen: »Wenn Sie sich unsicher sind, wie Sie eine Hausarbeit schreiben, ich habe Ihnen auf OLAT oder Moodle oder welche Plattform auch immer, die entsprechenden Informationen hochgeladen.« Und darauf können sich die Studierenden, wenn sie unsicher sind, immer wieder beziehen.

*Vanessa:* Ich finde das auf jeden Fall eine gute Idee mit dem blended learning. Ich finde es aber auch da wichtig, nochmal zu erwähnen oder zu bedenken, dass es nicht diesen goldenen Weg gibt. Also, je nach Seminar kann man das auch unterschiedlich betrachten: Mit wie vielen Teilnehmenden man arbeitet, etc. Und das ist ja auch das, was ich so ein bisschen versuche durch diese didaktischen Methoden und diese Übungen. Dass man ein Bild oder einen Blick für die Heterogenität der Studierenden beziehungsweise des Seminars bekommt.

*Andreas:* Genau, da hast Du vollkommen Recht. Ich glaube auch, dass dieses blended learning mehr im Bachelor in den Grundlagenseminaren angebracht ist. Da ändert sich ja auch nicht sehr viel. Aber wenn man jetzt was Spannendes hat, wie die Literatur zu irgendeinem bestimmten Thema, das man mit Studierenden bearbeiten möchte. Oder ein sehr, sehr freies Thema, wie wir es jetzt im Master öfter mal haben. Wo man einfach mal über erhobenes Material reflektiert, in einem gewissen Punkt. Ist klar, dass man da relativ wenig mit blended learning erreicht. Da steht aber auch nicht der Input im Vordergrund, sondern mehr, mit dem Material zu arbeiten. Also, auch wieder eine ausschließliche Handlungskompetenz und nicht diese Wissenskompetenz, die wir eher im Bachelor lehren.

*Vanessa:* Ja, und dadurch könnte man diesem Zwang entgegenwirken, dass man sagt: »Okay, wer sich jetzt den Input nicht angeeignet hat, der oder die kann auch nicht mitdiskutieren.« Also, dass man entweder, wie Du es sehr schön gesagt hast, die Aufgaben hat. Gerade auch für diejenigen, die vielleicht noch ein bisschen unsicher sind. Oder auch daran gekoppelt: »Okay, wenn diese Grundlagen nicht vorhanden sind, dann kann auch keine Diskussion stattfinden.«

*Andreas:* Genau, ja. Und, wenn keine Diskussion stattfindet, sollte man auch so sicher sein und sagen: »Gut, dann können wir nicht darüber diskutieren. Dann können wir diese Seminarsitzung auch einfach lassen.« Weil das war nämlich meine Angst, als ich das das erste Mal gemacht habe: »Was ist, wenn es niemand macht? Wenn niemand da ist? Niemand das mitgemacht, mitgelesen hat? Was mache ich dann?« Also, man kann natürlich die Studierenden animieren, aber man sollte es nicht wiederholen oder nicht lesen. Weil dann schafft man es nicht, dass die Studierenden das auch wirklich machen.

*Vanessa:* Da muss man auch aufpassen, finde ich, wenn man dann eben sagt: »Okay, es kommt keine Diskussion zustande«, wie Du gesagt hast. Dass ich mir dann auch sicher bin, dass ich sage: »Gut, dann ist es so.« Weil ich glaube, viele Studierende machen sich dadurch auch von den Dozierenden abhängig. So nach dem Motto: »Ja, wenn jetzt keine Diskussion zustande kommt, kriege ich es ja schon auf eine andere Art und Weise mit.«

*Andreas:* Das stimmt, das kennen wir beide ja auch irgendwo. Wir sollten einen Text lesen. Den haben wir gelesen, haben ihn vorbereitet und dann findet einfach nichts statt. Und man liest ihn vielleicht doch nochmal in der Sitzung und warum sollte man ihn dann eigentlich vorher lesen? Da verliert man dann vielleicht auch die Studierenden, die das fleißig gemacht und vorbereitet haben. Man könnte auch, wenn man jetzt noch diesen Punkt betrachtet, diese Abhängigkeit von den Dozierenden, die Studierenden vielleicht noch mehr mit einbinden. Indem man nicht einfach die Fragen, die vielleicht gestellt werden, beantwortet, sondern auch ins Plenum wirft und fragt: »Wer hat denn eine Idee?« Dass man mehr animiert, indem man nicht einfach die Lösung hinwirft und diese Abhängigkeit ein wenig schwächt. Weil ich denke, das könnte jetzt eine spannende These sein, dass das einfach nur eine Projektion der Abhängigkeit von Lehrer*innen ist.

*Vanessa:* Guter Punkt, ja. Klar, das hat irgendwie viel auch mit Schule zu tun. Das ist mir jetzt im Gespräch aufgefallen. Gerade dieses Denken um Fehler oder auch allein die Räumlichkeiten, die Du am Anfang erwähnt hattest, bis jetzt hin zur Rolle der Dozierenden. Also, dass vieles gefühlt, auch wieder eine These, in der Schule begründet liegt.

*Andreas:* Könnte gut sein. Also, auf Grund meiner Erfahrungswerte würde ich da zustimmen. Das müsste man natürlich erforschen, da genauer hinzuschauen, wo denn diese Erwartungshaltungen herkommen. Ich glaube, Du hattest es mal ganz treffend gesagt: »Man sollte Fehler vielleicht nicht als etwas rein Falsches sehen, wie zum Beispiel bei einer mathematischen Aufgabe, sondern eher, dass noch was fehlt.« Und dass wir als Dozierende, indem wir darauf aufmerksam machen, sagen: »Hier, da kannst Du noch mehr rausholen.«

*Vanessa:* Und was ich dann auch ganz gerne mache, ist zu sagen: »So macht man es nicht, aber so habe ich es damals auch gemacht.« Also, zu sagen: »Mir haben da damals auch Kompetenzen gefehlt« und zu zeigen, dass das am Anfang ganz normal ist. Und, dass es nicht falsch ist, sondern, wie Du gesagt hast, da fehlt einfach noch etwas, was ich jetzt beispielsweise dann in meinem Studium erwerben konnte und jetzt auch an andere Studierende weitergeben darf.

## 3 Thematische Fokussierung: Ankommen an der Universität, die Relevanz von Neuem und die Fehlerkultur

Im Anschluss an unser Gespräch möchten wir an dieser Stelle drei Aspekte besonders hervorheben, die für uns zentral im Kontext wissenschaftlichen Arbeitens sind und uns auf unterschiedlichen Ebenen beschäftigen: (1) Entstehung von Neuem und Ankommen an der Universität und (2) Fehlerkultur.

Im Folgenden stellen wir diese beiden Punkte etwas ausführlicher vor und geben daran anschließend einen Ausblick für aus unserer Sicht lohnende Anschlussperspektiven für den kollegialen Austausch an Hochschulen.

### Die Entstehung von Neuem und Ankommen an der Universität

> »Vor allen Dingen, wenn wir uns jetzt diesen Übergang Schule – Hochschule betrachten: Aus meiner Erfahrung kann ich sagen, dass die Erstsemesterstudierenden oft noch ein Problem mit diesem sprachlichen Duktus haben beziehungsweise sagen ›Lehrer\*in‹, ›der\*die Lehrer\*in‹, ›meine Mitschüler\*innen‹, oder Ähnliches.«

Unsere Erfahrungen aus dem Interview zeigen, dass sich die Studierenden den sprachlichen Duktus – z. B. Dozierende statt Lehrer\*innen und Kommiliton\*innen statt Mitschüler\*innen – sowie die weiteren habituellen Besonderheiten der Hochschule, eines bis dahin unbekannten Milieus, zunächst (neu) aneignen und inkorporieren mussten (vgl. Bourdieu, 1979; 2012).

Oevermann (2004) geht davon aus, dass Neues, wie das Erlernen oder Kennenlernen eines sprachlichen Habitus/Duktus, nicht aus dem Nichts entsteht und stets auf bereits Vorhandenem basiert. Flath et al. (2019) bezeichnen diesen Prozess als Rekombination.[5]

Das Aneignen eines fachspezifischen Habitus, welches sich innerhalb des Übergangs von der Schule in die Hochschule vollzieht, beschreibt Friebertshäuser (2008, S. 611) als institutionelle Herausforderung – eine Herausforderung sowohl für die Studierenden als auch für die Institution selbst.

Als mögliche Bewältigung[6] dieser Herausforderung bietet der Fachbereich Erziehungswissenschaften der Goethe-Universität eine Orientierungsveranstaltung an, welche durch insoweit erfahrene Studierende des Servicecenter MoPS organisiert und durchgeführt wird:

> »Wir haben bei uns am Fachbereich Erziehungswissenschaften diese Orientierungsveranstaltung für Erstsemester*innen, da wirke ich ja auch mit. Wir vom Servicecenter MoPS machen eine inhaltliche Einführung, die Fachschaft geht dann eher in das Informelle, da lernt man sich dann besser kennen. Aber, das ist ja auch wie so eine Art Einschulung. So könnte man das vergleichen. Also, das ist quasi der Startschuss für das Studium.«

Wie die Orientierungsveranstaltung für Erstsemesterstudierende könnte das Modul »Einführung in die Erziehungswissenschaft« mit dem Tutorium zur Einführung in das wissenschaftliche Arbeiten auch hier eine strukturierende Rolle im Sinne einer Orientierung im Studium einnehmen bzw. fortführend wirken. Hierzu soll ein Beispiel aus dem Studium der Medizin als mögliche Basis im Sinne einer Einführung ins Studium dienen: Das Thema Anatomie ist im medizinischen Studium von zentraler Bedeutung, da diese nicht nur die reine theoretische Einführung in den menschlichen Körper behandelt, sondern auch das aktive Sezieren eines verstorbenen Menschen. Parsons (1958/1999) bezeichnet diesen Übergang von der Theorie in die erste Praxis als einen *Initiationsritus*. Andresen, Seddig & Künstler (2014, S. 37) vergleichen das Ankommen an der Schule, ähnlich dem Ankommen an der Universität, mit dem Kennenlernen einer neuen Welt. Die Medizin-Studierenden lernen in der Anatomievorlesung, wie der menschliche Körper funktioniert, aber die aktive Auseinandersetzung mit dem Tod, Ängste und vor allen dem respektvollen Umgang mit den Spender*innen stehen im Präparationskurs im Fokus[7] – erst ab diesem Punkt ließe sich von einem Ankommen im Medizinstudium sprechen (vgl. Krüger, 2014). Die Einfüh-

---

5 In ihrer Forschung untersuchten die Autoren, wie sich Kreativität auf den Schaffungsprozess auswirkt und fassen die Prozesse von Kreativität zu acht *Mustern* zusammen. Kreativität vollzieht sich den Autoren zufolge nicht chaotisch, sondern strukturiert. Diese Muster lassen sich auf zwei grundlegende Eigenschaften konkludieren. Aus einer ursprünglichen Idee entstehen mehrere Neue und aus mehreren Ideen wird eine neue Idee – insgesamt haben die Autoren acht verschiedene Möglichkeiten der Kombination oder Variation von Ideen herausgearbeitet (ebd., 2019, S. 8 f.).
6 In Anlehnung an Oevermanns (2004) Begriff der Krise(n).
7 Prof. Dr. med. Schulte, Professor am Lehrstuhl für Anatomie der Johannes-Gutenberg-Universität Mainz, antwortet in einem Interview mit Manon Krüger (2014) auf die Frage nach anfänglichen Berührungsängsten der Studierenden bei dem Präp-Kurs: »Für die meisten Studenten ist das der erste tote Mensch, den sie sehen. Und dann müssen sie auch noch in ihn hineinschneiden. Diese Zurückhaltung merkt man daran, wie die Studierenden den Präp-Saal betreten: Sie gehen etwas langsamer und halten sich durch Blicke, Gespräche oder tatsächlich aneinander fest. In der Einführung werden die Toten

rung in das wissenschaftliche Arbeiten könnte eine ähnliche Initiationsrolle einnehmen, wie der Präparationskurs für das Thema Anatomie. Die theoretischen Grundlagen, die im ersten Semester vermittelt werden, könnten hier, ohne Druck eines Leistungsnachweises, im Sinne eines Übungsraumes, erprobt und für spätere Seminare angewandt werden. (Studentische) Tutor*innen nehmen in diesem Setting eine Vermittler*innenrolle, in Form einer Begleitung, ein.

Schäfer (1995) umfasst die Ausbildung einer Kompetenz, welche soziale, kulturelle, geistige Fähigkeiten inkludiert. Damit wird Bildung als Prozess des Verstehens gefasst und bestärkt den Gedanken der Prozesshaftigkeit – des Verstehens. Einige Kompetenzen, z. B. Methoden zum wissenschaftlichen Arbeiten, lassen sich über Vermitteln, aktives Erproben und auch in vertiefenden Diskussionen in Lehrveranstaltungen erwerben – andere Kompetenzen werden wiederum im Laufe des Studiums und nicht im Rahmen von Seminaren gelernt, sondern beiläufig durch informelles Lernen. Beispiele dafür sind Tür- und Angelgespräche mit Dozierenden oder der Austausch mit Peers nach Lehrveranstaltungen.

## Fehlerkultur im Bildungsprozess

> »*Ich glaube, Du hattest es mal ganz treffend gesagt: ›Man sollte Fehler vielleicht nicht als etwas rein Falsches sehen, wie zum Beispiel bei einer mathematischen Aufgabe, sondern eher, dass noch was fehlt.‹ Und dass wir als Dozierende, indem wir darauf aufmerksam machen, sagen: ›Hier, da kannst Du noch mehr rausholen.‹*«

Was als »Fehler« bezeichnet wird, kann sehr heterogen sein. Daher sollte man sich »metakognitiv bewusst [.] machen, dass Fehler zum Menschsein gehören, in allen Phasen des Lernens vorkommen können und somit kein Indiz für ontologische Minderwertigkeit darstellen« (Chott, 2006, S. 136).

Kant spricht sich gegen eine Unterweisung von Lernenden durch Lehrende in richtig und/oder falsch aus, denn es gehe um weitaus mehr, nämlich um die Vermittlung von Kenntnissen und Fertigkeiten (vgl. Kant, 1803). Hierzu zählt beispielsweise das kritische Denken und Nachfragen, die eigene Meinungsbildung sowie seinen eigenen Standpunkt begründen zu können, um nur einige Beispiele zu nennen. Man sollte befähigt werden,

> »›sich seine eigenen Gedanken zu machen‹, heißt zunächst einmal, nicht einfach die Gedanken anderer zu übernehmen und wiederzukäuen. Es heißt zum zweiten, diese Gedanken als »Eigenes« zu betrachten und zu behandeln, also sich nicht zu ihnen wie zu einer Sache zu verhalten, derer man sich nach Belieben bemächtigen oder entledigen kann. Es heißt zum dritten, Gedanken aus eigener Kraft und eigenem Vermögen hervorzubringen und ihrer Bildung Aufmerksamkeit und Anstrengung zu widmen« (Sesink, 2012, S. 12).

Die Lern- und Bildungsprozesse, die hinter der Vermittlung von Kenntnissen und Fertigkeiten stehen, werden in den Erziehungswissenschaften und in der Lernpsychologie häufig als *Blackbox* beschrieben. Damit ist gemeint, dass Au-

---

zunächst gemeinsam mit einem Mitarbeiter aufgedeckt und betrachtet. […] Die Studenten lernen, dass nichts Schreckliches daran ist, mit Leichen zu arbeiten« (Krüger, 2014).

ßenstehende, in diesem Fall Lehrende, nicht erfassen oder vorhersehen können, wie sich der Bildungsprozess abspielen wird, wenn eine neue Information eine Person, hierbei einzelne Studierende, erreicht (vgl. expl. Rost, 2018; Jarvis, 2009).

Als Beispiel der Komplexität der Prozesshaftigkeit von Bildung soll das Modell von Jarvis (2009) angeschnitten werden. Die Lebenswelt einer Person als Gesamtheit wird durch das Wechselspiel Erfahrungen, Emotionen, Gedanken, Aktion und Haltung verändert und führt zu einer veränderten Lebenswelt. Der Impuls einer neuen Erkenntnis durchläuft hier ein höchst individuelles Konstrukt und wird anhand dieser Lebensgeschichte bewertet und führt zu einer Veränderung (vgl. Jarvis, 2009, S. 29). Hierbei spielen auch Fehler und der Umgang mit ihnen eine bedeutende Rolle.

Das Thema Fehlerkultur bedeutet für das wissenschaftliche Arbeiten daher, dass »am Ende ein sicheres Beherrschen eines Ablaufs, einer Tätigkeit vorliegt, bei dem das Wissen über richtig und falsch mit dem Vorwissen des Lernenden verknüpft ist« (Chott, 2006, S. 135 zit. n. Oser & Hascher, 1997). Wie Bohl (2005, S. 13) aufzeigt, spielen Systematik und Methodik beim wissenschaftlichen Arbeiten, z. B. bei der Zitation/Bibliographie, eine wichtige Rolle.

# Literatur

Andresen, S., Seddig, N. & Künstler, S. (2014). Das Konzept der Schulfähigkeit als Schlüssel zum Übergang. Kulturhistorische und sozialwissenschaftliche Perspektive auf die Analyse eines bildungsrelevanten Übergangs. In C. Hof, M. Meuth & A. Walther (Hrsg.). *Pädagogik der Übergänge. Übergänge in Lebenslauf und Biographie als Anlässe und Bezugspunkt von Erziehung, Bildung und Hilfe*. Weinheim: Beltz Juventa.
Bohl, T. (2018). *Wissenschaftliches Arbeiten im Studium der Pädagogik. Arbeitsprozesse, Referate, Hausarbeiten, mündliche Prüfungen und mehr*. Weinheim: Beltz Juventa.
Bourdieu, P. (1979). *Die feinen Unterschiede. Kritik der gesellschaftlichen Urteilskraft*. Frankfurt am Main: Suhrkamp.
Chott, P. O. (2006). Fehlerkultur und das Lernen lernen. *Schweizerische Wissenschaft für Bildungswissenschaften 28* (1). 131–136.
Flath, C. M., Friesike, S., Wirth, M. & Thiesse, F. (2019). Copy, transform, combine: exploring the remix as a form of innovation. In *Journal of Information Technology*. https://link.springer.com/content/pdf/10.1057/s41265-017-0043-9.pdf. [30.09.2020].
Goethe-Universität Frankfurt am Main (2021). *FAQ – Häufige Fragen zum Studium. Was ist das MoPS?* https://www.uni-frankfurt.de/55964830/FAQ_s. [25.02.2021].
Friebertshäuser, B. (2008). Statuspassage von der Schule ins Studium. In W. Helsper & J. Böhme (Hrsg.). *Handbuch der Schulforschung* (S. 611–627). Wiesbaden: Springer VS.
Jarvis, P. (2009). *Learning to be a person in society*. London: Taylor & Francis Ltd.
Kant, I. (1803). *Über Pädagogik*. Herausgegeben von D. Friedrich Theodor Rink. Königsberg: Friedrich Nicolovius.
Krüger, M. (2014). Der Tod ist nur Gast – Interview mit Prof. Schulte von der Universitätsmedizin Mainz. *via medici* https://m.thieme.de/viamedici/vorklinik-praepkurs-1502/a/der-tod-ist-nur-gast-23918.htm [30.09.2020].

Oevermann, U. (2004). Sozialisation als Prozess der Krisenbewältigung. In D. Geulen & H. Vieth (Hrsg.). *Sozialisationstheorie interdisziplinär. Aktuelle Perspektiven* (S. 155–183). Lucius & Lucius: Stuttgart.

Oser, F. & Hascher, T. (1997). Lernen aus Fehlern. Zur Psychologie des «negativen Wissens». In *Schriftenreihe zum Projekt »Lernen Menschen aus Fehlern? Zur Entwicklung einer Fehlerkultur in der Schule.« Heft 1*(1). Freiburg. Pädagogisches Institut der Universität.

Parson, T. (1958). Struktur und Funktion der modernen Medizin. Eine soziologische Analyse. *Kölner Zeitschrift für Soziologie und Sozialpsychologie. Sonderheft 3*, 10–57.

Parsons, T. (1999). *Sozialstruktur und Persönlichkeit*. Frankfurt am Main: Klotz.

Rost, F. (2018). *Lern- und Arbeitstechniken für das Studium*. Wiesbaden: Springer VS.

Schäfer, G. E. (1995). Bildungsprozesse im Kindesalter. Weinheim: Beltz Juventa.

Sesink, W. (2012). *Einführung in das wissenschaftliche Arbeiten. Inklusive E-Learning, Web-Recherche, digitale Präsentation u. a.* München: Oldenbourg.

Stifterverband für die deutsche Wissenschaft e. V. (2010). *Heinz-Elmar Tenorth: Die Misere deutscher Hochschullehre*. https://www.youtube.com/watch?v=Y9LEIqGYB4c. [30.09.2020]

Wolfsberger, J. (2010). *Frei geschrieben. Mut, Freiheit & Strategien für wissenschaftliche Abschlussarbeiten*. Wien [u. a.]: Böhlau.

# VII Verzeichnis der Autorinnen und Autoren

*Sabine Andresen*, Dr. phil., ist Professorin für Sozialpädagogik und Familienforschung an der Goethe-Universität Frankfurt am Main, Fachbereich Erziehungswissenschaften, Institut für Sozialpädagogik und Erwachsenenbildung. Arbeitsschwerpunkte: Kindheits- und Familienforschung, Forschungen zu Kinderrechten, Kinderarmut und Kinderschutz und zu Aufarbeitung sexueller Gewalt in Kindheit und Jugend. Kontakt: s.andresen@em.uni-frankfurt.de

*Caroline Burgwald* ist wissenschaftliche Mitarbeiterin am Fachbereich Erziehungswissenschaften in der Arbeitsstelle für Diversität und Unterrichtsentwicklung (Didaktische Werkstatt) der Goethe-Universität Frankfurt am Main. Arbeitsschwerpunkte: Umgang mit Heterogenität im Unterricht, Professionalisierung von Lehrkräften, Professionelle Wahrnehmung, Adaptiver Unterricht. Kontakt: burgwald@em.uni-frankfurt.de

*Isabell Diehm*, Dr. phil., habil., ist Professorin am Fachbereich Erziehungswissenschaften im Institut für Allgemeine Erziehungswissenschaft der Goethe-Universität Frankfurt am Main. Arbeitsschwerpunkte: Erziehung, Politik und Gesellschaft. Erziehung und Migration, Erziehung und Ungleichheit, Erziehung und Religion, Erziehung und Geschlecht, Erziehung und Frühe Kindheit. Kontakt: i.diehm@em.uni-frankfurt.de

*Tatjana Dietz*, M.A. Erziehungswissenschaft, ist wissenschaftliche Mitarbeiterin am Fachbereich Erziehungswissenschaften an der Goethe-Universität Frankfurt am Main im Arbeitsbereich Sozialpädagogik und Familienforschung. Arbeitsschwerpunkte: Kindheits- und Familienforschung, Kinderrechte, Frühe Hilfen, Prävention und Kinderschutz. Kontakt: t.dietz@em.uni-frankfurt.de

*Vanessa Dresbach*, M.A. Erziehungswissenschaft, ist wissenschaftliche Mitarbeiterin im Institut für Sozialpädagogik & Erwachsenenbildung des Fachbereichs Erziehungswissenschaften an der Goethe-Universität Frankfurt am Main. Arbeitsschwerpunkte: Hochschulforschung, qualitative Forschungsmethoden. Kontakt: dresbach@em.uni-frankfurt.de

*Birte Egloff*, Dr. phil., ist Akademische Oberrätin im Dekanat des Fachbereichs Erziehungswissenschaften an der Goethe-Universität Frankfurt am Main. Arbeitsschwerpunkte: Alphabetisierung/Grundbildung, Erwachsenenbildung, Qualitative Forschungsmethoden (Biographieforschung, Ethnographie), Interkulturelle Bildung, Berufsfeldbezug erziehungswissenschaftlicher Studiengänge und Praxisreflexion. Kontakt: b.egloff@em.uni-frankfurt.de

*Janek Förster* M.A. Weiterbildung und Bildungstechnologie, war wissenschaftlicher Mitarbeiter am Fachbereich Erziehungswissenschaften im Institut für Sozialpädagogik und Erwachsenenbildung der Goethe-Universität Frankfurt am Main. Arbeitsschwerpunkte: (informelles) Lernen im betrieblichen Kontext/betriebliche Weiterbildung, quantitative Forschungsmethoden/Statistik, Förderung von Forschungskompetenz im Studium.

*Barbara Friebertshäuser*, Dr. phil., ist Professorin für Allgemeine Erziehungswissenschaft an der Goethe-Universität Frankfurt am Main, Institut für Allgemeine Erziehungswissenschaft. Forschungsschwerpunkte: Empirisch-pädagogische Geschlechterforschung, Statuspassagen und Rituale im menschlichen Lebenslauf und Übergangsforschung, Jugend- Schul- und Hochschulforschung, Qualitative Forschungsmethoden sowie Ethnografische Feldforschung. Kontakt: b.friebertshaeuser@em.uni-frankfurt.de

*Manfred Gerspach*, Dr. phil., lehrte als Professor von 1994 bis 2014 Heil- und Behindertenpädagogik am Fachbereich Soziale Arbeit der Hochschule Darmstadt. Seit 2015 ist er Seniorprofessor am Institut für Sonderpädagogik an der Goethe-Universität Frankfurt am Main. Arbeitsschwerpunkte: Psychoanalytische Pädagogik, geistige Behinderung, Lernbeeinträchtigungen und Verhaltensauffälligkeiten. Kontakt: gerspach@em.uni-frankfurt.de

*Christiane Hof*, Dr. phil., ist Professorin für Erwachsenenbildung/Weiterbildung an der Goethe- Universität Frankfurt am Main. Arbeitsschwerpunkte: Lernen in Übergängen, Theorie und Empirie des Lebenslangen Lernens, Formen und Bedingungen professionellen pädagogischen Handelns, Formen der Vermittlung und Aneignung von Wissen und Kompetenzen, Lernen Erwachsener diesseits und jenseits pädagogischer Institutionen. Kontakt: hof@em.uni-frankfurt.de

*Astrid Jurecka*, Dr. phil., ist wissenschaftliche Mitarbeiterin am Institut für Pädagogik der Elementar- und Primarstufe des Fachbereichs Erziehungswissenschaften an der Goethe-Universität Frankfurt am Main. Arbeitsschwerpunkte sind die Messung und Förderung (fremd)sprachlicher Kompetenzen in der Elementar- und Primarstufe sowie die Digitalisierung im Unterricht. Schwerpunkte in der Lehre liegen bei den quantitativen Forschungsmethoden sowie Testkonstruktion/Diagnostik. Kontakt: jurecka@em.uni-frankfurt.de

*Helge Kminek*, Dr. phil., ist wissenschaftlicher Mitarbeiter am Fachbereich Erziehungswissenschaften im Institut für Allgemeine Erziehungswissenschaft der Goethe-Universität Frankfurt am Main. Arbeitsschwerpunkte: Bildung für nachhaltige Entwicklung, rekonstruktive Schul- und Unterrichtsforschung, Philosophiedidaktik und Professionalisierung. Kontakt: kminek@em.uni-frankfurt.de

*Mejrema Koca*, M.A. Pädagogik und Germanistik, ist wissenschaftliche Mitarbeiterin am Fachbereich Erziehungswissenschaften im Institut für Pädagogik der Elementar- und Primarstufe der Goethe-Universität Frankfurt am Main. Arbeitsschwerpunkte: Ethnische Minderheiten und sprachliche Integration an Grundschulen in Hessen, Mehrsprachigkeit, Historische Theorie der Erziehung im Elementarbereich, Reformpädagogik, Fröbelforschung. Kontakt: koca@em.uni-frankfurt.de

*Michael Knoll*, Dr. phil., war wissenschaftlicher Mitarbeiter und Lehrkraft für besondere Aufgaben am Institut für Allgemeine Erziehungswissenschaft der Goethe-Universität Frankfurt am Main. Seit 2022 ist er Professor für Kindheitspädagogik an der IU Internationale Hochschule – Duales Studium in Frankfurt. Arbeitsschwerpunkte: Pädagogik der frühen Kindheit, Geschichte der Früherziehung, Institutionalisierung von Erziehung in der frühen Kindheit. Kontakt: michael.knoll@iu.org

*Manuela Krahnke*, Diplompsychologin und Berufsschullehrerin, Systemische Familientherapeutin, Supervisorin und Coach (SG), Systemische Dozentin (DGsP), Leiterin des ISP-Marburg – Fortbildungsinstitut für systemische Beratung und Coaching, ist Pädagogische Mitarbeiterin am Institut für Pädagogik der Sekundarstufe des Fachbereichs Erziehungswissenschaften der Goethe-Universität Frankfurt am Main. Kontakt: krahnke@em.uni-frankfurt.de

*Carolin Marschall* ist wissenschaftliche Mitarbeiterin am Institut für Sonderpädagogik der Goethe-Universität Frankfurt am Main. Arbeitsschwerpunkte: psychoanalytische Pädagogik, Biographieforschung, Unterrichtsgestaltung im Kontext des Förderschwerpunktes Lernen, Lebensweltanalyse von Jugendlichen mit (Lern-)Beeinträchtigungen, schulische Erziehungshilfe. Kontakt: c.marschall@em.uni-frankfurt.de

*Ulrich Mehlem*, Dr. phil., ist Professor für Grundschulpädagogik am Fachbereich Erziehungswissenschaften im Institut für Pädagogik der Elementar- und Primarstufe der Goethe-Universität Frankfurt am Main. Arbeitsschwerpunkte: Schriftspracherwerb und Mehrsprachigkeit in der Grundschule, Mehrschriftigkeit, Sprachförderung im Elementarbereich, Reformpädagogik. Kontakt: mehlem@em.uni-frankfurt.de

*Claudia Meindl*, Dr., war bis 2020 wissenschaftliche Mitarbeiterin am Institut für Allgemeine Erziehungswissenschaft und am Methodenzentrum Sozialwissenschaften der Goethe-Universität Frankfurt am Main. Arbeitsschwerpunkte: qualitative und quantitative Forschungsmethoden, Statistik, Forschungsmethoden und Visualisierungen von Daten.

*Noll, Milena*, Dr. phil., war wissenschaftliche Mitarbeiterin am Institut für Sozialpädagogik und Erwachsenenbildung am Fachbereich Erziehungswissenschaften der Goethe-Universität Frankfurt am Main. Arbeitsschwerpunkte: Beratungs-, Kindheits-/Jugend- und Gewaltforschung sowie lebensweltorientierte, anerkennungstheoretische und traumatheoretische Ansätze in der Erforschung zu Gewalt gegen Frauen und Kinder und Hilfen sowie Methoden reflexiver hermeneutischer Sozialforschung und Fallarbeit.

*Frank-Olaf Radtke*, Dr. phil., habil., war bis 2011 Professor am Fachbereich Erziehungswissenschaften im Institut für Allgemeine Erziehungswissenschaft und dem Arbeitsschwerpunkt: Erziehung, Politik und Gesellschaft. Erziehung und Migration, Erziehung und Profession/Organisation. Kontakt: f.o.radtke@em.uni-frankfurt.de

*Sophia Richter*, Dr. phil., ist wissenschaftliche Mitarbeiterin am Fachbereich Erziehungswissenschaften im Institut für Allgemeine Erziehungswissenschaft und im Dekanat der Goethe-Universität Frankfurt am Main. Arbeitsschwerpunkte: Schul- und Hochschulforschung, Jugend- und Kulturforschung, qualitative Forschungsmethoden, insbesondere Ethnographische Feldforschung, systemische Theorie und Praxis, Beratung im Kontext von Hochschule. Kontakt: s.richter@em.uni-frankfurt.de

*Mandy Röder*, PD, Dr. rer. nat., ist wissenschaftliche Mitarbeiterin am Institut für Sonderpädagogik der Goethe-Universität Frankfurt am Main. Arbeitsschwerpunkte: soziale und emotionale Entwicklung im Kindes- und Jugendalter, Prävention aggressiven Verhaltens, Diagnostik von Anerkennung im schulischen Kontext, Inklusion in schulischen und außerschulischen Kontexten. Kontakt: grumm@em.uni-frankfurt.de

*Carina Rüffer* ist Studierende am Fachbereich Soziologie und Philosophie und studentische Hilfskraft am Institut für Sozialpädagogik und Erwachsenenbildung am Fachbereich Erziehungswissenschaften der Goethe-Universität Frankfurt am Main. Arbeitsschwerpunkte: Frauen- und Geschlechterforschung, Natur und Gesellschaft, Soziologie sozialer Ungleichheit, Beratungs-, Kindheits-/Jugend- und Gewaltforschung. Kontakt: carina.rueffer@online.de

*Schogs, Johanna*, B.A., ist wissenschaftliche Hilfskraft im Forschungsprojekt JuKOB am Institut für Sozialpädagogik und Erwachsenenbildung am Fachbereich Erziehungswissenschaften der Goethe-Universität Frankfurt am Main. Arbeitsschwerpunkte: Kindheits- und Jugendforschung unter entwicklungspsychologischen, resilienz- und inklusionsorientierten Gesichtspunkten, Erforschung von Digitalisierungsprozessen im Elementar-, Primarbereich und in der Hochschule sowie qualitative Forschungsmethoden (insbes. Qualitative Inhaltsanalyse u. Dokumentarische Methode). Kontakt: johanna.schogs@gmx.de

*Anne Seifert*, Dr. phil., ist wissenschaftliche Mitarbeiterin am Fachbereich Erziehungswissenschaften an der Arbeitsstelle für Diversität und Unterrichtsentwicklung, Goethe-Universität Frankfurt am Main. Arbeitsschwerpunkte: Schul- und Hochschulforschung, Professionsforschung, Wissenschaftstheorie und Wissenschafts- Praxis- Verhältnis. Kontakt: a.seifert@em.uni-frankfurt.de

*Johannes Wahl*, Dr. phil., war wissenschaftlicher Mitarbeiter am Institut für Sozialpädagogik und Erwachsenenbildung am Fachbereich Erziehungswissenschaften der Goethe-Universität Frankfurt am Main. Seit 2020 ist er wissenschaftlicher Assistent der Professur für Erziehungswissenschaft mit dem Schwerpunkt Erwachsenenbildung/Weiterbildung an der Eberhard Karls Universität in Tübingen. Arbeitsschwerpunkte: Lernen Erwachsener im Zeitalter der Digitalität, komparative pädagogische Berufsgruppen- und Organisationsforschung, lebenslanges Lernen. Kontakt: johannes.wahl@uni-tuebingen.de

*Nadine Weber*, Dr. phil., ist wissenschaftliche Mitarbeiterin am Fachbereich Erziehungswissenschaften im Institut für Pädagogik der Elementar- und Primarstufe der Goethe-Universität Frankfurt am Main. Arbeitsschwerpunkte: digitale Portfolios, Reflexion, Digitalisierung in der Hochschullehre, Professionalisierung von Lehrkräften, technischer Sachunterricht. Kontakt: n.weber@em.uni-frankfurt.de

*Andreas Weiß*, M.A. Erziehungswissenschaft, ist freiberuflicher Lehrbeauftragter am Fachbereich Soziale Arbeit; Gesundheit der Frankfurt University of Applied Sciences und Koordinator einer Gemeinschaftsunterkunft für geflüchtete Menschen. Arbeitsschwerpunkte: Hochschulforschung, qualitative Forschungsmethoden, Sozialraum/Möglichkeitsräume. Kontakt: andreas.weiss2@fb4.fra-uas.de

*Sebastian Zimmer*, Dr. rer. pol., war wissenschaftlicher Mitarbeiter am Institut für Sozialpädagogik und Erwachsenenbildung an der Goethe-Universität Frankfurt am Main. Seit 2021 ist er Referatsleiter der Güterkraftverkehrsstatistik am Kraftfahrt-Bundesamt in Flensburg und freiberuflicher Lehrbeauftragter. Arbeitsschwerpunkte: Empirische Forschungsmethoden mit Schwerpunkt Mixed/Multi Methods Research, Netzwerkanalyse, Regionalökonomie. Kontakt: info@zimmer-services.eu.